船舶振动噪声预报与结构声学设计

温华兵 著

国防工业出版社

·北京·

内 容 简 介

本书紧密结合工程实际，系统介绍船体结构声学预报方法与控制技术。首先，分别介绍船体结构低频、中频与高频声振性能数值分析方法及若干应用实例。其次，开展了加筋薄壳结构与夹层结构的振动声辐射水平与隔声性能分析，探讨了空心与实心结构对薄壳结构的质量阻振性能；介绍了薄壳结构的粘弹性阻尼减振机理，探讨新型丁基橡胶复合阻尼减振胶板对板筋结构、基座结构和船体结构的减振效果，研究了船体结构的阻尼减振设计技术。然后，结合数值分析与实验研究，介绍舱段内基座结构的振动模态与传递特性，探讨基座结构对振动传递特性的影响，分析舱段内基座结构的质量阻振和阻尼减振效果，给出基座结构的阻尼—质量复合阻振技术。最后，给出了船舶结构声学设计基本原则，以某舰艇和鱼雷为实例介绍船体结构声学预报与设计技术。

本书可作为从事船体结构声学预报、声学设计及控制技术研究科研人员和设计人员的参考资料，也可作为船舶与海洋工程等相关专业研究生的教学参考书。

图书在版编目(CIP)数据

船舶振动噪声预报与结构声学设计/温华兵著. —北京：
国防工业出版社,2015.10
ISBN 978 - 7 - 118 - 10411 - 0

Ⅰ.①船…　Ⅱ.①温…　Ⅲ.①船体结构—声学—设计
Ⅳ.①U663.2

中国版本图书馆 CIP 数据核字(2015)第 218451 号

※

*国防工业出版社*出版发行
(北京市海淀区紫竹院南路 23 号　邮政编码 100048)
三河市众誉天成印务有限公司印刷
新华书店经售

*

开本 710×1000　1/16　印张 22　字数 394 千字
2015 年 10 月第 1 版第 1 次印刷　印数 1—2000 册　定价 58.00 元

(本书如有印装错误,我社负责调换)

国防书店:(010)88540777　　发行邮购:(010)88540776
发行传真:(010)88540755　　发行业务:(010)88540717

前　言

提高海军舰艇声隐身性能,特别是潜艇对增强自身作战威力与生存能力有重要意义。在与舰艇声隐身相关的三大噪声源的控制技术技术中,对船用主动力装置与辅助机械振动噪声的控制占有重要的地位。在民用方面,随着舒适性要求的提高,人们对船舶舱室振动噪声的要求也越来越高,工程设计人员迫切需要掌握船舶振动噪声预报技术和舱室减振降噪设计技术。关于机械振动方面的教材和专著很多,朱石坚、何琳、汪玉等还撰写了专门阐述船用机械振动控制技术的著作。但是系统论述船舶振动噪声预报与结构声学设计的著作很少,本书的出版目的是:在给出船舶振动噪声数值预报方法并结合船舶声学预报技术,从而进行探讨船体结构,尤其是设备支撑基座结构的声学设计技术。

因机械设备的振动所导致的船体振动及其声辐射,一直是舰船声隐身领域关注的重点之一。船体结构声学设计是实现舰船声隐身的前提,在设计阶段就能对未来舰船的声学性能作出较为准确的预报,这对正在进行的舰船结构设计有着重要的指导意义。所以,本书分别介绍了船体结构低频、中频与高频声振性能数值分析方法,并给出了若干舰船的声学性能预报应用实例,这将对船舶振动噪声预报水平的提高发挥积极的促进作用。

船体及其支撑结构参数是影响船体结构水下声辐射和舱室噪声的关键。通过研究这些参数对船体结构声振性能的影响,将为船体结构声学设计提供基础。基座结构是动力机械固定于船体的基础,在承载设备重量的同时将振动传递到船体。它的传递特性直接影响到船体的水下辐射噪声和舱室内部噪声,所以对基座的传递特性研究受到国内外的普遍重视。与船体结构声学设计相比,基座结构的声学设计在工程实践中更容易被采纳并加以应用。因此,关于基座结构的声学设计,将作为本书的研究重点。

全书共分为10章。第1章概述了薄壳结构的声振性能数值分析方法、薄壳结构阻尼减振技术、质量阻振技术的现状与发展和舰船结构声学设计;第2章介绍了薄壳结构声振性能的低频有限元法、边界元法、高频统计能量法和中频混合法等数值分析方法,给出了若干船舶的低频、中频与高频声学性能预报应用实例;第3章给出了薄壳板筋与夹层板结构的声学性能数值分析实例,可供薄壳板筋结构的声学设计提供参考;第4章提出了一种空心阻振结构,对比分析了空心阻振结构与实心阻振结构的阻振性能,发展了薄壳结构的质量阻振技术;第 5 章介绍了粘弹性阻尼材料的减振机理,探讨了复合阻尼减振胶板对船体结构的阻尼减振降噪性能;第 6 章介绍了基于结构振动模态的振动传递理论,开展了舱段内基座结构的振动传递特性数值分析,探讨了内部基座结构参数对结构振动传递特性的影响;第 7 章设计了舱段内部具有多个动力设备支撑基座的圆柱壳体实验装置,通过实验分析了基座的型式、结构参数及布置对圆柱壳体模型传递特性的影响;第 8 章开展了圆柱壳体模型支撑结构的质量阻振与阻尼减振性能研究,提出了基座结构的质量 – 阻尼复合阻振技术;第 9 章介绍了船舶舱室噪声简易估算方法,论述了船体结构声学设计基本准则,结合船舶声学预报技术探讨船体结构尤其是设备支撑基座结构的声学设计技术,介绍了船体水下辐射噪声预报程序的二次开发方法;第 10 章开展了鱼雷动力系统至壳体结构的振动传递特性及控制技术研究,探讨了鱼雷结构与动力系统的声学设计技术。

本书的编写以江苏科技大学振动噪声研究所多年来的应用基础研究成果为基础。硕士研究生彭子龙、刘甄真、刘林波、仇远旺、胡玉超、唐曾艳和王康乐等人参与了研究工作,为本书的撰写提供了许多有用的素材,同时本书的撰写还得到了王国治教授、左言言教授的大力支持,郭俊华参与了书稿的校对工作,在此表示感谢!

由于笔者水平有限,书中难免存在不妥之处,敬请读者批评指正。

作者
2015 年 10 月

目 录

第1章 绪 论

1.1 研究背景和意义

在军用方面,由舰船机械设备的振动所导致的船体振动及其声辐射一直是振动噪声控制领域关注的重点之一,其研究对海军装备建设具有重要意义。从声学的角度来看,舰船产生噪声的原因是多方面的,其中,机械设备产生的噪声是舰船低速巡航时的主要噪声源。控制和减小舰船机械噪声是实现舰船安静化的首要环节。但是,由于舰船声场形成原因的复杂性和影响因素的多样性,至今还没有系统完善的理论对它进行解析求解。目前对舰船声场的研究和分析,主要从以下两方面开展工作:一方面是根据海上实际测量,并运用信号处理手段研究舰船声场特性。这种方法的缺点是花费很大,环境的影响难以克服,测量不可重复,无法事先进行预报等。另一方面是利用数值计算方法对舰船声场进行建模和计算。这种方法的优点是能较准确地对目标进行数值计算和预报,只要模型选择合理,即可预报声场特性。这种方法能够节省大量的人力物力,只需利用计算机即能完成各种舰船的大量建模和计算。

在民用方面,我国已经成为世界最主要的造船大国。《船舶工业"十二五"发展规划》指出,"十二五"时期,船舶工业将进入由大到强转变的关键阶段。我国经济社会的发展和综合国力的进一步提升,对船舶工业全面做强提出了更紧迫的要求,产业发展既面临重要机遇,也面临严峻挑战。推动技术进步和创新是船舶工业的主要任务:密切跟踪研究国际船舶科技发展趋势和海事规则规范最新要求,以技术先进、成本经济、建造高效为目标,优化主流船型设计,提升船型综合技术经济性能和市场竞争力。

随着舒适性要求的提高,人们对船舶舱室振动噪声的要求也越来越高。随着海洋资源需求的增长,用于海底石油、海洋水质、海洋生物以及海底地貌调查的各种测量船近年来受到关注。由于测量船大多需要借助于水声设备对海洋资源进行探测,其自身的振动噪声需要严格控制,以保证各种精密设备能在安静的环境中正常工作。为了未来的自由航行以及高质量地完成海洋测量的任务,同时保护当地的海洋生物,远洋测量船更需要有安静的水下噪声环境。船舶舱室振动噪声,一方面影响舱室内工作人员的舒适性,容易造成工作人员的

1

身体疲劳;另一方面影响舱室内精密仪表的可靠性,引起疲劳损坏,同时,容易引起船体结构的疲劳损坏,缩短其使用寿命。因此,在船舶设计阶段对舱室振动噪声进行预报和结构声学设计是必要的。

国际海事组织(IMO)最新通过的《船上噪声等级规则》(自 2014 年 7 月 1 日起生效),依据船舶尺度大小,对 1600 ~ 10000t 和 10000t 以上的船舶,要求船舶构造应符合如表 1.1.1 所列的噪声等级规则,以保护人员免受噪声的伤害。

表 1.1.1 《船上噪声等级规则》规定的噪声级限值 （单位:dB(A)）

舱室和处所的名称	船舶尺度	
	1600 ~ 10000t	≥10000t
工作处所		
机器处所	110	110
机器控制室	75	75
并非机器处所组成部分的工作间	85	85
非规定的工作处所(其他工作区域)	85	85
驾驶处所		
驾驶室和海图室	65	65
瞭望位置,包括驾驶室两翼和窗口	70	70
无线电室(无线电设备工作,但不产生声响信号)	60	60
雷达室	65	65
居住处所		
居住舱室和医务室(设有床铺的医疗室)	60	55
餐厅	65	60
娱乐室	65	60
露天娱乐区域(外部娱乐区域)	75	75
办公室	65	60
服务处所		
厨房(食物加工设备不工作)	75	75
备膳室和陪膳间	75	75
通常无人处所	90	90

该规范规定,对于暴露时间少于 8h 且没有采取听力保护措施的船员,不应暴露于超过 85dB(A)噪声级的环境中。当船员在高噪声处所停留超过 8h 时,不应超过 80dB(A)的噪声级。因此,在每 24h 中至少有 1/3 时间内,每个船员

应处于噪声级不超过75dB(A)的环境中。

在船舶设计的早期就应考虑声学方面的要求,这是船舶结构声学设计的基本原则。如果在船舶设计的各个阶段都能将涉及声学的各种要求,体现在具体的设计中,则可用较少的费用获得较好的降低振动和噪声级的效果。船体结构的水下辐射噪声与船体表面振动速度分布密切相关,可以通过对船体结构的振动传递特性分析,实现船体表面振动速度的预报,进而指导结构设计,这是船舶声学设计的主要步骤。

1.2 薄壳结构声振性能数值方法概述

1.2.1 中频组合系统

系统内既有由整体模态控制的强耦合子系统,又有由局部模态控制的弱耦合子系统,这类结构的动态响应问题就成为典型的"中频问题"。近10年来,中频振动问题的研究迅速发展,英国、法国、美国等国家的研究取得了大量的理论和应用成果,然而,有关中频振动的理论方法还处于完善之中。学术界将系统振动中局部低频振动与局部高频振动同时存在的复杂振动定义为系统的"中频振动",并将含有中频振动特征的工程组合结构称为复杂组合系统。

复杂组合系统主要根据耦合子系统间模态特性的差异程度进行判定,一般强调的是复杂结构中各个子系统之间模态特性的差异,而不是指结构的几何外形和连接方式的复杂程度(图1.2.1)。本书所指的复杂组合系统,既强调复杂结构中各个子系统之间模态特性的差异,又强调结构的几何外形和连接方式的结构复杂程度。车辆、火箭、导弹、船舶等壳体结构,从结构动态特性方面属于复杂组合系统,在几何形状方面也属于复杂薄壳结构。对这些复杂薄壳结构的振动声辐射特性分析与控制技术研究,存在许多共性的理论方法与设计技术。

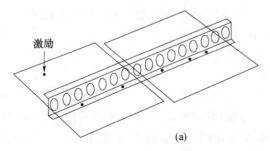

(a)　　　　　　　　　　(b)

图1.2.1 板筋结构复杂组合系统

薄壳结构声学设计的主要分析方法有解析法和数值计算法。解析法主要适用于球形、平板、圆柱壳体等简单结构模型，但难以求解复杂的实际工程结构。有限元、边界元法等数值计算方法，比较适用于低频分析，但对于高频分析，由于结构的模态密集，导致计算量大而难以求解。统计能量法是一种适用于高频范围的随机噪声统计方法，在振动噪声分析中得到广泛应用。由于中频段振动组合结构在决定国家竞争力和国家安全的高端技术装备上广泛使用，如何提高系统在中频域的动态设计的准确性和可靠性对于其发射和运行起着至关重要的作用。

1.2.2　低频确定性分析方法

确定性分析方法（Deterministic Methods）以确定性系统为主要研究对象。确定性系统是指系统的结构较为简单、动态分析中仅包含少量的低阶模态，同时系统的物理参数和材料参数易于清晰界定的组合系统。当系统中所有的子系统都能用确定性模型描述时，系统具有典型的"长波""低模态"的低频振动特征。代表性分析方法有有限元法（FEM）和边界元法（BEM）。低频振动，一般是指系统的各个子系统的外形尺寸短于分析频段相应波长的情况。

有限元法是在20世纪50年代作为解决固体力学问题出现的，传统的有限元分析方法是建立在瑞利－里茨（Rayleigh－Ritz）方法基础上的一种数值计算方法，最初用于航空航天领域的强度、刚度计算。随着计算机水平的提高，有限元法在复杂结构的强度、振动等方面的分析得到了广泛应用，使船舶等复杂工程结构的受力分析成为可能。随着计算机技术、有限元和边界元的发展，数值计算法对水下结构振动噪声的研究越来越重要[1-4]。对船舶这样的大型复杂结构振动噪声问题，需要求解包含巨大矩阵的结构振动与声场耦合动力方程，计算的工作量相当大。邹春平[5]利用有限元技术对船舶结构振动进行数值分析，在考虑流固耦合状态下，用有限元法对船舶进行模态分析以及船舶对所有激励力的振动响应数值计算，为船舶设计人员在船舶设计阶段预报船舶结构振动提供了一条途径。船舶动力系统引起的振动通过壳板向水下辐射噪声的预报一直是非常关键的问题。徐张明[6]建立了带有浮筏结构动力装置的双层壳体船舶的 FEM/BEM 数学模型，开展了船舶结构的建模及水下振动和辐射噪声计算[7]。

基于有限元及边界元法，张阿漫[8]通过对圆柱壳体结构形式（耐压壳板的厚度、肋骨的布置）的改变，分析了结构形式对水下结构辐射噪声的影响，找到了结构形式改变对其结构辐射噪声的影响规律。金广文[9]用有限元法研究了流固耦合对双层圆柱壳体振动特性的影响。朱锡[10]采用有限元法研究了基座结构噪声预报技术。Roger[11]使用动态缩聚法进行耦合结构系统的中频振动分析。姚熊亮[12]对加筋圆柱壳由于肋骨数目改变所引起的结构应力参数变化对辐射噪声的影响进行了探索。艾海峰[13]采用基于模态坐标的有限元/边界元方法,建立水下航行体封闭舱段声学设计模型,利用该耦合分析模型对两端采用刚性圆板封闭的简支舱段结构的振声性能进行分析。姚熊亮[14]计算了内部含基座的加筋双层壳振动与声辐射,结果表明,基座降低了壳体的振动及声辐射,增加基座面板厚度以及基座长度均能有效降低壳体的辐射噪声。

在包括船舶和海洋工程领域在内的众多领域中,复杂结构的声振问题一直是研究的热点之一。有限元法、边界元法在低频段可以较好地模拟结构的振动和声辐射。但是在中高频段将面临着结构的模态密集与重叠等问题,计算结果对结构的几何尺寸、边界条件和阻尼分布等微小变化非常敏感。此外,结构单元的网格需要更加细化,对计算机性能的要求更高,计算积累误差不断增加。

有限元法结合边界元法的方法可以求解具有任意形状复杂弹性结构外部充满无界流体的水下振动和声辐射问题,但是由于边界元法有网格要求,对于边界元模型,通常假设在最小波长内有 6 个单元,即最大单元的边长要小于计算频率最短波长的 1/6,这使得在做中高频段的舰船声学分析时,计算频率越高,波长越短,单元边长越小,从而造成模型单元数量巨大,使得计算量大大增加,不能达到预期的计算效果。

1.2.3 高频统计性分析方法

统计性分析方法(Statistical Methods)以非确定性系统为主要研究对象。非确定性系统是指系统的结构较为复杂,动态分析中仅包含大量的高阶模态,同时系统的物理参数和材料参数具有相当程度的随机不确定性。当系统中所有的子系统都能用不确定性模型描述时,系统具有典型的"短波""高模态"的高频振动特征。高频振动一般是指系统的各个子系统的外形尺寸大于分析频段相应波长的情况。代表性分析方法有统计能量法(Statistical Energy Analysis,SEA)。

复杂工程结构随着自由度数目的增加,超过了模态分析法的有效范围,例如某大型船舶 300 多阶的模态频率也只有 8Hz 左右[15],而主要振源中柴油机的频谱为 5~1000Hz。船体结构主要由板、杆等结构构成,由于外形尺寸较大,这些构件在较低频时表现为局部波动。统计能量法不关心局部细节问题,模型的局部参数和边界条件对计算结果影响不大,适合于解决这类复杂薄壳结构的声振问题。

统计能量分析的思路来自热辐射交换原理[16]。采用子系统能量或功率的某种(频率、空间)平均值作为平衡方程的变量,将经典结构动力学中的稳态响应求解问题转化为类似热力学的能量平衡问题,成为分析复杂结构高频振动和声辐射问题的有效方法。

1962 年,R. H. Lyon[17]提出双线性耦合振子的功率流理论,奠定了经典统计能量法的理论基础[18]。统计能量法把研究对象从用随机参数描述的总体中抽取出来,不关注被研究对象的具体细节参数,主要关心时域、频域和空间上的统计平均值,采用"能量"观点统一解决振动和声场问题[19,20]。基于能量的方法由于可以克服传统结构动力学在分析高频问题的某些不足,因而在很多工程领域得到了广泛的应用。

统计能量分析法,目前已成功应用于航空航天、导弹、船舶、汽车和建筑等方面,具有以下优点[21]:计算方法简单,运用简单的功率流平衡方程,研究结构系统和声学系统等系统之间的相互作用;适用于高频、密集模态的复杂结构;划分子系统并引入损耗因子,在某种程度上掩盖了某些结构及其连接的细节。统计能量分析法能解决以下问题:振源排序,分析得到振源的影响程度;功率流传递路径排序,找出主要的传播途径;灵敏度分析,找到对振动声辐射的敏感参数。统计能量分析法在实际工程中的应用受到限制的主要原因[21]:复杂结构的参数难以采用理论方法得到;有时难以满足经典统计能量分析的非保守与弱耦合条件;在低频范围不能满足统计假设的要求;不能预测子系统局部位置的精确响应。

统计能量分析法将结构划分成若干子系统,这些子系统以在窄频带内存储的振动能量和模态数的多少为特征。Le bot[22]用简图的形式提出了统计能量分析有效性的四个检验标准,即模态数和模态振型重叠度要大(≥1),单位长度的能量衰减因子和耦合强度要小(≤1)。耦合损耗因子和内损耗因子分别用来表示各个子系统之间的耦合程度和能量的损失程度,是统计能量分析法应用中的重要参数。非保守耦合损耗因子是表征耦合系统之间能量传递特征的重要参数。

Mace[23]研究了统计能量分析中结构损耗因子、耦合损耗因子与结构模态之间的相互关系,并以杆结构为例进行说明。Lin[24]分析了在点力和力矩激励下 L 形板的振动响应,指出统计能量法在满足以下条件时能用于预测耦合板结构的平均振动响应:已知子结构系统的耦合损耗因子;激励力离板边沿的位置大于板弯曲波长的1/4,或者板边沿到惯性轴的垂直距离大于板弯曲波长的1/4。Svante[25]通过研究两个弹性耦合系统的振动模态及响应特性,发展了统计能量分析中弱耦合系统功率流的量化检验准则。V. Cotoni[26]提出使用有限元法、子结构模态综合和周期结构理论的统计能量分析子结构方法,使普通结构面板的统计能量参数便于计算得到。

统计能量法是分析复杂动态系统结构—声耦合振动响应的有效方法,而结构响应的统计估计是评价 SEA 分析准确性的基本依据,是 SEA 的一个重要组成部分[27]。盛美萍[28]提出适合复杂耦合系统的统计能量分析方法,为研究实际机械结构之间的振动传递规律、复杂机械系统的声辐射特性提供理论依据。刘海生[29]从声振系统激励和响应的频谱特征,预测模型的特点、精度等方面总结了统计能量分析方法在多个领域内的应用成果,得出了含有声子系统的双壳和单壳系统是两种基本的 SEA 声振预测模型的结论。

灵敏度分析是一种评价因设计变量或参数的改变而引起目标函数特性敏感程度的方法,可用于研究系统特性对参数的敏感程度。声学—结构灵敏度[30]用于预测结构辐射声压随结构参数的变化,这对低噪声结构设计具有重要指导意义。陈萍[31]在统计能量分析的声学—结构灵敏度分析方法和 AutoSEA2 软件的基础上,利用 C#语言在 . NET 环境中实现了声学结构灵敏度分析软件的设计与开发。殷学文[32]介绍了舰艇结构振动和声学特性研究进展。

在船舶噪声预测中,统计能量方法与其他方法相比,具有模型简单、计算量小、适应频带宽等优点,且在分析含有高频、高模态密度的复杂系统的耦合动力学问题上有一定的优势。程广利[21]对经典统计能量法在解决非保守、弱耦合、相关激励等问题的不足和发展等方面进行了讨论,对统计能量法在船舶降噪应用中的问题进行探讨,阐述了统计能量分析法及其在船舶上的应用和局限性。金建海[33]通过分析中国船舶科学研究中心开发的基于 SEA 的船舶舱室噪声计算方法的建模过程,提出了一种快速建模方法,并重点讨论了其中的舱室自动关联算法,实现了模型的快速消隐显示和云图显示功能,大大提高了建模的效率。吴刚[34]采用统计能量法对大型集装箱船中高频域振动及舱室噪声数值计算的建模方法进行了研究。张娟[35]利用统计能量分析软件 AutoSEA2 建立典型动力源激励的某船分段三维模型,分析了动力源激励力的等效计算及此激励产生的辐射噪声。郦茜[36]对高速船客舱区进行设计初期的噪声预报,并分析噪声传播路径,提出噪声控制的初步方案,模拟计算采取控制措施后的客舱区噪声值。刘凯[37]建立了鱼雷结构的统计能量分析模型,预报了鱼雷结构的辐射噪声级。缪旭弘[38]提出用灰色理论预测各子系统模态参数,采用统计能量分析双层圆柱壳体在水下的流固耦合振动和声辐射。李冰茹[39]对圆柱壳体的高频振动声辐射特性影响因素进行了研究,探讨了壳体本身参数的改变对槽内声腔声压、盖板表面振动以及板外近场流体声场声压的影响。

1.2.4　中频混合分析法

以有限元为代表的确定性分析方法,存在以下两个显著的应用缺陷:

(1) 为了达到计算的准确性要求,有限元模型中划分单元的数量必须足够多,通常每个波长划分 6～10 个单元。结构波长随分析频率的增加而减少,使有限元模型的单元数目随着分析频率的增加而急剧增大,导致大型复杂结构进行高频计算的时间成本和累积误差增加。

(2) 基于系统的确定性物理参数建立的有限元模型,实际工程结构中由于制造材料的内部缺陷,以及制造和装配过程中不可避免产生的几何形状、尺寸公差等,使得结构的实际参数与有限元模型参数存在差异,这些系统参数的微小变化对高频振动非常敏感,导致有限元计算方法在高频域的计算结果严重失真。因此,有限元模型并不适用于系统的高频振动计算。

统计性分析方法中的统计能量法理论,从时间平均、频率平均和空间平均的角度统计预测子系统间的能量流传递和能量响应,需要满足以下假设条件:

(1) 子结构间的耦合强度假定为弱耦合;

(2) 相邻两个子结构间能量的传递与二者能量响应的差值成正比。

这两个假设条件又隐含着以下基本条件:

(1) 子结构有足够多的共振模态;

(2) 子结构有足够多的模态重叠系数;

(3) 子结构各共振模态之间能量分布均匀;

(4) 为宽带、非相关激励力。

这些假设条件对于模态密集的高频振动是合理的,从而为 SEA 模型的有效分析区间设置了频率下限,限制了 SEA 分析方法在中低频域的应用。

在对结构声学的预测中,FEM、BEM 等确定性方法适用于结构响应由整体模态所控制的低频段,而 SEA 等统计性方法适用于子系统由局部模态所控制并且呈弱耦合状态的高频段[40]。但是在实际工程问题中,低频和高频之间还存在着一个中频段。在此频段内,某些子系统的动态响应由结构整体模态控制,而某些子系统的动态响应则由局部模态控制。这种系统内既有由整体模态控制的强耦合子系统,又有由局部模态控制的弱耦合子系统的结构,其动态响应问题就成为典型的"中频问题"。学术界将系统振动中局部低频振动与局部高频振动同时存在的复杂振动定义为系统的"中频振动",并将含有中频振动特征的工程组合结构称为复杂组合系统。复杂组合系统主要根据耦合子系统间模态特性的差异程度进行判定,强调的是复杂结构中各个子系统之间模态特性的差异,而不是指结构的几何外形和连接方式的复杂程度。中频问题在实际工程中广泛存在。比如带阻振质量的薄壳结构,具有较大刚度的阻振质量插入在薄壳平板结构中,在常见的工程问题频段内,阻振质量呈整体动态响应特性,而薄壳平板则呈局部动态响应特性。预测这样的结构整体动态响应,需要对阻振质量和薄壳平板之间的相互影响的方式进行准确描述。

中频振动主要表现为系统中同时存在着确定性和统计性子系统,系统的整体振动中包含了"长波、短波"和"低模态、高模态"并存的混合振动特征,导致单一的低频确定性方法和高频统计性分析方法都难以满足复杂组合系统动态分析的准确性和有效性要求[41]。

系统的中频振动分析相对于低频振动和高频振动分析而言复杂得多。近10 年来,中频振动问题的研究迅速发展,英国、法国、美国等国家的研究取得了大量的理论和应用成果,然而,有关中频振动的理论方法还处于完善之中。目的在于探索出一种新的理论方法,能够将系统中具有显著动态差异的确定性子系统和非确定性子系统综合纳入到一个完整的分析模型,对低频确定性分析方法和高频统计性分析方法起到过渡的作用,从而在一个模型中同时完成低频、中频和高频的振动分析。复杂组合系统中频振动理论的研究方法可归纳为三大类:第一类是改进传统 FEM,从而将有效分析频率从低频域拓展到中频域;第二类是改进传统 SEA,从而将有效分析频率从高频域拓展到中频域;第三类是结合传统低频 FEM 和高频 SEA,建立复杂组合结构的混合模型,称为混合模型法。在这三类方法中,以混合模型法取得的理论成果和工程应用最为显著。其分析步骤如下:

(1) 将系统整体结构分解为确定性子结构和非确定性子结构;

(2) 将确定性子结构用 FEM 法表示,非确定性子结构用 SEA 法表示;

(3) 分析确定性子结构和非确定性子结构之间的相互动态影响关系;

(4) 构建混合模型。

混合模型法又包括基于模态耦合分析的混合模型法(简称 M - 混合模型法)和基于波动耦合分析的混合模型法(即 Hybrid FE/SEA Method,简称 FE - SEA 混合模型法)。

M - 混合模型法的主要原理是以传统的子结构模态分析法为理论基础的。基本思想:用模态叠加法描述结构的振动响应,依据结构中的分析频率,将模态分为整体模态、局部模态,结构响应也分为整体响应、局部响应;结构的整体响应采用 FEM 求解,局部响应利用 SEA 求解;理论分析证明,结构的局部模态对整体模态相当于阻尼作用,其作用通过修正整体运动方程中的动力刚度矩阵和载荷加以体现;结构的整体模态对局部模态相当于力的作用,其作用通过修正局部运动方程中的输入能量加以体现。建模过程简述如下:

（1）用确定性分析方法对于梁子结构进行精确的模态分析；

（2）将板子结构的模态特性近似描述为一系列的正弦波；

（3）将梁与板的耦合界面描述为一系列完整的界面基函数，从而将梁与板的耦合界面处产生的作用力与位移转换成界面基函数的形式；

（4）利用界面基函数的正交性，将梁的位移响应和板的统计能量响应都间接表达为界面基函数的叠加。

在 M-混合模型法的理论建模过程中，能够将长波子系统和短波子系统间的模态耦合关系表达为清晰的解析公式，便于人们直观了解中频振动不同子系统间的相互动态影响机理。

1999 年，P. J. Shorter 和 R. S. Langley 等人[42-44]提出了一种结合有限单元法和统计能量分析复杂结构振动的 FE-SEA 混合模型法。该方法是由专门针对复杂组合系统的中频振动而提出的，也将复杂组合系统分解为确定性子系统和非确定性子系统，其显著特点：它将子系统间（包括非确定性子系统与确定性子系统间和非确定性子系统与非确定性子系统间）相连接的边界部分及外部激振力的作用位置统统定义为"确定性边界"，并作为确定性子系统的一部分，而剩余非确定性子系统的其他的边界部分统统定义为"混响边界"或"随机边界"，从而对组合系统中的确定性结构和确定性边界部分采用 FEA 模型描述，而系统其余的子结构部分均描述为 SEA 模型。

FE-SEA 混合模型法与其他混合模型方相比，具有以下鲜明的优势：

（1）在中频分析方法中的理论发展最为完善。

（2）适用范围非常广泛，其理论的唯一重要假设条件是 SEA 子系统在其随机边界处具有足够的参数不确定性，从而使子系统确定性边界处能够满足扩散场互逆关系。

（3）VA One 软件作为当前唯一的能够用于中频分析的软件，在学术界和工程界获得了日益广泛的应用。

随着混合 FE-SEA 方法的不断发展，法国 ESI 公司在 2005 年推出了 VA One 数值仿真软件，可以对全频带尤其是中频的结构声学问题进行预测仿真，使得 FE-SEA 方法在航空航天、车辆、船舶等工程界的影响日益提高。例如，邱斌[45]采用有限元法、FE-SEA 混合法和统计能量法分别求解低频、中频和高频段高速船舱室噪声，以此实现高速船舱室噪声问题的宽频分析。杨德庆[46]将声学边界元与统计能量分析方法相结合，实现了储油船上层建筑声学问题的全频域分析。

国内对中频振动问题的研究起步相对较晚，在国际权威学术刊物上仍然缺乏有力度的标志性研究成果，研究现状和水平与欧美等先进工业国际相比还有比较大的差距。纪琳[41]在对中频问题大量的理论和应用研究的基础上,于 2013 年出版了《中频振动分析方法—混合模型解析》一书,对不同的混合理论进行了较为全面系统的论述和综合对比,这将更好地促进国内对复杂结构系统中频振动问题的分析和工程应用。

1.3　薄壳结构阻尼减振技术概述

阻尼减振是一种常用的减振降噪手段,可有效抑制结构振动水平,特别是共振响应。阻尼减振技术充分利用结构中阻尼的耗能机理,从材料与结构等方面进行阻尼的减振设计,提高工程结构及机械系统的动态稳定性及降噪能力。

阻尼材料包括沥青阻尼材料、粘弹性阻尼材料、阻尼涂料、阻尼合金和复合阻尼金属板材等。阻尼的基本结构包括离散型的阻尼器件(如粘弹性材料减振器、阻尼器等)和附加型的阻尼结构(表面阻尼处理、附加固定的阻尼结构等)。

研究与实践表明,表面阻尼处理方法可有效提高细长和薄壁类结构的阻尼、抑制结构的共振、加速瞬态过程衰减、改善振动噪声性能。与附加阻尼器等集中参数控制措施相比,这种分布式阻尼措施对原结构性能的不良影响较小,已经广泛应用于复杂薄壳结构的减振降噪。阻尼材料在武器上的应用研究受到了极大的关注,一些发达国家专门成立了研究机构,研究阻尼材料在武器装备上的减振降噪。

在阻尼材料性能及减振降噪应用领域,国内外许多学者开展了大量的研究工作。林桂斌[47]研究了粘弹性材料的本构关系和粘弹性结构有限元动力学方程。Foin[48]考虑矩形薄板涂覆粘弹性阻尼层的情况,采用模态叠加法和瑞利积分方程建立了弹性平板和阻尼层振动的耦合方程组。黄建国[49]采用等效参数法推导了阻尼复合结构的等效弯曲刚度和结构损耗因子。Shorter[50]采用有限元法研究了粘弹性复合板的振动传播和阻尼特性。罗忠[51]分析了三明治夹芯基座阻抗阻尼隔振特性。邹元杰[52]研究了水中阻尼复合壳体结构的振动声辐射性能。石勇[53]对复合材料在潜艇声隐身结构中的应用情况进行了分析,通过数值计算研究了夹层复合材料各层材料参数对声学性能的影响规律。王献忠[54]研究表明,结构损耗因子对局部敷设于水下结构的阻尼层降噪效果有很大影响。于大鹏[55]研究表明,增加阻尼材料的阻尼损耗系数可以有效地降低船舶舱室声压响应。仇远旺[56]在船舶模型上粘贴橡胶阻尼材料,进行整船舱室减振试验研究,取得了 5 ~ 7dB 的减振效果。丁基橡胶、丁腈橡胶阻尼材料具有较好的耐水、耐油及抗老化性,以及良好的机械加工性能,是一种具有很好发展前景的阻尼减振材料[57]。

俞孟萨[58]、韦璇[59]概述了航行器声隐身技术和材料的发展现状,分别介绍了几种在航行器声隐身工程中具有应用前景的新材料。常冠军[60]在2012年编著了《粘弹性阻尼材料》,介绍了国内外大量粘弹性阻尼材料及其性能。朱蓓丽[61]在2012年编著了《潜艇隐身关键技术——声学覆盖层的设计》,介绍了国内最新水下声学覆盖层的理论研究和实验研究成果。赵成璧[62]在2013年翻译了美国Eirc Greene Associates专著《舰船复合材料》,是探究先进工程复合材料用于大型船舶结构所需技术的专业书籍。

1.4 薄壳结构质量阻振技术概述

对振动能量进行吸收和反射的方法,可减少振动在板结构中的传播。利用敷设阻尼材料对能量的吸收与消耗,其优点是简单易行,缺点是经济性差,且存在如材料老化等诸多问题。通过改变结构形式,对传播的振动能量进行反射,从而减少振动传播的方法,则可以避免上述问题。

Cremer和Heckl[63]最早提出阻振质量(Blocking mass)的概念,并在其著作里对其阻波特性进行分析。使定常的结构(质量、刚度等)参数发生突变,会产生结构的阻抗失配,可对传播中的振动波起到反射作用。结构中材料属性突变、截面积突变、转角、加强肋等不连续因素的存在,会使弹性波在传播过程中发生反射现象,或多或少会抑制一部分弹性波,从而起到隔离一部分弹性波传播的作用[64]。阻振的实质是在振源与系统之间附加一个子系统,改变振源对系统激励的频谱结构,以减小通过的能量来抑制振动的传播。

刘洪林[65]分析了阻振质量块的结构参数对阻振降噪效果的影响。石勇[66]利用波动理论方法,分析振动波在钢板结构中传播遇到方钢结构时的反射、透射等传播规律,分析了方钢结构隔振降噪的机理,得出了隔振系数的具体表达式,并给出了隔声量随频率及方钢尺寸的变化曲线。刘见华[67]研究了多个阻振质量阻抑结构声的传递,得到平面弯曲波发生最大透射的条件是板平面弯曲波与阻振质量的弯曲波、扭转波达到最佳耦合。姚熊亮[68]在舰船舱间振动的主传递通道上设计了几种高传递损失的复合托板结构形式。车驰东[69-71]基于波动理论研究了多转角阻振质量结构对结构声的阻抑特性。田正东[72]开展了阻振质量偏心距对其隔振特性的影响研究。申华、温华兵[73]通过有限元数值分析表明,空心方钢阻振质量具有阻振性能,且在大多数频率下,阻振效果优于实心方钢,从此开始了对空心阻振结构阻振性能的研究工作。

机械设备的基座结构是设备振动传递到船体结构的最重要通道。李江涛[74]设计并研究了复合结构基座的隔振效果。姚熊亮[75]研究了船舶阻抗失配基座对平面弯曲波传递的阻抑特性,推导并给出了振动波入射不同连接形式的船舶基座结构的透声系数及隔声量公式,归纳了隔振性能随基座板架厚度比及频率的变化规律,讨论了基座连接结构处板架固定方式对隔振性能的影响。罗忠[50]利用复合材料良好的阻尼特性和结构可设计性,将刚性基座替换为三明治夹芯基座,分析了基座阻抗和阻尼对隔振效果的影响。王献忠[76]研究了含阻振质量基座的圆柱壳隔振特性。

由于航空航天、船舶、交通等工程结构均朝着高速与轻量化方向发展,在定常的结构中插入阻振质量产生阻抗失配的质量阻振技术,无疑增加了结构的质量,如何优化阻振质量的结构与参数,减少附加质量并达到良好的阻振效果,成为阻振质量研究的新方向。如何使阻振质量既满足有较好的阻振效果,又能节省材料,成为阻振质量的进一步研究的问题。

1.5　舰船结构声学设计概述

舰船的隐身对海军装备的建设至关重要。从声学的角度来看,舰船是一个复杂的噪声源分布体,产生水下噪声的原因主要有三个方面:其一,机械设备和管系通过基座与非支撑件激励舰体振动并向水中辐射的噪声,还包括舱室空气噪声向水中透射引起的噪声以及冷却水管中的流体脉动向水中的声辐射;其二,螺旋桨旋转运动产生的噪声,包括旋转噪声、湍流噪声、尾涡噪声和空化噪声,以及螺旋桨脉动压力通过轴系激励或直接激励舰体产生的噪声;其三,水流流经舰体表面以及突体、附体、空腔所产生的水动力噪声和湍流脉动压力激励舰体产生的噪声。机械设备产生的噪声是舰船低速巡航时最主要的噪声源,控制和减小舰船机械噪声是舰船实现安静化的首要环节。

为此,世界各海军强国均尽其所能,并利用一切可行手段来降低舰船的机械噪声,实现舰船的安静化航行。舰船机械噪声的预报是实现舰船隐身技术的首要环节。在舰船设计的早期阶段就考虑到振动和噪声问题,并完成对舰船振动和声学的动态设计,使所建造的舰船具有良好的动态特性,满足舰船低振动、低噪声的设计要求,将会提高舰船在战争中的生命力。这就要求在设计阶段对结构的振动和噪声做出准确的预报,机械噪声工程预报不仅仅是噪声量级的简单估算过程,而且是对噪声控制技术提出量化技术指标和把握控制方向的过程,并为减振降噪工作展开提供理论指导。舰船机械噪声预报可降低减振降噪工作的费用,更重要的是能够明显地缩短建造和改进周期,极大地提高工程运作效率。

舰艇结构声学设计的内容主要包括动力设备基座结构的声学设计以及舰

艇壳体结构的声学设计,统称为船舶结构声学设计。基座结构声学设计的重点是控制振动的传递,而壳体结构声学设计的重点是控制振动响应和辐射噪声。两者有着不同的目的,采用的方法也有所不同。共同之处在于,两者都需要通过结构的声学优化以及阻尼材料的应用加以实现。

舰艇壳体结构的外形和尺寸需要兼顾总体性能、强度设计等方面,在声学设计过程中,往往不允许大幅调整壳体结构的参数,因而壳体结构的声学设计在工程实践中受到的制约因素很多,实施难度大。基座结构是动力装置固定于船体的基础,承载设备质量的同时将振动传递到船体。它的传递特性直接影响到船体的水下辐射噪声和舱室噪声,因此对基座的传递特性问题的研究受到国内外的普遍重视,基座结构的声学设计在工程实践中也更容易被采纳并加以实施应用。关于基座结构的声学设计,将作为本书的研究重点。

第2章 船体结构声振性能数值分析方法及应用

分析复杂结构振动与声辐射的方法,主要有确定性分析方法和统计性分析方法两大类。前者以有限元法(FEM)为主,但是随着分析频率的提高,为了满足每个波长内 6~10 个单元的原则,使得网格急剧增加,计算成本加大。此外,有限元模型的建立是基于系统的确定性物理参数,实际结构在制造和装配过程中不可避免地产生公差,而系统在高频区对参数微小变化异常敏感,导致计算产生严重失真。

统计性分析方法目前主要是统计能量法(SEA),它从时间平均、频率平均和空间平均的统计角度预测子系统间的能量流传递、各子系统的能量响应。但是其理论前提是对于模态密集的高频振动是合理的,这就使得该方法在有效分析频率上受到限制。尤其当复杂结构在中频区内承受来自外界的振动与噪声载荷时,模态密度存在较大差异的结构呈现出复杂的力学特性。复杂结构(复杂组合系统)在较宽频域内,承受来自外界的振动与噪声载荷,不同结构呈现出复杂的力学特性。其中一部分子系统刚度较大、模态稀疏,其特征尺寸与系统中的波长相当,来自系统中的不确定性因素对其响应影响不大;另一部分表现出刚性很弱、模态密集,其特征尺寸大于系统中的波长,响应随不确定性因素变化敏感,单纯采用传统的有限单元法或统计能量法都无法解决这类问题。

为此,P. J. Shorter 和 R. S. Langley 等人[42-44]先后于 1999 年和 2005 年创立了基于模态叠加法和波动理论的 FE - SEA 混合法,从而使复杂结构全频段的振动与声辐射问题的解决成为可能。他们将模态稀疏的子系统称为确定性子系统,用 FEM 建模;反之称为随机性子系统,用 SEA 建模。两者采用混合连接。通过直接场与混响场的互易关系以及整个系统所满足的功率流平衡方程,从而求解所有子系统的响应。

FE - SEA 混合法采用各子系统的模态密度划分 FEM、SEA 和 FE - SEA 混合法的有效使用频率区间,这就需要在对结构建模分析时事先计算各子系统的模态密度,给建模工作带来了不便。本章在深入分析 FE - SEA 混合法理论体系的基础上,提出了 FEM、SEA 和 FE - SEA 混合法有效使用频率区间划分的新准则,提高了建模的效率,发展了 FE - SEA 混合法理论体系。

2.1 船体结构低频振动有限元分析

2.1.1 结构振动有限元方法

有限元法是近三四十年发展起来的一门数值分析技术,是借助于计算机解场问题的近似计算方法。它利用离散的概念,使整个问题由整体连续到分段连续,形成一种新的数值计算方法。也就是说,把整个船体求解域离散为有限个分段(子域),而每一分段内运用变分法,即利用与原问题中微分方程相等价的变分原理来进行推导,从而使原问题的微分方程组退化到代数联立方程组,使问题归结为解线性方程组,由此得到数值解答。

用有限元法分析船体结构的振动或动力响应时,将结构划分为一些既不重合又无缝隙的微小区域,即有限单元,整个结构系统就是这些理想化的简单结构单元的组合。对每一单元可以写出它的能量泛函表达式,即

$$\prod = \int_V \left(\frac{1}{2} \boldsymbol{\varepsilon}^{\mathrm{T}} \boldsymbol{\sigma} + \boldsymbol{u}^{\mathrm{T}} \rho \ddot{\boldsymbol{u}} + \boldsymbol{u}^{\mathrm{T}} \mu \dot{\boldsymbol{u}} \right) \mathrm{d}V - \int_V \boldsymbol{u}^{\mathrm{T}} \boldsymbol{F} \mathrm{d}V - \int_S \boldsymbol{u}^{\mathrm{T}} \boldsymbol{\varphi} \mathrm{d}S - \sum_{i=1}^n \boldsymbol{u}^{\mathrm{T}} \boldsymbol{P}_i$$

$$(2.1.1)$$

对上述能量泛函取变分并令其为零,得

$$\int_V (\delta \boldsymbol{\varepsilon}^{\mathrm{T}} \boldsymbol{\sigma} + \delta \boldsymbol{u}^{\mathrm{T}} \rho \ddot{\boldsymbol{u}} + \delta \boldsymbol{u}^{\mathrm{T}} \mu \dot{\boldsymbol{u}}) \mathrm{d}V = \int_V \delta \boldsymbol{u}^{\mathrm{T}} \boldsymbol{F} \mathrm{d}V + \int_S \delta \boldsymbol{u}^{\mathrm{T}} \boldsymbol{\varphi} \mathrm{d}S + \sum_{i=1}^n \delta \boldsymbol{u}^{\mathrm{T}} \boldsymbol{P}_i$$

$$(2.1.2)$$

将单元内部的位移 $\boldsymbol{u} = \boldsymbol{u}(x,y,z,t)$ 用单元节点的位移 $\boldsymbol{x} = \boldsymbol{x}(t)$ 来插值。插值函数为形函数,即

$$\boldsymbol{N} = \boldsymbol{N}(x,y,z) , \boldsymbol{u} = \boldsymbol{N}\boldsymbol{x} , \dot{\boldsymbol{u}} = \boldsymbol{N}\dot{\boldsymbol{x}} , \ddot{\boldsymbol{u}} = \boldsymbol{N}\ddot{\boldsymbol{x}} \qquad (2.1.3)$$

由式(2.1.2)和式(2.1.3),得

$$\delta \boldsymbol{x}^{\mathrm{T}} \left[\int_V \boldsymbol{B}^{\mathrm{T}} \boldsymbol{\sigma} \mathrm{d}V + \int_V \boldsymbol{N}^{\mathrm{T}} \rho \boldsymbol{N} \mathrm{d}V \ddot{\boldsymbol{x}} + \int_V \boldsymbol{N}^{\mathrm{T}} \mu \boldsymbol{N} \mathrm{d}V \boldsymbol{x} - \int_v \boldsymbol{N}^{\mathrm{T}} \boldsymbol{F} \mathrm{d}V - \int_S \boldsymbol{N}^{\mathrm{T}} \boldsymbol{\varphi} \mathrm{d}S - \sum_{i=1}^n \boldsymbol{p}_i \right] = 0$$

$$(2.1.4)$$

式(2.1.4)中,$\boldsymbol{\varepsilon} = \partial \boldsymbol{u} = \partial \boldsymbol{N}\boldsymbol{x}, \boldsymbol{B} = \partial \boldsymbol{N}$。

推导中假设集中力的作用位置在节点上,∂ 是微分算子,由具体问题所对应的微分控制方程决定。式(2.1.4)可以写为

$$\boldsymbol{M}_e \ddot{\boldsymbol{x}} + \boldsymbol{C}_e \dot{\boldsymbol{x}} + \boldsymbol{f}^{\mathrm{int}} = \boldsymbol{f}^{\mathrm{ext}} \qquad (2.1.5)$$

其中单元质量矩阵和单元阻尼矩阵定义为

$$\boldsymbol{M}_e = \int_V \boldsymbol{N}^{\mathrm{T}} \rho \boldsymbol{N} \mathrm{d}V \qquad (2.1.6)$$

$$C_{\mathrm{e}} = \int_V N^{\mathrm{T}} \mu N \mathrm{d}V \tag{2.1.7}$$

单元内力和外力向量定义为

$$f^{\mathrm{int}} = \int_V B^{\mathrm{T}} \sigma \mathrm{d}V \tag{2.1.8}$$

$$f^{\mathrm{ext}} = \int_V N^{\mathrm{T}} F \mathrm{d}V + \int_S N^{\mathrm{T}} \varphi \mathrm{d}S + \sum_{i=1}^n p_i \tag{2.1.9}$$

式(2.1.5)是一个耦合的二阶常微分方程。虽然位移 x 是空间离散函数，但是在时间上仍然是连续的函数。因此式(2.1.5)是一个半离散化的有限元数学模型。

将各个单元质量矩阵、单元阻尼矩阵、单元内力和外力向量用填充零的方法扩展到"结构尺寸"，即结构总的自由度数，然后相加，可以得到总的结构质量矩阵 M、阻尼矩阵 C、内力 F^{int} 和外力 F 向量，以及总的位移向量 x。

$$M\ddot{x} + C\dot{x} + F^{\mathrm{int}} = F \tag{2.1.10}$$

如此，原来在空间上具有无穷自由度的复杂连续系统变成了有限的 n 个自由度系统，系统任意位置的连续量都由节点变量 x 离散化了。

式(2.1.8)中的内力向量表示由应变产生的作用于节点的内力。式(2.1.5)和式(2.1.10)对线弹性或非线性材料都是适用的。对于线弹性材料，应力和应变成线性关系，满足虎克定理：

$$\sigma = E\varepsilon = E \cdot Bx \tag{2.1.11}$$

代入式(2.1.8)，得

$$f^{\mathrm{int}} = K_{\mathrm{e}} x \tag{2.1.12}$$

其中，单元刚度矩阵为

$$K_{\mathrm{e}} = \int_V B^{\mathrm{T}} E \cdot B \mathrm{d}V \tag{2.1.13}$$

相应地，式(2.1.5)变为

$$M_{\mathrm{e}}\ddot{x} + C_{\mathrm{e}}\dot{x} + K_{\mathrm{e}}\dot{x} = f \tag{2.1.14}$$

式(2.1.14)表示对任一单元，外力和惯性力、阻尼力以及弹性力平衡。

对于总的结构，式(2.1.10)变为

$$Mx + C\dot{x} + Kx = F \tag{2.1.15}$$

求解结构动力响应问题，一般有两种方法：一种是振型叠加法，由于振型的正交性，可把求解问题变换成一组独立的微分方程，即每个自由度有一个方程，解出这些方程后，把这些结果叠加可得到原方程的解，并能得到舰船结构的固有频率与振型；另一种是直接积分法(逐步积分法)，是在一系列的时间步长 Δt 上对方程进行数值积分，在每一步长上计算位移、速度和加速度。求解式(2.1.15),便可得到结构上任一节点处的位移响应、速度响应和加速度响应。

2.1.2 船体结构振动的有限元建模

对船体结构振动进行有限元分析,需要根据船舶的结构形式、受力情况、精度要求和计算的最终目的,运用结构力学和有限元知识,对实际结构进行简化,选用适当类型的单元,从而建立有限元模型。

船体结构非常复杂,三维有限元模型的建立是一项非常繁重而艰巨的工作,因此充分利用有限元分析软件的建模工具是十分必要的。其中特别值得一提的是在超大型结构的建模工程中子结构技术的运用,即将船体划分成若干个子结构来处理,通常按照船舶结构的自然分段来划分子结构,然后再通过平移、镜射等手段将其组装起来。可由多个人同时开展各个子结构的建模工作,从而有效地、充分地利用计算机资源,加快工作进度。

相对于船体结构振动分析而言,船体结构强度有限元分析的应用更加广泛。一般而言,根据要求不同,船体结构强度的有限元分析可以分为以下三个不同层次:

(1)整船分析。目的是获得船体应力和变形的整体情况,主要是对大开口型船舶(如集装箱船)等特殊船型进行强度分析时采用;另一个目的是为舱口角隅等需要细化的局部结构分析提供边界条件。

(2)舱段分析。它不仅能用于分析甲板、舷侧、船底和舱壁等结构在局部载荷作用下的强度,而且在得到的结构局部应力和变形上再叠加船体梁载荷的响应后,同样能够进行船体总强度的评估。

(3)局部有限元分析。通常在对船体进行整体分析的基础上,为了更精确地获知主要结构件或关键部位的应力水平和应力分布时采用。可用于计算局部应力以确定集中系数。

全船的有限元模型建模必须建立在对船体结构的承载模式、载荷传递和相应的变形特征正确分析的基础上,合理地布置单元网格线和简化纵骨等小构件,运用杆元、梁元、膜元和板壳元等结构单元的恰当组合,做到既保证计算结构的真实、有效、可信,又控制计算规模。船体结构振动分析与船体结构强度在有限元建模过程中有许多相似之处,因此有必要先介绍在全船结构强度有限元建模过程中主要遵循的原则[79]。

(1)若采用舱段分析,即仅对船体的某些舱段建立有限元模型。世界各主要船级社为舱段结构的有限元分析提供了参考,各个船级社技术小组基于各自的考虑,模型范围并不完全相同,主要包括两种:一是中间舱各向前后延伸一个舱共三个舱,即三舱段模型(以下简称大模型),ABS采用的就是大规模;二是船中的一个舱各向前后延伸半个舱,即二舱段模型(以下简称小模型),DNV、LR、GL 及 CCS 采用的是小模型。无论是大模型还是小模型,模型的垂直范围都为船体型深。

(2) 两道纵舱壁和无纵舱壁的油船,当主要构件和载荷对称于纵中剖面时,则可以仅建立船体结构的右舷(或左舷)模型;而一般情况下,非对称载荷可以分解为相对于纵中剖面对称、反对称的载荷来处理,否则用全宽模型。对一道纵舱壁的油船用全宽模型。

(3) 主要的结构构件,如肋板、舷侧肋骨、甲板横梁、纵骨、纵桁、底部纵桁及其他相当构件等要合理地模型化。

(4) 有限元网格应根据计算目标和精度的要求划分,过细会给建模和计算工作带来困难;过粗又会使计算结构不能表达局部的变形和应力。主要有两种做法:一是粗网格(如 ABS),即根据主要结构来划分单元;二是细网格,即根据骨材的间距来划分单元,目前 DNV、LR、BV 和 CCS 等采用细网格模型。

(5) 粗网格的有限元模型在表达船体结构的总纵弯曲和局部板架弯曲时是恰当的,但是它关于加强筋和板格的弯曲的描述却是不完备的。有鉴于此,粗网格模型通常采用膜单元和杆单元来模拟船体结构。由于梁单元与膜单元的连接存在单元间变形的不相容,所以一般不采用梁单元。但是有些情况下,为了使结构具有面外刚度,梁单元被用来支撑膜单元,以便承受横向载荷。如双层底上的纵骨通常采用杆单元,但在横舱壁的支凳附近则处理为梁单元。

(6) 细模型的板结构(主要结构构件)选用板壳单元,加强筋选用梁单元。在主要构件之间布置这种单元,以承受压力载荷并把它们传递给主要构件。对于仅在板的一侧布置的加强筋应采用偏心梁元。否则梁的弯曲刚度应该计入板壳的影响。另外对于较薄的板构件,考虑到它的承载能力,可以用平面应力元来代替板壳元。

(7) 单元主要采用四种类型:杆单元、梁单元、膜元及板壳元。通常只采用简单单元,即仅在角点处布置节点,采用高阶单元被认为是不必要的。

(8) 一般而言,船体的外板结构、强框架、纵桁、平面舱壁的桁材、肋骨等的高腹板,以及槽型舱壁和壁凳采用四节点板壳单元模拟,在高应力区和高应力变化区尽可能避免使用三角形单元,如减轻孔、人孔,舱壁与凳连接处,邻近肘板或结构不连续处,尽量少用三角形单元。

(9) 对于承受水压力和货物压力的各类板上的扶强材用梁单元模拟,并考虑偏心的影响。纵桁、肋板上加强筋、肋骨和肘板等主要构件的面板和加强筋可用杆单元模拟。若考虑到网格的布置和大小划分的困难,部分区域一个线单元可以用来模拟一根或多根梁/杆单元。船底纵桁和肋板在垂直方向布置应不少于 3 个板单元。舱壁最底部的单元一般情况下应尽量划分为正方形单元。

（10）槽型舱壁和壁凳：每一个翼板和腹板至少应划分为一个板元；在槽型舱壁下端接近底凳处的板单元和凳板的邻近单元，其长宽比系数接近于 1。主要构件的减轻孔、人孔，特别是双层底邻近舱壁处桁材和邻近凳肘板肋板的开孔，可以采用等效板厚的板元来替代这些开孔的影响。

（11）板厚有突变的地方应用作单元的边界。如果单元跨越板厚突变，则应相应地调整单元数据以得到等效刚度。板单元应位于相应板构件的中面上，但在整体强度分析中，板单元可以近似置于外部轮廓的平面内。

（12）由于船体结构的复杂性，在模型化时要做必要的简化，但需要评估这样做对结构的不利影响是否可以忽略。在整体分析时，最通常的简化是将几个次构件合并（如加强筋等），合并的构件应位于相关构件的几何中心，还要具有相同的刚度和质量。甚至一些贡献较小的次要构件可以不计入模型，如短的防止屈区的加强筋和小的开孔。至于大的开孔，则必须计入模型。

（13）结构尺寸采用船舶建造厚度。板单元许用应力标准采用的是膜应力，即弯曲板单元中面应力。梁单元采用的是轴向应力。

对于船体结构振动模态分析的有限元模型，在建模过程中可参照以上原则进行，还应遵循以下原则：

（1）在划分全船有限元网格后，可将船体结构划分为若干区域化模块，将各区域模块定义为超单元，应用子结构技术对船体结构进行求解，以便获得船体结构整体振动模态结果。

（2）需考虑船体舾装和大型轮机设备质量的影响，船体舾装质量采用等效质量的形式加载在相应位置船体结构上，可通过修正船体结构材料密度的形式实现，大型轮机设备的质量可用质量单元模拟，应使有限元模型的总质量及重心位置与实船近似一致。

（3）需考虑船体结构浸水部分附连水质量的影响，一般可用近似等效质量的形式将附连水质量加载在相应位置船体结构上。

（4）分析频率越高，要求单元的长度越短，使得网格急剧增加，计算成本加大，应根据分析需要和计算机资源情况综合考虑分析频率范围，满足每个波长内 4～6 个单元的原则。

（5）为模拟船体在水中的自由状态，一般不对船体结构施加模拟约束，避免边界条件对计算结果的影响。

对于船体结构振动响应分析的有限元模型，在建模过程中可还应遵循以下原则。

（1）确定船体结构振动的振源激励特性和加载位置，建立振源加载位置的详细有限元模型,且振源加载位置的局部结构刚度特性应尽可能与实际一致。

（2）依据经验公式或同类型船舶实验数据结果,合理确定船体结构的阻尼参数,一般可采用船体结构材料损耗因子或船体结构模态阻尼比的形式加以考虑。

（3）采用直接响应求解法计算船体结构振动响应时,应合理选择计算频率步长,节约计算机资源。

（4）采用振动模态叠加法计算船体结构振动响应时,应事先计算船体结构的模态结果,且计算的最高模态频率应高于振动响应分析频率的 1.5 倍左右,以减少截断误差的影响。

2.1.3 结构灵敏度分析的有限元模型修正方法

正确地建立包括船体结构与动力装置在内的弹性体模型,是研究船舶动力装置隔振性能、壳体振动传递规律、水下声辐射预报和优化设计的有效方法。建立复杂结构的弹性体分析模型,目前最有效的仍是有限元技术。为了使复杂结构的有限元模型能够反映实际结构的动态特性,在试验的基础上对有限元模型进行修正十分必要。本节介绍了结构灵敏度分析的有限元模型修正方法及其应用实例。

1. 频响函数的相关准则

频响函数的相关准则包括频响函数的正交性和频响函数相关系数。频响函数的正交性可表示为

$$(K - \omega^2 M + i\omega C)H(\omega) = I \qquad (2.1.16)$$

式(2.1.16)表示计算模型的动刚度矩阵和测试得到的频响函数矩阵的乘积应该为单位矩阵 I。频响函数相关系数指计算和测试得到的频响函数之间的相关性。

$$\chi(\omega) = \frac{|H_e^T(\omega)H_a(\omega)|^2}{(H_e^T(\omega)H_e(\omega))(H_a^T(\omega)H_a(\omega))} \qquad (2.1.17)$$

式中:$H_a(\omega)$ 为计算的频响函数;$H_e(\omega)$ 为试验的频响函数。

频响函数相关系数的大小表示数值计算和测试频响函数之间的相关程度,其取值范围在 0~1 之间。当 $\chi = 0$ 时,表示两频响函数不相关;当 $\chi = 1$ 时,表示两频响函数完全一致。如果介于 0~1 之间,则两频响函数幅值的平均误差可表示为

$$\text{ERROR}(\omega) = \frac{\left(\sum_{i=1}^{N} H_a(\omega_i) - \sum_{j=1}^{M} H_e(\omega_j)\right)}{\sum_{j=1}^{M} H_e(\omega_j)} \qquad (2.1.18)$$

式中:ω_i、ω_j 分别为在频率 ω 处计算和试验的频响函数。

在频响函数的每一个频率处,可以用形状相关系数 χ_s 和幅值相关系数 χ_a 来描述计算和测试频响函数之间的相关性。形状相关系数 χ_s 定义为

$$\chi_s(\omega_i) = \frac{|\boldsymbol{H}_e^T(\omega_i)\boldsymbol{H}_a(\omega_i)|^2}{(\boldsymbol{H}_e^T(\omega_i)\boldsymbol{H}_e(\omega_i))(\boldsymbol{H}_a^T(\omega_i)\boldsymbol{H}_a(\omega_i))} \tag{2.1.19}$$

式中:$\boldsymbol{H}_e(\omega_i)$ 为在频率 ω_i 处试验的频响函数;$\boldsymbol{H}_a(\omega_i)$ 为在频率 ω_i 处计算的频响函数。

χ_s 的大小表示数值计算和测试频响函数之间的形状相关程度,主要由共振峰值的位置和数量决定,与模型中的刚度和质量参数的改变较为灵敏。χ_s 的取值范围在 $0 \sim 1$ 之间,$\chi_s = 1$ 时,表明两频响函数的形状完全一致。

当试验和计算的频响函数成比例时,χ_s 就等于1。由于频响函数不仅与形状有关,还与幅值的大小密切相关,所以再引入幅值相关系数 χ_a:

$$\chi_a(\omega_i) = \frac{2|\boldsymbol{H}_e^T(\omega_i)\boldsymbol{H}_a(\omega_i)|}{\boldsymbol{H}_e^T(\omega_i)\boldsymbol{H}_e(\omega_i) + \boldsymbol{H}_a^T(\omega_i)\boldsymbol{H}_a(\omega_i)} \tag{2.1.20}$$

幅值相关系数 χ_a 的大小表示数值计算和测试频响函数幅值之间的相关程度,因而与模型中的阻尼参数的改变更为灵敏。χ_a 的取值范围在 $0 \sim 1$ 之间,当 $\chi_a = 1$ 时,表明两频响函数的幅值完全一致。

2. 灵敏度分析方法

通过灵敏度分析可以得到有限元模型中结构的某一部分参数变化对响应的影响。灵敏度分析的参数可以是有限元模型中的几何参数和材料参数,如板、壳单元的厚度,梁单元的截面积、弯曲刚度,材料的弹性模量、密度,弹簧的刚度、阻尼等。灵敏度分析的响应可以是结构的固有频率、振型、频响函数,以及数值计算与试验之间的各种相关系数。

灵敏度系数指在给定的参数状态下,响应 R 对于参数 P 的偏导数,S_{ij} 即为第 i 个响应对第 j 个参数的灵敏度,如果有多个响应和参数,则可以构成灵敏度矩阵,灵敏度矩阵可表示为

$$\boldsymbol{S} = S_{ij} = \frac{\partial p_i}{\partial p_j} \tag{2.1.21}$$

式中:$i = 1,2,\cdots,N$;N 为响应的个数;$j = 1,2,\cdots,M$;M 为参数的个数。

例如,频响函数的灵敏度表示结构的某一部分参数改变对频响函数的影响。灵敏度分析方法包括微分灵敏度分析、有限差分灵敏度分析。

动刚度矩阵对参数 P 的灵敏度为

$$\frac{\partial \boldsymbol{\alpha}}{\partial p} = \frac{\partial \boldsymbol{\alpha} \boldsymbol{I}}{\partial p} = \frac{\partial \boldsymbol{\alpha} \boldsymbol{Z} \boldsymbol{\alpha}}{\partial p} \tag{2.1.22}$$

式中:I 为单位矩阵;$\boldsymbol{\alpha}$ 为动刚度矩阵;Z 为阻抗矩阵。

$$Z = K + i\omega C - \omega^2 M \qquad (2.1.23)$$

由于阻抗矩阵与动刚度矩阵互为逆矩阵的关系,即

$$\boldsymbol{\alpha} = Z^{-1} \qquad (2.1.24)$$

展开式(2.1.22),得

$$\frac{\partial \boldsymbol{\alpha}}{\partial P} = \frac{\partial \boldsymbol{\alpha}}{\partial P} Z \boldsymbol{\alpha} + \boldsymbol{\alpha} \frac{\partial Z}{\partial P} \boldsymbol{\alpha} + \boldsymbol{\alpha} Z \frac{\partial \boldsymbol{\alpha}}{\partial P} \qquad (2.1.25)$$

由于 $Z\boldsymbol{\alpha} = 1$,所以

$$\frac{\partial \boldsymbol{\alpha}}{\partial p} = 2 \frac{\partial \boldsymbol{\alpha}}{\partial p} + \boldsymbol{\alpha} \frac{\partial Z}{\partial p} \boldsymbol{\alpha} \qquad (2.1.26)$$

得

$$\frac{\partial \boldsymbol{\alpha}}{\partial p} = - \boldsymbol{\alpha} \frac{\partial Z}{\partial p} \boldsymbol{\alpha} \qquad (2.1.27)$$

将式(2.1.22)代入式(2.1.27),则

$$\frac{\partial \boldsymbol{\alpha}}{\partial p} = - \boldsymbol{\alpha} \frac{\partial K}{\partial p} - i\omega \frac{\partial C}{\partial p} + \omega^2 \frac{\partial M}{\partial p} \qquad (2.1.28)$$

3. 基于频响函数相关系数灵敏度的有限元模型修正

频响函数相关系数的灵敏度表示结构的某一部分参数改变对频响函数形状相关系数和幅值相关系数的影响,即给定的状态参数下,频响函数形状和幅值相关系数对于参数的偏导数。将频响函数相关系数写成实部和虚部的形式,则形状和幅值相关系数的灵敏度分别表示为

$$\frac{\partial(\chi_s(\omega))}{\partial P} = \frac{\partial \mathrm{Re}(\chi_s(\omega))}{\partial P} + \frac{\partial \mathrm{Im}(\chi_s(\omega))}{\partial P} i \qquad (2.1.29)$$

$$\frac{\partial(\chi_a(\omega))}{\partial P} = \frac{\partial \mathrm{Re}(\chi_a(\omega))}{\partial P} + \frac{\partial \mathrm{Im}(\chi_a(\omega))}{\partial P} i \qquad (2.1.30)$$

进行灵敏度分析,可以得到有限元模型中结构的某一部分参数变化对响应的影响。在求得系统响应关于参数的灵敏度矩阵之后,为了使有限元模型与实际结构更加接近,可以采用基于灵敏度分析的有限元模型修正方法,即

$$R_e = R_a + S(P_u - P_0) \qquad (2.1.31)$$

或

$$\Delta R = S \Delta P \qquad (2.1.32)$$

式中:R_e 为试验测试系统的响应;R_a 为给定参数 P_0 下有限元计算的响应;P_u 为修正后的参数值;S 为灵敏度矩阵。

若式(2.1.31)中方程与参数的个数相等,则可通过下式直接求得参数的变化:

$$\Delta P = S^{-1} \Delta R \qquad (2.1.33)$$

然而,在很多情况下,式(2.1.31)中方程与参数的个数并不相等。当方程

的个数大于参数的个数时,引入广义逆矩阵的概念,则

$$\Delta \boldsymbol{P} = \boldsymbol{S}^{+} \Delta \boldsymbol{R} = (\boldsymbol{S}^{\mathrm{T}} \boldsymbol{S})^{-1} \boldsymbol{S}^{\mathrm{T}} \Delta \boldsymbol{S} \qquad (2.1.34)$$

当方程的个数小于参数的个数时,引入广义逆矩阵的概念,则

$$\Delta \boldsymbol{P} = \boldsymbol{S}^{+} \Delta \boldsymbol{R} = \boldsymbol{S}^{\mathrm{T}} (\boldsymbol{S}^{\mathrm{T}} \boldsymbol{S})^{-1} \Delta \boldsymbol{S} \qquad (2.1.35)$$

关于基于灵敏度分析的有限元模型修正方法,以频响函数相关系数的模型修正方法为例,则式(2.1.32)变为

$$\begin{Bmatrix} 1 - \chi_s(\omega_k) \\ 1 - \chi_a(\omega_k) \end{Bmatrix} = \boldsymbol{S} \Delta \boldsymbol{P} \qquad (2.1.36)$$

式中:灵敏度矩阵 $\boldsymbol{S}$ 为

$$\begin{bmatrix} S_{1,j} \\ S_{2,j} \end{bmatrix} = \begin{Bmatrix} \dfrac{\partial \mathrm{Re}(\chi_s(\omega))}{\partial P_j} + \dfrac{\partial \mathrm{Im}(\chi_s(\omega))}{\partial P_j} i \\ \dfrac{\partial \mathrm{Re}(\chi_a(\omega))}{\partial P_j} + \dfrac{\partial \mathrm{Im}(\chi_a(\omega))}{\partial P_j} i \end{Bmatrix} \qquad (2.1.37)$$

则

$$\Delta \boldsymbol{P} = \boldsymbol{G} \begin{Bmatrix} 1 - \chi_s(\omega) \\ 1 - \chi_a(\omega) \end{Bmatrix} \qquad (2.1.38)$$

依赖预测和测量频响函数的相关系数进行修正计算是一种迭代的过程,利用收敛条件:

$$\begin{cases} \displaystyle\sum_{i=1}^{k} \frac{\chi_s(\omega_k) + \chi_a(\omega_k)}{2} \geqslant k, \text{计算停止} \\ \displaystyle\sum_{i=1}^{k} \frac{\chi_s(\omega_k) + \chi_a(\omega_k)}{2} < k, \text{继续下一次迭代计算} \end{cases}$$

式中:k 为计算停止条件,取值范围一般为 0.5 ~ 1.0,可根据模型的复杂程度来确定。

在对有限元模型的修正过程中,修正的目标可以是固有频率、模态振型、频响函数、模态置信准则以及频响函数的相关系数,参数可以是有限元模型中的几何参数和材料参数,如板、壳单元的厚度,梁单元的截面积、弯曲刚度,材料的弹性模量、密度,弹簧的刚度、阻尼等。

由于频响函数包含了结构的特征频率、振型和阻尼特性,含有十分丰富的信息,因此,选用频响函数作为修正的目标,可较全面地修正有限元模型的结构动态特性。而选用频响函数的相关系数作为目标,不但可以全面地修正有限元模型的结构动态特性,还可以直观地得到修正后有限元模型计算与试验频响函数之间的相关程度。与基于模态振型的修正方法相比,只需要少数的频响函数,避免了大量的数据采集和整理工作。因此,理论上,基于相关性和灵敏度分

析的有限元模型修正方法,能同时对复杂结构的刚度、质量和阻尼参数同时进行修正,使得有限元模型更加接近真实结构的动态特性。

2.1.4　舱段结构有限元模型修正应用

　　建立包括船舶设备隔振系统与船体结构在内的弹性体模型,是研究船舶机械振动传递规律、控制船体结构振动噪声的前提。为了使船舶结构的有限元模型能够反映实际结构的动态特性,本节介绍了舱段结构有限元模型修正的应用实例[80,81]。

　　带有浮筏隔振系统的浮筏舱段模型的总体尺寸为长 550mm、宽 450mm、高 250mm,船壳体厚度为 1.5mm,肋板宽度为 20mm、厚度为 2mm。浮筏基座采用矩形截面为 40mm×25mm、厚度为 1mm 的型材与船底焊接为一体,筏体也采用同样的型材焊接为框架结构。两台用于模拟动力装置的带有偏心块的电动机安装于舱段内的双层浮筏装置上,每台电动机与安装支架质量为 8kg,筏体质量为 4kg,整个浮筏舱段质量为 50kg。筏体下安装 6 个隔振器,两台电动机下各安装 4 个隔振器,隔振器水平和垂直方向的刚度分别为 6130N/m 和 44960N/m。

　　由于船舶浮筏隔振系统结构比较复杂,为了节约建模和计算时间,建模时简化如下:电动机用刚性固体块等效其质量、转动惯量和惯性矩;一个减振器用三个弹性单元来分别模拟其三个方向的刚度和阻尼;筏体、船体、基座和肋板用壳体单元来模拟。将浮筏舱段结构有限元共分成 3700 个单元、3655 个节点,其有限元模型见图 2.1.1。

图 2.1.1　浮筏舱段的有限元模型

　　分别在电动机、船舷和船底选择三个有代表性的位置,测试和计算出 500Hz 范围内的原点频响应函数,得到对应这三个频响函数的形状和幅值相关系数。然后,对船舶壳体、肋板、基座和筏体的弹性模量和阻尼、隔振器的刚度和阻尼等参数进行修正。经过 18 步迭代后计算结束,修正后有限元模型计算和试验测试的原点频响函数对比见图 2.1.2 ~ 图 2.1.4。由图可见,修正后原点频响函数的计算值和试验值基本一致,表明此时船舱的有限元模型能够较好地反映实际结构的动态特性。

　　有限元模型修正前后的形状相关系数对比见图 2.1.5,幅值相关系数对比见图 2.1.6。在 0 ~ 90Hz 的低频范围内,修正后的形状和幅值相关系数均在 0.95 以上,表明有限元模型中船舶浮筏隔振系统的动态特性与实际结构十分接近。在 0 ~ 500Hz 范围内,形状相关系数的初始平均值为 0.53,修正后提高到

0.82,幅值相关系数的初始平均值为0.58,修正后提高到0.88。因此,修正后整个船舱结构有限元模型的动态特性与实际结构基本一致。

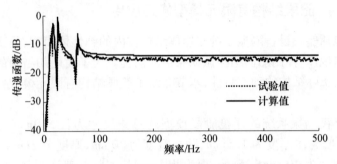

图2.1.2　模型修正后电动机的频响函数

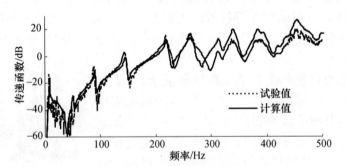

图2.1.3　模型修正后船弦的频响函数

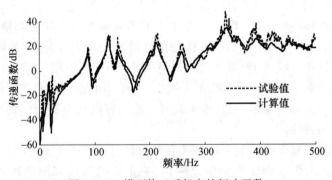

图2.1.4　模型修正后船底的频响函数

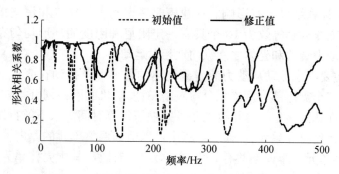

图 2.1.5　有限元模型修正前后的形状相关系数对比

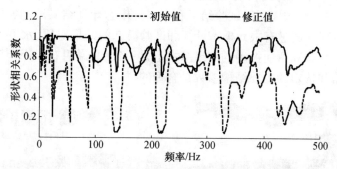

图 2.1.6　有限元模型修正前后的幅值相关系数对比

频响函数的形状和幅值相关系数,反映了计算和试验频响函数之间的一致性,而其对参数的灵敏度,反映了结构的动态特性对参数的敏感程度。实例表明:利用频响函数相关系数灵敏度的有限元模型修正方法,可对有限元模型中与刚度、质量和阻尼相关的所有参数同时进行修正,该方法具有对测点数目要求低、修正结果较准确的优点,并可用于对大型复杂结构进行修正。

2.1.5　鱼雷模型结构振动模态 FEM 分析实例

水下航行结构动力装置的振动与结构噪声是水下航行结构自噪声与辐射噪声的重要来源。水下航行结构模型总体外形尺寸为 $\phi 324\text{mm} \times 2820\text{mm}$,壳体壁厚为 7mm,动力装置包括主机、冷却海水泵、燃料泵以及联轴器与主轴等。

在建立有限元模型时,要对实物模型做合理的简化。把动力装置等效为具有不同刚度和密度材料属性的实心圆柱形结构,使各部分的形状尺寸基本上与实物模型保持一致,由模型的质量得出材料的密度,根据模型所用的材料确定刚度的大小。

动力装置在水下航行结构壳体内部做往复和旋转运动,动力装置与壳体的约束方式对计算结果会有影响。在建模时考虑到主机支撑和尾支撑径向的刚度,把每个支撑分别等效为 16 个具有一定阻尼和刚度的环形均匀布置的弹簧单元,允许动力装置和壳体之间纵向地相对运动。

由于主要考虑振动从动力装置到壳体的传递以及振动在壳体上的分布规律,所以对三个支撑部分网格划分得较密,对发动机的网格划分得较粗,以减少单元个数,在达到一定计算精度的条件下缩短计算时间。水下航行结构模型的壳体较薄,采用薄壳单元,以便在计算中可以适当调整单元的厚度,动力装置采用三维实体单元。本模型共有 2205 个单元参与计算,其中壳体单元 855 个,三维单元 1350 个。

计算出水下航行结构的环形振动、一径、二径、一弯、二弯等典型振动模态参数,水下航行结构模型的试验结果和有限元模态计算结果对比如图 2.1.7 和表 2.1.1 所列。通过有限元模态计算和试验模态的结果对比,水下航行结构整体的前几阶径向和弯曲振动的结果基本上是一致的,说明有限元计算模型划分的单元网格和选定的主要结构参数是合理的。

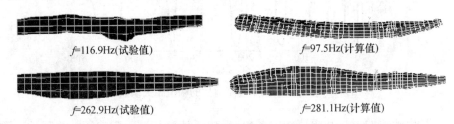

f=116.9Hz(试验值)　　　　　　　　　f=97.5Hz(计算值)

f=262.9Hz(试验值)　　　　　　　　　f=281.1Hz(计算值)

图 2.1.7　水下航行结构模型的试验结果和有限元模态计算结果对比

表 2.1.1　水下航行结构模型的各阶固有频率和振型

序　号	1	3	4	5	6
计算频率/Hz	56.3	97.6	281.1	353.5	412.8
试验频率/Hz	52.3	116.9	262.9	312.0	433.1
相对误差/%	+7.6	−16.5	+6.9	+13.3	4.7
振　　型	环形振型	一弯	一径	二径	二弯

2.1.6　拖轮船体结构振动特性 FEM 分析实例

全回转拖轮是指在原地可以 360° 自由转向的拖轮。由于动力设备众多以及在机舱内布置的复杂性,长期以来,拖轮舱室振动噪声控制问题没有得到很好的解决,严重影响船员的舒适度与设备的使用寿命。为了有效控制拖轮的结构振动和舱室噪声,需要在设计阶段对其进行振动特性仿真预报和分析。本节基于有限元法,建立了全回转拖轮的超单元模型,分析了拖轮的主要振源,计算了拖轮船体结构的振动模态及响应,计算结果得到相同船型实验的验证,为拖轮船体结构振动控制措施提供了依据[82]。

1. 拖轮船体结构有限元模型

研究对象为某全回转拖轮,船长为 36.8m,船高为 10.9m,船体结构重约 182t,水线长为 35.5m,型宽为 10m,型深为 4.4m,设计吃水为 3.4m;船体基本结构采用 Q235 钢材。为了减少船体结构的局部模态,缩短计算时间,提高计算精度,采用超单元法建立拖轮有限元模型,建立模型如图 2.1.8 所示。模型中共有 4588 个节点、6599 个单元;其中甲板、内底、横纵舱壁、纵桁(双层底纵桁及甲板纵桁)腹板等各种板壳结构用板单元模拟;加强材、支柱及型材面板用梁单元模拟。

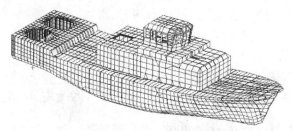

图 2.1.8　全回转拖轮超单元模型

2. 拖轮船体结构振动模态分析

由于超单元法相对传统有限元法可以缩减系统自由度,节省计算时间,提高计算精度,为了获得全船的总体振动特性,采用超单元法对自由状态下全回转拖轮进行模态分析。

超单元可以看做一种子结构,即将模型分为若干个超单元,分别单独处理各超单元以得到一组减缩矩阵。将各超单元的这些减缩矩阵组合到一起形成一个残余结构解。然后用装配解的结果对各超单元进行数据恢复(计算位移、应力等)。

对于固定界面模态综合超单元法,超单元的运动方程为

$$\begin{bmatrix} M_{ss} & M_{sm} \\ M_{ms} & M_{mm} \end{bmatrix}\begin{bmatrix} \ddot{x}_s \\ \ddot{x}_m \end{bmatrix} + \begin{bmatrix} K_{ss} & K_{sm} \\ K_{ms} & K_{mm} \end{bmatrix}\begin{bmatrix} x_s \\ x_m \end{bmatrix} = \begin{bmatrix} 0 \\ f \end{bmatrix} \quad (2.1.39)$$

式中:M_{ss}、M_{mm}、K_{ss}、K_{mm} 分别为副、主自由度描述的质量和刚度矩阵;M_{sm}、M_{ms}、K_{sm}、K_{ms} 分别为副、主自由度耦合的质量和刚度矩阵;x_m、x_s 分别为副、主自由度位移阵列;f 表示对接力阵列。

令 $f = \{\bar{f}\}\,\mathrm{e}^{\mathrm{j}\omega t}$，$x = \mathrm{e}^{\mathrm{j}\omega t}$，其中 ω 表示某一阶固有频率，则有

$$\begin{bmatrix} K_{ss} & K_{sm} \\ K_{ms} & K_{mm} \end{bmatrix} \begin{bmatrix} x_s \\ x_m \end{bmatrix} - \omega^2 \begin{bmatrix} M_{ss} & M_{sm} \\ M_{ms} & M_{mm} \end{bmatrix} \begin{bmatrix} x_s \\ x_m \end{bmatrix} = \begin{bmatrix} 0 \\ f \end{bmatrix} \qquad (2.1.40)$$

固定界面坐标 x_m，即约束全部界面坐标 $x_m = 0$，则

$$(K_{ss} - \omega^2 M_{ss})x_s = -(K_{sm} - \omega^2 M_{sm})x_m = 0 \qquad (2.1.41)$$

求出满足以下条件的固定界面正则主模态 ϕ：

$$\phi^{\mathrm{T}} M_{ss} \phi = I \quad \phi^{\mathrm{T}} K_{ss} \phi = \mathrm{diag}[\, p_1^2 \quad p_2^2 \quad \cdots \quad p_s^2 \,] \qquad (2.1.42)$$

式中：p_i 为超单元固定界面下的固有频率。由式(2.1.42)可知

$$(K_{ss} - \omega^2 M_{ss})^{-1} = K_{ss}^{-1} \phi^{-\mathrm{T}} E \phi^{\mathrm{T}} \qquad (2.1.43)$$

式中：$E = \mathrm{diag}\left[\dfrac{p_1^2}{p_1^2 - \omega^2} \quad \dfrac{p_2^2}{p_2^2 - \omega^2} \quad \cdots \quad \dfrac{p_s^2}{p_s^2 - \omega^2}\right]$。

将式(2.1.41)和式(2.1.43)代入式(2.1.40)，得

$$[\,K_0 - \omega^2(M_0 + A\Lambda A^{\mathrm{T}})\,]x_m = \bar{F} \qquad (2.1.44)$$

式中：

$$K_0 = K_{mm} - K_{ms} K_{ss}^{-1} K_{sm}$$

$$M_0 = M_{mm} - M_{ms} K_{ss}^{-1} K_{sm} - K_{ms} K_{ss}^{-1} M_{sm} + K_{ms} K_{ss}^{-1} M_{ss} K_{ss}^{-1} K_{sm}$$

$$A = M_{ms} \phi - K_{ms} \phi \cdot \mathrm{diag}\left[\dfrac{1}{p_1^2} \quad \dfrac{1}{p_2^2} \quad \cdots \quad \dfrac{1}{p_s^2}\right]$$

$$\Lambda = \mathrm{diag}\left[\dfrac{\omega^2}{p_1^2 - \omega^2} \quad \dfrac{\omega^2}{p_2^2 - \omega^2} \quad \cdots \quad \dfrac{\omega^2}{p_s^2 - \omega^2}\right]$$

$$\bar{F} = \begin{bmatrix} -(K_{ss} - \omega^2 M_{ss})^{-1}(K_{sm} - \omega^2 M_{sm}) \\ I \end{bmatrix}^{\mathrm{T}} \bar{f}$$

记模态矩阵 $\Phi = [\,\Phi_k \quad \Phi_d\,]$，其中 Φ_k 表示高阶模态，如果式(2.1.44)中取完整的 Φ 矩阵，那么式(2.1.44)就得到了完全精确的动力缩聚运动方程；如果忽略高阶模态 Φ_k 的存在，那么根据式(2.1.44)就可以获得指定精度的动力缩聚运动方程。

注意到式(2.1.44)给出的仅仅是一个超单元缩聚到界面主坐标下的运动方程，要生成装配体超单元，还要利用界面位移协调条件得到整体系统的运动方程：

$$\left[\sum_{i=1}^{k}(B_i^{\mathrm{T}} K_0 B_i) - \omega^2 \sum_{i=1}^{k}[B_i^{\mathrm{T}}(M_0 + A\Lambda A^{\mathrm{T}})B_i]\right]x_m = (K^* - \omega^2 M^*)x_m = F$$

$$(2.1.45)$$

式中：$B_i(i = 1, 2, \cdots, k)$ 为波尔装配矩阵。

基于超单元法的模态分析,可计算获得全回转拖轮船体结构的前三阶固有频率及振型。表 2.1.2 为各阶固有频率,图 2.1.9 为超单元模型的一阶弯曲和扭转振型图,图 2.1.10 为有限元模型的一阶弯曲和扭转振型图。

表 2.1.2　各阶固有频率　　　　　　　　　　（单位:Hz)

阶　　　次	弯曲振动	扭转振动
1	13.70	14.97
2	16.41	31.26
3	41.80	45.59

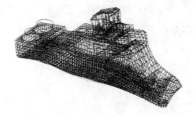

图 2.1.9　超单元模型的一阶弯曲和扭转振型

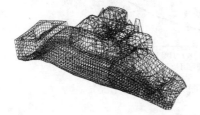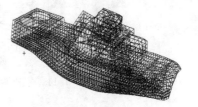

图 2.1.10　有限元模型的一阶弯曲和扭转振型

计算结果表明,超单元模型相对有限元模型,局部模态减少,整体模态振型更加明显。船体整体振动模态主要为弯曲和扭转振动,一阶弯曲和扭转振动的固有频率分别为 13.70Hz 和 14.97Hz,两者较为接近。局部振动主要发生在上层建筑与甲板结合处,将影响舱室振动响应的幅值。

3. 拖轮主要振动源

船舶的主要振动源有主机、辅机、通风和空气调节系统、液压系统,以及螺旋桨。导致船体稳定强迫振动的主要是主机和螺旋桨的周期性干扰力,因此只考虑主机和螺旋桨两个主要振源。全回转拖轮为 Z 型双机双桨动力装置的船用主机型号为 YAMA - 6EY26W,额定功率为 1800kW,额定转速为 750r/min,齿轮箱转速比为 3.1,螺旋桨采用四叶桨。外部激励载荷简化为主机作用在机舱基座结构上的激励力,以及螺旋桨产生的脉动压力对螺旋桨机舱底板上的激振速度。

主机激振力根据经验公式计算:

$$L_a = 10\lg \frac{N_H P_H^{0.55}(1 + P_H/M)}{1 + (f/1500)^3 M/P_H} + 30\lg \frac{N}{N_H} + 20\lg f - 16 \quad (2.1.46)$$

式中:L_a 为振动加速度等级(dB);M 为发动机质量(kg);N_H 为发动机额定转速(r/min);N 为发动机工作转速(r/min);P_H 为额定功率(kW)。

图 2.1.11 为额定工况时主机激振力频谱,其幅值随着频率的增加而上升。螺旋桨激励根据经验公式计算:

$$L_v = c + 10\lg(M \cdot N) + 40\lg D + 30\lg N_H - 20\lg f \quad (2.1.47)$$

式中:M 为主机数;N 为桨叶数;D 为桨的直径(m);N_H 为额定转速(r/min);c 为修正值,本书取 38。

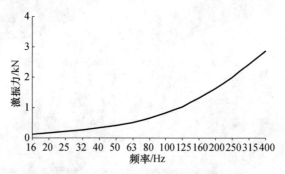

图 2.1.11　主机激振力频谱(额定工况)

图 2.1.12 为额定工况时螺旋桨激振引起的机舱底板上的激振速度频谱,其幅值随着频率的增加而下降。

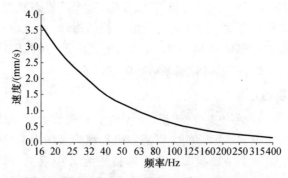

图 2.1.12　螺旋桨激振引起的机舱底板上的激振速度频谱(额定工况)

4. 拖轮船体结构振动响应预报

由于会议室、船员室、驾驶室对振动舒适性的要求比较高,重点分析会议室、船员室、驾驶室的振动情况,为了便于比较,将振动速度转换为振动速度级(图2.1.13):

$$L_{\mathrm{v}} = 20\lg \frac{v}{v_0} \qquad\qquad (2.1.48)$$

式中:v_0 为基准值,取 1×10^{-6} m/s。

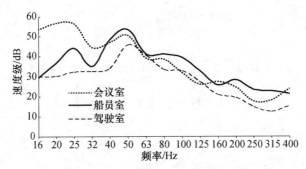

图 2.1.13　会议室、船员室、驾驶室的振动速度

会议室、船员室、驾驶室的总速度级分别为 59.9dB、58.8dB、48.9dB,主要为 100Hz 以下的低频振动。表明会议室的振动速度最大,驾驶室的振动速度最小,这是由于会议室布置在主机机舱上方平台附近,而驾驶室在会议室正上方。随着相对主要振动源主机距离的增大,船体结构的振动波传播范围扩大,且振动能量在沿船体传递时振动幅值不断减小。

5. 拖轮船体结构振动实验验证

为了验证仿真预报结果的正确性,对实船进行了振动实验。测量仪器为 MVP–2C 振动数据采集器,在主机处于 100% 工况(即转速为 750r/min)时,对会议室、驾驶室、船员室等舱室以及主机进行振动测量。为了客观地反映舱室的振动情况,在每个房间底板上布置 3~4 个测点,并取这些测量结果的平均值。图 2.1.14~图 2.1.16 为会议室、驾驶室、船员室的实验测量值与仿真值对比图。

由图 2.1.14~2.1.16 可知,三个房间的仿真结果与实验结果曲线变化趋势一致,预测结果的平均误差小于 3.1dB(表 2.1.3),满足工程精度要求,说明所建立的超单元模型能够较好地反映拖轮船体结构的动态特性,但是还存在一定的误差。造成这些误差的原因主要来自于三个方面:①拖轮在工作过程中受到风浪等外界环境因素的影响,有限元模型并不能完全模拟拖轮的实际工作情

33

况;②实际测量时,拖轮还受到机舱水泵、风机等其他众多辅机动力设备激励的作用;③在建立拖轮船体结构的有限元模型时,对拖轮内部的舾装及局部结构进行了一定的简化。

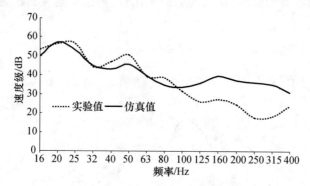

图 2.1.14 会议室振动速度频谱

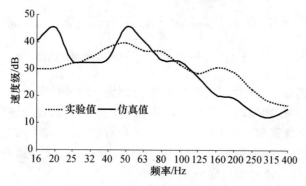

图 2.1.15 驾驶室振动速度级频谱

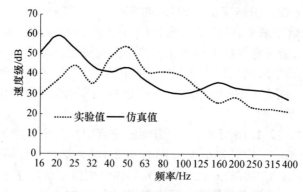

图 2.1.16 船员室振动速度级频谱

表 2.1.3　舱室振动速度级　　　　　　　（单位：dB）

	仿真值	实验值	误差
会议室	59.9	61.3	-1.4
船员室	58.8	55.7	3.1
驾驶室	48.9	47.8	1.1

6. 舱室结构阻尼减振效果分析

敷设阻尼材料是降低薄壳结构共振响应的最有效的方法。阻尼材料的作用是将振动能量转换成热能耗散掉,以此来抑制结构振动,达到降低噪声的目的。通过在拖轮舱室舱壁上粘贴阻尼材料的方式,从控制振动传递途径的角度来降低拖轮振动。

结构阻尼的处理一般有两种形式:一种是自由阻尼层处理;另一种是约束阻尼层处理。一般而言,约束阻尼处理的效果明显优于自由阻尼处理。由于会议室对振动要求较高,所以本书仅对会议室进行阻尼减振处理,其中阻尼层材料为聚氨酯,厚度为 10mm,约束层材料为铝箔,厚度为 0.2mm,粘贴方式如图 2.1.17 所示。

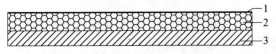

图 2.1.17　阻尼材料粘贴方式

1—约束层(铝箔);2—阻尼层(聚氨酯);3—基板。

图 2.1.18 为会议室阻尼减振处理后的振动速度频谱图。结果显示,采用约束阻尼处理后,会议室在较宽频率范围的振动速度级明显降低,总振动速度级为 49.2dB,降低了 10.7dB。

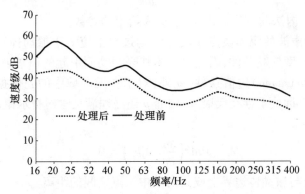

图 2.1.18　会议室阻尼减振处理后的振动速度频谱

相对于传统有限元模型,采用超单元法建立的全回转拖轮模型计算得到的总体振动模态振型更加明显,其总体振动主要为垂向振动和扭转振动,局部振动主要发生在上层建筑与甲板结合处。

全回转拖轮舱室振动响应计算表明,舱室振动以 100Hz 以下的低频振动为主,仿真结果误差小于 3.1dB,可基本达到工程精度要求;在所关注的会议室、驾驶室、船员室这三个房间中,会议室离机舱主机振源最近,振动响应较大;在会议室舱壁上粘贴聚氨酯进行阻尼减振,减振效果约为 10dB,表明阻尼减振可有效控制船体舱室局部结构的振动幅值。

2.2 船体结构低频辐射噪声边界元分析

2.2.1 结构声辐射边界元方法

对于稳态简谐声辐射,在均匀理想、可压缩、无粘性的流体介质中传播的小振幅声波,其传播规律可用式(2.2.1)所示的三维波动方程来描述:

$$\frac{1}{c^2}\frac{\partial^2 p}{\partial t^2} = \nabla^2 p \qquad (2.2.1)$$

若将时间谐波函数用复数形式标记,如物理量 u 可表示为 $u = \mathrm{Re}\{ue^{j\omega t}\}$,其中 u 是幅值,于是式(2.2.1)可转化为

$$\nabla^2 p + k^2 p = 0 \qquad (2.2.2)$$

式中:∇^2 为拉普拉斯算子;$k = \omega/c$ 为波数;ω 为圆频率。

将船体外壳的表面记作 S,S 上可为狄利克雷(Dirichlet)边界条件(给定 p)、纽曼(Neumann)边界条件(给定 $\partial p/\partial n$)或混合的罗宾(Robin)边界条件:

$$\alpha p + \chi\frac{\partial p}{\partial n} = \gamma \qquad (2.2.3)$$

式中:n 为 S 的内法向单位矢量;α、χ、γ 为给定的参数。

由于传播声波的流体质点速度在结构边界上应等于振动体边界上的法向振速,即满足速度连续条件,因此对船体外壳振动而引起的声辐射问题,其边界条件为纽曼(Neumann)边值条件,此外,对于在无限域中的壳体振动声辐射问题,由于在无穷远处不存在反射波,因而 p 还必须满足索姆费尔德(Sommerfeld)辐射条件,即

$$\lim_{r\to\infty} r\left(\frac{\partial p}{\partial r} - jkp\right) = 0 \qquad (2.2.4)$$

式中:r 为场点与振动体边界上或其内域中某点之间的距离。

使用自由场格林公式,式(2.2.2)可变换成亥姆霍兹(Helmholtz)积分公

式,即

$$C(P)p(P) = \int_S \left(G(Q,P) \frac{\partial p(Q)}{\partial n} - \frac{\partial G(Q,P)}{\partial n} p(Q) \right) \mathrm{d}S(Q) \quad (2.2.5)$$

式中:

$$C(P) = \begin{cases} 1 & P \in \Omega^+ \\ 1 - \int_S \dfrac{\cos\beta}{4\pi r^2} \mathrm{d}S(Q) & P \in S \\ 0 & , \quad P \in \Omega^- \end{cases} \quad (2.2.6)$$

$$G(Q,P) = \frac{\mathrm{e}^{-jkr}}{4\pi r} \quad (2.2.7)$$

$$\frac{\partial p(Q)}{\partial n} = -\mathrm{j}\omega\rho v_n(Q) \quad (2.2.8)$$

$$\frac{\partial G(Q,P)}{\partial n} = -\frac{\mathrm{e}^{-jkr}}{4\pi r}\left(\mathrm{j}k + \frac{1}{r}\right)\cos\beta \quad (2.2.9)$$

式中:Ω^+ 为外部域;Ω^- 为内部域为;$r = |Q-P|$;Q 为 S 上任意点;P 为空间中任意点;β 为法向向量 $\boldsymbol{n}$ 与矢径 $\boldsymbol{r}$ 的夹角;v_n 为船体外壳 S 上的法向振速。由表达式可见,由于 p 和 v_n 都不是独立的,不能同时在表面 S 上定义;在 S 上求出振动速度 v_n 可以求出声压,反之亦然。此外,声压量 p 和表面法向振速 v_n 直接相关,故以上方法称为直接边界元法,适用于具有封闭表面结构的内外声场计算。

对于水面舰船,其声场问题属于半空间内结构声辐射问题,需要考虑无限延伸水平自由表面 S_H 对结构声辐射的影响。在具体计算时,只需将式(2.2.5)中的自由场格林函数 $G(Q,P)$ 替换为半自由场格林函数 $G_H(Q,P)$ 即可:

$$G_H(Q,P) = \frac{\mathrm{e}^{-jkr}}{4\pi r} - \frac{\mathrm{e}^{-jkr_1}}{4\pi r_1} \quad (2.2.10)$$

式中:$r_1 = |Q-P_1|$;P_1 为 P 关于 S_H 的镜像。

将点 P 移到边界上,表面 S 上的声压和振动速度是方程的变量,该方程称为边界亥姆霍兹积分方程。若结构表面离散为 N 个节点,对边界亥姆霍兹积分方程进行离散,即可得到边界元求解方程,用矩阵形式表示为

$$\boldsymbol{H}\boldsymbol{p} = \boldsymbol{G}\boldsymbol{v}_n \quad (2.2.11)$$

式中:$\boldsymbol{H}$、$\boldsymbol{G}$ 分别为 $N \times N$ 维的系数矩阵;$\boldsymbol{p}$、$\boldsymbol{v}_n$ 分别为 N 维的列向量。

对于舰船结构,当表面速度已知时,可以计算表面声压,因为这两个量紧密相关。利用表面振动速度和表面声压,可得到结构的辐射声功率:

$$W = \frac{1}{2}\int_S \mathrm{Re}(pv_n^*)\mathrm{d}S \quad (2.2.12)$$

式中:上标"$*$"表示取共轭复数。

采用 FEM/BEM 法计算舰船结构声辐射问题,计算结构表面的振速和声压是该问题的关键,一旦已知舰船结构表面速度和表面声压,从亥姆霍兹积分方程就可以快速地计算外部域的声压。表征舰船结构振动声辐射的常用物理量有振动速度、振动能量、声辐射声压、声强、声能、声辐射效率等。

舰船结构的声辐射声强为

$$I = \frac{1}{2} \sum_{i=1}^{N} \int_{S_i} \mathrm{Re} \left[p_{S_i} \cdot (v_{nS_i})^* \right] \mathrm{d}s \tag{2.2.13}$$

输入舰船结构的振动能量为

$$W_{\mathrm{in}} = \frac{1}{2} \sum_{i=1}^{N} \int_{S_i} \left[\rho c S_i v_{nS_i}^2 \right] \mathrm{d}s \tag{2.2.14}$$

壳体结构辐射的声能为

$$W_{\mathrm{rad}} = \frac{1}{2} \sum_{i=1}^{N} \int_{S_i} \mathrm{Re} \left[p_{S_i} \cdot (v_{nS_i})^* \right] \mathrm{d}s \tag{2.2.15}$$

声辐射效率 σ_{rad} 为

$$\sigma_{\mathrm{rad}} = W_{\mathrm{rad}} / \sum_{i=1}^{N} (\rho_f c S_i v_{nS_i}^2) \tag{2.2.16}$$

式中:Re[ ] 表示取实部;上标" * "表示取共扼;ρ 为结构的密度。

随着振动频率的变化,舰船结构表面单元的压力、位移和速度也相应变化,因此,可以由以上公式求得不同频率下的辐射声压、声强、声功率和声辐射效率。

2.2.2 有限元/边界元法分析步骤

有限元法和边界元法已成为研究三维任意复杂结构稳态声辐射特性和声振耦合机理的有效方法。结构振动的商业边界元软件有 MSC. Patran、MSC. Nastran、Ansys 等。Nastran 软件以有限元技术为主,其结构振动分析功能十分强大,非常成熟,在动力学数值分析计算方面有非常成功的应用。当然,它也可计算复杂结构水下振动与声学问题,但它是利用有限区域截断来模拟声场的无限边界。这种声学计算模型中节点很多,有限元单元数量庞大,计算量非常大,声场的后置处理功能也较弱,这是其弱项。

结构声辐射的商业边界元软件有 Sysnoise、Virtual. Lab、VAOne、Ansys 等,Sysnoise 软件既含有有限元技术,又含有边界元技术,常用于处理一般复杂弹性结构的耦合振动声学问题。然而,该软件流固耦合技术还不成熟,仅利用 Sysnoise 无法完成对结构振动的精确分析。Sysnoise 软件是一个比较开放的系统,但是,在很大程度上都需要其他 CAE 软件的支持。例如,在前处理中需要利用其他有限元软件预先划分好模型网格或场点网格,然后再将划分好的模型网格或场点网格导入 Sysnoise 软件中。边界元模型的边界条件很多也是直接利用其他有限元软件的分析结果。

边界元法建模分析过程一般包括以下步骤：

（1）新建模型,选择计算分析类型；

（2）导入模型网格,然后对模型的网格进行检查；

（3）定义单元结构材料或流体材料的属性；

（4）定义载荷工况,设定边界条件；

（5）如果是多模型耦合情况,还需要将模型连接起来；

（6）定义求解参数,分析计算；

（7）定义或导入场点网格,计算场点结果；

（8）结果后处理,提取计算结果。

低频段辐射噪声预报中往往采用有限元法与边界元法结合分析的方法,将 Sysnoise 软件和 Nastran 软件交替使用,利用它们各自的优点,解决船舶复杂结构的低频段振动声学分析问题。具体过程：首先,使用 Nastran 软件计算结构振动频响特性,得到各频率有限元模型上各节点处的响应,包括位移、速度和加速度。这利用了 Nastran 软件有限元结构振动分析的强大功能。然后,将所得到的有限元模型上各节点处的动力响应提取出来,作为 Sysnoise 软件中声学边界元分析模型的输入边界激励条件（位移、速度和加速度边界激励）导入,再利用 Sysnoise 进行声场计算分析。这利用了 Sysnoise 软件的声学后处理功能。

2.2.3　船体结构辐射噪声 BEM 分析实例

由舰船机械设备振动所导致的船体振动及其声辐射一直是振动噪声控制领域关注的重点之一。但是,由于舰船声场形成原因的复杂性和影响因素的多样性,至今还没有系统完善的理论对它进行解析求解。目前,对舰船声场的研究和分析主要从以下两方面开展工作：一是根据海上实际测量,并运用信号处理手段研究舰船声场特性。这种方法的缺点是花费很大,环境的影响难以克服,测量不可重复,无法事先进行预报等。二是利用数值计算方法对舰船声场进行建模和计算。这种方法的优点是能较准确地对目标进行数值计算和预报,只要模型选择合理,即可预报声场特性。这种方法能够节省大量的人力物力,只需利用计算机即能完成各种舰船的建模和计算分析。

本节采用有限元法和边界元法,根据舰船结构参数建立有限元模型,开展舰船结构的振动模态和动态响应分析,研究机械设备基座至舰船外壳的速度传递规律[83,84]。同时,采用边界元方法,将 Patran 软件建立的有限元模型导入

Sysnoise 软件中作为舰船水下声辐射的边界元模型,将有限元法计算出的外壳速度响应作为边界条件,进行舰船水下辐射噪声计算,分析水面舰船的声辐射特性。

1. 舰船结构有限元建模

某舰船有 8 层甲板和多层隔舱壁,机舱内动力设备主要有主机及各类辅助机械等,舰船甲板和船体有许多肋骨以增加刚度和强度。因此,在建模过程中,舰船结构必须采用多种类型的有限元单元,并需要进行合理简化。船体外板、舱壁、甲板以及基座结构用壳单元模拟,纵骨和各类加强肋板用梁单元模拟,通过定义不同形状梁单元的截面实现不同型材的模拟。主机及辅助机械经简化后用三维实体单元模拟。船上所有机械设备的质量通过改变材料密度等效施加在各层甲板上,以保证有限元模型的总质量及其分布与实际舰船基本一致。整个舰船结构包括大约 2 万个有限元单元。网格划分后的舰船有限元模型如图 2.2.1 所示。

图 2.2.1　舰船有限元模型

2. 舰船结构振动模态分析

对整个舰船结构进行模态分析,计算舰船结构的固有频率,不仅对动力机械在避免共振、确保其安全可靠方面是必需的,而且还是分析动力响应和噪声预报的基础。

水面舰船仅有一部分在海水中,这里仅考虑水介质对水线以下舰船外表面的影响,通过附涟水质量进行模拟。利用所建立的舰船结构有限元模型,分别计算不考虑水介质影响和考虑水介质影响的舰船整体模态。分析得到船体的多阶振动模态,包括弯曲振动与扭转振动模态。表 2.2.1 给出了典型干湿模态的振型特征及其频率。结果显示,考虑舰船结构与外部流场耦合的湿模态频率比干模态低 30% ~ 40%。舰船结构的振动模态对于动力装置振动沿基座结构向船体外板的传递有着十分重要的影响,尤其是在船体整体振动模态集中的低频区。因此,通过舰船结构振动模态分析得到较为准确的船体整体振动模态参数,将有利于动力装置隔振系统设计,以避开船体结构的共振频率。

表 2.2.1 舰船结构振动模态结果

阶次	干模态		湿模态	
	固有频率/Hz	振型特征	固有频率/Hz	振型特征
1	2.1	船体横向一弯	1.3	船体垂向一弯
2	2.2	船体垂向一弯	1.5	船体横向一弯
3	4.9	船体横向二弯	2.9	船体垂向二弯
4	5.4	船体一阶扭转	3.7	船体横向二弯

船体垂向一弯振型(干模态)如图 2.2.2 所示。

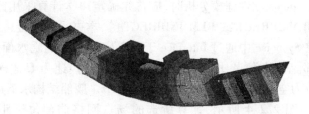

图 2.2.2 船体垂向一弯振型(干模态,2.2Hz)

3. 舰船结构振动传递特性分析

图 2.2.3 所示为基座至舰船外壳的速度传递率,曲线反映了主机基座面板至船体外壳某位置的速度衰减情况。由图可知,振动衰减的程度主要取决于振动波的频率;在低频区,由于受到低频振动模态的影响,基座到外壳的振动传递较大,外壳振动较强,从而使机械设备的振动较容易传到船体形成辐射噪声;随着频率的增加,振动的衰减增强,外壳的振动减弱。

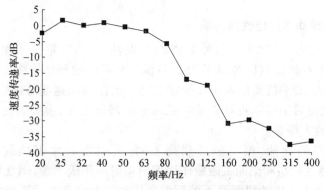

图 2.2.3 舰船基座到外壳的速度传递率

4. 舰船结构边界元建模

利用有限元软件提取三维舰船整船有限元模型的边界元网格,通过数据接口传递到边界元软件中,对舰船流固耦合计算得到数据结果,将其外壳速度响应导入边界元软件作为边界元模型的声学边界条件,从而利用边界元法计算得到舰船在机械设备振动激励下的水下辐射噪声。

设定舰船结构湿表面法向振速与声场中表面法向质点振动速度相等以及表面压力与声压连续,就可着手分析舰船的水下声辐射特性。为了减小计算误差,网格最大单元长度应小于 $\lambda/6$,考虑到计算量巨大,只进行 400Hz 以下频段的水下噪声计算。

在使用 Sysnoise 软件建模分析时,应首先确定声学计算采用的数值分析方法,如 FEM、BEM DIRECT 或 BEM INDIRECT 等,本书采用直接边界元法(BEM DIRECT)。在 Sysnoise 中通过 Interface 子菜单定义舰船的吃水面,设置吃水面以下壳体外部流体为海水,取其密度为 1026kg/m^3,声速为 1500m/s,吃水面以上的流体介质为空气。计算频率定为 20 ~ 400Hz。舰船结构水下声辐射计算的边界元模型如图 2.2.4 所示,计算所选的场点网格曲面位于距离船体中心 1000m 处。

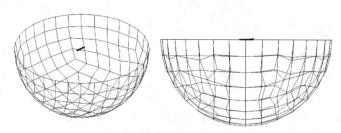

图 2.2.4　舰船结构的边界元模型

5. 机械振动激励特性的影响

舰船产生振动的动力设备种类繁多,如柴油机、燃气轮机、齿轮箱、柴油发电机组以及各种辅助机械等,不同动力机械具有不同的振动特性。图 2.2.5 给出了燃气轮机、柴油机及齿轮箱在特定工况下的振动加速度特性曲线,相对而言,燃气轮机相对于柴油机和齿轮箱随频率的起伏较大,主要表现为在 315Hz 的高频振动较为明显。

对于不同的舰船,振动激励载荷不同,必然引起水下辐射噪声不同。图 2.2.6 为燃气轮机和柴油机激励作用下的辐射声压级曲线,燃气轮机激励下的辐射声压级大于柴油机激励下的辐射声压级。结合动力设备的激励加速度分析可知,激励载荷越大,则辐射声压级越大。所以在进行舰船减振降噪设计时,应在满足舰船动力要求的前提下,优先选择激励载荷较小的动力设备。

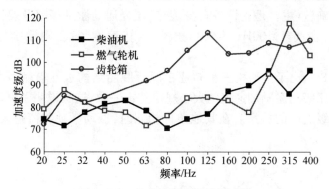

图 2.2.5　动力设备的激励加速度

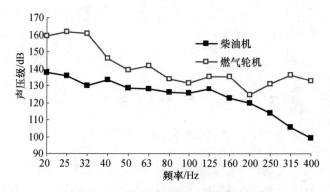

图 2.2.6　动力设备激励时的辐射声压级

同一动力设备在不同的运转转速下,也表现出不同的振动特性。图 2.2.7 所示为柴油机在 400r/min、500r/min 和 600r/min 转速时对基座结构的激励加

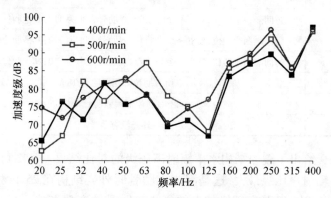

图 2.2.7　不同转速下柴油机的激励加速度

速度频谱。在低于100Hz的较低频段,三种转速工况下的加速度载荷大小关系不是十分明确,这主要是受设备自身旋转、往复运动激励频率及船体结构振动模态的影响;在高于100Hz的较高频段,运转速度越高,则激励加速度幅值越大。

图2.2.8给出了柴油机三种转速工况下舰船结构水下辐射声压级对比曲线。辐射声压级与激励加速度的大小规律基本一致,这也说明了振动激励载荷与辐射声压级之间的关系。在其他条件相同时,振动激励载荷越大,则辐射声压级越大。

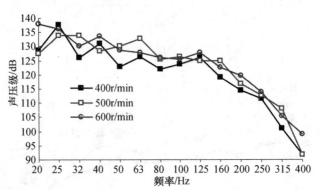

图2.2.8　设备不同转速对舰船结构水下辐射声压级的影响

为研究舰船结构肋骨参数对舰船水下声辐射的影响,分别建立如表2.2.2所列的六种肋骨参数的舰船有限元模型,运用边界元方法分析舰船外壳肋骨参数对水下辐射噪声的影响。

表2.2.2　肋骨参数及布置形式

名　　称	布　置　形　式
加强 – 1	每间隔一个肋位,建立一个强肋骨,强肋骨大小为T10;其他肋位肋骨为T8
加强 – 2	每间隔两个肋位,建立一个强肋骨,强肋骨大小为T10;其他肋位肋骨为T8
加强 – 3	每间隔三个肋位,建立一个强肋骨;强肋骨大小为T10;其他肋位肋骨为T8
弱肋 – 全	所有肋位都用弱肋骨T8
强肋 – 全	所有肋位都用强肋骨T10
无肋位	外壳没有肋骨

图2.2.9给出了舰船结构水下辐射声压级的对比结果。从图可见,无肋骨时的外板总辐射声压级最大,这是因为无肋骨时外壳结构在25Hz处的平均振动速度最大;其次,辐射声压级较大的是全强肋骨的布置形式。强肋骨布置越

密集,辐射声压级就越大。因此,在水面舰船结构的声学设计中,对于船体外壳的设计,在满足结构强度与稳定性的前提下,舰船结构的肋骨强度应设计适当,可达到减小辐射噪声的目的。

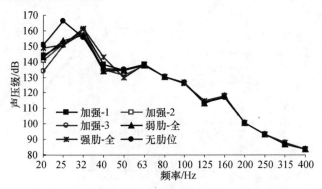

图 2.2.9　肋骨参数对舰船结构水下辐射声压级的影响

图 2.2.10 所示为不同外壳厚度时舰船结构的水下辐射声压级曲线,辐射声压级的变化趋势近似一致,10mm 厚外壳的辐射声压级峰值出现在 20Hz,而 14mm 厚外壳的辐射声压级峰值出现在 31.5Hz,相当于随着板厚的增加,辐射声压级的峰值向高频方向移动。所以,进行舰船水下辐射低噪声设计时,在满足舰船结构强度、刚性等要求的基础上,适当增加船体外壳板的厚度,可以提高船体结构的固有频率,避免动力设备激励频率出现共振,以减少辐射噪声。

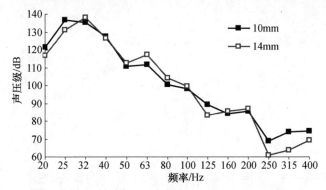

图 2.2.10　外壳厚度对舰船结构水下辐射声压级的影响

舰船的水下辐射噪声大小除了受振动激励特性、振动传递特性和声辐射效率的影响以外,还受到水线高低的影响,对于同一型舰船,在同一动力设备激励下,其产生的辐射声压级随水线高度的变化而发生变化。图 2.2.11 给出了不同水线高度时舰船结构水下辐射声压级的对比曲线,水线高低对辐射声压级的影响较小,水线越高,船体吃水面积越大,舰船结构的辐射声压级也越大。

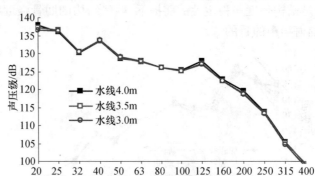

图 2.2.11　不同水线高度辐射声压级对比曲线

在柴油机运行转速为 600r/min 的激励作用下,图 2.2.12 给出了舰船结构水下 1000m 处半球面声场的声压级分布云图。在 25Hz 时,辐射声压级最大值出现在运行主机对应的舷侧声场中,在 40Hz 时,辐射声压级最大值出现在半球面正下方声场中。在低频时,水下辐射声压级分布指向性明显,随着频率的增大,船舷两侧处的辐射声压级减小,舰船下方的辐射声压级增大,不同方位的辐射声压级分布趋于均匀。

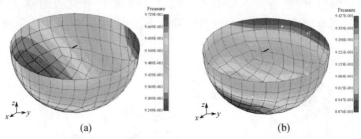

图 2.2.12　舰船结构水下辐射声压级分布
(a)25Hz;(b)40Hz。

2.3　船体结构声振性能高频统计性分析方法

2.3.1　统计能量分析法

FEM 作为传统的分析复杂结构振动与声辐射的数值解法,吸取了差分法对求解域进行离散处理的启发,又继承了里兹法选择试探函数的合理方法,使得处理的问题更为复杂,因而得到广泛的应用。但是随着分析频率的提高并且为了满足每个波长内 6 ～ 10 个单元的原则,网格急剧增加,计算成本加大。有限元模型的建立是基于系统的确定性物理参数,实际的结构在制造和装配过程中不可避免产生公差,而系统在高频区对参数微小变化异常敏感,导致计算产生严重失真。

1962 年,Lyon 等[17,18]从室内声学和统计热力学得到启发,认为在研究这一类振动问题时,用统计量来描述可以得出有用的规律。Lyon 等将"随机激励下两耦合振子间振动功率流正比于两振子振动能量之差",采用统计的观点推广到两耦合振子组、两个及多个子结构等情况,并发现在一定条件下,复杂结构振动系统在高频宽带随机振动中具有与传热现象相似的规律,于是将它应用于实际系统并取得了满意结果。在保守弱耦合、互易原理、比例功率流原理等基本假设下,经过许多人多年的工作,逐步形成了预示结构高频宽带随机激励响应的统计能量分析法(SEA)。SEA 从时间平均、频率平均、空间平均的统计角度预测子系统间的能量流传递、各子系统的能量响应,适用于解决高频、高模态密度的复杂结构耦合动力学问题。

1. SEA 若干基本假设

根据经典文献可知,SEA 理论必须以如下的假设为前提条件,否则将产生严重的计算误差。

假设 1:SEA 只适用于保守耦合系统的动力学分析。

保守耦合是指各子系统之间连接处无能量的产生和损耗,不同子系统之间具有线性的守恒的耦合。

假设 2:SEA 中的"子系统"被认为是"弱耦合"连接。

一般认为,当两个耦合的子系统间的耦合损耗因子 η_{ij} 在数值上明显小于各自的内损耗因子 η_i 和 $\eta_j(\eta_{ij} < \eta_i、\eta_j)$ 时,两个子系统之间的耦合被认为是弱耦合。满足弱耦合的任意两个子系统间的能量流与平均耦合模态能量之差成正比。

假设 3:子系统受到宽频、非相关的激振力,这些激励在统计上是独立的。

假设 4:子系统的各共振模态能量在给定频带内分布均匀。

假设 5:在分析频带内,子系统具有足够多的共振模态,也即足够高的模态密度。

假设 6:子系统具有足够高的模态叠合系数。

2. SEA 功率流平衡方程的建立

对于简单振子系统的损耗功率 P_d 满足如下基本关系式:

$$P_d = 2\zeta\omega_n E = \omega_n \eta E \tag{2.3.1}$$

式中: $\zeta = C/2\sqrt{MK} = C/2M\omega_n$ 为阻尼比; M、K 分别为振子系统的质量和刚度;

ω_n 为振子的固有频率;E 为振子系统能量;$\eta = 2\zeta$ 为振子系统的内损耗因子。

类似简单振子系统的损耗功率表达式(2.3.1),SEA 子系统 i 的损耗功率 P_{id} 有如下关系式:

$$P_{id} = \omega \eta_i E_i \qquad (2.3.2)$$

对由 N 个子系统构成的复杂系统的任意一个子系统 i 有如下功率流平衡方程:

$$P_{i,in} = \dot{E}_i + P_{id} + \sum_{\substack{j=1 \\ j \neq i}}^{N} P_{ij} \qquad (2.3.3)$$

式中:$P_{i,in}$ 为外界输入功率;$\dot{E}_i$ 为子系统 i 的能量变化率;P_{ij} 为子系统 i 流向子系统 j 的纯功率流(双向,$P_{ij} = P'_{ij} - P'_{ji} = \omega \eta_{ij} E_i - \omega \eta_{ji} E_j$);$\eta_{ij}$ 为能量由子系统 i 传递到子系统 j 时的耦合损耗因子,且一般 $\eta_{ij} \neq \eta_{ji}$。

当系统的振动达到稳态时,$\dot{E}_i = 0$。式(2.3.3)可化为

$$
\begin{aligned}
P_{i,in} &= \omega \eta_i E_i + \sum_{\substack{j=1 \\ j \neq i}}^{N} (\omega \eta_{ij} E_i - \omega \eta_{ji} E_j) \\
&= \omega \sum_{\substack{j=1 \\ j \neq i}}^{N} (\eta_i + \eta_{ik}) E_i - \omega \sum_{N} \eta_{ji} E_j \quad (i = 1,2,\cdots,N)
\end{aligned} \qquad (2.3.4)
$$

将所有子系统的功率流平衡方程写成矩阵的形式如下:

$$
\omega
\begin{bmatrix}
(\eta_1 + \sum_{i \neq 1}^{N} \eta_{1i}) n_1 & -\eta_{12} n_1 & \cdots & -\eta_{1N} n_1 \\
-\eta_{21} n_2 & (\eta_2 + \sum_{i \neq 2}^{N} \eta_{2i}) n_2 & \cdots & -\eta_{2N} n_2 \\
\vdots & \vdots & \ddots & \vdots \\
-\eta_{N1} n_N & -\eta_{N2} n_N & \cdots & (\eta_N + \sum_{i \neq N}^{N} \eta_{Ni}) n_N
\end{bmatrix}
\begin{pmatrix}
\dfrac{E_1}{n_1} \\[2mm]
\dfrac{E_2}{n_2} \\[2mm]
\vdots \\[2mm]
\dfrac{E_N}{n_N}
\end{pmatrix}
=
\begin{pmatrix}
P_1 \\
P_2 \\
\vdots \\
P_N
\end{pmatrix}
$$

$$(2.3.5)$$

式中:n_i 为子系统 i 的模态密度;P_i 为外界对子系统 i 的输入功率。

式(2.3.5)即统计能量法的核心公式,它将所有子系统储存的能量(包括结构的动能、势能,声腔的声能等)、内部损耗的功率、子系统间的功率流、外部输入功率(包括振动激励或声激励等)联系起来,而所有的功率都可以按照式(2.3.6)、式(2.3.7)与具体动力学参数(振动级、声压级、应力和压力等)相互转化。因此,整个统计能量法理论的展开都与式(2.3.5)密不可分。

对于质量为 M_i 的结构子系统 i,有

$$\langle v_i^2 \rangle = E_i / M_i \tag{2.3.6}$$

式中：$\langle v_i^2 \rangle$ 为速度均方响应。

对于体积为 V_i 的封闭空间声场子系统 i，有

$$\langle p_i^2 \rangle = \rho c^2 E_i / V_i \tag{2.3.7}$$

式中：$\langle p_i^2 \rangle$ 为声腔 i 声压均方响应；ρ 为声腔 i 的密度；c 为声腔 i 的声速；V_i 为声腔 i 的体积。

3. SEA 中参数的确定

1）模态密度

SEA 中的模态密度用来衡量振动系统储存能量的能力。一些简单规则子结构或声腔的模态密度可以按一些计算公式求得，但对一些复杂子系统的模态密度公式推导并不容易，此时需要通过理论与实验相结合的方法来确定。现将一些简单子系统的模态密度计算公式介绍如下：

梁的模态密度按其振动形式分为弯曲振动、纵向振动和扭转振动三种。其弯曲振动模态密度为

$$n(f) = 2\pi n(\omega) = \frac{l}{C_B} = \frac{l}{\sqrt{RC_1\omega}} \tag{2.3.8}$$

式中：l 为梁的长度；$C_B = \sqrt{\omega RC_1}$ 为弯曲波传播速度；$R = \sqrt{I/S}$ 为梁的回转半径；I 为截面惯性矩；S 为梁的截面积；$C_1 = \sqrt{E/\rho}$ 为梁的纵向波传播速度。

梁的纵向振动模态密度为

$$n(f) = \frac{2l}{C_1} \tag{2.3.9}$$

梁的扭转振动模态密度为

$$n(f) = 2\pi n(\omega) = \frac{2l\left[2(1+\mu)\right]^{1/2}}{C_1} \tag{2.3.10}$$

式中：μ 为泊松比。

比较式（2.3.8）～式（2.3.10），可以看出：①梁的弯曲振动模态密度与 $\sqrt{\omega}$ 成反比，随着分析频率的增大而呈下降趋势；②梁的纵向长度、材料等属性是影响纵振动和扭转振动模态密度的重要因素；③梁的扭转振动模态密度与纵振动模态密度相差 $\sqrt{2(1+\mu)}$ 倍，当 $\mu = 0.26 \sim 0.28$ 时，可近似认为扭转振动模态密度是纵向振动模态密度的 1.6 倍。

二维平板弯曲振动的模态密度为

$$n(f) = 2\pi n(\omega) = \frac{A_p}{2RC_1} \tag{2.3.11}$$

式中：A_p 为平板的表面积；R 为平板的弯曲回转半径（对于厚度为 δ 的平板，$R = \dfrac{\delta}{2\sqrt{3}}$）；$C_1$ 为材料的纵波速（一般钢材取为 5500m/s）。

由式(2.3.11)可知，板的面积越大，板的厚度越薄，平板的模态密度也就越大。因此，对于由大量的板壳所构成的复杂系统，在采用 SEA 建模时，应该避免子系统划分过于详细，以致模态密度偏低不满足 SEA 假设的基本前提。

圆柱壳的模态密度可以看作相同面积和材料的平板的特殊形式，但考虑了曲率并做了相应的修正，将高频平板动态特性和低频圆柱壳动态特性的区分开的特征频率称为环频率，则

$$f_r = C_1 / 2\pi r \tag{2.3.12}$$

式中：C_1 为圆柱壳材料的纵波波速；r 为圆柱壳曲率半径。

圆柱壳结构的模态密度半经验近似公式为[85]

$$n(f)_c = n(f)_p \cdot \begin{cases} 5F^{1/2}/\pi\sqrt{3} & (F \leqslant 0.48) \\ 7.2F/\pi\sqrt{3} & (0.48 < F \leqslant 0.83) \\ \dfrac{2}{\pi\sqrt{3}}\left\{2 + \dfrac{0.596}{K-1/K}\left[K\cos\left(\dfrac{1.745}{K^2F^2}\right) - \dfrac{1}{K}\cos(1.745K^2/F^2)\right]\right\} & (F > 0.83) \end{cases}$$

$$\tag{2.3.13}$$

式中：$n(f)_p$ 为平板模态密度；$n(f)_c$ 为圆柱壳模态密度；$K = (f_上/f_下)^{1/2}$ 为频带因子，对 1/3 倍频程带宽，$K = 1.122$，而对于倍频程带宽，$K = 1.414$；$F = f/f_r$。

由式(2.3.13)可得圆柱壳模态密度 $n(f)_c$ 与平板模态密度 $n(f)_p$ 的关系如图 2.3.1 所示。

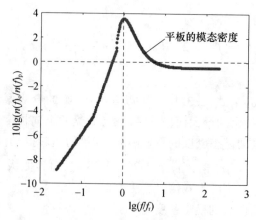

图 2.3.1　圆柱壳与平板的模态密度关系曲线

由图 2.3.1 可知,环频率是区分低频圆柱壳动态特性和高频平板动态特性的一个特征频率。当接近环频率 f_r 时,圆柱壳模态密度随频率的变化趋势向平板型趋势过渡。当 $f = f_r$ 时,有大量的模态参与共振,因此模态密度曲线上在环频率附近出现峰值。同时,根据圆柱壳模态密度 $n(f)_c$ 与平板模态密度 $n(f)_p$ 关系曲线可知,圆柱壳模态密度 $n(f)_c$ 在频率高于 f_r 时,以平板模态密度 $n(f)_p$ 为渐近线呈下降趋势,这与本书的结果存在偏差。故可以推断,式(2.3.13)在高于 f_r 时,计算存在偏差。

三维声空间的模态密度可由波动声学理论导出:

$$n(f) = \frac{4\pi f^2 V}{c^3} + \frac{\pi f S}{2c^2} + \frac{L}{8c} \tag{2.3.14}$$

式中:S 为声空间的总表面积;L 为矩形房间的边线总长。

但当声腔具有高度对称时,需要对声腔的模态数进行严格的计算,一般通过下式分析:

$$f_n = \frac{c}{2}\sqrt{\left(\frac{n_x}{l_x}\right)^2 + \left(\frac{n_y}{l_y}\right)^2 + \left(\frac{n_z}{l_z}\right)^2} \tag{2.3.15}$$

式中:l_x、l_y、l_z 为声腔在三维坐标系下的长度;n_x、n_y、n_z 为取大于等于 0 的整数。

当然,为避免错误,也可采用有限单元法对声腔进行模态分析,求解声腔的模态数。

2) 内损耗因子

由式(2.3.1)可知,内损耗因子可表示为

$$\eta = \frac{P_d}{\omega E} = \frac{1}{2\pi f}\frac{P_d}{E} \tag{2.3.16}$$

结构子系统 i 的内损耗因子 η_i 一般包括三部分

$$\eta_i = \eta_{is} + \eta_{ib} + \eta_{ir} \tag{2.3.17}$$

式中:η_{is} 为结构内摩擦项;η_{ib} 为边界阻尼项;η_{ir} 为声辐射阻尼项。

结构部件的声辐射损耗因子计算公式为

$$\eta_{ir} = \frac{\rho c \sigma}{\omega \rho_s} \tag{2.3.18}$$

式中:σ 为结构的辐射比;ρ_s 为结构的面密度。

理论研究得到受宽带随机激励的有限板的辐射比公式为

$$\sigma_{sa} = \begin{cases} \left[\frac{\lambda_c P_r}{\pi A_p}\frac{2}{\pi}\arcsin\left(\frac{f}{f_c}\right)^{\frac{1}{2}}\right]\beta & (f < f_c) \\ \left(1 - \frac{f}{f_c}\right)^{-\frac{1}{2}} & (f > f_c) \end{cases} \tag{2.3.19}$$

式中:λ_c 为临界波长;P_r 为平板周长;A_p 为辐射表面积;β 为平板边界条件系数,对于周边刚性支撑边界 $\beta = 1$,周边固定边界 $\beta = 2$,介于两者之间则取 $\beta = \sqrt{2}$;f_c 为临界频率,其值按下式计算:

$$f_c = \frac{c^2}{2\pi h}\sqrt{\frac{12\rho_{sv}}{E}} \tag{2.3.20}$$

式中:h 为结构的厚度;E 为结构的弹性模量;ρ_{sv} 为结构的体密度。

当子系统结构间为刚性连接时,一般 $\eta_{ib} < \eta_{is}$,此时可以看成 $\eta_i = \eta_{is} + \eta_{ir}$,此时式(2.3.18)中的辐射比 σ 按照式(2.3.19)计算。

略去声辐射影响后,1mm 厚钢板的内损耗因子近似为[18]

$$\eta_i = 0.47 f^{-0.7} \tag{2.3.21}$$

考虑声辐射后,内部损耗因子需要比式(2.3.21)决定的数值大一些,一般情况下可认为内部损耗因子随板厚增加而增加。

声腔的内损耗因子采用下式进行计算:

$$\eta_i = \frac{2.2}{f T_R} = \frac{13.82}{\omega T_R} \tag{2.3.22}$$

式中:T_R 为声腔的混响时间;f 为频带的中心频率。

而精确的 T_R 一般通过实验测得,在精度要求不高的情况也按以下公式[42]进行计算:

$$T_R = \frac{0.163V}{-Sln(1-\bar{\alpha}) + 4mV} \tag{2.3.23}$$

式中:$\bar{\alpha}$ 为声腔内表面的平均吸声系数;m 为声腔介质中声强衰减系数。

一般来说,内部损耗因子可靠数据大部分来自实验测量,采用公式计算将可能存在较大误差,而真正作为 SEA 中的阻尼预测工作做得很少,这些因素给系统响应预测带来误差。

测量内损耗因子的方法有多种,包括半功率带宽法与瞬态衰减包络线技术,但由于半功率带宽法具有测量方便、物理概念清晰的优点,故后面板、梁的内损耗因子的测量均采用此方法,并在此做简要介绍。

采用半功率带宽法测量模态内损耗因子时,为了保证测量精度,必须要求频响相邻两个单一共振峰的平均相隔的频率间距 $\delta\omega \gg \Delta_{1/2}\omega$,也即模态重叠数 $M \ll 1$。模态重叠数 M 定义为[18]

$$M = \frac{\Delta_{1/2}\omega}{\delta\omega} = n(\omega)\Delta_{1/2}\omega = n(\omega)\eta\omega \tag{2.3.24}$$

子系统的内损耗因子通过该子系统稳态频响函数峰值的半功率(从峰值下

降 3dB）带宽 $\Delta_{1/2}\omega_n$ 与对应的模态频率 ω_n 的比值来求，即

$$\eta = \frac{\Delta_{1/2}\omega_n}{\omega_n} \qquad (2.3.25)$$

3）耦合损耗因子

文献[86]给出了不同形式的线连接耦合损耗因子，其中包括直线耦合、折线耦合、弧线耦合和任意曲线耦合，但考虑各表达式在形式上具有很好的一致性，本书将其归纳如下：

假设两个板结构子系统之间通过任意形式的线连接耦合，并且这两个板结构子系统中自由波的波长远小于连接耦合线的尺寸，则两板结构子系统 i、j 之间的耦合损耗因子表示为

$$\eta_{ij} = \frac{lc_g}{\omega\pi A_i} <\tau_{ij}> \qquad (2.3.26)$$

式中：c_g 为子系统 i 的群速度；l 为连接线总长；$<\tau_{ij}>$ 为传递系数；A_i 为子系统 i 的表面积。

对于某个半无限板 i 和无限板 j 构成 T 型系统，有传递系数 $<\tau_{ij}>$ 的经验近似公式：

$$<\tau_{ij}> = \begin{cases} \dfrac{8}{27}（二板等刚度） \\ \dfrac{D_i}{D_j}（刚度 D_j > D_i） \end{cases} \qquad (2.3.27)$$

式中：D_i 为板 i 的刚度；$D = \rho_s R^2 C_1^2$；ρ_s 为板的体密度。

结构与声场间的耦合损耗因子可按下式计算：

$$\eta_{sa} = \frac{\rho_a c\sigma}{\omega\rho_s} \qquad (2.3.28)$$

由统计能量法互易原理 $n_i\eta_{ij} = n_j\eta_{ji}$，可得声腔与结构间的耦合损耗因子：

$$\eta_{as} = \frac{\rho_a c\sigma n_s}{\omega\rho_s n_a} \qquad (2.3.29)$$

式中：ρ_s 为结构的体密度；ρ_a 为声腔的体密度；n_s 为结构的模态密度；n_a 为声腔的模态密度。

当两个声腔通过中间隔板耦合在一起时，声腔 i 与声腔 j 间的耦合损耗因子可以表示为

$$\eta_{ij} = \frac{c_i A}{4\omega V_i} <\tau_{ij}> \qquad (2.3.30)$$

式中：A 为耦(2.3.30)合面积；$<\tau_{ij}>$ 为两个声腔间的传递系数。

由式(2.3.30)可知,当隔板两边的声介质不同时,单向耦合损耗因子将有明显的差异,此时必须根据统计能量法的互易原理进行计算。

而$<\tau_{ij}>$可按下式计算:

$$\tau_{ij} = \begin{cases} \dfrac{\pi^9 \rho_s^2}{2^{13} \rho_i^2 A_p}\Big[1-\Big(\dfrac{10\omega}{\omega_c}\Big)^2\Big] + \Big(\dfrac{\omega\rho_s}{2\rho_i c_i}\Big)^2 & (\omega_0 < \omega < \omega_c) \\ \Big(\dfrac{\omega\rho_s}{2\rho_i c_i}\Big)^2 0.1 & (\omega_c < \omega < \omega_c) \end{cases} \qquad (2.3.31)$$

式中:ω_0为板的基频;ω_c为临界频率。

4. SEA 子系统确定与适用频率划分

子系统是 SEA 中最基本的概念,也是复杂系统中能量流最基本的载体[128]。首先,子系统必须满足模态相似准则,即振型具有相同的动力学特性。比如一根梁可以划分为三种子系统,即纵向、横向和扭转振动的子系统。但由于实际问题中梁以其中某一种振动为主,如横向弯曲振动,另外两种振动所引起的响应与主要振动形式的响应在数量级上相差较大,此时为简化子系统起见,一般考虑将梁视为 1 个子系统即可。

其次,子系统的模态密度必须足够高;而当模态密度较低时,不再满足统计能量法的基本假设,必须采用确定性分析法,如 FEM、BEM,否则将造成预测的响应误差较大。

根据每个子系统(注意:此处已不仅仅是 SEA 子系统的范畴)模态密度$n(\omega)$的大小和带宽$\Delta\omega$内振型数$N(N = n(\omega)\Delta\omega$,也即频带内的模态数),将所研究对象的频率范围划分为低频区、中频区和高频区,当振型数高于 5 时为高频区;低于 1 时为低频区;介于两者之间的频段为中频区。

当所研究的对象所有子系统均处于低频区时,采用传统的 FEM;处于中频区时,采用 FE – SEA 混合法;处于高频区满足 SEA 假设的基本条件时,采用 SEA 分析。

2.3.2 统计能量法分析步骤

随着统计能量分析方法的发展,出现了比较成熟的分析软件,如法国的 ESI 集团开发研究的 AutoSEA2 软件。正是由于 AutoSEA2 软件的出现,工业界才真正意义上大规模在产品设计早期使用统计能量方法分析振动噪声。

AutoSEA2 在处理结构振动声辐射时有其独特的优势:可以解决采用有限元法和边界元法无法有效解决的高频问题;同时处理结构和声学耦合问题;在建立原始模型前,快速、有效地预估问题解决的可能性;快速测试各种材料而无须更改模型;快速修改物理模型;综合测试结果和数据,进行更精确计算。采用 AutoSEA2 软件进行结构声振统计能量分析的一般步骤如下:

(1)建立点,根据模型尺寸输入点坐标;

(2)输入材料常数,根据模型材料输入所用的所有材料的参数;

(3)输入可能用到的构件类型,如所有用到的梁、板等;

(4)在三维界面中定义子系统,设定每个子系统的类型;

(5)设定所有载荷及约束频谱;

(6)在三维界面中合适位置定义载荷与约束;

(7)设定采取的噪声控制处理方法,如对面的吸声处理、隔振弹簧类型等;

(8)在三维界面中合适位置添加噪声处理;

(9)子系统间的连接;

(10)计算分析;

(11)查看结果。

2.3.3　单双层玻璃窗隔声 SEA 分析实例

单双层玻璃窗隔声模型如图 2.3.2 所示,单双层板均为边长 2.714m 的正方形玻璃板。其中,单层板厚度为 6mm,双层板每层厚度为 3mm。玻璃的密度为 2500kg/m^3,泊松比为 0.42,弹性模量为 7.1×10^{10} Pa。两侧声腔 1、2 为边长 2.714m 的正方体空气腔;夹层声腔 3 为厚度 0.2m、边长 2.714m 的长方体空气腔。

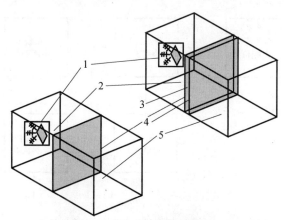

图 2.3.2　单双层玻璃窗的隔声模型

1—扩散场声源;2—声腔 1;3—声腔 3;4—玻璃板;5—声腔 2。

分析频率为 125 ~ 4000Hz(采用倍频程)。外界激励为声压级在各频带下均为 100dB 的扩散场声源。建立单双层玻璃窗隔声模型,可算出在 250Hz 频率时子系统在1/3倍频程下分析带宽内的模态数如表2.3.1所列。

表2.3.1   250Hz时各子系统的模态数

子系统	声腔1、2	声腔3	双层板	单层板
模态数	6	4	42	21

在SEA理论适用范围适当放宽的情况下,认为250Hz以上属于高频段,可以采用SEA来分析其声学特性及隔声性能。同时,为了便于分析各子系统之间功率流,单层窗和双层窗模型子系统的能量传递路径示意图分别如图2.3.3、图2.3.4所示。图中$P_{1,\text{in}}$为面声源输入到声腔1中的功率。

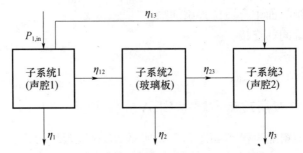

图2.3.3   单层玻璃窗模型能量传递路径示意图

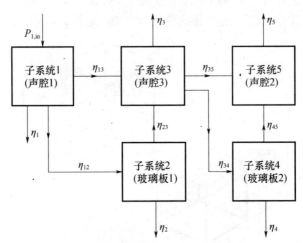

图2.3.4   双层玻璃窗模型能量传递路径示意图

玻璃板的内损耗因子根据式(2.3.17)和式(2.3.18)进行计算;由式(2.3.20)可得单层板和双层板的临界频率f_c分别为2040Hz和4080Hz;由玻璃的纵波声速$C_1=5968\text{m/s}$,根据关系式$C_1=f_c\cdot\lambda_c$,可得临界波长λ_c分别为 2.925m 和 1.463m；将 f_c 和 λ_c 代入式(2.3.19)即可得到各频率下的辐射比，最后单、双层玻璃板在各分析频率下的内损耗因子可通过式(2.3.17)与式(2.3.18)得到，其结果如图 2.3.5 所示。

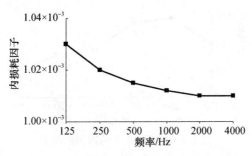

图 2.3.5　单层玻璃板的内损耗因子频谱图

根据文献[87]提供的实测数据，在相对湿度 30%、室温(20℃)下空气中的声强衰减系数 m 和 3.5cm 厚、体密度为 $0.3g/cm^3$ 的加气微孔耐火砖的吸声系数见表 2.3.2。将表 2.3.2 的数据与三个声腔的体积与表面积代入式(2.3.23)，可得到声腔 1~3 在各频率下的混响时间(表 2.3.3)。

表 2.3.2　声强衰减系数及吸声系数

频率/Hz	声强衰减系数/m	吸声系数/$\bar{\alpha}$
125	0.00009	0.08
250	0.00020	0.22
500	0.00048	0.38
1000	0.00118	0.45
2000	0.00296	0.65
4000	0.00948	0.66

表 2.3.3　声腔 1~3 的混响时间

频率/Hz	声腔 1、2/s	声腔 3/s
125	0.8828	0.1685
250	0.2964	0.0567
500	0.1540	0.0294
1000	0.1227	0.0230
2000	0.0699	0.0131
4000	0.0683	0.0120

　　将声腔 1~3 的混响时间代入式(2.3.22),即可得声腔的内损耗因子。其中,声腔 1、2 的内损耗因子见图 2.3.6。

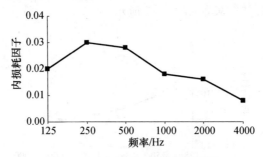

图 2.3.6　声腔 1、2 的内损耗因子

　　声腔 1~3 与玻璃板 1、2 的耦合损耗因子以及声腔 1~3 之间的耦合损耗因子可按式(2.3.29)~式(2.3.31)进行计算。

　　在建立隔声模型的过程中,必须确保各子系统之间正确耦合。VA One 软件自动对各分析频率逐一进行计算,从而得到各个子系统的能量 E_i,根据式(2.3.6)和式(2.3.7)转化到相应的物理量。隔声量定义为

$$R = 10\lg \frac{I_i}{I_t} = 20\lg \frac{p_i}{p_t} \qquad (2.3.32)$$

式中:I_i 为构件前的声强;I_t 为经过构件衰减后的声强;P_i 为入射声压;P_t 为透射声压。

　　双层窗的共振频率 f_r[88]:

$$f_r = \frac{1200}{\sqrt{0.25d(t_1 + t_2)}} \qquad (2.3.33)$$

式中:d 为双层玻璃间空气层的厚度(mm);t_1、t_2 为两层窗扇玻璃厚度(mm)。

　　经计算得到图 2.3.7 为单层玻璃窗隔声量的仿真与实测值对比,图 2.3.8 为双层玻璃窗隔声量的仿真与实测值对比,图 2.3.9 为单双层玻璃窗隔声量的实测值对比,图 2.3.10 为空气夹层厚度对双层玻璃窗隔声量影响的仿真值对比。其中,实测值来自参考文献[87]。

　　分析结果[89]如下:

　　(1) 单层玻璃窗隔声量的仿真与实测值除了 2kHz 频率的误差为 10.4dB 以外,其他频率下均在 3dB 以内。根据上面分析,单层玻璃的临界频率为 2.04kHz,因而在 2kHz 位置产生隔声低谷。由文献[87]可知,单层玻璃窗实际的吻合谷在 8dB 左右。但是由于耦合损耗因子在 2kHz 真实值与 SEA 的计算值偏差较大,因而造成 2kHz 时预报值与实验值偏差较大。

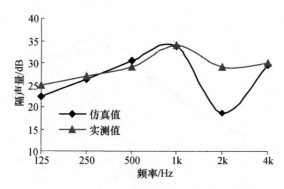

图 2.3.7　单层玻璃窗隔声量的仿真与实测值对比

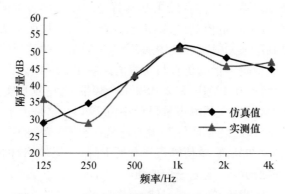

图 2.3.8　双层玻璃窗隔声量的仿真与实测值对比

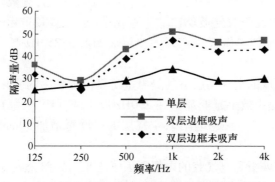

图 2.3.9　单双层玻璃窗隔声量的实测值对比

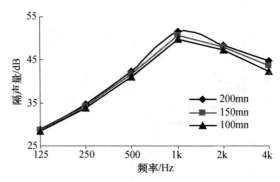

图 2.3.10　空气夹层厚度对隔声量的影响

（2）单层玻璃窗隔声量仿真结果基本符合均质单层板的隔声规律。在临界频率下，玻璃板处于质量控制区，隔声量随频率的增加而增大；吻合谷之后，隔声量曲线恢复到原来的斜率继续增加，表现出质量定律的延伸。

（3）双层玻璃窗隔声量的仿真与实测值误差在 7dB 以内，且随着频率的升高，误差呈减小趋势。在 125Hz 和 250Hz 两个频带下，仿真与实测值误差较大。在 250Hz 时，双层玻璃窗实测隔声量呈最小值 29dB。这是由于在 70Hz 左右双层板间的空气腔呈较强的"刚性"，没有起到"空气弹簧"的作用，而且在此频率附近，双层结构存在共振，致使隔声量有所下降；双层玻璃窗的窗框作吸声处理，致使临界频率处的隔声量进一步加强。

（4）在 125～4000Hz 范围内，双层玻璃窗的实际平均隔声量比单层玻璃窗高 13dB。其原因一方面在于等厚度双层玻璃窗可以使声波在双层板间经多次透射和反射，而且利用中间空气层充当弹簧的作用，衰减两板间振动能量的传递；另一方面在于双层玻璃窗的边框做了吸声处理，实际的平均隔声量应减少 3～5dB，从而使未做吸声处理的双层玻璃窗在 250Hz 频率附近的隔声量低于单层玻璃窗。

（5）不同厚度的空气夹层下的隔声量仿真值随频率的变化趋势一致，空气层的厚度越大，隔声效果越明显。在 250Hz 以下的低频区，隔声量随频率的变化不明显；在 500～4000Hz 范围内，空气层的厚度每增加 50mm，隔声量相应提高 1dB。

（6）由于玻璃板和空气腔的内损耗因子均来自经验公式，因而不可避免地存在误差，更为精确的内损耗因子应当来自于实验测量。因此，内损耗因子选取得合理与否将直接影响到 SEA 结果的准确性。

2.3.4　拖轮舱室噪声 SEA 分析与声学设计实例

由于动力设备众多以及在机舱内布置的复杂性,长期以来,全回转拖轮舱室振动及空气噪声控制的问题没有得到很好的解决,严重影响船员的健康与舒适度。根据 GB 5980—2000 规定,船长 30～75m 的内河船舶,机舱的噪声限制值为 90dB(A),会议室的噪声限制值为 70dB(A),卧室的噪声限制值为 65dB(A)。为了有效控制拖轮的结构振动和舱室噪声,需要在设计阶段对其进行噪声仿真预报。

1. 拖轮噪声预报模型的建立

某全回转拖轮[90]船长 36.8m,船高 10.9m,水线长 35.5m,型宽 10m,型深 4.4m,设计吃水 3.4m,肋距离 0.5/0.55m,梁拱 B/50;船体基本结构采用 Q235 钢材制造。VA One 的全船建模步骤如下:

(1)确定并设置建模所需的模块。对拖轮中的一些结构进行等效简化,确定这些结构需要由哪些模块来创建,并根据拖轮每个部分的尺寸和材料的物理属性,在软件中完成设置。建模时所用的材料均选用钢材,窗、门及其他各种开口均用钢板代替,主机采用一块厚板代替。

(2)根据模型的特点,设计合理的建模流程。该拖轮的模型底部肋板结构较为复杂,并且与舱室子结构的连接较多;而舱室和上层建筑结构相对简单,因此可以选择先创建复杂船底,再创建中间舱室,最后创建上层建筑的建模流程。

(3)根据船体结构划分物理子系统。合理划分物理子系统是成功应用统计能量分析法的关键。划分子系统需要满足相似性条件和显著性条件。相似性条件指期待这组子系统几乎具有相等的激励和阻尼,如果满足这一条件,那么这些子系统几乎具有相等的振动能量;显著性条件指这些子系统在能量的传输、消耗和能量存储中起着重要作用。根据两个条件分析子系统间的连接关系,并建立统计能量分析模型。

(4)根据前几步的准备,创立几何子系统。

(5)连接各个几何子系统。几何子系统连接为软件自动连接,即对任意有公共边界的两个几何子系统,软件都会自动创建连接。对于没有公共边界的几何子系统,则需要用户手动创建连接。模型创建完成之后,用户可以通过“连接”对话框中“相连的子系统”来对创建完成的几何子系统进行检查。

(6)确定舱室噪声来源,并分析各个物理子系统间的功率流传递特性。

(7)计算激励大小并确定噪声源的排序。

（8）计算输出结果。

建立的全船 SEA 模型[110,116]如图 2.3.11 所示。拖轮的窗、门及其他各种开口均用钢板代替。整船 SEA 模型共有 131 个声腔和 438 个板结构。在模型中，将外界流场简化为 4 个半无限流子系统，并与船体两边的舷侧及船底相连接。

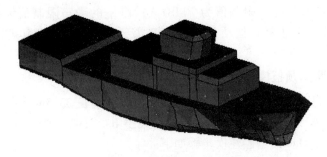

图 2.3.11　全回转拖轮 SEA 模型

将整个拖轮划分为 7 个存储能量的振动模态群（即物理子结构），图 2.3.12 为这 7 个物理子系统的主要能量传递分析模型。

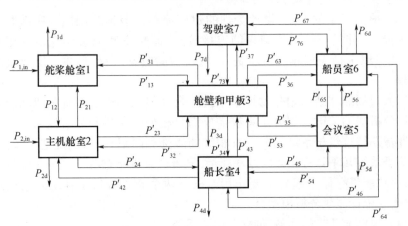

图 2.3.12　子系统的能量分析模型

船舶振动噪声激励源众多，在此仅考虑主要的振动噪声源，忽略其他激励的影响。$P_{1,in}$ 为螺旋桨舱室的输入功率；$P_{2,in}$ 为柴油机舱室的输入功率；P'_{ij} 为子系统 i 到子系统 j 的功率流；P_{id} 为子系统 i 损耗的功率。其中 $P_{ij} = P'_{ij} - P'_{ji}$，$P_{ij}$ 为两个子系统之间的纯功率流。

由功率流分析拖轮的能量平衡方程为

$$\omega
\begin{bmatrix}
\eta_1+\sum\limits_{i\neq1}^{7}\eta_{1i} & -\eta_{21} & -\eta_{31} & -\eta_{41} & -\eta_{51} & -\eta_{61} & -\eta_{71} \\
-\eta_{12} & \eta_2+\sum\limits_{i\neq2}^{7}\eta_{2i} & -\eta_{32} & -\eta_{42} & -\eta_{52} & -\eta_{62} & -\eta_{72} \\
-\eta_{13} & -\eta_{23} & \eta_3+\sum\limits_{i\neq3}^{7}\eta_{3i} & -\eta_{43} & -\eta_{53} & -\eta_{63} & -\eta_{73} \\
-\eta_{14} & -\eta_{24} & -\eta_{34} & \eta_4+\sum\limits_{i\neq4}^{7}\eta_{4i} & -\eta_{54} & -\eta_{64} & -\eta_{74} \\
-\eta_{15} & -\eta_{25} & -\eta_{35} & -\eta_{45} & \eta_5+\sum\limits_{i\neq5}^{7}\eta_{5i} & -\eta_{65} & -\eta_{75} \\
-\eta_{16} & -\eta_{26} & -\eta_{36} & -\eta_{46} & -\eta_{56} & \eta_6+\sum\limits_{i\neq6}^{7}\eta_{6i} & -\eta_{76} \\
-\eta_{17} & -\eta_{27} & -\eta_{37} & -\eta_{47} & -\eta_{57} & -\eta_{67} & \eta_7+\sum\limits_{i\neq7}^{7}\eta_{7i}
\end{bmatrix}
\begin{bmatrix}E_1\\E_2\\E_3\\E_4\\E_5\\E_6\\E_7\end{bmatrix}=
\begin{bmatrix}P_{1,in}\\P_{2,in}\\0\\0\\0\\0\\0\end{bmatrix}
\tag{2.3.34}$$

式中：ω 为分析带宽内的中心频率；E_i、η_i 分别为 i 子系统的能量和内损耗因子；η_{ij} 为振动能量从 i 子系统传至 j 子系统的耦合损耗因子，耦合损耗因子之间满足互易原理：

$$n_i\eta_{ij}=n_j\eta_{ji} \tag{2.3.35}$$

式中：n_i 为子系统的模态密度。

在已知输入功率 $P_{1,in}$、$P_{2,in}$ 和内损耗因子 η_i 的情况下，就能求解方程获得子系统能量 E_i，由 E_i 求解所需要的振动、声压等动力学参数。

2. 激励载荷及声源排序

船舶噪声主要包括主机噪声和螺旋桨噪声。主机噪声是船舶噪声源中最主要的噪声源，可分为空气噪声和机械噪声两部分。螺旋桨是船舶的又一个主要噪声源，主要分为引起船体振动所产生的噪声和直接产生的噪声。

本书所研究的全回转拖轮为双主机双螺旋桨配置，船用主机的型号为

YAMA－6EY26W,额定功率为1800kW,额定转速为750r/min,齿轮箱转速比为
3.2,螺旋桨采用4叶桨。在本模型中,系统的外部激励简化为三个:主机的声
功率激励、主机作用在机舱基座上的结构激励,以及螺旋桨产生的脉动压力对
螺旋桨机舱底板上的激励作用。根据经验公式,分别计算出主机和螺旋桨的激
励频谱,图2.3.13～图2.3.15为这三个声源的激励频谱图。

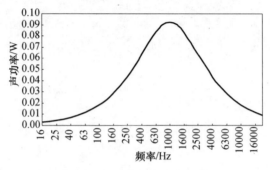

图2.3.13　主机声功率频谱

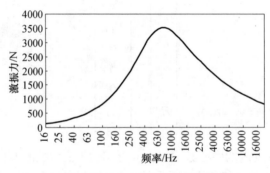

图2.3.14　主机激振力频谱

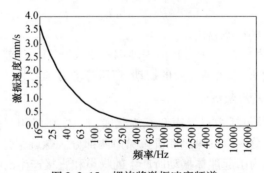

图2.3.15　螺旋桨激振速度频谱

　　为了确定三种激励对舱室噪声的贡献,将主机空气噪声声功率在机舱空间里对于舱壁的作用、主机激振力在主机基座上的作用,以及螺旋桨激振速度对螺旋桨舱室底板的作用分别单独考虑,计算它们各自引起的舱室内部声压级,如图 2.3.16 ~ 图 2.3.18 所示。

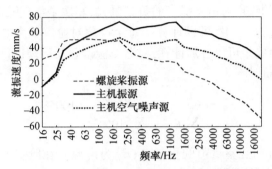

图 2.3.16　加载不同激励源时船长室声压级

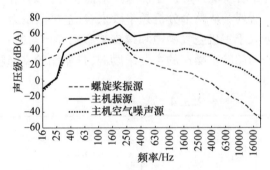

图 2.3.17　加载不同激励源时船员室声压级

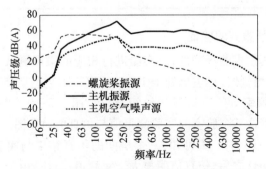

图 2.3.18　加载不同激励源时会议室声压级

从图 2.3.16 ~ 图 2.3.18 可知,每个频率段,噪声源的排序是不一样的。在 16 ~ 63Hz 频率段,螺旋桨激振速度引起的噪声对舱室噪声的贡献最大,其次是主机激振力引起的噪声;在 63 ~ 200Hz 频率段,主机激振力引起的噪声对舱室噪声的贡献最大,其次是螺旋桨激振速度引起的噪声;在 200 ~ 20kHz 频率段,主机激振力引起的噪声对舱室噪声的贡献最大,其次是空气噪声声功率辐射引起的噪声。通过仿真预报,可以计算出每个声源对舱室噪声的贡献率,由于声压不能叠加,而声能量可以叠加计算,根据声能量叠加原理,可以知道单个噪声源对总的噪声的贡献率为

$$\eta_n = \frac{E_n}{\sum\limits_{i=1}^{N} E_i} = \frac{10^{L_{pn}/5}}{\sum\limits_{i=1}^{N} 10^{L_{pi}/5}} \times 100\% \qquad (2.3.36)$$

式中:η_n 为声源 n 对舱室噪声的贡献率;E_n 为声源 n 在舱室中产生的声能量;L_{pn} 为噪声源 n 在舱室中产生的声压级。

可进一步计算出各个噪声源产生的噪声对舱室噪声的贡献率,噪声源贡献率情况如表 2.3.4 所列。从整个分析频率段来看,主机激励力引起的噪声对舱室噪声的贡献率远大于主机空气噪声和螺旋桨激励噪声对舱室噪声的贡献率,因而可以判断为该船舶舱室噪声的主要激励源,是船舶舱室降噪设计应考虑的主要因素。

表 2.3.4　噪声源的贡献率

贡献率	主机声功率/%	主机激励力/%	螺旋桨/%
会议室	1.5	93.5	5.0
船长室	1.1	97.7	1.2
船员室	1.4	93.3	5.3

3. 舱室噪声预报实验验证

为了验证仿真预报的正确性,对实船进行相应的噪声测试。测量仪器为丹麦 B&K2250 噪声测量仪,在主机处于 100% 工况(即转速为 750r/min)时,对船员室、船长室、会议室等舱室进行声压级测量。图 2.3.19 ~ 图 2.3.21 为会议室、船员室、船长室这三个舱室的实验测量值与仿真值对比图。

由图 2.3.19 ~ 图 2.3.21 可知,三个房间的仿真结果与实验结果曲线变化趋势一致,而在 80Hz 之后,仿真值明显大于实测值。这是由于实验测量时拖轮的舱壁上粘贴了大量的多孔吸声材料,而在模型预报时却没有考虑这一影响因素。由于多孔吸声材料主要吸收中高频段噪声,所以中高频部分的实验结果会

比仿真结果偏小。

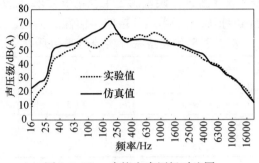

图 2.3.19　会议室声压级对比图

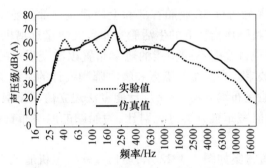

图 2.3.20　船员室声压级对比图

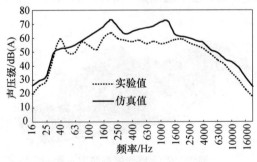

图 2.3.21　船长室声压级对比图

　　从仿真结果可以看出,会议室、船员室、船长室的总声压级为 74.9dB(A)、75.4dB(A)、79.3dB(A),表明船长室是受噪声源影响最大的房间,会议室是受噪声源影响最小的房间,这是由于随着相对振动源的距离的增大,其振幅不断减小。

从整个分析频率段来看,三个舱室的仿真结果与预测结果的整体绝对误差小于6dB(A),如表2.3.5所列。误差满足工程精度要求,证实了本书所建统计能量分析模型对全回转拖轮舱室噪声预报的可信性。

表2.3.5 仿真结果与实验结果的误差　　　　　（单位:dB(A)）

项目 舱室名称	仿真值	实验值	绝对误差
会议室	74.9	71.3	3.6
船长室	79.3	73.3	6.0
船员室	75.4	71.6	3.8

4. 舱室布置优化设计

通过仿真结果分析可知,船舶首部和上层建筑顶部的舱室噪声相对较低,在船舶设计时,应将噪声指标低的生活舱室布置在尽量远离机舱的位置。舱室布置优化设计,即通过改变不同功能的舱室布置以改变噪声的传播途径,从而达到减振降噪的效果。在对主机隔振和吸收降噪设计的基础上,本书设计了三种全回转工作船舱室布置方案,利用统计能量法建立仿真模型计算各舱室的噪声水平,并与原始舱室布置方案进行对比,为船舶的舱室布置设计提供技术支撑及方法指导。

原始舱室布置方案如图2.3.22示,船长室紧邻主机舱位于船底前部,通风设备布置于舱室通道中,舱室通道的作用是将上层建筑与下部舱室连接起来,船员室、会议室依次布置于舱室通道的船艏方向,驾驶室位于船员室及舱室通道上部。

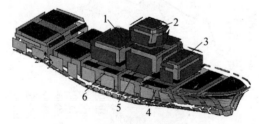

图2.3.22　原始模型舱室布置
1—舱室通道 + 通风系统;2—驾驶室;3—会议室;4—船长室;5—船员室;6—主舱室。

方案一对应的舱室布置如图2.3.23所示:驾驶室位置不变,将船长室设置在主机舱上方,即原舱室通道的位置,并利用12mm厚钢板与主机舱隔离,将通风设备安装于原船长室位置,同时在船长室和船员室之间、船员室与会议室之间设置两个小型通道,通道1主要通向通风设备舱,通道2主要通向主机舱,方案一将通风设备与主机舱室完全隔离,既能有效降低一些房间的噪声,又能有效保护好通风设备。但是由于通道空间过小,可能会影响工作人员实际操作,且防火灾性能较差。方案一中各舱室噪声预报结果频谱图如图 2.3.24 所示,各舱室噪声主要集中于 31.5～200Hz 频率范围内。

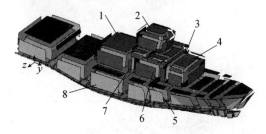

图 2.3.23　方案一舱室布置

1—船长室;2—驾驶室;3—舱室通道 1;4—会议室;5—通风系统;

6—船员室;7—舱室通道 2;8—主机舱。

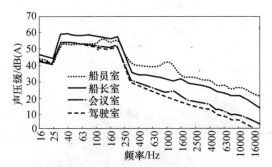

图 2.3.24　方案一舱室布置方案舱室噪声预报结果

　　方案二舱室布置如图 2.3.25 所示:驾驶室位置不变,将船长室设置在原舱室通道处,船员室设置在原船长室处,原船员室设置为舱室通道,并安装通风设备。方案二中四个房间将舱室通道包围住,舱室通道中的声能平均辐射至四个房间,可以适当减少四个房间的声压级差异。但是船长室、驾驶室和会议室的人员流动都需经过舱室通道,可能会造成一定程度的拥挤。方案二中各舱室噪声预报结果频谱图如图 2.3.26 所示,各舱室噪声最大值出现在 200Hz 频率处。

　　方案三舱室布置如图 2.3.27 所示:驾驶室位置不变,将船长室设置在原舱室通道处,船员室设置在原船长室处,原会议室设置为舱室通道,并安装通风设备。方案三中通风设备距主机舱室较远,可以较好地避免主机引起的结构振动,从而有利于延长通风设备使用寿命,但是同时会提高四个舱室的噪声。方案三中各舱室噪声预报结果频谱图如图 2.3.28 所示,其中船员室噪声比较大。

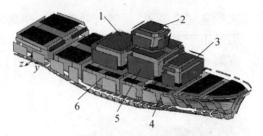

图 2.3.25　方案二舱室布置

1—船长室;2—驾驶室;3—会议室;4—船员室;5—舱室通道 + 通风系统;6—主机舱。

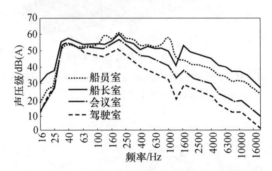

图 2.3.26　方案二舱室布置方案舱室噪声预报结果

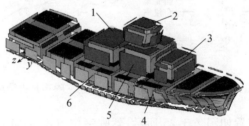

图 2.3.27　方案三舱室布置

1—船长室;2—驾驶室;3—舱室通道 + 通风系统;4—船员室;5—会议室;6—主机舱。

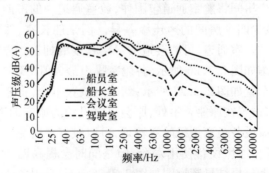

图 2.3.28　方案三舱室布置方案舱室噪声预报结果

四种舱室布置方案的仿真数据如表 2.3.6 所列,在原始布置中,四个房间的声压级较低,但通风设备距离主机舱较近,主机引起的剧烈振动容易损坏通风设备;方案一相对于原始布置方案,通风设备与主机舱室隔离,有利于保护通风设备,并且设置两个舱室通道,可方便员工流动,灵活性较强,且船员室与船长室声压级有一定的降低,但会议室的声压级较大,且舱室通道较小,防火灾性能较差;方案二相对于原始布置方案,驾驶室、会议室和船长室的声压级有一定程度的降低,但船员室声压级较大,超出了新规范的要求,且四个房间的人员流动都需经过舱室通道,容易造成通道拥堵;方案三相对于原始布置,通风设备距离主机舱室较远,可以很好地保护通风设备,但使得船员室声压级更大,达到70dB。在船舶设计建造过程中,舱室布置需要综合考虑舱室舱容、舱室功能、舱室舒适度以及舱室之间的通道等各方面因素,舱室的噪声水平只是一个影响因素,在实际设计建造过程中,船厂可以根据实际需要进行综合考虑,选择最佳的舱室布置方案。

表 2.3.6　四种方案舱室噪声仿真对比　　（单位:dB(A)）

项目 舱室名称	原始布置方案	方案一	方案二	方案三
驾驶室	60.8	61.3	60.0	60.5
会议室	63.3	62.2	64.2	64.8
船长室	69.5	67.3	66.7	69.2
船员室	64.4	63.2	67.1	70.0

结果表明,三个房间仿真结果与实验结果整体误差满足工程精度要求,可以表明在满足相似性条件和显著性条件的前提下,使用 VA One 将全回转拖轮划分为七个物理子系统模块的步骤和方法是合理有效的。

通过对拖轮单独施加激励源,说明每个频率段对舱室噪声贡献最大的噪声源是不一样的。在进行拖轮减振降噪处理时,在 16 ~ 63Hz 频率段,螺旋桨减振控制是首要考虑对象;在 63 ~ 20kHz 频率段,主机减振控制是首要考虑对象。而通过对声源整体贡献率的计算,可以得出全频段内主机激励力引起的噪声对舱室噪声的贡献率达到90%以上,进一步说明主机减振控制的重要性。

从仿真结果可以看出,会议室、船员室、船长室的总声压级为74.9dB(A)、75.4dB(A)、79.3dB(A),表明船长室是受噪声源影响最大的房间,在进行拖轮舱室吸声处理时,船长室应该重点考虑。

2.4 船体结构声振性能中频混合法分析

2.4.1 FE – SEA 混合分析方法

统计能量法建立所依赖的若干假设条件,使统计能量法仅能适用于模态密度密集的高频区。当所研究对象是由不同尺寸、不同刚度的复杂结构和声腔构成时(例如船舶由大量的板梁结构围成),并且实际工作环境和来自外部的激励也非常复杂,在一定的分析频率范围内,它既包含适用于确定性分析方法的长波变形子系统(局部低频振动),也包含适用于统计性分析的短波变形子系统(局部高频振动),单独采用 FEM、BEM 或 SEA 等传统分析方法均在相当大程度上丧失计算的准确性和有效性。

学术界将系统振动中局部低频振动和局部高频振动同时并存的复杂振动情况笼统定义为系统的"中频振动",此类问题也被称为"中频问题",并将含有中频振动特征的工程组合结构统称为"复杂组合系统"。

为了解决中频问题,P. J. Shorter 和 R. S. Langley 等人[42,43]分别于 1999 年创立了基于模态叠加法的 FE – SEA 混合法,2005 年创立了基于波动理论的 FE – SEA 混合法,从而使复杂结构全频段的振动与声辐射问题的解决成为可能。同年,法国 ESI 集团利用 FE – SEA 混合法推出了第一款全频段振动噪声分析的模拟环境的软件 VA One。至此,FE – SEA 混合法在工程界得到广泛应用。即使如此,由于基于波动耦合的 FE – SEA 混合法建立所依赖的各种假设,以及目前在应用中暴露的各类问题,证明 FE – SEA 混合法在理论上仍然存在诸多不足,需要进一步研究和完善。以下介绍基于波动耦合的 FE – SEA 混合法的理论推导过程,以及基于波动耦合的 FE – SEA 混合法计算流程。

1. 直接场与混响场

Shorter 和 Langley 等人在文献[43]中将一个子系统的边界划分为两类,边界上所有的物理性质完全已知的为确定性边界(deterministic boundary)Γ_d,反之为随机边界(random boundary)Γ_r,如图 2.4.1 所示。

当确定性边界受到载荷,引起位移 u_d 时,将产生入射波。在不考虑随机边界存在,即无反射的条件下,入射波便构成了"直接场",通过直接场引起的随机边界上的位移场记为 ϕ,

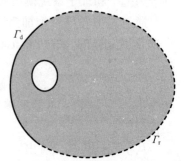

图 2.4.1 确定性边界 Γ_d 和随机边界 Γ_r

如图 2.4.2 所示。当考虑子系统在随机边界反射波时,并且假定入射波与反射波在叠加之后,可以保证该子系统随机边界处的边界条件得到满足。由这些反射波所构成的场即"混响场",如图 2.4.3 所示。

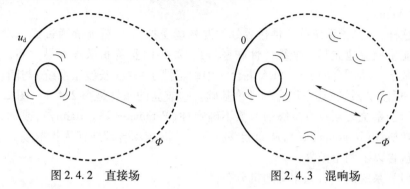

图 2.4.2　直接场　　　　　　　　图 2.4.3　混响场

混响场应满足以下两个条件[91]:

(1) 与直接场线性叠加后随机边界处的边界条件得到满足;

(2) 在混响场中确定性边界上的位移大小为 0。

混响场的存在,使得当确定性边界固定时,混响场在确定性边界处产生一定的力载荷作用,这就是文献[42]所述的混响场受挡力(Blocked Reverberant Force),记为 f_{rev}。

当系统以图 2.4.4 中的板为例时,假定板边界处的位移为 q,那么由边界产生的入射波就形成了直接场,而沿各个方向的反射波形成了混响场。

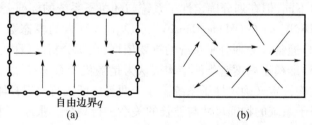

图 2.4.4　板在边界处的位移引起的直接场与混响场的示意图
(a)自由场;(b)混响场。

2. 扩散场互易原理

假设随机子系统具有最大熵特征,随机子系统由混响场所产生的力载荷 f_{rev} 将满足以下统计性关系:

$$E[f_{\text{rev}}] = 0, E[f_{\text{rev}}f_{\text{rev}}^{\text{H}}] = \frac{4E}{\omega\pi n}\text{Im}\{D_{\text{dir}}\} \qquad (2.4.1)$$

式中：$E[\bullet]$为总体平均；E为随机子系统在混响场中所具有的能量；A^{H}为A的共轭转置矩阵$\overline{A}^{\mathrm{T}}$（即先取$A$的元素的共轭复数，然后转置所成矩阵）；$n$为随机子系统的模态密度；$\boldsymbol{D}_{\mathrm{dir}}$为随机子系统的确定性边界处相对于直接场的动刚度矩阵（N/m）。

这样，随机子系统确定性边界处的混响场受挡力f_{rev}就能够通过式（2.4.1）与其能量响应建立起一个统计性联系。式（2.4.1）称为扩散场互易关系，它是实现基于波动耦合的 FE‑SEA 混合法中确定性子系统（长波子系统）与随机子系统（短波子系统）动态耦合的理论基础。它成立的条件是图 2.4.1～图 2.4.4 中所示子系统必须具有足够的参数不确定性（Parameter Uncertainty），或称为足够的随机性（Randomness），从而能够将系统的混响场合理地视为扩散场。这通常又包含以下两个条件：

（1）系统的固有频率呈随机分布；

（2）系统的能量响应在各共振模态间均布。

目前对于随机子系统是否具有足够随机这一条件尚缺乏清晰的判定条件，在一定程度上限制了基于波动耦合的 FE‑SEA 混合法的应用。

3. 确定性子系统与随机子系统的划分

确定性子系统与随机子系统的划分是采用基于波动耦合的 FE‑SEA 混合法解决问题的第一步也是至关重要的一步，划分得合理与否将直接影响到最后计算结果的准确度。

虽然基于波动耦合分析的混合模型法与基于模态耦合分析的混合模型法在原理上截然不同，但在划分确定性子系统与随机子系统的标准上却是一致。

（1）模态密度$n(f)$（Mode Density）或单位带宽内的模态数$N(n(f)\Delta f$，Modes in Band）通常作为划分子系统的重要依据，在所分析频段内，模态密度大（通常当$N \geqslant 5$）即模态高度密集的结构被认为是随机子系统；反之，当$N \leqslant 1$，即模态稀疏的结构被定义确定性子系统。介于两者之间的可以视具体情况而定。

（2）根据子系统的特征尺寸与波长的关系进行划分。张瑾[92]指出，子结构内波长大于或相当于其结构特征尺寸时，将其定义为确定性子系统，采用 FEM 或 BEM 分析；而子结构特征尺寸大于结构内的波长时，采用 SEA 建模，并称其为随机子系统。

在解决实际问题时，通常根据经验对要分析结构的刚度进行初步判定，一般来说，刚度较大的结构模态较稀疏，比如梁结构，初步划分为确定性子系统；而刚度较小柔性较大的结构，比如板结构，一般模态密度较大，初步划分为随机子系统，然后根据上述两种判定标准针对具体结构详细划分频段，最后具体针对某一部分结构进行分析，从而达到减少工作量的目的。

4. 确定性子系统的位移响应推导过程

1）确定性子系统运动方程的建立

确定性子系统的运动方程可表示为

$$D_{\text{tot}} q = f_{\text{ext}} + \sum_{k=1}^{N} f_{\text{rev}}^{(k)} \tag{2.4.2}$$

式中：N 为与确定性子系统相连的随机子系统的个数；$f_{\text{rev}}^{(k)}$ 为第 k 个随机子系统在混响场中的受挡力；f_{ext} 为施加在确定性子系统各自由度处的外部简谐激振力（频率为 ω）；q 为用来描述确定性子系统的响应的自由度；D_{tot} 为确定性子系统的总动刚度矩阵；D_{tot} 为耦合边界上确定性子系统自身的动刚度矩阵 D_{d} 与各随机子系统的直接动刚度矩阵 $D_{\text{dir}}^{(k)}$ 的叠加，即

$$D_{\text{tot}} = D_{\text{d}} + \sum_{k=1}^{N} D_{\text{dir}}^{(k)} \tag{2.4.3}$$

一般来说，D_{d} 可直接由 FEM 得出，而 $D_{\text{dir}}^{(k)}$ 可通过假定第 k 个随机子系统沿确定性边界拓展为半无限/无限结构时用边界元法、解析法或半解析法得到。

由随机子系统和确定性子系统所构成的复杂系统的受力以及耦合情况见图 2.4.5。

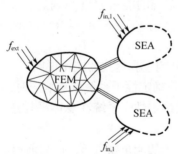

（随机子系统 1～2：无网格；确定性子系统：含三角形网格。随机边界：虚线；确定性边界：实线；混合连接：粗实线；f_{ext}：施加在确定性子系统上的外力，$f_{\text{in},i}$：施加在随机子系统 i 上的外力）

图 2.4.5　FE‑SEA 混合法中复杂系统示意图

2）确定性子系统运动响应的求解

若通过式(2.4.2)求解位移响应 q，那么就必须首先得到 $\sum_{k=1}^{N} f_{\text{rev}}^{(k)}$。但对于 $f_{\text{rev}}^{(k)}$ 精确计算很难实现。由文献[43]可知：$f_{\text{rev}}^{(k)}$ 可由扩散场互易关系式(3.1)，即

$$E[f_{\text{rev}}^{(k)} f_{\text{rev}}^{(k),\text{H}}] = \frac{4E_k}{\omega \pi n_k} \text{Im}\{D_{\text{dir}}^{(k)}\} \tag{2.4.4}$$

式中：$E[\bullet]$ 为总体平均；n_k 为第 k 个随机子系统的模态密度；E_k 为第 k 个随机子系统的能量。

从而使随机子系统与确定性子系统的能量响应建立起直接的联系。由式(2.4.2),得

$$q = D_{\text{tot}}^{-1}(f_{\text{ext}} + \sum_{k=1}^{N} f_{\text{rev}}^{(k)})$$ (2.4.5)

将式(2.4.5)中的确定性子系统的位移响应 q 写成互谱的形式:

$$E[qq^{\text{H}}] = D_{\text{tot}}^{-1}E[ff^{\text{H}} + \sum_{k=1}^{N} f_{\text{rev}}^{(k)}f^{H} + f\sum_{k=1}^{N} f_{\text{rev}}^{(k),\text{H}} + \sum_{k=1}^{N} f_{\text{rev}}^{(k)}\sum_{k'=1}^{N} f_{\text{rev}}^{(l),\text{H}}]D_{\text{tot}}^{-\text{H}}$$ (2.4.6)

式中:$\bullet^{-\text{H}}$ 为对矩阵先取转置共轭矩阵,再求逆的运算。

根据最大熵假设,随机子系统间的相互影响可以忽略,即 $f_{\text{rev}}^{(k)}$ 与 $f_{\text{rev}}^{(l)}$ ($k \neq l$) 相互独立,则式(2.4.6)可化为

$$E[qq^{\text{H}}] = D_{\text{tot}}^{-1}[S_{\text{ff}} + \sum_{k=1}^{N} E(f_{\text{rev}}^{(k)}f_{\text{rev}}^{(k),\text{H}})]D_{\text{tot}}^{-\text{H}}$$ (2.4.7)

将式(2.4.4)代入式(2.4.7),可得确定性子系统的位移 q 的互谱表达式:

$$S_{qq} = E[qq^{\text{H}}] = D_{\text{tot}}^{-1}[S_{\text{ff}} + \sum_{k=1}^{N} \left(\frac{4E_k}{\omega\pi n_k}\right)\text{Im}\{D_{\text{dir}}^{(k)}\}]D_{\text{tot}}^{-\text{H}}$$ (2.4.8)

式(2.4.8)将随机子系统的能量密度与确定子系统位移互谱巧妙联系起来,从而实现基于波动耦合的 FE – SEA 混合法中确定性子系统动态响应的求解。

3)确定性子系统运动响应表达式的应用说明

在应用式(2.4.8)求解确定性子系统位移响应时,应注意以下几点:

(1)该方法仅能求出确定性子系统在总体平均意义上的位移响应,无法预测具体某一位置相位值。

(2)该式以随机子系统的能量密度 E_k/n_k 为前提。因此,E_k 预测的准确与否直接影响到确定性子系统响应互谱 S_{qq} 的准确性。

(3)式(2.4.8)的推导过程是以复杂系统中各随机子系统均能满足扩散场互易关系为条件,同时忽略不同随机子系统的混响场之间的相互影响。

上述3点在一定程度上限制了基于波动耦合的 FE – SEA 混合法的应用范围。

2.4.2 随机子系统的能量响应的推导过程

1. 随机子系统能量平衡方程的建立

基于波动耦合的 FE – SEA 混合法从本质上是对传统 SEA 的推广,它采用能量守恒的思想,但研究的能量流范围已不再限于纯粹的 SEA 子系统之间,而

是确定性子系统与随机子系统之间的能量流。

对于与确定性子系统耦合的第 j 个随机子系统,按照 Langley 等在文献 [42] 中考虑的那样,假定随机子系统 j 并没有受到外界直接对它的功率输入,并且也不考虑该随机子系统 j 与不和确定性子系统相连的随机子系统 l 间的功率流。事实上,正如张瑾在文献 [91] 中提到的那样,随机子系统完全可以承受来自外界的载荷,比如在高频区板的受迫振动;但是对于不考虑该随机子系统 j 与不和确定性子系统相连的随机子系统 l 间的功率流,则是 Langley 出于避免与传统 SEA 混淆的目的,仅讨论基于波动耦合的 FE – SEA 混合法解决随机子系统的能量响应。

有鉴于此,本书考虑随机子系统 j 受到外界直接对它的功率输入,但并不考虑随机子系统 j 与不和确定性子系统相连的随机子系统 l 间的功率流。如图 2.4.6 所示,对第 j 个随机子系统(与确定性子系统相耦合)的功率流满足

$$P_{\text{in,dir}}^{(j)} + P_{\text{in},j} = P_{\text{out,rev}}^{(j)} + P_{\text{diss}}^{(j)} \tag{2.4.9}$$

式中:$P_{\text{in,dir}}^{(j)}$ 为输入到随机子系统 j 的直接场的平均功率流;$P_{\text{in},j}$ 为外界直接加载随机子系统 j 上的输入功率;$P_{\text{out,rev}}^{(j)}$ 为随机子系统 j 在混响场中损失的功率,或称输出功率流;$P_{\text{diss}}^{(j)}$ 为随机子系统自身消耗的平均功率流。

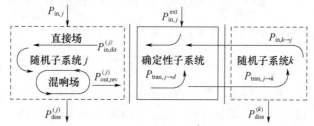

(确定性边界:子系统的实线边界;随机边界:子系统的虚线边界;其他参数的物理意义见下面的分析过程)

图 2.4.6   以随机子系统 j 为研究对象的功率平衡示意图

下面针对式 (2.4.9) 中的各项功率流逐一进行推导[42]。

将式 (2.4.5) 乘开,可发现确定性子系统的位移响应 $\boldsymbol{q}$ 是由外部激励 $\boldsymbol{f}_{\text{ext}}$ 引起的位移 $\boldsymbol{q}_{\text{d}}$ 与各随机子系统产生的混响场载荷 $\sum_{k=1}^{N} \boldsymbol{f}_{\text{rev}}^{(k)}$ 引起的位移 $\sum_{k=1}^{N} \boldsymbol{q}^{(k)}$ 两部分构成,即

$$\boldsymbol{q} = \boldsymbol{D}_{\text{tot}}^{-1}\left(\boldsymbol{f}_{\text{ext}} + \sum_{k=1}^{N} \boldsymbol{f}_{\text{rev}}^{(k)}\right) = \boldsymbol{q}_{\text{d}} + \sum_{k=1}^{N} \boldsymbol{q}^{(k)} \tag{2.4.10}$$

式中

$$\boldsymbol{q}_{\text{d}} = \boldsymbol{D}_{\text{tot}}^{-1} \boldsymbol{f}_{\text{ext}}, \quad \boldsymbol{q}^{(k)} = \boldsymbol{D}_{\text{tot}}^{-1} \boldsymbol{f}_{\text{rev}}^{(k)} \tag{2.4.11}$$

输入到随机子系统 j 的直接场功率流 $P_{\mathrm{in,dir}}^{(j)}$ 可表示为

$$P_{\mathrm{in,dir}}^{(j)} = E\left[\frac{\omega}{2}\mathrm{Im}\{\boldsymbol{q}^{\mathrm{H}}\boldsymbol{D}_{\mathrm{dir}}^{(j)}\boldsymbol{q}\}\right] = \frac{\omega}{2}\mathrm{Im}\left\{\sum_r\sum_s\left(\boldsymbol{D}_{\mathrm{dir},js}^{(j)}E[\boldsymbol{q}_r\boldsymbol{q}_s^*]\right)\right\}$$

$$= \frac{\omega}{2}\sum_{rs}\left[\mathrm{Im}\{\boldsymbol{D}_{\mathrm{dir},rs}^{(j)}\}\boldsymbol{S}_{\mathrm{qq},rs}\right] \tag{2.4.12}$$

式中：r、s 为随机子系统 j 确定性边界上的自由度。

将式(2.4.10)代入式(2.4.12)，得

$$P_{\mathrm{in,dir}}^{(j)} = \frac{\omega}{2}\sum_{rs}\left[\mathrm{Im}\{\boldsymbol{D}_{\mathrm{dir},rs}^{(j)}\}\,(\boldsymbol{D}_{\mathrm{tot}}^{-1}\boldsymbol{S}_{\mathrm{ff}}^{\mathrm{ext}}\boldsymbol{D}_{\mathrm{tot}}^{-H})_{rs}\right] +$$

$$\frac{\omega}{2}\sum_k\sum_{rs}\left[\mathrm{Im}\{\boldsymbol{D}_{\mathrm{dir},rs}^{(j)}\}\left(\frac{4E_k}{\omega\pi n_k}\right)(\boldsymbol{D}_{\mathrm{tot}}^{-1}\mathrm{Im}\{\boldsymbol{D}_{\mathrm{dir}}^{(k)}\}\boldsymbol{D}_{\mathrm{tot}}^{-H})_{rs}\right] \tag{2.4.13}$$

式(2.4.13)中右侧第一项表示来自施加于确定性子系统上的外部激励力 $\boldsymbol{S}_{\mathrm{ff}}^{\mathrm{ext}}$ 的功率；第二项表示来自其他随机子系统的混响场载荷 $\boldsymbol{S}_{\mathrm{ff,rev}}^{(k)}$ 的功率流，并且这两项无关联。将式(2.4.13)中右侧表示为

$$P_{\mathrm{in},j}^{\mathrm{ext}} = \frac{\omega}{2}\sum_{rs}\left[\mathrm{Im}\{\boldsymbol{D}_{\mathrm{dir},rs}^{(j)}\}(\boldsymbol{D}_{\mathrm{tot}}^{-1}\boldsymbol{S}_{\mathrm{ff}}^{\mathrm{ext}}\boldsymbol{D}_{\mathrm{tot}}^{-H})_{rs}\right] \tag{2.4.14}$$

$$P_{\mathrm{in},k\to j} = \frac{2E_k}{\pi n_k}\sum_{rs}\left[\mathrm{Im}\{\boldsymbol{D}_{\mathrm{dir},rs}^{(j)}\}\,(\boldsymbol{D}_{\mathrm{tot}}^{-1}\mathrm{Im}\{\boldsymbol{D}_{\mathrm{dir}}^{(k)}\}\boldsymbol{D}_{\mathrm{tot}}^{-H})_{rs}\right] \tag{2.4.15}$$

将式(2.4.14)与式(2.4.15)代入式(2.4.13)，可化简为

$$P_{\mathrm{in,dir}}^{(j)} = P_{\mathrm{in},j}^{\mathrm{ext}} + \sum_{k=1}^{N}P_{\mathrm{in},k\to j} \tag{2.4.16}$$

随机子系统 j 在混响场中损失的功率 $P_{\mathrm{out,rev}}^{(j)}$ 由两项构成：由子系统 j 的混响场传递到确定性子系统中的功率流 $P_{\mathrm{tran},j\to d}$；由随机子系统 j 的混响场传递到其他随机子系统中的功率流之和 $\sum_k P_{\mathrm{tran},j\to k}$，即

$$P_{\mathrm{out},j} = P_{\mathrm{tran},j\to d} + \sum_{k=1}^{N}P_{\mathrm{tran},j\to k} \tag{2.4.17}$$

式(2.4.17)右侧第一项可表示为

$$P_{\mathrm{tran},j\to d} = E\left[\frac{\omega}{2}\mathrm{Im}\{\boldsymbol{q}^{(j),\mathrm{H}}\boldsymbol{D}_{\mathrm{d}}\boldsymbol{q}^{(j)}\}\right] = \frac{\omega}{2}\mathrm{Im}\left\{\sum_r\sum_s E[\boldsymbol{q}_r^{(j)*}\boldsymbol{D}_{\mathrm{d},rs}\boldsymbol{q}_s^{(j)}]\right\}$$

$$= \frac{\omega}{2}\sum_{rs}\left[\mathrm{Im}\{\boldsymbol{D}_{\mathrm{d},rs}\}\boldsymbol{S}_{q^{(j)}q^{(j)},rs}\right] \tag{2.4.18}$$

由式(2.4.11)可得

$$\boldsymbol{S}_{q^{(j)}q^{(j)}} = E\left[(\boldsymbol{D}_{\mathrm{tot}}^{-1}\boldsymbol{f}_{\mathrm{rev}}^{(j)})(\boldsymbol{D}_{\mathrm{tot}}^{-1}\boldsymbol{f}_{\mathrm{rev}}^{(j)})^{\mathrm{H}}\right] = \boldsymbol{D}_{\mathrm{tot}}^{-1}E[\boldsymbol{f}_{\mathrm{rev}}^{(j)}\boldsymbol{f}_{\mathrm{rev}}^{(j)H}]\boldsymbol{D}_{\mathrm{tot}}^{-H}$$

$$= \boldsymbol{D}_{\mathrm{tot}}^{-1}\left(\frac{4E_j}{\omega\pi n_j}\right)\mathrm{Im}\{\boldsymbol{D}_{\mathrm{dir}}^{(j)}\}\boldsymbol{D}_{\mathrm{tot}}^{-H} \tag{2.4.19}$$

将式(2.4.19)代入式(2.4.18),得由子系统 j 的混响场传递到子系统 k 的直接场的功率流表达式:

$$P_{\text{tran},j\to d} = \frac{2E_j}{\pi n_j}\sum_{rs}\text{Im}\{\boldsymbol{D}_{d,rs}\}\ (\boldsymbol{D}_{\text{tot}}^{-1}\text{Im}\{\boldsymbol{D}_{\text{dir}}^{(j)}\}\boldsymbol{D}_{\text{tot}}^{-H})_{rs} \qquad (2.4.20)$$

式(2.4.20)中 $P_{\text{tran},j\to k}$ 在形式上与式(2.4.15)中由子系统 k 的混响场传递到子系统 j 的直接场的功率流的计算表达式完全相同,因此,类比式(2.4.16)的形式,得到式(2.4.17)右侧的第二项为

$$P_{\text{tran},j\to k} = \frac{2E_j}{\pi n_j}\sum_{rs}\left[\text{Im}\{\boldsymbol{D}_{\text{dir},rs}^{(k)}\}\ (\boldsymbol{D}_{\text{tot}}^{-1}\text{Im}\{\boldsymbol{D}_{\text{dir}}^{(j)}\}\boldsymbol{D}_{\text{tot}}^{-H})_{rs}\right] \qquad (2.4.21)$$

将式(2.4.20)、式(2.4.21)代入式(2.4.18),就可以得到随机子系统 j 在混响场中损失的功率。

最后,子系统 j 自身消耗的功率流可按照经典 SEA 的方法表示成

$$P_{\text{diss},j} = \omega\eta_j E_j \qquad (2.4.22)$$

将式(2.4.14)~式(2.4.17)、式(2.4.20)~式(2.4.22)代入式(2.4.9),即可建立随机子系统 j 的能量平衡方程。

2. 随机子系统能量响应的求解

将式(2.4.15)、式(2.4.20)和式(2.4.22)分别改写成如下形式:

$$P_{\text{in},k\to j} = \omega\eta_{jk}n_j\frac{E_k}{n_k} \qquad (2.4.23)$$

$$P_{\text{tran},j\to d} = \omega\eta_{d,j}E_j \qquad (2.4.24)$$

$$P_{\text{tran},j\to k} = \omega\eta_{kj}n_k\frac{E_j}{n_j} \qquad (2.4.25)$$

式中

$$\eta_{jk} = \frac{2}{\pi\omega n_j}\sum_{rs}\left[\text{Im}\{\boldsymbol{D}_{\text{dir},rs}^{(j)}\}\ (\boldsymbol{D}_{\text{tot}}^{-1}\text{Im}\{\boldsymbol{D}_{\text{dir}}^{(k)}\}\boldsymbol{D}_{tot}^{-H})_{rs}\right] \qquad (2.4.26)$$

$$\eta_{d,j} = \frac{2}{\pi\omega n_j}\sum_{rs}\left[\text{Im}\{\boldsymbol{D}_{d,rs}\}\ (\boldsymbol{D}_{\text{tot}}^{-1}\text{Im}\{\boldsymbol{D}_{\text{dir}}^{(j)}\}\boldsymbol{D}_{\text{tot}}^{-H})_{rs}\right] \qquad (2.4.27)$$

$$\eta_{kj} = \frac{2}{\pi\omega n_k}\sum_{rs}\left[\text{Im}\{\boldsymbol{D}_{\text{dir},rs}^{(k)}\}\ (\boldsymbol{D}_{\text{tot}}^{-1}\text{Im}\{\boldsymbol{D}_{\text{dir}}^{(j)}\}\boldsymbol{D}_{\text{tot}}^{-H})_{rs}\right] \qquad (2.4.28)$$

将式(2.4.16)、式(2.4.17)代入式(2.4.9),随机子系统 j 的能量平衡方程可表为

$$P_{\text{in},j}^{\text{ext}} + \sum_{k=1}^{N}P_{\text{in},k\to j} + P_{\text{in},j} = P_{\text{tran},j\to d} + \sum_{k=1}^{N}P_{\text{tran},j\to k} + P_{\text{diss},j} \qquad (2.4.29)$$

结合式(2.4.23)~式(2.4.25),式(2.4.29)进一步化简为

$$P_{\mathrm{in},j}^{\mathrm{ext}} + \sum_{k=1}^{N} \left(\omega\eta_{jk}n_j \frac{E_k}{n_k} \right) + P_{\mathrm{in},j} = \omega\eta_j E_j + \sum_{k=1}^{N} \left(\omega\eta_{kj}n_k \frac{E_j}{n_j} \right) + \omega\eta_{\mathrm{d},j}E_j \quad (2.4.30)$$

由于 D_{tot} 具有对称性,由式(2.4.26)、式(2.4.28)可得

$$n_j\eta_{jk} = n_k\eta_{kj} \quad (2.4.31)$$

式(2.4.31)与传统 SEA 理论中的子系统间耦合损耗因子的互换关系完全一致。将式(2.4.31)代入式(2.4.20),可将表达式化为简洁形式如下:

$$\omega(\eta_j + \eta_{\mathrm{d},j})E_j + \sum_{k=1}^{N} \omega\eta_{jk}n_j\left(\frac{E_j}{n_j} - \frac{E_k}{n_k} \right) = P_{\mathrm{in},j}^{\mathrm{ext}} + P_{\mathrm{in},j} \quad (2.4.32)$$

式(2.4.32)在表达式形式上与传统 SEA 中的能量平衡方程完全一致。从 SEA 的意义来看,η_{jk} 表示两个随机子系统之间的耦合损耗因子,但 η_{jk} 已不同于传统 SEA 中的耦合损耗因子,它是指与确定性子系统相耦合的两个子系统间的耦合损耗因子,在 SEA 中将为 0,因此 η_{jk} 称为"有效耦合损耗因子";而 $\eta_{\mathrm{d},j}$ 相当于确定性子系统向随机子系统的混响场施加了一定的阻尼损耗因子,因此,$\eta_{\mathrm{d},j}$ 称为随机子系统 j 的混响场与确定性子系统间的耦合损耗因子。

现在考虑包含 N 个随机子系统的复杂系统,并将式(2.4.32)写成矩阵的形式:

$$\omega \boldsymbol{L} \boldsymbol{e}_j = \boldsymbol{P}_{\mathrm{in},j}^{\mathrm{ext}} + \boldsymbol{P}_{\mathrm{in},j} \quad (2.4.33)$$

式中: $\boldsymbol{e}_j$ 为由各随机子系统的模态能量组成的列向量,每个元素 $e_j = E_j/n_j$; $\boldsymbol{P}_{\mathrm{in},j}^{\mathrm{ext}}$ 为由施加在确定性子系统上的外部激励力 $\boldsymbol{S}_{\mathrm{ff}}^{\mathrm{ext}}$ 输入到随性子系统 j 上的功率所组成的列向量; $\boldsymbol{P}_{\mathrm{in},j}$ 为外界直接加载随机子系统 j 上的输入功率所组成的列向量; $\boldsymbol{L}$ 为复杂系统的损耗因子矩阵,其对角线上的第 (j,j) 个元素的表达式为

$$L_{jj} = \left(\eta_j + \eta_{\mathrm{d},j} + \sum_{\substack{k=1\\k\neq j}}^{N} \eta_{jk} \right) n_j \quad (2.4.34)$$

而非对角线上的第 (j,k) 个元素的表达式为

$$L_{jk} = -\eta_{jk}n_j \quad (2.4.35)$$

将式(2.4.34)、式(2.4.35)代入式(2.4.33),得

$$\omega \begin{bmatrix} \left(\eta_1 + \eta_{d,1} + \sum_{k=2}^{N}\eta_{1k} \right)n_1 & -\eta_{12}n_1 & \cdots & -\eta_{1N}n_1 \\[2ex] -\eta_{21}n_2 & \left(\eta_2 + \eta_{d,2} + \sum_{k=1,k\neq2}^{N}\eta_{2k} \right)n_2 & \cdots & -\eta_{2N}n_2 \\[2ex] \vdots & \vdots & & \vdots \\[2ex] -\eta_{N1}n_N & -\eta_{N2}n_N & \cdots & \left(\eta_N + \eta_{d,N} + \sum_{k=1}^{N-1}\eta_{Nk} \right)n_N \end{bmatrix}$$

$$\begin{pmatrix} \dfrac{E_1}{n_1} \\ \dfrac{E_2}{n_2} \\ \vdots \\ \dfrac{E_N}{n_N} \end{pmatrix} = \begin{pmatrix} P_{\mathrm{in},1}^{\mathrm{ext}} + P_{\mathrm{in},1} \\ P_{\mathrm{in},2}^{\mathrm{ext}} + P_{\mathrm{in},2} \\ \vdots \\ P_{\mathrm{in},1}^{\mathrm{ext}} + P_{\mathrm{in},1} \end{pmatrix} \qquad (2.4.36)$$

由式(2.4.36),对损耗因子矩阵 L 求逆,即可得到各随机子系统的能量响应 E_j,进而由式(2.4.8)求解确定性子系统的位移响应互谱矩阵 S_{qq}。

3. 随机子系统能量响应公式应用的局限性

由于式(2.4.26)~式(2.4.28)、式(2.4.36)中含有对 D_{tot}、损耗因子矩阵 L 求逆运算,因此,当确定性子系统含有较多自由度、随机子系统的数目较多时,对于 D_{tot}^{-1} 的计算将存在计算耗时问题,同时也容易造成计算误差。

2.4.3　FE – SEA 混合法计算流程

通过对基于波动耦合的 FE – SEA 混合法理论的推导,可以将其分析过程简要归纳为以下几个主要步骤,详细的分析流程见图 2.4.7。

(1) 将复杂组合系统分为两类子系统,并划分各随机子系统的确定性边界和随机边界,判断各子系统之间的连接方式。

(2) 计算各随机子系统在其确定性边界处的直接场动刚度矩阵 $D_{\mathrm{dir}}^{(j)}$。

(3) 对确定性子系统采用确定性分析方法(如 FEM、BEM 等)来描述,并求其动刚度矩阵 D_{d};按式(2.4.3)将 D_{d} 与 $D_{\mathrm{dir}}^{(j)}$ 线性叠加得到总动刚度矩阵 D_{tot}。将确定性子系统上施加的外载荷 f_{ext} 转化成互功率谱 $S_{\mathrm{ff}}^{\mathrm{ext}}$。

(4) 按式(2.4.14)计算外载荷 f_{ext} 输入到各随机子系统直接场中的功率流 $P_{\mathrm{in},j}^{\mathrm{ext}}$。

(5) 按式(2.4.26)计算随机子系统间的有效耦合损耗因子 η_{jk},按式(2.4.27)计算各随机子系统的模态密度 n_j 以及内损耗因子 η_j、随机子系统 j 的混响场与其相耦合的确定性子系统间的耦合损耗因子 $\eta_{\mathrm{d},j}$。

(6) 写出各随机子系统的能量平衡方程,按式(2.4.32)将所有的各随机子系统的能量平衡方程写成矩阵的形式,然后求解 E_j。

(7) 按式(2.4.8)求解各确定性子系统的位移响应互谱矩阵 S_{qq}。

(8) 每个频率下按照步骤(2)~(7)重复进行,完成以后计算下一个频率的各个子系统的响应。

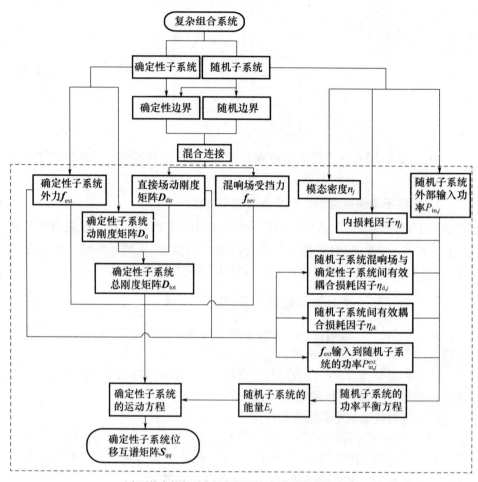

（点画线内的各项为频率的函数，每个频率重复进行）

图 2.4.7　基于波动耦合的 FE – SEA 混合法算法实现流程

2.4.4　FE – SEA 混合法频率区间划分准则

1. 频率区间划分准则

基于波动理论的 Hybrid FE – SEA 方法是解决复杂结构中频问题的有效方法。在该方法中，根据结构的波长与特征尺寸的大小关系，将整个系统进行划分。对于结构波长与特征尺寸相当的结构，用有限元进行建模，并称"确定性子系统"；对于结构波长远远小于结构特征尺寸的部分，用统计能量进行建模，并称"随机子系统"；最后通过两类子系统连接边界上的混响场和直接场的互易原理对子系统组合,得到整个结构系统的响应。

一般按照频率范围将结构声学划分为低频、中频和高频问题。姚德源[19]根据每个子系统中的模态密度 $n(f)$ 大小,或带宽 Δf 内振型的个数 $N = n(f) \cdot \Delta f$ 多少划分分析频段。

当 $N \leqslant 1$ 时,定义为低频区;

当 $N \geqslant 5$ 时,定义为高频区;

当 $1 < N < 5$ 时,定义为中频区。

Bistsie[93]采用无量纲参数 $\eta k D$ 来划分频段范围,当结构声学系统特征尺度的长度 D 满足

当 $\eta k D_{\max} < 2$,即 $f < \dfrac{2c_0}{\eta D_{\max}}$ 时为低频区;

当 $\eta k D_{\min} > 2$,即 $f > \dfrac{2c_0}{\eta D_{\min}}$ 时为高频区;

当 $\eta k D_{\min} \leqslant 2 \leqslant \eta k D_{\max}$,即 $\dfrac{2c_0}{\eta D_{\max}} \leqslant f \leqslant \dfrac{2c_0}{\eta D_{\min}}$ 时为中频区;

式中:$D_{\max}$、$D_{\min}$ 分别为子系统的最大和最小特征尺寸长度;η 为结构内损耗因子;$k = \dfrac{1}{\lambda} = \dfrac{f}{c_0}$ 为波数;c_0 为空气声速。

在以上介绍的两种频率区间划分准则中,根据独立子系统在频段内的波数或模态密度判定所处频段,关注的是独立子系统的频段范围。根据耦合子系统间的模态特性的差异程度来判定,关注的是结构特性和子系统之间模态特性的差异。

2. 频率区间划分新准则

考虑到 FE – SEA 混合法中子系统的划分与波长的内在联系,有必要对结构中波长随频率的变化情况进行分析。由于薄板中弯曲波长通常远小于拉伸和剪切方向的波长,模型中的薄板又以弯曲为主,所以只考虑弯曲波。薄板或梁中弯曲波的波长可表示为[75]

$$\lambda_b = c_b \cdot T = c_b \cdot \frac{2\pi}{\omega} \tag{2.4.37}$$

式中:$c_b = \sqrt[4]{\dfrac{B}{\rho H}} \sqrt{\omega}$ 为弯曲波的波速;$B = \dfrac{EH^3}{12(1 - \mu^2)}$ 为弯曲刚度;E、H、ρ、μ 分别为薄板的弹性模量、厚度、体积密度、泊松比;ω 为分析频率。

由式(2.4.37)可以得到波长随频率的变化情况,如图 2.4.8 所示。

对于由梁、薄板组合而成的复杂结构(如复杂组合系统),当在较宽频域内承受来自外界的振动与噪声载荷作用时,复杂组合系统中不同类型的结构呈现

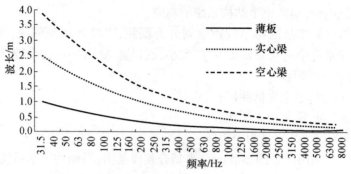

图 2.4.8　结构中的弯曲波长

出复杂的动态特性。

当采用 FEM、SEA 和 FE – SEA 混合法分析复杂结构的中频振动问题时,为了量化这三种方法的有效频率区间,本书定义子系统的特征尺寸 D 与弯曲波长 λ_b 的比值为特征尺度比,用 Δ 符号表示,即

$$\Delta = \frac{D}{\lambda_b} \qquad (2.4.38)$$

用特征尺度比这一无量纲数作为判定 FEM、SEA 和 FE – SEA 混合法有效分析频率区间的指标,从而得到 FE – SEA 混合法的频率区间划分新准则:

当所有子系统的 $\Delta \leqslant 1.5$ 时,定义为低频区;

当所有子系统的 $\Delta \geqslant 1.5$ 时,定义为高频区;

当部分子系统 $\Delta \leqslant 1.5$,部分子系统 $\Delta \geqslant 1.5$ 时,定义为中频区。

3. 频率区间划分新准则验证[94]

在薄板结构中插入一个较大的刚性阻振质量,可以阻抑结构中振动能量的传递。由于阻振质量和板壳结构之间的模态密度存在较大差异,所构成的系统较为复杂,采用波动法的理论解析存在困难,单一使用 FEM 或 SEA 法所建立的模型也不能用于宽频范围的振动特性分析。因此,FE – SEA 混合法成为研究具有阻振质量结构阻振性能的有效方法。

为研究带有刚性阻振质量薄壳结构的中频振动问题,考虑到薄板与阻振质量的刚度相差较大,薄板与阻振质量分别采用 SEA、FEM 子系统进行建模,为了验证 FE – SEA 混合法建模时频率区间划分新准则的正确性,本书还分别建立了 FEM 模型和 SEA 模型,在 31.5 ~ 8000Hz 频率范围内(1/3 倍频程)进行对比仿真分析。

建立带空心阻振结构与实心阻振结构的薄壳结构中频振动仿真模型,如图 2.4.9 所示。板 A ~ F 为边长 0.5m、厚度 3mm 的正方形钢板,材料的密度为

7800kg/m³,泊松比为0.3,弹性模量为2.1×10¹¹Pa。为了产生入射的平面弯曲波,在 A 板、B 板间加装了一根大刚度实心方形截面梁(以下简称中间梁),并在中间位置施加随机激励力,其大小可由下面的实验测得,如图2.4.10所示;在 A 板、C 板间布置实心阻振结构(尺寸同中间梁),在 B 板、D 板间布置空心阻振结构,其参数如表2.4.1所列。为了吸收 E 板与 F 板边缘的反射波,以模拟半无限长的情况,在 E 板与 F 板的上下表面和端部粘贴了5mm厚的丁基橡胶粘弹性阻尼材料。仿真时各板、阻振质量、阻尼材料的内损耗因子均来自图2.4.11所示的实验测量数据。

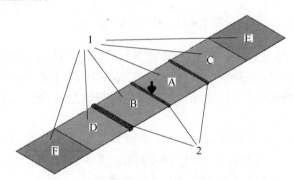

图 2.4.9　薄板结构的 FE – SEA 混合模型
1—统计子系统;2—确定的子系统。

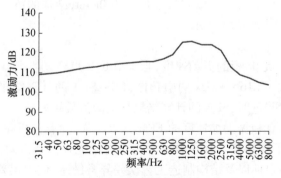

图 2.4.10　激振力频谱

表 2.4.1　阻振质量参数

	类型	边长/mm	厚度/mm	截面面积/cm²	质量/(kg/m)
实心	热轧方钢	21.0	为	4.410	3.460
空心	方型空心型钢	40.0	3.0	4.208	3.303

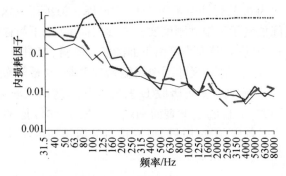

图 2.4.11　结构内损耗因子

　　由于模型中薄板的特征尺寸为其对角线长即 0.707m,空心阻振结构与实心阻振结构的特征尺寸分别为 0.03m 和 0.06m,因此可以认为在 63 ~ 8000Hz 范围内,薄板与阻振质量的刚度相差较大,薄板与阻振质量分别采用 SEA、FEM 建模是合理的。

　　FE – SEA 混合法建模计算时,整个模型划分为 672 个有限元单元,6 个统计能量子结构,分析频率范围为 31.5 ~ 8000Hz(1/3 倍频程)。采用 1.98GHz 的 CPU 台式计算机的计算时间大约 20s,计算效率很高。

　　分别采用 FEM、SEA、FE – SEA 混合法对模型进行数值计算,得到 C 板、D 板的振动加速度级对比结果如图 2.4.12 所示。由于薄板的特征尺寸为其对角线长 0.707m,空心梁与实心梁的特征尺寸为 0.5m,结构的特征尺度比 Δ 随频率的变化曲线如图 2.4.13 所示。

　　通过对比发现:

　　(1) 对于 C 板、D 板的振动速度,当频率低于 125Hz 时,FEM 的计算结果与实测值最接近;在 0.16 ~ 4kHz 的中频区,FE – SEA 的计算结果与实测值最接近;当频率高于 5kHz 时,SEA 的计算结果与实测值最接近。

　　(2) C 板与 D 板振动加速度的 FEM 计算结果,随着分析频率的提高,逐渐偏离实测值,呈下降趋势。其主要原因在于有限元在高频区对结构参数、振动速度载荷的不确定性以及结构制造工艺误差异常敏感,使得误差不断积累。而 SEA 的计算结果在 4kHz 以下基本上高于实测值,且误差较大,主要原因在于结构没有达到较高的模态密度,不满足 SEA 理论假设的基本前提。

　　(3) C 板与 D 板振动加速度的 FE – SEA 混合法计算结果在中频区与实测值吻合较好,整体误差在 3dB 以内,且计算效率较 FEM 大幅度提高。

　　结构的特征尺寸 D 与波长 λ_b 的比值即特征尺度比 Δ 随频率的变化曲线在双对数坐标系下呈直线上升趋势。由结构的特征尺度比 Δ 随频率的变化曲线可见:

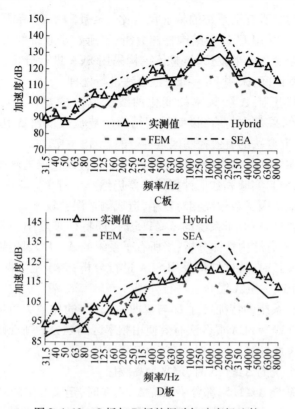

图 2.4.12　C 板与 D 板的振动加速度级比较

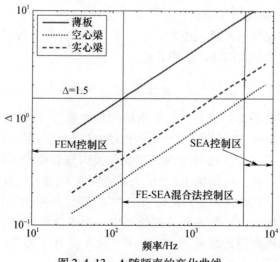

图 2.4.13　Δ 随频率的变化曲线

（1）当结构中所有子系统的特征尺度比 $\Delta \leqslant 1.5$ 时,即特征长度小于 3 个半波长时,可统一采用 FEM 对结构整体分析;当所有子系统的 $\Delta \geqslant 1.5$,即特征长度可以容纳至少 3 个半波长时,整体结构采用 SEA 进行分析;介于上述两类情况之间的频率区间,采用 FE – SEA 混合法进行处理。

（2）特征尺度比 Δ 随频率的变化曲线所反映的规律与图 2.4.12 和图 2.4.13 的对比结果基本符合,说明采用结构的特征尺度比 Δ 作为划分 FEM、SEA、FE – SEA 混合法的有效控制区是可行的。

（3）显然在不同频域内合理地选择计算方法可以使误差减小到最低限度,但是即使如此,来自实验和数值计算的误差仍然不可避免。其中一个主要原因在于结构的内损耗因子数量级相对较小,造成测量误差较大。

因此,当结构中所有子系统的 $\Delta \leqslant 1.5$ 时,即特征长度小于 3 个半波长时,可统一采用 FEM 对结构整体分析;当所有子系统的 $\Delta \geqslant 1.5$,即特征长度可以容纳至少 3 个半波长时,整体结构采用 SEA 进行分析;介于上述两类情况之间的频率区间,采用 FE – SEA 混合法进行处理。

通过定义子系统的特征尺寸 D 与弯曲波长 λ_b 的比值为特征尺度比 Δ,给出 FEM、SEA 和 FE – SEA 混合法有效使用频率区间划分的新准则:

当所有子系统的 $\Delta \leqslant 1.5$ 时,定义为低频区;

当所有子系统的 $\Delta \geqslant 1.5$ 时,定义为高频区;

当部分子系统 $\Delta \leqslant 1.5$,部分子系统 $\Delta \geqslant 1.5$ 时,定义为中频区。

采用用特征尺度比 Δ 划分以上三种数值仿真方法的有效使用频率区间,对于由典型梁、板组合而成的复杂薄壳结构,可以快速确定 FE – SEA 混合法的有效使用频率区间,避免了传统频率区间划分方法中子系统模态个数的计算,或者 Bistsie 方法中结构内损耗因子难以确定的情况,从而丰富了 FE – SEA 混合法对复杂组合系统中频振动问题的分析。

2.4.5　双层圆柱结构声振性能 FE – SEA 分析实例

双层加肋圆柱壳体常常作为模拟潜艇的典型舱段,因其外部流场、内部载荷以及结构的复杂性,对其振动与声辐射的研究历年来备受关注。国内外的很多学者分别从内部连接形式、敷设阻尼情况以及内部载荷等不同角度对其声振特性展开了研究。在实际结构中,双层壳体之间常采用实肋板等连接,并且层间充满海水。当双层壳体模型内部铺板受激振动时,其振动与声辐射要通过复杂层间结构及流场由内壳传递到外部流场中。为了能够在较宽频率范围内分析不同介质对结构声振的影响,本节以 FE – SEA 混合法为理论基础,通过 VA One 软件建立模型来分析双层壳体的声振特性[95]。

　　研究的模型为"球面—圆柱—球面"双层壳体,耐压壳内设有矩形铺板,其内部空间均为空气。双层壳间环形间隙内分别充满三种不同的介质:全部空气、全部海水和上部空气下部海水。在圆柱段等间距设有三道实肋板,外壳处在均匀无限海水流场中。由于实际潜艇的壳体结构材料主要为低碳钢,根据具体的舱段尺寸进行适当的比例缩放,因此双层壳及铺板厚度均为 9mm,环肋厚度为 7mm,材料均为 Q235 钢。模型的主要尺寸参见图 2.4.14。

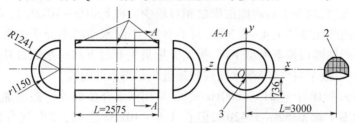

图 2.4.14　水下"球面—圆柱—球面"双层壳体模型示意图
1—实肋板;2—半无限流场;3—铺板。

　　采用 VA One 软件,分析频率范围为 10Hz ~ 10kHz(1/3 倍频程),依次在 10 ~ 400Hz 的低中频段建立 FE - SEA 混合模型,在 500Hz ~ 10kHz 的中高频段建立 SEA 模型。在 FE - SEA 混合模型中,由于实肋板刚度较大,模态稀疏(在分析带宽 $\Delta\omega$ 内模态数目低于 1),故在低中频段建立 FE 子系统,其余结构统一采用 SEA 建立模型。为了保证满足实肋板与层间介质声腔的混合耦合,实肋板被分成为上下 6 段半圆环(180°),且每个半圆环划分 63 个四边形网格。所有子系统之间必须反复检查是否耦合得当,无法正常耦合的子系统须采用手动耦合。在距模型中心 3m 处设有一个半无限流场,并与模型外板进行耦合。板结构内损耗因子取 0.1%,空气和海水介质的内损耗因子分别取 1% 和 0.1%。在铺板中心位置加载典型柴油机激励,以模拟水下潜航器动力源,所加实测激振力数据如图 2.4.15 所示。双层壳间声腔结构如图 2.4.16 所示。

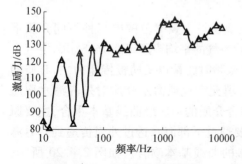

图 2.4.15　典型柴油机激振力

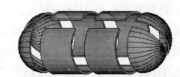

图 2.4.16　水下双层壳间声腔结构

外界海水的声压级仿真结果如图 2.4.16 所示,外壳表面振动速度如图 2.4.17 所示。在 315Hz 以下,双层壳间所充介质对隔声与振动的影响极小,3 条曲线重合。但是在 1000Hz 以上频率范围,全部海水介质的声压级最大,半空气、半海水介质的声压级次之,全部空气的声压级最小。这是海水和空气夹层的特性阻抗相差较大,使得声压反射系数近似为 1,即当声波从空气入射到海水中时,几乎被全部反射回来,并且空气本身的黏滞性、可压缩性和热传导,使声能更容易衰减,而海水对声能的吸收相对较少。在 800Hz ~ 10kHz 之间,海水比空气介质的声压级高 1.4 ~ 2.3dB,而半空气、半海水曲线则介于两者之间。由于模型中所加铺板偏于模型下部,振动能量最先通过下部海水透过外壳传递到外界海水中,故半空气、半海水曲线较接近全部海水的曲线。

在图 2.4.18 中的 315 ~ 800Hz 频段,采用海水介质的外壳振动速度级较空气介质状态下高 0.52 ~ 3.42dB,但在 1.6 ~ 10kHz 之间,比空气介质反而低 1.09 ~ 3.76dB,且频率越高,差值越明显。

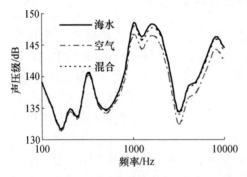
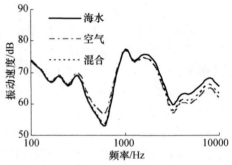

图 2.4.17　外界海水声压级　　　　图 2.4.18　外壳表面振动速度

为了说明不同介质在低频段对模型声振性能的影响,建立无实肋板水下"球面—圆柱—球面"双层壳体模型,采用 SEA 分析,计算结果分别见图 2.4.19、图 2.4.20 所示。

如图 2.4.19 所示,无实肋板结构模型在整个频率范围内三种不同介质下的外界海水声压级差异较明显,且海水较空气的平均声压级高 16.88dB,空气介质隔声性能非常明显。这主要因为在中低频时能量以实肋板传递为主,介质的影响不明显。在 1000Hz 以上高频范围,填充空气或海水介质对外界海水声压级的影响进一步加大。而填充海水与混合介质的声压级曲线基本重合,主要原因在于铺板偏于模型下部,振动能量主要通过下部海水透过外壳传递到外界海水中,故半空气、半海水曲线与全部海水的曲线基本吻合。如图 2.4.20 所示,由于能量传递必须通过介质以声波的形式进行传递。外界海水的声能量主要

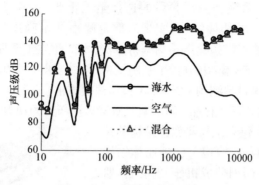

图 2.4.19　外界海水声压级

由外壳的流固耦合和声波的透射引起,所以海水介质下的外壳振动速度较空气介质的在整个频域内平均高 22.48dB,说明在无实肋板的情况下,空气介质不仅对于隔声具有明显作用,对于减少外壳的振动也具有较好的效果。

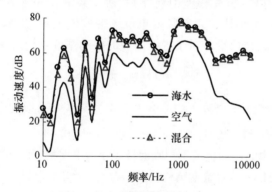

图 2.4.20　外壳表面振动速度

通过建立"球面—圆柱—球面"双层壳体 FE – SEA 混合模型,研究了双层壳间不同介质和实肋板对模型声振性能的影响,得到以下结论:在双层壳体 FE – SEA 混合模型中,有实肋板时,在 315Hz 以下的低中频段,振动能量主要通过实肋板进行传递,介质差异对模型声振影响只在高于 315Hz 的高频区才比较明显;无实肋板时,振动能量必须通过双层壳间的介质才能传递到外壳,因而介质的差异对结构声振的影响成为主要因素。

2.4.6　拖轮舱室噪声特性 FE – SEA 分析实例

由于船舶结构与外部环境的复杂性,船舶结构响应系统中既含有低波数系统,又含有高波数系统,这样的系统称为中频系统。FE – SEA 法在实际应用过程中,合理划分子系统和分析频段的选择至关重要,尤其是对于由各类复杂板筋结构组合而成的船体结构,实现对舱室噪声的精确预测十分困难。为研究全回转工作船舱室中频噪声预测分析方法,本节建立了全回转工作船舱室的FE – SEA 模型和 SEA 模型,分析了基座结构子系统划分对预测结果的影响,给出了工作船舱室噪声预测的 FE – SEA 模型建模方法。

研究对象为全回转工作船,采用双机、双桨 Z 形布置的动力装置推进形式。在MSC. Patran 软件中建立工作船船体结构的几何外形,导入 VA One 软件后,依据船体结构的舱室布置,将整船划分成机舱、驾驶台、船员室、会议室、高级船员室等舱室,将组成舱室的船体结构划分成若干模块,建立船体结构的 SEA 子系统如图 2.4.21 所示。各舱室内部空间简化为声腔,船壳外部设置为流体。

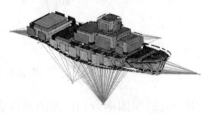

图 2.4.21　工作船 SEA 法模型

模态密度是 FE – SEA 模型中划分 FE 法子系统和 SEA 法子系统的重要依据,它是描述子系统在某一频率段内单位频带的模态数,是衡量振动系统内储存能量大小能力的物理量。对于二维面板的振动系统的模态密度定义如下:

$$n(f) = \frac{A}{2RC_1} \qquad (2.4.39)$$

式中:f 为系统频率(1/3 倍频程中心频率);A 为子系统面板的面积;$R = h/(2\sqrt{3})$ 为弯曲回转半径;$C_1 = \sqrt{E/(\rho(1-\mu^2))}$ 为二维纵向波速。

将船体结构中的曲面板与不规则面板简化为平面板,通过式(2.4.39)计算出模态密度。依据工作船的舱室结构特性将整个工作船划分为 7 个存储能量的振动模态群(即物理子结构),各子结构之间的功率传递如图 2.4.22 所示。由主机激励产生的功率流通过支撑基座传递到基座底板结构,经过船底壳分别传递到船艏结构、船舷侧结构、甲板结构,最后通过甲板结构传递到上层建筑结构。

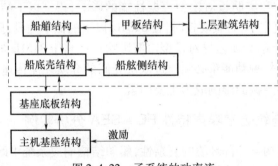

图 2.4.22　子系统的功率流

　　由于船体结构面板数量较多、面积较大,面板模态数随着频率升高而增大,在全频域变化较大,采用低频到高频逐渐由 FE 子系统过渡到 SEA 子系统的方式建模会使模型数量增加。船体各个子系统的参数和模态密度计算结果如表 2.4.2 所列。主机基座结构和基座下方安装底板由于结构刚度较大,单位频带内的模态个数较小,在 100~800Hz 频段的模态个数大于 1 而小于 5,采用确定性子系统表示。由于其他面积较大、刚度较低的结构模态密度较高,在较宽频带内的模态个数大于 5,采用 SEA 子系统表示,从而形成一个完全耦合并含有 FE 子系统和 SEA 子系统的 FE–SEA 模型,以传递各子结构的振动能量。根据 FE–SEA 理论,将 100~800Hz 视为中频段。为探讨主机基座结构采用 FE 子系统和 SEA 子系统对舱室噪声预测结果精度的影响,分别建立了基座结构的 FE 子系统和 SEA 子系统模型,如图 2.4.23 所示。

表 2.4.2　船体各子系统参数和模态密度

结构名称	结构类型	钢板厚度/mm	数量	面积/m²	模态密度	系统
船底壳面板	曲板	12	94	3.17	0.085	SEA 子系统
船体侧面板	平板	12	17	10.00	0.270	SEA 子系统
船艏面板	曲板	12	35	12.61	0.340	SEA 子系统
甲板面板	平板	10	19	16.76	0.546	SEA 子系统
上层建筑面板	平板	8	28	16.20	0.640	SEA 子系统
基座结构	平板	15	112	1.90	0.041	FE 子系统
基座下部底板	平板	15	48	2.54	0.054	FE 子系统

图 2.4.23　基座整体结构的 SEA 和 FE 模型
1—基座下部底板;2—基座结构。

　　内部损耗因子是指在单位频率内、单位时间内子系统损耗的能量与平均储存能量之比,主要由三个相互独立的阻尼因子组成:

$$\eta_i = \eta_{is} + \eta_{ir} + \eta_{ib} \tag{2.4.40}$$

式中:η_{is} 为内摩擦形成的结构损耗因子,船体钢材的结构损耗因子取 3×10^{-4};η_{ir} 为声辐射损耗因子;η_{ib} 为边界阻尼损耗因子。

　　由于船体各钢板间的连接是刚性的,η_{ib} 远小于 η_{is},所以式(2.4.40)可改为

$$\eta_i = \eta_{is} + \eta_{ir} \qquad (2.4.41)$$

声辐射损耗因子可表示为

$$\eta_{ir} = \frac{\rho_0 c \sigma}{\omega \rho_s}, \sigma = \begin{cases} \left[\frac{\lambda_c P_r}{\pi A_p}\frac{2}{\pi}\arcsin\left(\frac{f}{f_c}\right)^{\frac{1}{2}}\right]\beta, & f < f_c \\ \left(1 - \frac{f}{f_c}\right)^{-\frac{1}{2}}, & f > f_c \end{cases} \qquad (2.4.42)$$

式中:ρ_s 为钢板的表面质量密度;ω 为带宽中心频率;ρ_0 为流体密度;c 为声速;σ 为辐射效率;λ_c 为临界波长;P_r 为平板周长;A_p 为辐射表面积;β 为平板边界条件系数。对于周边刚性支撑边界 $\beta = 1$,周边固定边界 $\beta = 2$,介于两者之间则取 $\beta = \sqrt{2}$;f_c 为临界频率。

船舶各子系统的内损耗因子通过理论计算得到,如图 2.4.24 所示,其大小随着频率的增加而下降。

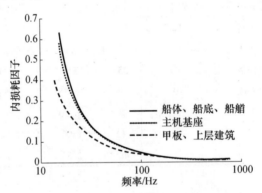

图 2.4.24　各子系统内损耗因子

船舶振动源包括主机、发电机组、通风和空气调节系统、液压系统,以及螺旋桨。由于主机激振力引起的噪声对舱室噪声的贡献率远大于空气噪声和螺旋桨激励对舱室噪声的贡献率,为了简化模型,本书仅考虑主要激励即主机激励力和空气噪声。主机激振力可根据经验公式计算得出:

$$L_a = 10\lg\frac{N_H P_H^{0.55}(1 + P_H/M)}{1 + (f/1500)^3 M/P_H} + 30\lg\frac{N}{N_H} + 20\lg f - 16 \qquad (2.4.43)$$

式中:L_a 为振动加速度级;M 为发动机质量;N_H 为发动机额定转速;N 为发动机工作转速;P_H 为额定功率。

主机的空气噪声声功率可根据经验公式计算得出:

$$L_W = \left\{52 + 10\lg\left[\frac{n_H N_H(1 + N_H/m)}{f/1000 + 1000/f}\right] + 20\lg\left(\frac{n}{n_H}\right)\right\} \qquad (2.4.44)$$

式中:N_H 为额定功率;n_H 为额定转速;n 为工作转速。

船舶激励载荷点选在主机上部,如图 2.4.25 所示,将 SEA 法模型和 FE – SEA 模型进行仿真计算。为了验证仿真预报结果的准确性,在工作船主机处于 100% 负荷工况时,采用丹麦 Brüel & Kjær 2250 型精密噪声分析仪,开展了实船舱室噪声实验,测试了船员室、驾驶室、会议室、船长室的舱室噪声。得到的舱室噪声仿真结果与实验结果对比如图 2.4.26 所示,在各频率段内舱室噪声的平均误差对比如表 2.4.3 所列。

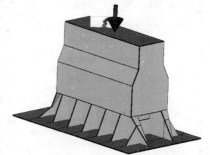

图 2.4.25   主机上的载荷分布点

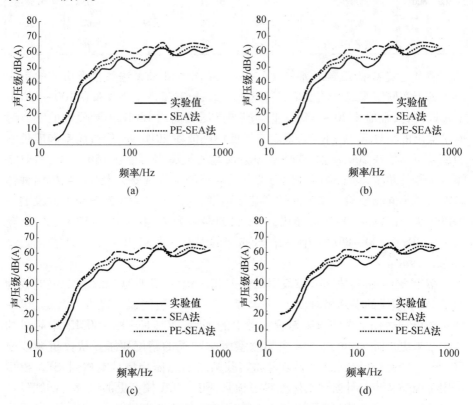

图 2.4.26   两种方法仿真的舱室噪声与实验结果对比

(a)船员室;(b)驾驶室;(c)会议室;(d)船长室。

表 2.4.3　舱室噪声仿真与实验结果对比　（单位:dB(A)）

频率段/Hz	舱室	实验值	FE - SEA 法		SEA 法	
			仿真值	误差	仿真值	误差
20 ~ 100	船员室	41.07	44.75	3.68	47.48	6.41
	驾驶室	43.38	47.64	4.26	50.57	7.19
	会议室	34.36	38.83	4.47	42.28	7.92
	船长室	38.17	41.96	3.79	45.24	7.07
	舱室平均值	39.25	43.29	4.04	46.39	7.14
100 ~ 800	船员室	58.21	60.90	2.69	63.83	5.62
	驾驶室	61.48	63.65	2.17	65.54	4.06
	会议室	58.97	61.21	2.24	64.63	5.66
	船长室	57.30	59.39	2.09	61.82	4.52
	舱室平均值	58.99	61.28	2.29	63.96	4.97

仿真与实验结果表明,基于 FE - SEA 混合法和 SEA 法仿真得出的舱室噪声仿真与实验结果之间的变化趋势基本一致;舱室噪声主要分布在 100 ~ 800Hz 中频段内,其幅值比 20 ~ 100Hz 低频段的声压级高约 18dB,中频段内的噪声对舱室噪声的贡献起主导作用;各舱室最低声压值在 20Hz 处,船员舱室和船长室的最高声压值在 200Hz 处,驾驶室和会议室的最高声压值在 250Hz 处,从舱室噪声预测的角度,对该频率附近的噪声预测精度至关重要。为对比分析两种仿真模型对不同频段舱室噪声的仿真结果精度,求出各舱室在低频和中频段的平均声压级,在 20 ~ 100Hz 低频段,SEA 法的误差为 7.14dB,FE - SEA 法的误差为 4.04dB;在 100 ~ 800Hz 中频段,SEA 法的误差为 4.97dB,FE - SEA 法的误差值为 2.29dB。

结果表明,仿真值在低频段内的误差相对较大,尤其是 SEA 法的误差较为明显,而中频段的误差相对较小,尤其是 FE - SEA 法的误差较小。因此,FE - SEA 法更加适合于中低频船舶舱室噪声的预测,尤其是 100 ~ 800Hz 中频段的预测结果更加准确,可以达到船舶舱室声学预报的精度要求。从分析频段来看,所建立的两种模型的预测结果和实验结果的总体趋势基本相同,SEA 模型可用于船舶初步设计阶段的舱室噪声预测,FE - SEA 模型更加适合于详细设计阶段的舱室噪声预测,从而精确评估舱室噪声的大小并改进设计方案,以达到舱室噪声的设计指标要求。

对于实验值与仿真值之间的误差,存在以下几个原因:①在 FE - SEA 模型建立过程中,鉴于船体结构的复杂性,对 FE 法子结构和 SEA 法子结构的建模进行了简化;②无法准确估算船体结构的材料物理参数,如材料损耗因子等;③没有考虑船体板间焊接、制造误差和内部舾装等耦合界面不确定性因素的影响;④假定的边界条件和仿真参数无法与实测时船体实际状态完全一致;⑤实际船舶航行过程中还存在水流激励和螺旋桨激励等载荷激励作用,在仿真模型中无法完全加以考虑。

通过建立全回转工作船的 SEA 和 FE‑SEA 混合模型,开展了全回转工作船舱室中频噪声预测分析,得到以下结论:①全回转工作船的舱室噪声主要分布在 100~800Hz 中频段内,中频段内的噪声对舱室噪声的贡献起主导作用,其中船员舱室和船长室的最高声压值在200Hz处,驾驶室和会议室的最高声压值在250Hz处,舱室噪声预测时需要重点提高对该频段范围的计算精度;②SEA法模型和 FE‑SEA 模型对全回转工作船舱室噪声的预测结果与实验结果的总体趋势基本相同,在对舱室噪声贡献起主导作用的 100~800Hz 中频段,SEA法模型和 FE‑SEA 模型的预测误差分别为 4.97dB 和 2.29dB;③以单位频带内子结构的模态数为依据,考虑激励载荷产生的功率流传递路径,将船体结构布置合理划分 SEA 和 FE 子系统,从而建立包括 FE 子系统和 SEA 子系统在内的FE‑SEA 模型,适合于船舶详细设计阶段对中频段舱室噪声的精确预报。

2.5　本章小结

本章主要介绍了船体结构声振性能低频、高频及中频数值分析方法,提供了若干船体结构的声振性能数值分析应用实例。所提供的应用实例,既是船体结构声振性能数值分析方法的典型应用,也是船舶振动噪声预报与结构声学设计的典型案例。

围绕船体结构振动性能低频数值分析,介绍了结构振动有限元方法原理及有限元建模方法,提供了结构灵敏度分析的有限元模型修正方法,给出了舱段结构有限元模型修正算例、鱼雷模型动力装置振动分析算例、鱼雷模型结构振动模态分析算例和拖轮船体结构振动特性分析算例;围绕船体结构声学性能低频数值分析,介绍了结构低频辐射噪声边界元分析法原理及分析步骤,给出了船体结构辐射低频噪声分析算例;围绕船体结构声振性能高频统计性分析方法,介绍了结构统计能量分析法原理及分析步骤,给出了单双层玻璃窗隔声分析算例、拖轮舱室噪声 SEA 分析与声学设计算例;围绕船体结构声振性能中频分析方法,介绍了 FE‑SEA 混合分析方法原理及计算流程,定义了 FE‑SEA 混合法频率区间划分准则,提供了双层圆柱结构声振性能 FE‑SEA 分析、拖轮舱室噪声特性 FE‑SEA 分析算例。

第3章 板筋结构声学性能数值分析

长期以来,加筋板结构因其具有良好的承载能力、抗冲击和减振性能,广泛应用于舰船艇体、飞机机身和高速列车的主体结构等。在实际工程应用中,加筋板除了应该具有上述诸多良好力学性能以外,还必须满足较好的声学性能。对于舰船、潜艇而言,声隐性成为至关重要的安全因素,因此艇体的板筋结构还必须具有良好的声学性能。

在薄壳结构的工程减振降噪问题中,往往从研究薄壳结构的振动水平着手,期望通过减弱薄壳结构的振动来降低其辐射噪声水平。在航空航天、船舶、车辆等领域中,为了降低薄壳结构的振动水平,加筋板、夹层板结构得到广泛应用。在工程应用中,在薄壁板结构上设计加强筋,可以提高结构的刚度,明显改善结构的强度和承载能力,同时,加筋板也可以降低薄壳结构的振动水平。但是,由于结构的声辐射不仅与振动水平有关,还与其辐射效率有关,薄壳结构增加加筋板后,在降低结构振动水平的同时,辐射效率是否发生变化? 结构的声辐射水平是否一定能降低? 为探讨这些问题,本章构建了薄壳板筋与夹层板结构的振动声辐射仿真模型,研究了加强筋对薄壳结构辐射声功率的影响,设计了等厚度的夹层板结构,对比分析了加筋薄壳结构与夹层结构的振动声辐射水平和隔声性能,为薄壳板筋结构的声学设计提供了参考[107,108]。

3.1 板结构声辐射特性理论

1. 吻合频率

平板的吻合频率定义为板内的弯曲波波速与空气中声波波速相同时对应的频率。当平板受到垂向激励力作用或斜入射声波激励时,在平板中会产生弯曲弹性波,并向四周传播。平板的弯曲弹性波波速与空气中的声波波速不同,与板结构的材料、几何特性和频率相关。随着振动频率提高,弯曲弹性波的波速增加,与频率的平方根成正比例:

$$c_b = \sqrt{\omega \rho h c_L} \tag{3.1.1}$$

式中:c_b 为弯曲弹性波的波速;ρ 为材料的密度;c_L 为压缩弹性波的波速,钢材

98

约为 5100m/s;$h = t^2/12$ 为转动惯量与板截面面积之比;t 为板件的厚度。

对于均匀板结构,弯曲刚度定义为

$$B = \frac{I \cdot E}{1 - \nu^2} \tag{3.1.2}$$

式中:B 为板件的弯曲刚度;ν 为材料泊松比;I 为板件截面惯性矩。

当板结构敷设加强筋后,板件的重心从板件中心位置偏置到板件之外,使截面惯性矩增加,从而使得加筋板的弯曲刚度增加,导致第一阶共振频率提高。板结构敷设加强筋会抑制振动速度的平均水平,但是结构的辐射声功率还与辐射效率有关,因此,对其辐射效率的变化及其对整体辐射声功率的影响有必要加以研究。

对于无限大平板,其吻合频率有以下三个基本性质[96]:

(1)吻合频率是平板的弯曲弹性波波速与空气声速的临界频率;

(2)低于吻合频率,平板的声辐射效率小于 1,总体趋势随着频率的增加而增加;高于吻合频率,平板的声辐射效率接近于 1;在吻合频率附近,板内的弯曲弹性波和声场介质声波强烈耦合,辐射效率约等于 1。

(3)低于吻合频率,平板内弯曲弹性波的波数($k = 2\pi/\lambda$)大于声场介质的波数;高于吻合频率,平板内弯曲弹性波的波数小于声场介质的波数;在吻合频率附近,平板的弯曲弹性波数等于声场介质声波的波数。

2. 声辐射效率

在已知结构振动速度平均值的情况下,薄壳结构的声辐射功率定义为

$$W_R = W_v \times \sigma = \rho c A \langle \overline{V^2} \rangle \sigma \tag{3.1.3}$$

式中:W_R 为结构的辐射声功率;W_v 为结构的振动功率;ρc 为介质特性阻抗;A 为辐射面积;$\langle \overline{V^2} \rangle$ 为振动速度平方的时间—空间平均值;σ 为声辐射效率。

声辐射效率为结构件表面的振动和辐射声功率之间的转化效率,反映了结构的表面振动通过辐射转化为声能的能力,即 $\sigma = \dfrac{W_R}{W_v}$,声辐射效率在吻合频率以下与频率有关。

有限平板的吻合频率与长度、宽度方向的波数(k_a、k_b)有关,则由以下条件进行判断[96]:

当 $k_a^2 + k_\beta^2 < k^2$ 时,处于吻合频率以上;

当 $k_a^2 + k_\beta^2 > k^2$ 时,处于吻合频率以下。

对于有限平板结构,其声辐射效率可采用以下经验估计公式[96]:

$$
\sigma = \begin{cases}
\beta\left[\, 2\,\dfrac{\lambda_c^2}{S}\,\alpha_1 + \dfrac{L\,\lambda_c}{S}\,\alpha_2 \right] & (f < f_c) \\[3mm]
\sqrt{\dfrac{a}{\lambda_c}} + \sqrt{\dfrac{b}{\lambda_c}} & (f = f_c) \\[3mm]
\dfrac{1}{\sqrt{1 - \dfrac{f_c}{f}}} & (f > f_c)
\end{cases}
\tag{3.1.4}
$$

式中:L 为板总周长;S 为板面积;λ_c 为弯曲波波长;β 由边界条件确定,周边刚性支撑边界取 $\beta = 1$,周边固定边界取 $\beta = 2$,介于两者之间时取 $\beta = \sqrt{2}$。系数 α_1 和 α_2 分别为

$$
\alpha_1 = \begin{cases}
\dfrac{8}{\pi^2}\dfrac{1 - 2z^2}{z}\dfrac{1}{\sqrt{1 - z}} & \left(z = \sqrt{\dfrac{f}{f_c}} < 0.5\right) \\[3mm]
0 & (z \geqslant 0.5)
\end{cases}, \quad
\alpha_2 = \dfrac{1}{(2\pi)^2}\cdot\dfrac{(1 - z^2)\ln\left(\dfrac{1 + z}{1 - z}\right) + 2z}{(1 - z^2)^{\frac{3}{2}}}
\tag{3.1.5}
$$

将有限平板的声辐射效率对频率比 $f\left(\bar{f} = \dfrac{f}{f_c}\right)$ 求导,得

$$
\sigma'(\bar{f}) = \begin{cases}
\beta\left\{ 4\dfrac{\lambda_c^2}{S}\dfrac{2z^3 - 4z^2 + 3z - 2}{\pi^2 z^2 (1-z)^{\frac{1}{2}}\sqrt[3]{f}} + \dfrac{L\lambda_c}{8S\,\pi^2}\dfrac{2(1-z) + z\ln\left(\dfrac{1+z}{1-z}\right) + \dfrac{6z}{1-z^2}}{(1-z^2)^{\frac{3}{2}}\sqrt[3]{f}} \right\} > 0 & (0 < z < 0.5, 0 < \bar{f} < 0.25) \\[4mm]
\beta\dfrac{L\lambda_c}{8S\,\pi^2}\dfrac{2(1-z) + z\ln\left(\dfrac{1+z}{1-z}\right) + \dfrac{6z}{1-z^2}}{(1-z^2)^{\frac{3}{2}}\sqrt[3]{f}} > 0 & (0.5 \leqslant z < 1, 0.25 \leqslant \bar{f} < 1) \\[4mm]
0 & (\bar{f} = 1) \\[2mm]
-\dfrac{\bar{f}^{0.5}}{2(\bar{f} - 1)^{1.5}} < 0 & (\bar{f} > 1)
\end{cases}
\tag{3.1.6}
$$

由式(3.1.6)可知,在临界频率以下,声辐射效率随频率的升高而增大;在临界频率处的声辐射效率达到最大值;随着分析频率继续升高,板结构的声辐射效率呈下降趋势。

3.2 加筋板结构声振性能数值分析

在薄壳板结构上敷设加强筋后,在提高板结构刚度的同时,能否有效改善

板结构的振动和辐射噪声？在板结构总厚度不变的情况下,空心夹层板结构与加筋板结构相比,能否在宽频范围内降低加筋板结构的振动和辐射噪声水平？本书设计了几种加筋板和夹层板结构,通过数值仿真,分析比较了无筋单层板、加筋板和夹层板结构的振动声辐射特性[109]。

图 3.2.1 为板结构示意图,单层板、加筋板和夹层板结构的外形尺寸($a = b = 1\text{m},c = 40\text{mm}$)如下:

(1) 无筋单层板:外形尺寸为 $1\text{m} \times 1\text{m} \times 6\text{mm}$;

(2) 单向筋单层板:外形尺寸与无筋单层板相同,单向均布 4 个 L 形筋板,筋板尺寸为 $40\text{mm} \times 20\text{mm} \times 6\text{mm}$;

(3) 双向筋单层板:外形尺寸与单向筋单层板相同,单向均布 4 个 L 形筋板,并交错均布 3 个 L 形筋板,所有筋板尺寸为 $40\text{mm} \times 20\text{mm} \times 6\text{mm}$;

(4) 3mm 板厚夹层板:外形尺寸及加筋情况与双向筋单层板相同,双层夹层板厚各 3mm,间距为 40mm。

(5) 6mm 板厚夹层板:双层夹层板厚各 6mm(2 倍),其余参数与 3mm 板厚夹层板相同。

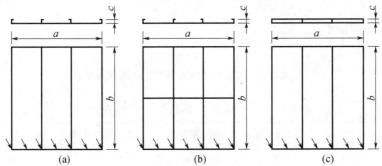

图 3.2.1　板结构的示意图

(a)单向筋单层板;(b)双向筋单层板;(c)双向筋夹层板。

采用 FEM/BEM 数值分析方法,用四边形板壳单元划分网格,单元长度为 25mm,分别建立各种板结构的声振计算模型(图 3.2.2)。材料为碳钢,密度为 7800kg/m^3,泊松比为 0.3,弹性模量为 $2.1 \times 10^{11}\text{Pa}$。假定板结构处于自由边界状态,四周介质为海水,密度为 1030kg/m^3,声速为 1000m/s。计算载荷为 100N,均布加载在板结构底部,加载方向与单向筋单层板中的筋板方向垂直,受到激励后的振动波沿着与筋板平行方向传播。分析频率为 10 ～

图 3.2.2　双向筋夹层板的仿真模型

101

5000Hz,为分析宽频范围的声振性能,横坐标采用 1/3 倍频程。

加筋板结构与无筋板结构相比,由于加强筋的作用,动态特性发生变化。加筋板与无筋板结构的前 100 阶固有频率对比如图 3.2.3 所示,表 3.2.1 为其前五阶固有频率比较。无筋单层板结构增加了加强筋后刚度增加,固有频率提高,双向加筋板比单向加筋板的固有频率增加明显,但是固有频率随阶次的变化趋势并没有明显变化,在 2000Hz 频率范围,无筋单层板、单向筋单层板和双向筋单层板分别有 114 阶、107 阶和 103 阶非刚体振动模态。可见,薄壳板结构敷设加强筋后,可以在一定程度上提高结构的固有频率,降低结构振动模态的密度。

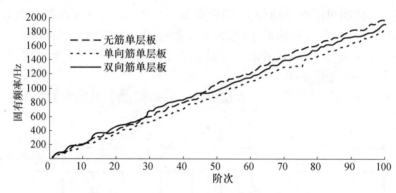

图 3.2.3　加筋板结构的前 100 阶固有频率

表 3.2.1　板结构的前五阶固有频率对比

阶次	无筋单层板	单向筋单层板	双向筋单层板	3mm 板厚夹层板	6mm 板厚夹层板
1	18.0	18.6	19.0	146.6	182.1
2	43.7	54.0	71.9	160.8	211.1
3	64.1	84.7	82.9	172.8	264.1
4	86.0	95.2	101.2	173.4	282.8
5	86.0	100.6	107.0	174.1	291.6

在 100N 恒定力激励作用下,图 3.2.4 为加筋板结构的平均振动速度级(基准值 10^{-6})。在 200Hz 以下低频范围,相对于无筋单层板,加筋后板结构的振动速度在多数频率降低,共振频率向高频移动,共振峰值下降,其原因是加筋后板结构的刚度增加,固有频率提高,相同频率范围的模态阶次减少。在 200～5000Hz 频率范围,加筋板结构在许多频率处的振动速度并不随筋板的增加而下降,甚至有所增加。由此可见,薄板结构敷设加强筋后,可以减少板结构的低

频振动幅值,而在较高频率范围未必会有减振效果。

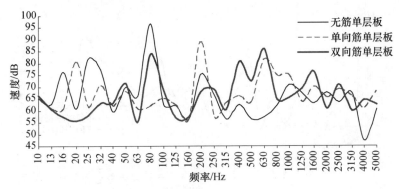

图 3.2.4　加筋板结构的平均振动速度级

　　图 3.2.5 所示为加筋板结构的声辐射效率。板结构的声辐射效率随着频率增加而增加,与 1/3 倍频程频率呈近似线性关系;相对于无筋单层板,加筋后板结构的声辐射效率增加,单向筋单层板(共 4 根筋板)与双向筋单层板(共 5 根筋板)由于增加的筋板数量接近,其声辐射效率相近,是无筋单层板的 2 倍左右。

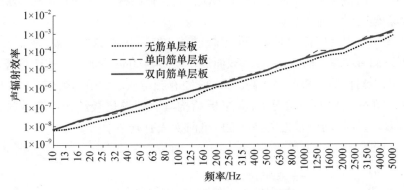

图 3.2.5　加筋板结构的声辐射效率

　　板结构的辐射声功率同时受结构声辐射效率和表面振动速度的影响。图 3.2.6 为加筋板结构的辐射声功率级,总体趋势随着频率的增加而增加。在 200Hz 以下低频范围,加筋后板结构的辐射声功率在多数频率降低,共振频率向高频移动,共振峰值下降;在 200~5000Hz 频率范围,加筋板结构在许多频率处的辐射声功率并不随筋板的增加而下降,甚至有所增加。由此可见,薄板结构敷设加强筋后,可以减少板结构的低频辐射声功率水平,而在较高频率范围未必会有降噪效果。

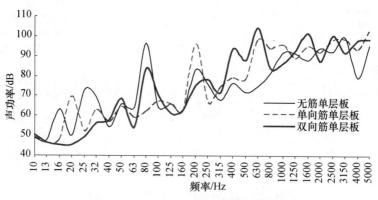

图 3.2.6　加筋板结构的辐射声功率级

3.3　夹层板结构声振性能数值分析

近年来,夹层板由于具有较好的刚度和承载能力而受到关注,在同等外形尺寸和质量的情况下,与加筋板结构相比,夹层板结构是否一定能改善板结构的振动和辐射噪声水平?

图 3.3.1 为夹层板与双向筋单层板的前 100 阶固有频率比较,表 2.3.1 为其前五阶固有频率。将 6mm 板厚双向筋单层板与 3mm 板厚夹层板(总板厚相同)相比,低阶固有频率明显提高,第一阶固有频率从 19.0Hz 增加到 146.6Hz。这是由于在质量相同的情况下,夹层板结构具有比单层板结构更高的抗弯刚度,因而以整体振动模态为主要特征的低阶次固有频率增加。

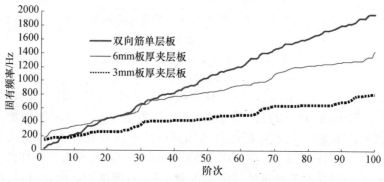

图 3.3.1　夹层板与双向筋单层板的前 100 阶固有频率比较

随着模态阶次的提高,以板结构局部振动为主要特征的高阶模态,主要取决于结构局部的动态特性。3mm 板厚夹层板的面板厚度是 6mm 板厚双向筋单层板的 1/2,筋与筋之间位置处面板的局部刚度小,高阶次的固有频率反而比 6mm 板厚双向筋单层板低,导致固有频率分布更加密集。若增加夹层板的板厚,6mm 板厚夹层板比 3mm 板厚夹层板的固有频率明显提高,且固有频率随阶次的变化趋势相近。在 2000Hz 频率范围,6mm 板厚双向筋单层板有 114 阶振动模态,3mm 板厚夹层板有 331 阶振动模态,接近前者模态阶次的 3 倍,而 6mm 板厚夹层板有 158 阶振动模态。

因此,对同等质量、材料和外形尺寸的结构,夹层板可以显著提高加筋板结构的低阶固有频率,但是高阶固有频率低于加筋板结构,增加夹层板结构的厚度后,可以较大程度提高结构的固有频率。

图 3.3.2 为夹层板结构的平均振动速度级频谱图。夹层板结构与同等板厚、加筋方式的加筋板比较,可以明显抑制结构的低频振动幅值,使 5000Hz 频率范围内大部分频率下的振动降低。双向加筋板结构的总振动速度级为 89.6dB,3mm、6mm 板厚夹层板结构的总振动速度级分别为 83.3dB、81.4dB,比双向加筋板结构分别降低了 6.3dB、8.2dB。因此,在相同激励和板质量的情况下,夹层板结构比加筋单层板结构的平均振动速度明显降低;夹层板的板厚增加,结构平均振动速度下降;对于控制板结构的振动速度,采用夹层板结构比加筋板结构更加有效。

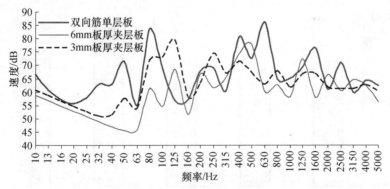

图 3.3.2　夹层板结构的平均振动速度级频谱

对于相同板厚的加筋板结构,3mm 板厚夹层板的声辐射效率约为双向加筋板结构的 2.5 倍左右。图 3.3.3 为夹层板结构的辐射声功率级频谱图。夹层板结构与相同板厚、加筋方式的加筋板比较,在有些频率处下降,而在有些频率处上升,在较宽频率范围对结构的辐射噪声并没有明显改善。

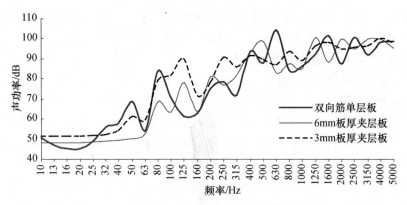

图 3.3.3　夹层板结构的辐射声功率级频谱

对本书设计的无筋单层板、单向筋单层板、双向筋单层板、双向筋夹层板结构,图 3.3.4 为各种结构的平均声辐射效率对比。计算结果表明,在总板厚相同时,各板结构的平均声辐射效率依次上升,双向加筋板结构的辐射声功率级为108.6dB,3mm 板厚夹层板结构的辐射声功率级为 106.8dB,比双向加筋板结构下降了 1.8dB,6mm 板厚夹层板结构的辐射声功率级为 107.6dB,比双向加筋板结构仅下降了 1.0dB。因此,在相同激励情况下,夹层板结构的辐射声功率并不随板厚的增加而下降;与加筋单层板相比,夹层板可以明显抑制结构的振动,但是由于结构表面声辐射效率的增加,总体上对结构辐射声功率的抑制效果并不明显。

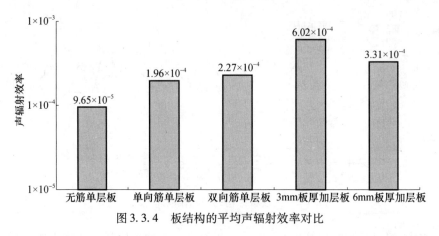

图 3.3.4　板结构的平均声辐射效率对比

3.4　加筋方向对结构声振性能的影响

在结构振动波传播的过程中,从波动法的角度看,加强筋会引起振动波的反射和透射现象,导致振动能量在加筋板结构中的分布发生变化。加筋板结构中加强筋的方向,当与激励力方向相同或垂直时,对结构总体振动和辐射噪声水平的影响可通过数值仿真加以对比分析。

对相同的板筋结构,当激励力的大小相同、激励位置不同时,分别研究结构的振动和辐射噪声特性。当施加的线激励与加强筋方向垂直时,称为垂直激励(图 2.1.1 中 a 向激励),当施加的线激励与加强筋方向平行时,称为平行激励(图 2.1.1 中 b 向激励)。图 3.4.1 和图 3.4.2 为单向加筋板结构的平均振动速度级和辐射声功率级频谱图。当激励力与加强筋方向不同时,板筋结构的总体振动和辐射噪声的频谱特性差异较大,平行激励比垂直激励的结构振动增加2.4dB,辐射声功率增加 1.8dB。

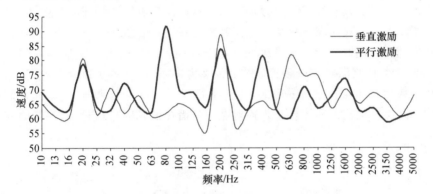

图 3.4.1　单向加筋板结构的平均振动速度级频谱

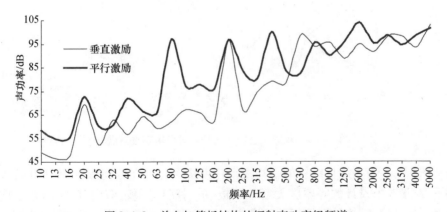

图 3.4.2　单向加筋板结构的辐射声功率级频谱

因此,对于单向加强筋板结构,应将板结构的加强筋设计在与激励力垂直的方向,这样可以利用加强筋方向较大的结构弯曲刚度,阻抑与加强筋方向平行的弯曲振动波的传播,尤其是低频振动波的传播,从而降低结构的低频振动。若将板结构的加强筋设计在与激励力平行的方向,则当结构弯曲振动波传播到加强筋位置时,受到加强筋的阻抑作用,将引起振动波的反射和透射现象,导致透射区的结构振动减弱,而反射区的结构振动增强(第4章的研究结果表明:插入阻振质量后,其效果主要是使结构局部的振动和辐射噪声分布发生变化,可以降低局部结构的振动和辐射噪声水平,而对降低结构整体振动噪声水平的效果不明显)。

因此,如果需要控制板结构的整体振动噪声水平,将板结构的加强筋设计在与激励力垂直的方向,减振降噪效果更好;如果只需要控制从振动源传播到远处区域局部结构的振动噪声水平,将板结构的加强筋设计在与激励力平行的方向,利用加强筋类似于阻振质量的机理,可以达到更好的局部减振降噪效果。

图3.4.3为双向加筋板结构的辐射声功率级频谱图,图3.4.4为3mm板厚夹层板结构的辐射声功率级频谱图。由于这两种结构含有正交加强筋(a向3个,b向4个),当激励与较多数量的加强筋方向垂直时,称为垂直激励,当激励与较多数量的加强筋方向平行时,称为平行激励。计算结果显示,双向加筋板结构和夹层板结构的总体振动与辐射噪声频谱在低频时较接近,在高频时略有差异。

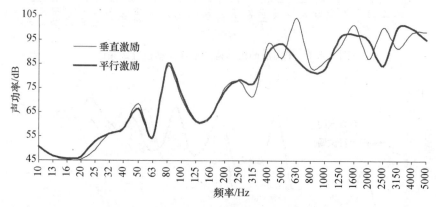

图3.4.3 双向加筋板结构的辐射声功率级频谱

图3.4.5为夹层板结构的平均振动速度级对比。在相同激励力(100N)作用下,对于本书设计的等厚度无筋单层板、单向筋单层板、双向筋单层板、双向筋夹层板结构,结构的平均振动速度依次下降,最大为无筋单层板结构97.0dB,最小为双向筋夹层板结构80.5dB,两者相差16.5dB。对于夹层板结构,板厚增加对结构的总体振动速度水平没有明显改善。

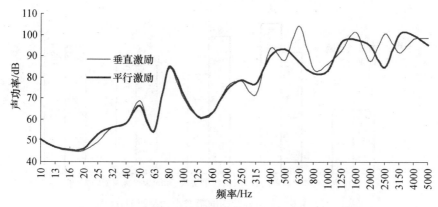

图 3.4.4　3mm 板厚夹层板结构的辐射声功率级频谱

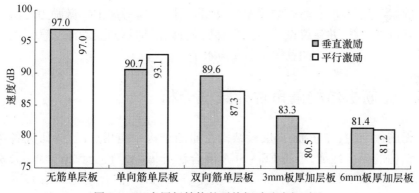

图 3.4.5　夹层板结构的平均振动速度级对比

　　图 3.4.6 为夹层板结构的辐射声功率级对比。等厚度的板结构在垂直激励作用下,辐射声功率最大为双向筋单层板 108.6dB,最小为无筋单层板 104.0dB,两者相差 4.6dB;等厚度的板结构在平行激励作用下,辐射声功率最大为单向筋单层板 109.4dB,最小为无筋单层板 104.0dB,两者相差 5.4dB。对于夹层板结构,增加板厚,辐射声功率反而略有增加。

　　无筋单层板、加筋单层板、加筋夹层板结构的振动声辐射性能数值仿真结果表明:加强筋虽然可以在一定程度上降低板件结构的低频振动,但是高频振动却有增加的趋势,并由于加筋后板结构的声辐射效率在宽频范围增加,辐射的声功率也随之增加;对于单向加强筋板结构,应将板结构的加强筋设计在与激励力垂直的方向,以利用加强筋方向较大的结构弯曲刚度,阻抑与加强筋平行的弯曲振动波的传播,降低结构的低频振动水平。在船舶等复杂薄壳结构系

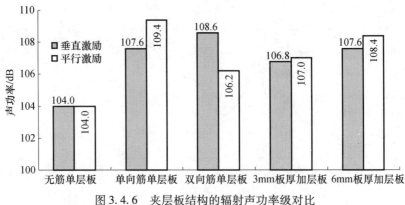

图 3.4.6　夹层板结构的辐射声功率级对比

统中,由于安装的动力设备及振动源较多,且分布位置不同,对于具有多个不同方位的振动源激励,在薄壳结构减振降噪设计时,应考虑主要激励力与加强筋的相互位置关系,并建议设计为正交加强筋,以阻抑不同振动源激励产生的振动噪声,控制薄壳结构的总体振动噪声水平。

3.5　无筋板结构隔声性能数值分析

无筋板结构、加筋板、夹层板结构在船舶结构中应用广泛,为研究各类典型板结构的隔声性能,采用 FE－SEA 混合法开展隔声性能数值分析,分别建立单层板和双层板结构隔声的 SEA 模型、FE－SEA 混合模型。在 FE－SEA 混合模型中,将声腔作为 SEA 子系统考虑,平板作为 FE 子系统,按照"1 个波长内至少 6 个有限元网格"的规则进行划分。由于声激励施加在声腔上,因此板结构的外部激振力 $\boldsymbol{f}_{\mathrm{ext}}$ 为 0,而未知量 $\boldsymbol{f}_{\mathrm{rev}}^{(k)}$ 为板结构在两侧声腔混响场的受挡力,并且当板结构采用四边简支约束时,可以通过 FEM 求出板结构的总动刚度矩阵 $\boldsymbol{D}_{\mathrm{tot}}$。

考虑到船舶制造业广泛使用低碳钢作为壳体结构材料,因此算例方案如图 3.5.1 所示。单层板为边长 1m、厚度 4mm 的正方形钢板,密度为 7800kg/m³,泊松比为 0.3,弹性模量为 2.1×10^{11}Pa;双层板单层厚度为 2mm,板间空气夹层厚度为 20cm;两侧为边长 1m 的正方体空气声腔;分析频率范围为 10Hz ~ 20kHz,采用 1/3 倍频程(oct)。两个模型的扩散场声源的声压级在全频段下均为 100dB,钢板损耗因子取 0.1%,声腔损耗因子取 1%。

在借助 VA One 软件建立模型的过程中,务必保证各子系统之间耦合得当。在 4kHz 以下,声腔与板 FE 子系统间采用混合连接,并借助混合连接扩散场互

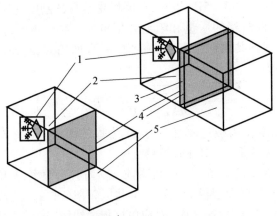

图 3.5.1　单层板和双层板结构的隔声模型
1—扩散场声源;2—声腔 1;3—声腔 3;4—钢板;5—声腔 2。

易原理,从而建立起板结构(确定性子系统)与声腔(随机子系统)的能量联系。对于两侧的声腔,按式(2.4.32)列出功率流平衡方程,其中损耗因子矩阵可按经验公式求解,$P_{\mathrm{in},j}$ 为声载荷输入到左侧声腔的声功率,$P_{\mathrm{in},j}^{\mathrm{ext}}$ 为 0,从而求出两侧声腔的各自的能量 E_k。将 E_k 代入式(2.4.4),根据扩散场互易原理,得到混响场受挡力 $f_{\mathrm{rev}}^{(k)}$,最后求解板结构的动态响应。当频率高于 4kHz 时,所有子系统采用 SEA 分析。此时整个系统的分析按照经典的 SEA 分析即可,分析结果如图 3.5.2 所示。

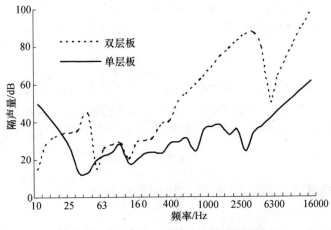

图 3.5.2　单层板和双层板结构的隔声量

匀质薄板隔声频率特性曲线,可划分为三个区域:刚度控制区、质量控制区和吻合效应控制区。在31.5Hz以下,单层板受本身的刚度控制,隔声曲线随频率的升高而降低,此时板的质量和阻尼并不重要。频率再升高,质量开始起作用。在刚度和质量的共同作用下,板将产生一系列的共振,该区域即阻尼控制区。各共振频率为

$$f_r = \frac{\pi}{2}\sqrt{\frac{B}{M}\left(\frac{p^2}{a^2} + \frac{q^2}{b^2}\right)} \quad \left(B = \frac{1}{12}Et^3\right) \tag{3.5.1}$$

式中:B为板的劲度;t为板的厚度(m);M为板的面密度(kg/m²);a、b为板的长宽尺寸(m);p、q为取1~10的正整数。

将相关参数带入式(3.5.1)后,可得前100阶共振频率,其中当$(p,q) = (1, 3)$时,$f_r = 29.7$Hz,对应单层板曲线第一个共振频率(波谷对应频率)31.5Hz;而当$(p,q) = (9,10)$时,$f_r = 126.6$Hz,对应单层板曲线第二个共振频率125Hz。由于分析频率采用1/3oct,故中间大部分共振频率无法获取。

双层板在低频区域也会产生吻合效应,其共振频率为

$$f_0 = \frac{1}{2\pi}\sqrt{\left(\frac{1}{M_1} + \frac{1}{M_2}\right)\frac{\rho c^2}{d}} \tag{3.5.2}$$

式中:M_1、M_2为双层板的面密度;d为两板间的空气层厚度。

本模型中$M_1 = M_2$,两个临界频率相同,使吻合低谷加深。经计算f_0为47.64Hz,与仿真结果50Hz较接近。

随着频率继续升高,板进入质量控制区域,板的质量越大,频率越高,隔声也就越大。现考虑单层板曲线,取(315Hz,23.2dB)和(1600Hz,38.3dB)两点来计算隔声量对于倍频程的斜率为6.5dB/oct,与理论值6dB/oct较接近。频率继续升高,薄板将出现吻合效应,产生隔声低谷。临界频率为

$$f_c = \frac{c^2}{2\pi}\sqrt{\frac{M}{B}} = \frac{c^2}{2\pi t}\sqrt{\frac{12\rho}{E}} \tag{3.5.3}$$

代入数据,得单层板f_c为3162.5Hz,与仿真值3150Hz较接近。而对于双层板,f_c的理论值为6325Hz,也与仿真值6300Hz较接近。由图3.5.2容易发现,等厚度下的双层板比单层板在125Hz以上隔声量高很多,且频率越高,隔声效果越明显。

3.6 单层板筋结构隔声性能数值分析

在实际工程中,单层板筋结构隔声效果往往并不理想,双层加筋板结构在一定程度上提高了单层板筋结构的隔声性能,因而应用广泛。

现考虑有限尺寸的单向加筋板隔声模型,加筋方式为如图3.6.1所示的对

称结构。平板的尺寸为 1m×1m×4mm,四边采用简支约束;材料为普通碳钢,弹性模量 E 为 $2.1×10^{11}$Pa,密度 ρ 为 7800kg/m^3,泊松比 μ 为 0.31。加强筋的宽度取 4mm,高度为 40mm,间距为 0.5m。数值计算时假设两侧空气声腔尺寸为边长 1m 的立方体。隔声模型仍然与图 3.5.1 的模型类似,不同之处在于中间隔声板结构以单向加筋板替代。分析频率范围为 1/3oct 下 16～4000Hz,声腔受到声压级在全频段下均为 100dB 的扩散场声源的激励作用。

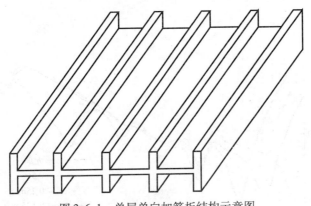

图 3.6.1　单层单向加筋板结构示意图

加强筋增加了平板的刚度,使得平板结构的模态密度下降,采用 FE – SEA 混合法来处理。其中,加筋板结构定义为确定性子系统,采用 FEM 建模;声腔定义为随机性子系统,采用 SEA 建模。板结构和声腔的内损耗因子分别取 5% 和 1%。加筋板结构划分为 1600 个有限元 Shell 网格,而加强筋采用 Beam 单元分析,每个加强筋划分 40 个网格,加筋板子系统与声腔子系统采用混合耦合。

1. 加强筋间距对结构隔声性能的影响

在 FE – SEA 混合模型中,其他条件保持不变,仅改变加强筋的间距,也即改变有限平板上加强筋的数量。间距分别取 0.5m、0.25m、0.125m 和无筋共四种情况。板筋结构的隔声量与表面振动速度响应分别如图 3.6.2 和图 3.6.3 所示,加强筋间距对加筋板整体模态的影响如图 3.6.4 所示。

由图 3.6.2～图 3.6.4 可得出以下结论:

(1) 随着加强筋间距的增加,加强筋对平板的刚度贡献逐步减弱,使得结构整体的固有频率下降,表现为结构的隔声量和振动响应在低频段的共振频率向低频移动。

(2) 增大加强筋的间距,结构在整个频率范围内总隔声量有所提高,但却降低了低频段的隔声量。

（3）减小加强筋的间距，结构在整个频率范围内总振动速度有所降低，但在 1kHz 以上的高频区和低于共振频率的低频区的振动有所加强。

因此，在扩散场声源激励作用下，减小加强筋的间距虽然可以使结构的总体振动响应得以降低，但同时也丧失了一部分隔声能力，因而在实际工程中必须权衡利弊，同时考虑这两方面因素。

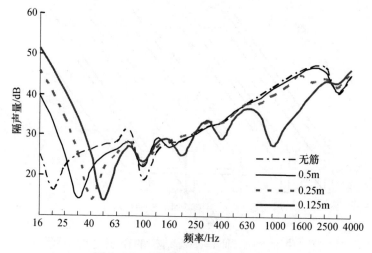

图 3.6.2 不同间距加筋板的隔声量

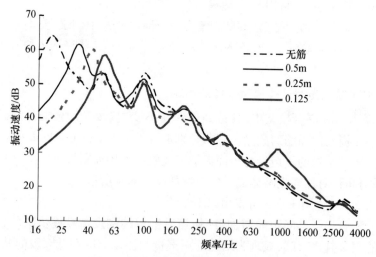

图 3.6.3 不同间距加筋板的振动速度

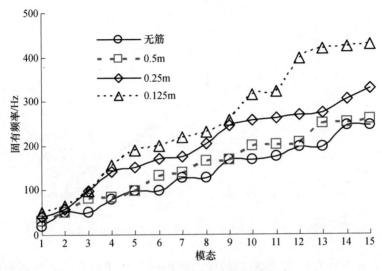

图 3.6.4 不同间距加筋板的固有频率

2. 边界约束条件对结构隔声性能的影响

其他条件保持不变,仅改变加强筋的边界条件。加筋板分别采用四边简支和四边固定两种约束情况。边界约束条件对结构隔声量与振动的影响分析结果分别如图 3.6.5 和图 3.6.6 所示。

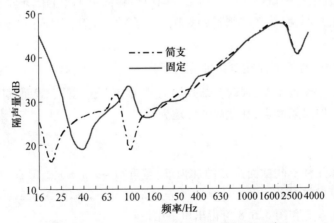

图 3.6.5 不同边界约束条件下加筋板的隔声量

由图 3.6.5 和图 3.6.6 可得出以下结论:

(1)由简支到固定边界约束条件,加筋板边界约束自由度数目增加,加筋

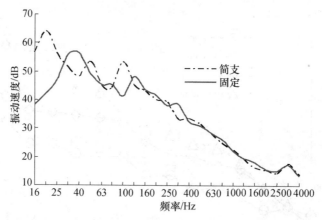

图 3.6.6　不同边界约束条件下加筋板的振动速度

板的固有频率有所提高,导致加筋板的隔声量与振动速度的共振频率向高频移动。

（2）四边固定约束较简支约束虽然在较低的频域内隔声量有所提高,但在中高频段的质量控制区非常接近。

（3）四边固定约束较简支约束在较低的频域内振动速度有所降低,但在中高频段的质量控制区较为接近。

因此,在工程中试图提高板筋结构四周边界约束来提高隔声量和降低振动的总体效果并不明显,但在很低的频域(本算例中低于 30Hz)内,却具有一定的减振隔声效果。

3. 截面惯性矩对结构隔声性能的影响

其他条件保持不变,仅改变加强筋的截面惯性矩。对于截面宽度为 b、高度为 $h = nb$ 的加强筋而言,其截面惯性矩为

$$I = \frac{bh^3}{3} = \frac{n^3 b^4}{3} \tag{3.6.1}$$

现考虑几种不同截面尺寸的加强筋,宽度取 4mm,$n = 2, 5, 10, 15$。加筋板结构的隔声量与振动速度的计算结果分别如图 3.6.7 和图 3.6.8 所示。

由图 3.6.7 和图 3.6.8 可得出以下结论:

（1）随着加强筋截面惯性矩的增大,加强筋对平板的刚度贡献逐步加强,使得板筋结构的隔声量和振动速度在低频段的共振频率向高频移动。

（2）通过增大加强筋截面惯性矩,加筋板的隔声量在一定程度上有所提高,尤其是在低于共振频率的低频段非常明显,但在共振频率附近隔声量也明

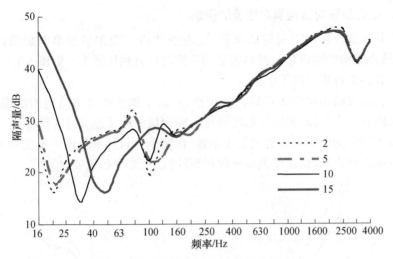

图 3.6.7　不同惯性矩加筋板的隔声量

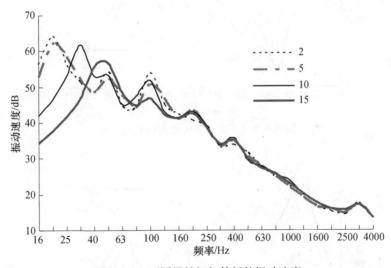

图 3.6.8　不同惯性矩加筋板的振动速度

显下降;在 200~1000Hz 的中频段,振声量有 2dB 左右的提高,但在更高频率内截面惯性矩的影响较弱,差异不明显。

（3）随着加强筋截面惯性矩的增大,加筋板的振动速度在 1kHz 以内得以下降,但在高频区,振动速度反而略有加强。

因此,增大加强筋的截面惯性矩在一定程度上增大了隔声效果,也使得振动得到抑制,但均适用于中低频,对于高频效果非常不明显,甚至起到相反的作用。

4. 正交加筋对结构隔声性能的影响

在其他条件保持不变的情况下,现考虑 9 道正交加筋和单向加筋两种方式,加筋板结构的隔声量与振动速度的计算结果分别如图 3.6.9 和图 3.6.10 所示。计算结果可得出以下结论:

(1)加强筋由单向布置到正交布置,提高了加筋板整体结构的刚度,使得结构的固有频率提高,最终导致加筋板的隔声量和振动速度向高频移动。

(2)加强筋由单向布置到正交布置,在整个分析频率范围内不仅使加筋板的隔声量得到提高,而且使振动速度得到降低,当然少数频带内除外。

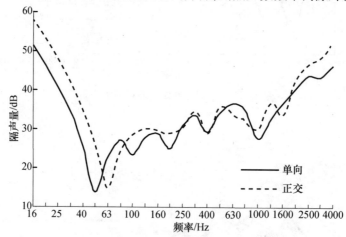

图 3.6.9　正交与单向加筋板的隔声量

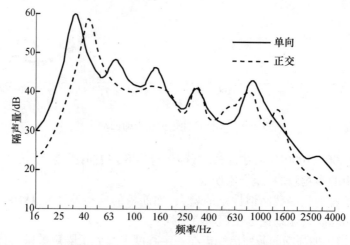

图 3.6.10　正交与单向加筋板的振动速度

　　因此,在实际工程中,采用正交加筋板要比单向加筋板在隔声和减振方面的效果更好。

3.7　双层板筋结构隔声性能数值分析

　　现考虑有限尺寸的双层单向加筋板隔声模型,加筋方式如图 3.7.1、图 3.7.2 所示。平板的尺寸为 1m×1m×4mm,每层板的四边采用简支约束;材料为普通碳钢,弹性模量 E 为 $2.1×10^{11}$ Pa,密度 ρ 为 7800kg/m³,泊松比 μ 为 0.3。3 道加强筋的截面尺寸宽度取为 4mm,高度为 20mm(也即双层板间间距),按间距 0.25m 单向布置。两侧空气声腔为边长 1m 的立方体。双层板间的空气夹层被加强筋分成 4 个小长方体腔室,隔声模型如图 3.7.2 所示。分析频率范围为 1/3oct 16～4000Hz,声腔受到声压级在全频段下均为 100dB 的扩散场声源激励作用。

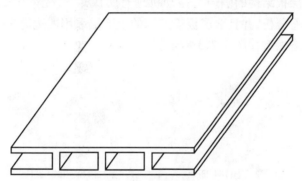

图 3.7.1　双层单向加筋板结构示意图

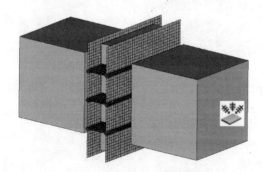

图 3.7.2　双层加筋板结构隔声模型

　　加强筋增加了平板的刚度,使得平板结构的模态密度下降,采用 FE - SEA 混合法进行建模计算。加强筋与平板结构定义为确定子系统,采用 FEM 建模;

声腔定义为随机性子系统,采用 SEA 建模。板结构和声腔的内损耗因子分别取 5% 和 1%。每个平板结构划分为 1600 个有限元 Shell 网格,为了连接内外双层板,加强筋也采用 Shell 单元分析,每个加强筋划分 320 个网格,加强筋、平板子系统与声腔子系统之间采用混合耦合。

在 FE – SEA 混合法模型建立过程中,必须仔细检查各子系统间的耦合情况。例如当中间的 4 个小长方体声腔通过平板与两侧立方体声腔若采用自动耦合(Autoconnect)时,软件将默认为平板与中间小长方体声腔的混合耦合,而实际的耦合为小长方体声腔、平板、两侧的立方体三者之间的耦合,显然耦合不正确。此时,应将原耦合设置为无效耦合或删掉,同时,须采用手动耦合(Create Manual Area Junction),使三者实现混合耦合。

1. 双层板筋结构振动模态分析

为了对双层板结构的隔声与振动机理有所认知,首先采用 FEM 对双层板筋结构进行模态分析,并且双层板筋结构的上下层采用四边简支约束条件。结构的前六阶模态振型如图 3.7.3 所示。

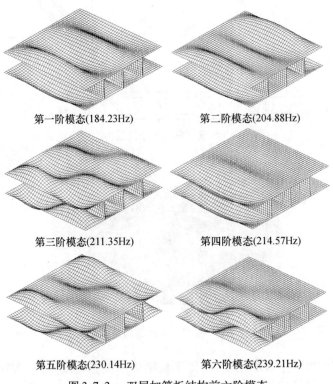

第一阶模态(184.23Hz)   第二阶模态(204.88Hz)

第三阶模态(211.35Hz)   第四阶模态(214.57Hz)

第五阶模态(230.14Hz)   第六阶模态(239.21Hz)

图 3.7.3　双层加筋板结构前六阶模态

由图 3.7.3 可知,加强筋对平板的支撑作用,以及结构的四边采用了简支约束,使加筋板结构的刚度提高,整体变形受到部分抑制。前两阶与第四阶、第五阶振型为双层平板以加强筋为简支点的横向弯曲振动,同时伴随着加强筋微小的振动;第三阶与第六阶振型为加强筋以各自中间轴为支点的弯曲振动,并将平板的横向弯曲振动分成两个反对称区域。

2. 双层板筋结构隔声性能分析

对 FE – SEA 混合法隔声模型进行计算,得到双层板筋结构的隔声量,并与相同截面尺寸和间距的单层板筋结构的隔声量相对比,对比结果如图 3.7.4 所示。

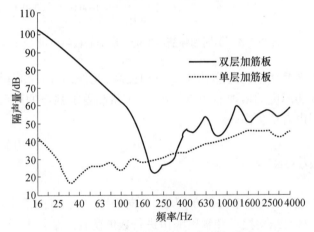

图 3.7.4　单层、双层加筋板的隔声量对比

由图 3.7.4 可知,双层加筋板的隔声量在整个分析频率范围内较单层加筋板结构高,尤其在低于共振频率,即 16～160Hz 范围内,隔声效果非常明显;但在共振频率(200Hz,即第一个隔声低谷)附近,隔声效果反而不如单层加筋板。

主要原因在于双层加筋板通过中间的加强筋使得上下板之间相互约束,限制了加强筋绕焊接线的转动,从而提高了结构的整体刚度和固有频率,减少了在低频段隔声低谷的数量。另外,双层加筋板间的夹层声腔在一定程度上造成声传播在不同界面上的反射,以及内部的消耗。但同时加强筋也具有声桥的作用,使得隔声曲线上的隔声低谷数目增多。

为了进一步研究加强筋尺寸对双层加筋板隔声量的影响,分别建立加强筋厚度为 4mm、8mm、12mm 的双层加筋板,对其隔声量进行了计算,结果如图 3.7.5 所示。

双层加筋板的隔声曲线随着加强筋厚度的增加向高频移动,主要原因在于

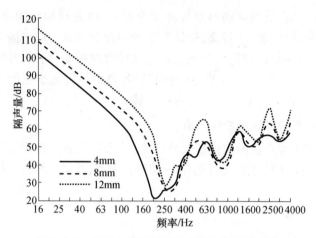

图 3.7.5　不同加强筋厚度的双层加筋板隔声量

厚度较大的加强筋使结构的整体刚度得到提高；此外，双层加筋板隔声曲线的峰值随着加强筋厚度的增加而变得陡峭，隔声量随着加强筋的厚度增加在整个分析频率范围内有所提高。

3.8　本章小结

设计了无筋单层板、单向筋单层板、双向筋单层板、双向筋夹层板结构，采用 FEM/BEM 法对结构振动和辐射噪声进行数值仿真。结果表明：

（1）加强筋虽然可以在一定程度上降低板件结构的低频振动，但是高频振动却有增加的趋势，并由于板结构的声辐射效率在宽频范围增加，辐射的声功率在高频范围也随之增加。

（2）对于单向加强筋板结构，应将板结构的加强筋设计在与激励力垂直的方向，以利用加强筋方向较大的结构弯曲刚度，阻抑与加强筋平行的弯曲振动波的传播，降低结构的低频振动水平。对于船舶这样的复杂薄壳结构，由于安装的动力设备及振动源较多，且分布位置不同，对于具有多个不同方位的振动源激励，在薄壳结构减振降噪设计时，应考虑主要激励力与加强筋的相互位置关系，并建议设计为正交加强筋，以阻抑不同振动源激励产生的振动噪声，控制薄壳结构的总体振动噪声水平。

采用 FE‑SEA 混合法研究了无筋单层、双层板结构的隔声量，单层、双层板筋结构的隔声量，得出以下主要结论：

（1）通过建立单层板和双层板结构隔声的 FE‑SEA 混合模型，研究了两者的隔声性能。单层板和双层板结构隔声混合模型的隔声量预测值与理论分析相符,从而证明了用 FE – SEA 混合法建立单层板和双层板结构隔声模型的正确性,并说明等厚度的双层板比单层板结构在较宽频率范围内具有更好的隔声性能。

(2)随着加强筋间距的增加,单层加筋板结构整体的固有频率下降,表现为结构的隔声量和振动响应在低频段共振频率都向低频移动。增大加强筋的间距,虽然使得结构在整个频率范围上总的隔声量有所提高,但却降低了低频段的隔声量。

(3)边界约束条件由简支到固定,单层加筋板边界约束自由度数目增加,加筋板的固有频率有所提高,导致加筋板的隔声量与振动速度的共振频率向高频移动。四边固定约束较简支约束虽然在较低的频域内隔声量有所提高,但在中高频段的质量控制区较为接近。

(4)增大加强筋的截面惯性矩在一定程度上可以增大单层加筋板的隔声效果,也使振动得到抑制,但均适用于中低频,对于高频效果不明显,甚至起到相反的作用。

(5)加强筋由单向布置到正交布置,使单层加筋板结构的隔声量和振动速度向高频移动。在整个分析频率范围内,不仅使加筋板的隔声量得到提高,而且使振动速度得到降低,当然少数频带内除外。

(6)双层加筋板的隔声量在整个分析频率范围内较单层加筋板结构高,尤其在低于共振频率,隔声效果非常明显;但在共振频率(隔声低谷)附近,隔声效果反而没有单层加筋板好。

(7)双层加筋板的隔声曲线随着加强筋厚度的增加向高频移动,主要原因在于厚度较大的加强筋使得结构的整体刚度得到提高;双层加筋板的隔声量随着加强筋的厚度增加在整个分析频率范围内有所提高。

第4章 薄壳结构振动传递的质量阻振设计

对于薄壳结构的减振,Cremer 和 Heckl[63] 最早提出阻振质量(Blocking Mass)的概念,并在其著作里面对其阻波特性进行分析。基于阻抗失配机理,阻振质量常常布设在板的结合处,使结构中传递的振动波受到部分反射,用以隔离结构声的传播。学者们已经从阻振质量的各个方面对其阻振性能进行了研究,研究了实心阻振结构尺寸及布置位置对薄壳结构的阻振性能,并在动力设备支撑基座结构中开展了应用研究,用于减少从基座面板至底部平台结构的振动传递。在薄壳结构中插入阻振质量后,较大程度上增加了原薄壳结构系统的质量,如何使阻振质量既满足有较好的阻振效果,又能节省材料、减轻质量,成为阻振质量工程应用中需要进一步研究的问题。

对于不同截面形状的阻振质量的阻振性能目前研究仍然较少,尤其缺乏对空心阻振结构的阻振机理、阻振效果和应用研究,本章在研究实心阻振结构阻振机理的基础上提出了一种新型空心阻振结构,对比分析了新型空心阻振结构与实心阻振结构的阻振性能,且对空心阻振结构及其填充介质的阻振性能进行了对比分析,以增加少量附加质量来达到更好的阻振效果,从而发展了薄壳结构的质量阻振设计技术。

4.1 平板结构质量阻振性能波动法分析

4.1.1 质量阻振机理波动法分析

定常结构发生质量、刚度等的突变时,会引起结构的阻抗失配,它对振动波起到很好的反射作用[98]。在不考虑振动波斜入射的情况下,取单位宽度的阻振质量 – 板结构为研究对象。相关力学参量如图4.1.1所示,其中 F、M 分别表示力与力矩,v 表示振动速度;ω_z 为振动角速度。

由于阻振质量近似做刚体运动,根据角速度和速度连续性,得

$$v_{y1} = v_{y2}, \quad \omega_{z1} = \omega_{z2} \tag{4.1.1}$$

又由力矩与力平衡,得

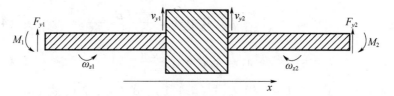

图 4.1.1　刚性阻振质量 – 板结构示意图

$$M_{z1} - M_{z2} = j\omega\Theta\omega_{z2}, F_{y1} - F_{y2} = j\omega m v_{y2} \tag{4.1.2}$$

式中: m 为单位长度阻振质量的质量; Θ 为阻振质量 m 的质量惯性矩; ω 为圆频率。

在 $x < 0$ 区域的振动波是由入射的正弦波 $v_1 e^{-jk_1 x}$ 与反射波 $v_1 (re^{+jk_1 x} + r_j e^{k_1 x})$ 叠加而成,故 $x < 0$ 的区域总的速度为

$$v_{y1}(x) = v_{1+}(e^{-jk_1 x} + re^{+jk_1 x} + r_j e^{k_1 x}) \tag{4.1.3}$$

式中: r 为反射系数; r_j 为近场反射系数。

式(4.1.3)的第三项只对阻振质量附近的区域起作用。

在 $x > 0$ 区域的振动波则是入射波经过阻振质量透射而成:

$$v_{y2}(x) = v_{1+}(te^{-jk_2 x} + t_j e^{-k_2 x}) \tag{4.1.4}$$

式中: t 为透射系数; t_j 为近场透射系数; k_1、k_2 分别为 $x < 0$ 和 $x > 0$ 的钢板中振动波的波数。

根据弹性力学知识,图 4.1.1 中的力学参量存在如下关系:

$$\omega_z = dv_y/dx, v_y = \frac{-1}{j\omega m'}dF_y/dx, M_z = -\frac{B}{j\omega}d\omega_z/dx, F_y = -dM_z/dx \tag{4.1.5}$$

为便于分析,定义

$$\mu = \frac{2\pi}{\lambda_b}\frac{m}{m'}, \vartheta = \frac{m'}{m}\sqrt{\frac{\Theta}{m}} \tag{4.1.6}$$

式中: B 为板的弯曲刚度; λ_b 为入射弯曲波的波长; m' 为单位面积板的质量。

对于边长 d、壁厚 δ 的空心阻振结构,其回转半径为

$$\rho = \sqrt{\frac{I}{A}} \tag{4.1.7}$$

式中: $I = \frac{1}{12}[d^4 - (d-2\delta)^4]$ 为绕计算轴的惯性矩; A 为面积。

转动惯量 Θ 可表为

$$\Theta = m\rho^2 \tag{4.1.8}$$

其中薄板中传播的弯曲波波速及弯曲波长为

$$c_{\mathrm{b}} = \sqrt[4]{\frac{B}{\rho H}}\sqrt{\omega}, 其中 B = \frac{EH^3}{12(1 - \nu^2)} \tag{4.1.9}$$

$$\lambda_{\mathrm{b}} = c_{\mathrm{b}}T = c_{\mathrm{b}} \cdot \frac{2\pi}{\omega} \tag{4.1.10}$$

将式（4.1.3）、式（4.1.4）代入式（4.1.1）、式（4.1.2）、式（4.1.5）、式（4.1.6），得

$$
\begin{aligned}
r &= \frac{-\mu + \vartheta^2\mu^3 + \vartheta^2\mu^4/2}{(\mu + \vartheta^2\mu^3) - \mathrm{j}(4 + \mu - \vartheta^2\mu^3 - \vartheta^2\mu^4/2)}, \\
r_j &= \frac{(-\vartheta^2\mu^3 - \vartheta^2\mu^4/2) + \mathrm{j}(\mu - \vartheta^2\mu^4/2)}{(\mu + \vartheta^2\mu^3) - \mathrm{j}(4 + \mu - \vartheta^2\mu^3 - \vartheta^2\mu^4/2)} \\
t &= \frac{-\mathrm{j}(4 + \mu - \vartheta^2\mu^3)}{(\mu + \vartheta^2\mu^3) - \mathrm{j}(4 + \mu - \vartheta^2\mu^3 - \vartheta^2\mu^4/2)}, \\
t_j &= \frac{\vartheta^2\mu^3 + \mathrm{j}\mu}{(\mu + \vartheta^2\mu^3) - \mathrm{j}(4 + \mu - \vartheta^2\mu^3 - \vartheta^2\mu^4/2)}
\end{aligned}
\tag{4.1.11}
$$

透射系数及反射系数通常情况下都是复数。同时，近场波其实是一种随距离衰减的波，并不携带波动能量。在工程上，往往更关心振动能量的传递，因此在弯曲波入射的情况下，通常采用以下能量传递效率，用以表征各种形式的波占入射能量的比例。

定义弯曲波的反射效率为

$$\rho = |r|^2 \tag{4.1.12}$$

定义弯曲波的透射效率为

$$\tau = \chi\psi|t|^2 \tag{4.1.13}$$

式中：

$$\chi = \frac{k_2}{k_1} = \sqrt[4]{\frac{m'_2 B_1}{m'_1 B_2}}$$

$$\psi = \frac{k_2^2 B_2}{k_1^2 B_1} = \sqrt{\frac{m'_2 B_2}{m'_1 B_1}}$$

根据能量守恒原理，有

$$\rho + \tau = 1 \tag{4.1.14}$$

传递损失为

$$R = 10\lg(1/\tau) \tag{4.1.15}$$

透射系数与反射系数通常情况下为复数，是振动频率的函数，当透射系数表达式的分子等于零时，透射系数达到最小值，对应的频率称为全隔离频率：

$$4 + \mu - \vartheta^2\mu^3 = 0 \tag{4.1.16}$$

当反射系数的表达式的分子等于零时,反射系数达到最小值,对应的频率称为全透射频率:

$$\mu_T^3 + 2\mu_T^2 - \frac{2}{\vartheta^2} = 0 \qquad (4.1.17)$$

4.1.2　实心结构质量阻振性能分析

对于实心方钢阻振质量,定义单位长度阻振质量与薄板结构的质量比值为质量比,当阻振质量与薄板结构的材料相同时,质量比即为板厚比。对于无限长薄钢板结构,当阻振质量与薄板结构的材料相同时,图 4.1.2 为不同板厚比时阻振质量的反射效率。在低频时反射效率很小,到一定频率时反射效率达到最小值 0,对应的频率为全透射频率,称为全透射现象;高于全透射频率后,反射效率迅速增加到接近于 1,并在高频处保持很高的反射效率;全透射频率随着板厚比的增加而迅速提高,板厚比为 5 时的全透射频率为 255 Hz,板厚比为 10 时的全透射频率为 615 Hz,板厚比为 15 时的全透射频率为 2995 Hz。

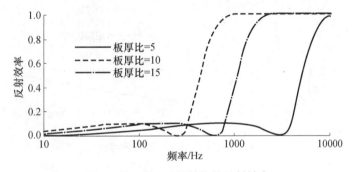

图 4.1.2　实心阻振结构的反射效率

对于无限长薄钢板结构,图 4.1.3 为不同板厚比时阻振质量的透射效率。在低频时透射效率很大,到一定频率时反射效率达到最大值 1,对应的频率为全隔离频率,称为全衰减现象;高于全隔离频率后,透射效率迅速减小,并在高频处保持很低的透射效率;全隔离频率随着板厚比的增加而迅速下降,板厚比为 5 时的全隔离频率为 255 Hz,板厚比为 10 时的全隔离频率为 615 Hz,板厚比为 15 时的全隔离频率为 2995 Hz。由于反射效率 ρ 与透射效率 τ 之和等于 1,证明了振动波在阻振质量后能量重新分配,但总量保持守恒。

图 4.1.4 为阻振质量传递损失关于频率的关系。阻振质量相当于一个"低通滤波器",对低频振动波几乎没有阻振效果;在全隔离频率处,阻振质量的减振效果最佳;在高于全隔离频率范围,仍有 10～30 dB 的减振效果;随着板厚比

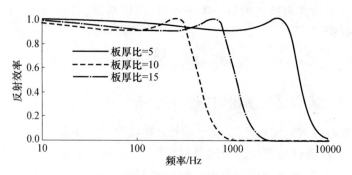

图 4.1.3　实心阻振结构的透射效率

的增加,全隔离频率向低频移动。对于一般阻振质量设计,全隔离频率比较高,在工程设计中往往不希望增加过多的附加质量,又希望全隔离频率向低频移动,从而在更宽的频率范围产生减振效果。

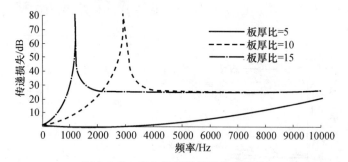

图 4.1.4　实心阻振结构的传递损失

图 4.1.5 为实心阻振结构关于板厚比和频率的传递损失三维图,在低频时,传递损失很小,到一定频率时,传递损失迅速增加并达到最大值,峰值频率达到 70dB 以上,随着频率的增加再迅速下降到一定幅度,在较高频率处始终保持在 25dB 左右;传递损失峰值频率随着阻振质量板厚比的增加而提高,在板厚比小于 5 时的峰值频率超过 10kHz,且在 4kHz 频率以下几乎没有阻振效果。因此,作为薄壳结构的阻振质量,在设计时必须有足够的板厚比,才能达到一定的阻振效果;增加板厚比,可以使最佳阻振频率向低频移动,且可拓宽具有阻振效果的频率范围。其原因是当板厚比增加时,阻振质量的线质量和转动惯量增加,使板结构与阻振质量的阻抗失配增大,板结构中的弯曲波难以激励阻振质量的振动,从而将振动波反射回去,并产生阻振效果。

当阻振质量与板结构的质心发生偏移[99]时(图 4.1.6),可以增加阻振质量相对于板中性面位置的转动惯量。对于无限长薄钢板结构,当板厚比为 10 时,

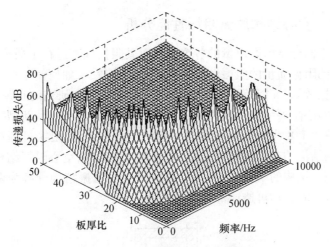

图 4.1.5　实心阻振结构的传递损失

图 4.1.7 为阻振质量偏置对传递损失的影响。当阻振质量偏置后,阻振质量的最佳阻振频率向低频移动,偏置 50% 时的最佳阻振频率为 1236Hz,偏置 100% 时的最佳阻振频率为 615Hz。因此,将阻振质量与板结构偏置时,可以使阻振质量的最佳阻振频率向低频移动。

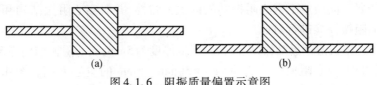

图 4.1.6　阻振质量偏置示意图

(a)无偏置;(b)偏置 100%。

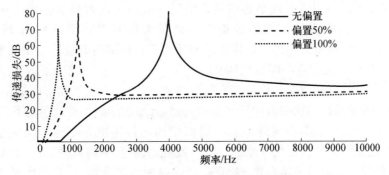

图 4.1.7　阻振质量偏置对传递损失的影响

4.1.3　空心结构质量阻振性能分析

虽然学者们已从阻振质量的各个方面对其阻振性能进行了研究,但对于不同截面形状的阻振质量的阻振性能目前研究仍然较少,如何使阻振质量既满足有较好的阻振效果,又能节省材料,成为阻振质量进一步研究的问题。

本书在实心阻振结构阻振性能分析的基础上,提出了一种新型空心阻振结构[73,109]。图4.1.8为空心阻振结构—板结构示意图,其阻振机理包括以下三个方面:薄壳结构的交界面阻抗失配,形成弯曲波反射;空心阻振结构增加了转角,加剧了薄壳结构的阻抗失配;振动波先沿空心阻振结构分解为两个传递路径传播,再汇合时叠加可造成部分能量抵消。

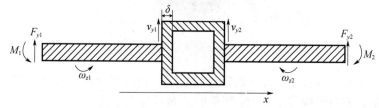

图4.1.8　空心阻振结构—板结构示意图

先假设新型空心阻振结构满足实心质量阻振波动法分析的假定条件,采用波分析法研究同质量下空心阻振结构的阻振特性,并对实心阻振结构和空心阻振结构的阻振性能进行对比。

对于无限长薄钢板结构,取薄板结构的厚度为5mm,实心阻振结构为50mm×50mm的方钢,空心阻振结构为50mm×50mm×5mm的空心方钢。图4.1.9所示为空心与实心阻振结构的反射效率对比,图4.1.10所示为空心与实心阻振结构的透射效率对比,图4.1.11所示为空心与实心阻振结构的传递损失对比。空心、实心阻振结构透射效率达到最大值时对应的全透射频率分别为615Hz、490Hz;空心、实心阻振结构传递损失达到最大值时的频率分别为2971Hz、3987Hz。可见,同等外形的空心阻振结构比实心阻振结构的最佳阻振频率下降了25%,且单位长度空心阻振结构比实心阻振结构的质量减少了近60%。因此,同等外形的空心阻振结构与实心阻振结构相比,有效阻振频率向低频移动,可更加有效地阻抑结构中的中低频振动传递,且增加的附加质量明显下降。

图4.1.12所示为不同外形空心阻振结构的传递损失对比。在壁厚相同时,空心阻振结构的外形尺寸增加,最佳传递损失的频率向低频移动,且对于低于最佳传递损失附近一定范围的频率,传递损失也明显增加,其原因是随着阻振质量外形尺寸的增加,阻振质量的线质量和转动惯量增加,使板结构与阻振质量的阻抗失配增大,板结构中的弯曲波更加难以激励阻振质量的振动。

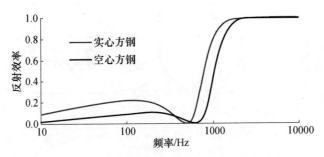

图 4.1.9　空心与实心阻振结构的反射效率对比

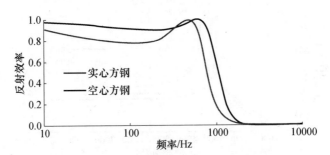

图 4.1.10　空心与实心阻振结构的透射效率对比

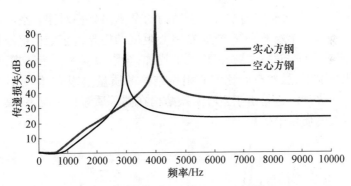

图 4.1.11　空心与实心阻振结构的传递损失对比

　　图 4.1.13 所示为不同壁厚空心阻振结构的传递损失对比。在外形相同时,空心阻振结构的壁厚越大,最佳传递损失的频率越向高频移动,但是对于低于最佳传递损失附近一定范围的频率,传递损失随着壁厚的增加而略有增加。由此可见,对于空心阻振结构,在局部刚度满足要求的情况下,应尽可能增大其外形尺寸,以增加对低频的阻振效果。

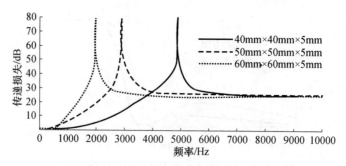

图 4.1.12　不同外形空心阻振结构的传递损失对比

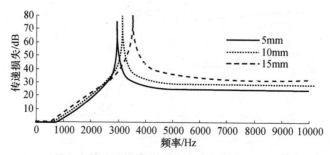

图 4.1.13　不同壁厚的空心阻振结构的传递损失对比

　　图 4.1.14 为方形实心与空心阻振结构的全隔离频率对比。空心阻振结构是质量阻振技术一个新的发展方向,在空心阻振结构与薄板结构壁厚相同的情况下,随着阻振质量与薄板结构高度比的增加,全隔离频率呈指数规律下降,在相同高度比情况下,虽然空心比实心阻振结构的质量小很多,但是其全隔离频率向低频方向移动。这是由于空心阻振结构在同等质量的情况下,具有比实心阻振结构更大的质量惯性矩。

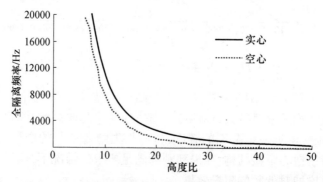

图 4.1.14　方形实心与空心阻振结构的全隔离频率对比

4.2 平板结构的质量阻振性能数值分析

对于有限长平板结构,由于两端边界条件的影响,给波动法分析造成较大的误差,因而可采用 FE-SEA 混合数值方法进行分析。在 FE-SEA 混合法中,用统计能量法描述模态密度大的板结构,用有限元法描述刚度大、固有频率高的阻振质量,从而实现对复杂结构宽频声振性能进行分析。

设计了含近似等质量的空心与实心阻振结构的阻振性能对比模型,如图 4.2.1 所示。板 A ~ F 为 500mm ×500mm ×3mm 正方形钢板。在 A 板与 B 板之间,以及 A 板与 C 板之间布置实心阻振结构,在 B 板与 D 板之间布置空心阻振结构。实心阻振结构为 21mm × 21mm 热轧方钢,单位长度质量 3.460kg/m;空心阻振结构为 40mm ×40mm 冷弯方型空心型钢,壁厚为 3mm,单位长度质量与实心阻振结构近似相同,为 3.303kg/m。

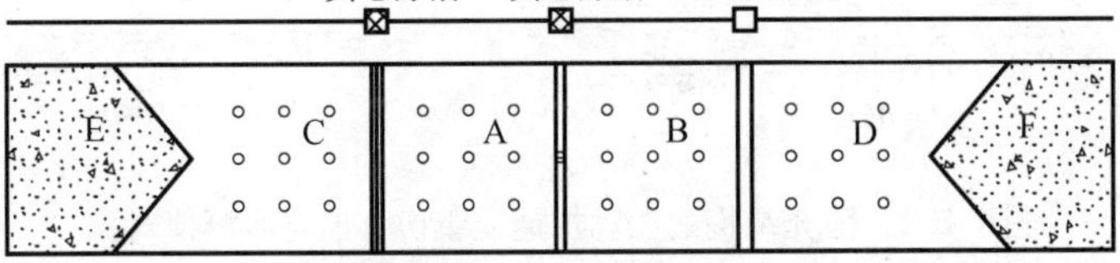

图 4.2.1 含近似等质量的空心与实心阻振结构的阻振性能对比模型

薄壳结构的振动加速度级(基准值为 10^{-6})仿真值与实验值对比如图 4.2.2 所示,通过对比可见:不同区域薄壳结构的振动加速度实测值与 FE-SEA 混合法仿真结果趋势一致,且数值上较接近。说明利用 FE-SEA 混合法建立的带阻振质量的结构模型正确有效;薄壳结构的振动加速度实测值与仿真值在中低频区吻合较好,但在大于 1.25kHz 的高频区误差较大。其原因在于:在 FE-SEA 混合法模型中,不论作为确定性子系统的阻振质量结构,还是作为随机性子系统的薄壳结构,其内损耗因子随着频率都呈下降趋势。尤其在高频区,数量级为 10^{-2},使内损耗因子的测量变得困难,相对误差变大。

采用 FE-SEA 混合法对薄板结构模型的阻振性能进行仿真和实验研究,通过对板结构的振动加速度仿真值与实测值对比,得到以下结论:

(1)不同区域板结构的振动加速度实测值与仿真结果趋势一致,且数值上较接近。说明利用 FE-SEA 混合法研究带阻振质量结构宽频范围的阻振性能是有效的。

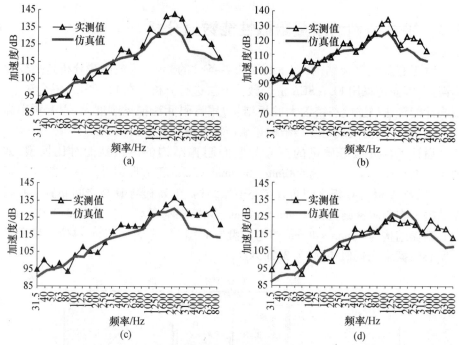

图 4.2.2　薄壳结构的振动加速度级仿真值与实测值对比
(a)A 板;(b)B 板;(c)C 板;(d)D 板。

(2) 结构振动加速度的实测值与仿真值在中低频区吻合较好,但在大于 1.25kHz 的高频区误差增加。其原因在于子结构在高频区的内损耗因子测量误差较大,对仿真结果产生了一定的影响。

(3) D 板与 C 板的振动加速度在低频区差异不明显;但在 800Hz 以上的中高频区,振动较 C 板低 5dB 左右,尤其在 1.25 ~ 2.5kHz 频率范围内,平均振动较 C 板低 10dB 以上;在整个分析频率范围内,D 板的平均振动加速度比 C 板的高。由此可见,空心阻振结构较实心阻振结构在较高频区内阻振效果明显。其原因可能在于:高频区空心阻振结构对于入射波的透射能力比实心阻振结构的差,使 C 板的振动相对较低。

4.3　平板结构的质量阻振性能实验验证

4.3.1　阻振性能实验方案

振动激励系统采用 B&K2706 功率放大器、B&K4809 激振器,振动测试系统采用 B&K8000 阻抗头、B&K4834 加速度传感器、B&K2692 电荷放大器和 B&K3050 多通道数据采集器。实验时,为吸收 E 板与 F 板边缘的反射波,以模拟半无限长的情况,在 E 板与 F 板的上下表面和端部粘贴了 5mm 厚粘弹性阻尼材料。为了减小板边缘反射波的影响,以及粘贴阻尼层后结构阻抗突变的影响,阻尼层被布置成图 4.3.1 中所示的 V 形状,试样由多根弹性绳悬挂以模拟自由边界条件。考虑到试样中阻振质量采用无偏心布置,并且阻振质量与钢板采用无转角线焊接,弯曲波引起的受迫转动不会产生纵向加速度,采用激振器对阻振质量中部施加随机激励,模拟对板结构的平面弯曲波激励。

采用振动的阻振损失评价阻振质量对平面弯曲波传递衰减的作用:

$$R = 20 \cdot \lg\left(\frac{\bar{a}_1}{\bar{a}_2}\right) \qquad (4.3.1)$$

式中:$\bar{a}_1$ 为传递到阻振质量前(入射波)的板结构平均振动加速度;$\bar{a}_2$ 为传

递到阻振质量后(透射波)的板结构平均振动加速度,通过测试每个板结构上均布的 9 个测点的法向加速度响应取平均值得到,图 4.3.1 为阻振质量的阻振性能对比实验现场及测点布置图。

图 4.3.1 阻振质量的阻振性能对比实验现场及测点布置图

在不同实验工况下,通过调节功率放大器,始终施加同等强度的激励力。当激振器的激励力施加在 A 板与 B 板之间的阻振质量上时,产生的结构振动沿着 A 板和 B 板两个路径分别向两端传播。通过测试 A 板、C 板的平均振动加速度得到实心阻振结构的阻振损失,利用 B 板

与 D 板的平均振动加速度得到空心阻振结构的阻振损失。当激励力施加在 A 板与 C 板之间的阻振质量上时,可通过测试 A 板与 D 板的振动得到实心 + 空心二级复合阻振质量的阻振损失。

4.3.2 阻振性能实验结果分析

1. 空心与实心阻振结构的阻振性能

对于中间激励工况,图 4.3.2 为激励点的原点加速度导纳(基准值为 10^{-6})。在 4kHz 以下频率范围,原点加速度导纳随着频率总体上呈上升的趋势,在 4 ~ 8kHz 频率范围,原点加速度导纳较高,说明原点的阻抗在高频时较

低,较小的激励力就容易引起结构较大的振动,而振动峰值出现的位置,则与结构的振动模态参数有关。图4.3.3为板结构的平均振动加速度,A板、B板、C板、D板的振动加速度分别为147.9dB、145.9dB、144.2dB、132.2dB,峰值出现在1~2kHz频率处,在1kHz以下频率,不同板结构的振动差异较小,在1kHz以上频率,不同板结构的振动出现明显的差异,且阻振后透射区C板、D板的振动明显低于阻振前反射区A板、B板的振动。

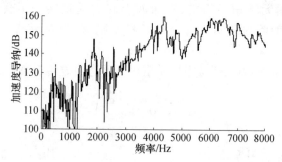

图4.3.2　中间激励时激励点的原点加速度导纳(基准值为10^{-6})

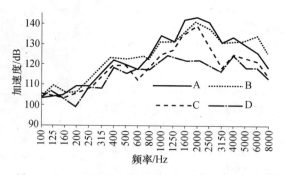

图4.3.3　中间激励时板结构的平均振动加速度级

　　图4.3.4为空心阻振与实心阻振的阻振损失对比,相同质量的空心阻振与实心阻振的总阻振损失分别为13.7dB和3.7dB,空心比实心阻振的阻振效果提高了10dB,且在大多数频率下比实心阻振的阻振损失更高;实心阻振结构对500Hz以下频率的阻振效果小于4dB,在3.15kHz频率处达到最大值12.8dB;而空心阻振结构在250Hz以上频率的阻振损失达到5dB以上,在2kHz频率处达到最大值19.7dB。因此,阻振质量相当于一个“低通滤波器”,对低频振动波的阻振效果很小,对中高频振动波的阻振效果明显;同等质量的空心阻振结构与实心阻振结构相比,由于阻振质量转动惯量的增加,以及入射的振动波在阻振质量处需要经过多个转角的波形转换,结构的阻抗失配加剧,从而使阻振质

量的阻振效果显著提高,且有效阻振频率向低频移动。

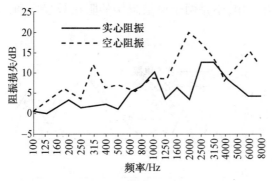

图 4.3.4　传递损失的实测值

2. 二级阻振的阻振性能分析

当激励力施加在 A 板与 C 板之间的阻振质量上时,激励源的结构振动从 A 板传递到 B 板,再传递到 D 板,从而形成实心 + 空心二级阻振。图 4.3.5 为板结构的振动加速度级,图 4.3.6 为二级复合阻振的阻振损失,总的阻振损失达到 15.9dB,仅比单级空心阻振的阻振效果提高 2.1dB,且在部分低频及高频处的阻振效果反而不如单级空心阻振结构。其原因:一是在实心与空心二级阻振质量之间的 B 板位置处,一级阻振质量的透射波与二级阻振质量的反射波能量叠加,造成 B 板振动较大,在 400Hz 以下低频及 5kHz 以上高频处,其振动幅值甚至超过了被阻振前 A 板的振动,尽管从 B 板传递到 D 板的振动由于空心阻振结构的阻抑作用明显下降,但是其最终的阻振效果仍然有限;二是钢板结构及阻振质量本身的结构阻尼很小,振动波及反射波的振动能

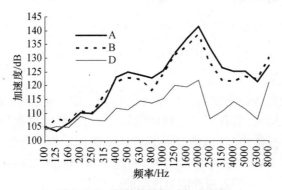

图 4.3.5　板结构的振动加速度级

量不易被结构材料所消耗。因此,二级阻振的阻振效果由于阻振质量之间反射波与透射波的相互作用,不是两个单级阻振的阻振效果之和,仅略高于单级阻振的阻振效果。

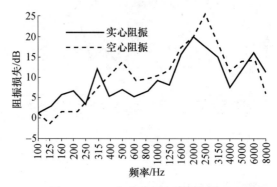

图 4.3.6　二级复合阻振的阻振损失

3. 填充颗粒对阻振性能的影响

颗粒阻尼减振器是包含颗粒的腔体结构,其腔体可以有多种形式,可以是在现有结构适当位置加工出一系列孔腔,也可以是附加在结构上的独立腔体[100]。它通过颗粒之间及颗粒与孔壁之间的摩擦和碰撞消耗系统能量,从而实现减振降噪的目的。颗粒阻尼技术在恶劣温度环境下仍具有良好的减振效果,且具有抗老化、低成本、结构简单、减振频带宽等优点。此外,颗粒阻尼器还具有不需要对原结构外形尺寸进行大的改动、在空间狭小难以放置其他形式减振器的情况下仍可以使用的优点[101]。

颗粒阻尼器的等效粘性阻尼系数为

$$c_{eq} = \frac{1}{2}\rho_m S C_d \,|\dot{x}|　　　　　　(4.3.2)$$

式中:ρ_m 为气固混合物的等效体积密度;S 为孔横截面积;C_d 为阻力系数;$|\dot{x}|$ 速度的绝对值。

颗粒阻尼减振适合于抑制薄板结构的振动。空心阻振结构是由若干薄板组合而成的封闭结构,具有同等质量的阻振质量,其结构的整体转动惯量和抗弯刚度比实心阻振结构高,但是其局部仍然是薄板结构。为此,在空心阻振结构内填充直径为 1mm 的圆形钢砂颗粒,利用金属颗粒的摩擦阻尼提高空心阻振结构的阻振效果,开展阻振性能对比实验。

利用稳态能量流测试方法,可得到阻振结构的内损耗因子[102],测试系统的原理图如图 4.3.7 所示。

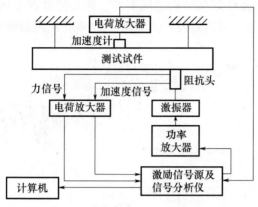

图 4.3.7　内损耗因子测试原理

通过测量外部激励对系统的输入功率 P_{in} 和子系统的空间平均振动能量 E，根据内损耗因子的定义 $\eta = P_{\text{in}}/\omega E$，可得到系统的内损耗因子。其中输入功率为

$$P_{\text{in}} = \int_{-\infty}^{\infty} S_{Fv}(\omega)\,\mathrm{d}\omega = \int_{0}^{\infty} G_{Fv}(\omega)\,\mathrm{d}\omega \qquad (4.3.3)$$

式中：$S_{Fv}(\omega)$ 为激励点处的力与速度的双边互谱密度；$G_{Fv}(\omega)$ 为单边互谱密度，通过阻抗头测得加速度信号和力信号得到。

式(4.3.3)称为互谱公式，它给出了力信号和速度信号乘积的时间平均值，适合对连续、稳态宽带随机信号的激励源测试，得到的输入功率更加可靠。

对于结构的质量空间均匀分布的情况，则空间平均振动能量为

$$E = m\langle v^2(t) \rangle = \frac{m}{N}\sum_{i=1}^{N} V_i^2 \qquad (4.3.4)$$

式中：m 为结构的总质量；$\langle v^2(t) \rangle$ 为空间平均的速度均方值；N 为速度的测点数；通过空间随机分布的 N 个测点的速度平均值，得到结构空间平均的振动能量。

在空气中测试结构的损耗因子时，输入到结构上的功率包括自身阻尼损耗和声辐射损耗，测得的损耗因子为结构阻尼损耗因子与声辐射损耗因子之和。简单结构的声辐射损耗因子可通过理论计算得到。当振动的频率接近或大于临界频率时，结构的辐射损耗因子比较大，一般薄板结构的临界频率比较高，其声辐射损耗因子较小。

内损耗因子测试结果如图 4.3.8 所示。空心阻振结构的内损耗因子随着频率的增加呈近似指数规律下降；在大部分频率处，全填充颗粒阻尼时空心阻振结构的内损耗因子明显增加。这是由于当空心阻振结构发生振动时，金属颗

粒之间以及颗粒与薄壁阻振结构之间不断发生碰撞和摩擦而消耗结构的振动能量,从而降低阻振质量透射波的振动能量,达到提高阻振效果的目的。

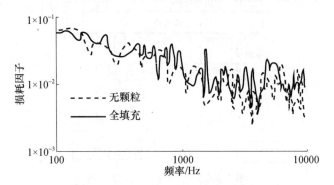

图 4.3.8　空心阻振结构的内损耗因子

图 4.3.9 为空心阻振结构内部填充颗粒的阻振损失对比。在 500Hz 以上频率,填充颗粒阻尼后的阻振损失明显提高,全填充时约增加了 5dB;半填充时(增加的附加质量略低于阻振质量的 1/2)对结构振动加速度的总阻振效果为 16.4dB,全填充时(增加的附加质量略低于阻振质量)的总阻振效果为 18.1dB,分别比无颗粒阻尼时提高了 2.7dB 和 4.4dB。

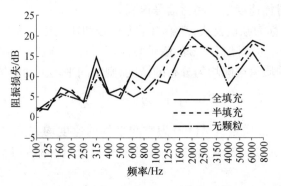

图 4.3.9　空心阻振的阻振损失

因此,空心阻振结构内部填充金属颗粒,利用干摩擦阻尼的耗能作用可增加阻振结构的阻尼,有效提高阻振效果;半填充金属颗粒时的阻振效果超过了实心 + 空心二级阻振质量的总阻振效果,且结构简单、质量更轻。

4. 阻振实验基本结论

通过对设计的平板结构的阻振性能理论分析和实验结果对比分析,得出以下基本结论:

阻振质量相当于一个"低通滤波器"，对低频振动波的阻振效果很小，在全隔离频率处的阻振效果最大，高频时仍然有较为明显的阻振效果。同等质量的空心阻振结构与实心阻振结构相比，阻振效果显著提高，且有效阻振频率向低频移动，可更加有效阻抑结构中的中低频振动传递。空心＋实心二级阻振质量的总体阻振效果略高于单级阻振质量。在空心阻振结构内部填充颗粒阻尼，可增加阻振结构的阻尼，有效提高阻振效果，总体阻振效果优于空心＋实心二级阻振质量。对空心阻振结构的优化，结合填充颗粒阻尼等阻尼减振措施，可提高阻振质量的阻振效果并拓宽阻振频率范围，是阻振质量结构轻量化设计的发展方向。

4.4　L 形板结构的质量阻振性能数值分析

工程中板结构之间除了在平面内连接的情况以外，板与板之间还存在按照一定夹角连接的情况，其中最典型的情况是板与板之间垂直连接（简称为 L 形板结构）。为了研究阻振质量对 L 形板结构振动的阻振性能，设计了由水平方向（板 A）和垂直方向（板 B）两块平板焊接而成的 L 形板结构。板 A 和板 B 的外形尺寸相同，长为 0.5m，宽为 0.25m，厚度为 5mm，分别按以下几种设计方案进行对比分析[103]：

（1）无阻振：在板上不布置阻振质量；

（2）实心方钢阻振：在 L 形板结构转角处布置实心方钢阻振质量，其截面尺寸为 33mm×33mm；

（3）空心方钢阻振：在 L 形为板结构转角处布置空心方钢阻振质量，其截面尺寸为 60mm×60mm，壁厚为 5mm，与方案②相比，其单位长度质量与实心方钢相同，但截面外形尺寸增加；

（4）空心方钢阻振：在 L 形板结构转角处布置空心方钢阻振质量，其截面尺寸为 60mm×60mm，壁厚为 7.5mm；

（5）空心方钢阻振：在 L 形板结构转角处布置空心方钢阻振质量，其截面尺寸为 60mm×60mm，壁厚为 10mm。

采用有限元和边界元耦合方法，建立 L 形板结构的质量阻振结构示意图，如图 4.4.1 所示。平板及阻振质量密度 $\rho = 7800\text{kg/m}^3$，弹性模量 $E = 210\text{GPa}$，泊松比 $\mu = 0.3$。计算时 L 形板结构为自由状态，假设内侧为半无限流空气，外侧为半无限流海水，激励力为恒定值 1N，激励频率为 0～2000Hz，施加在板 A 端面中部位置。在不同阻振质量方案下，分别计算平板的结构振动和声辐射特性。

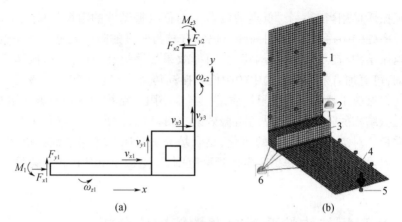

图 4.4.1　L 形板结构的质量阻振结构示意图
1—板 B;2—空气;3—阻振质量;4—板 A;5—激励源;6—海水。

为了量化质量阻振的减振降噪效果,用插入损失作为评判指标:

$$T = 20\lg\frac{X}{X'} \qquad (4.4.1)$$

式中:X' 为插入阻振质量后板结构的振动(速度、加速度)或辐射噪声(声功率)水平;X 为无阻振质量时板结构的振动或辐射噪声水平。若插入损失大于 0,表示阻振质量对结构有阻振效果,插入损失越大,表示阻振质量的阻振效果越明显。

1. 空心方钢的阻振性能分析

在板 A 与板 B 之间插入 60mm×60mm×5mm 外形的阻振质量时,在板 A 和板 B 上分别选取 10 个具有代表性的点,图 4.4.2 为板结构上 10 个点位置与平均加速度导纳的对比。平板各个点位置的加速度导纳峰值,随着频率的增加而增加,但是平板的平均加速度导纳与各个点位置的加速度导纳曲线总体趋势一致,能反映平板的大多数振动模态峰值和整体阻抗特性。由于板的振动速度与结构的声辐射特性紧密相关,以下用平板的平均振动速度表征平板的整体振动水平,并用于评价阻振质量的阻振效果。

图 4.4.3 为板结构的平均振动加速度级对比。无阻振质量时,板 A 的平均加速度级为 163.61dB;插入阻振质量后,板 A 的振动峰值数量减少,但是振动峰值的幅值明显增加,导致平均加速度反而增加为 165.66dB,加速度插入损失为 −1.95dB。无阻振质量时,板 B 的平均加速度级为 161.31dB;插入阻振质量后,在较宽频率范围内板 B 的振动峰值数量减少、幅值下降,平均加速度级为 156.31dB,加速度插入损失为 5.0dB,阻振效果较为明显。

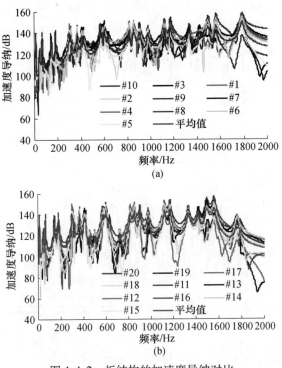

图 4.4.2　板结构的加速度导纳对比
(a)板 A;(b)板 B。

　　计算结果表明,插入阻振质量后,虽然透射区结构的振动加速度幅值下降,但是反射区结构的振动反而增加,在阻振质量前反射区和阻振质量后透射区的振动能量分布由于阻振质量的存在而发生变化。因此,在工程中可以利用质量阻振的阻振性能,对振动源传递路径中的局部位置进行振动控制,以抑制结构局部振动和辐射噪声。

　　在恒定力激励下,由于板 A 和板 B 的振动加速度是由不同频率处的幅值合成得到,并主要取决于主要峰值的大小,由此得到的阻振质量插入损失也就取决于主要峰值的减振效果。动力机械设备激励力的频谱具有一定的频率特征,并不是恒定力激励,产生的振动响应频谱也与恒定力激励时不同。因此,恒定力激励下的总加速度插入损失不能完全代表实际动力机械设备的阻振效果,利用频谱图分析宽频范围的阻振效果,更加具有普适性。

　　为了研究阻振质量对结构声辐射特性的影响,图 4.4.4 为辐射到内侧空气和外侧海水中的声辐射效率。在 400Hz 频率范围内,声辐射效率随着频率的提高而迅速增加,在更高频率,声辐射效率随着频率的提高呈增加的变化趋势。

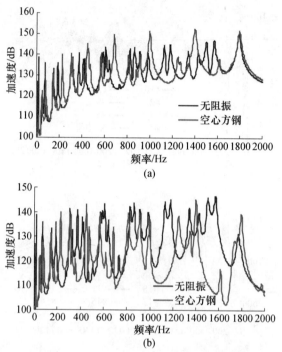

图 4.4.3　板结构的平均振动加速度级对比
（a）板 A；（b）板 B。

插入阻振质量后,结构的局部改变并不影响整体结构声辐射效率的总体趋势,只是由于改变了整体结构的部分模态频率而影响了结构声辐射效率峰值的位置,辐射到空气中的平均声辐射效率由 2.32×10^{-2} 变为 2.31×10^{-2},辐射到海水中的平均声辐射效率由 4.29×10^{-5} 略微增加到 5.07×10^{-5}。板结构与水介质的相对阻抗(阻抗取决于 ρc),小于板结构与空气介质的相对阻抗,因而板结构在空气中的声辐射效率远高于水中。

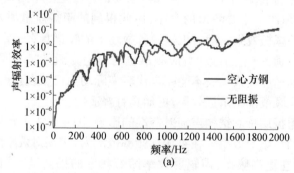

（a）

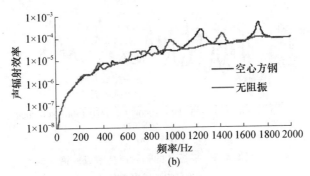

(b)

图 4.4.4　板结构的声辐射效率

(a)空气中；(b)海水中。

　　在相同激励力作用下，整个结构由于振动引起的辐射噪声是增加还是降低？L 形板结构插入阻振质量后，在 2000Hz 频率范围内，整体板结构辐射到内侧空气中的声功率由 90.08dB 略微增加为 90.21dB。整体板结构辐射到外侧海水中的声功率由 99.77dB 略微增加为 99.98dB。因此，对 L 形板结构整体而言，插入阻振质量后向四周介质辐射的声功率基本不变。分析认为是由于插入阻振质量并不会明显改变结构原有的总体动态特性，在相同激励下其辐射的总噪声也就不会有明显变化。

　　在板 A 与板 B 之间插入阻振质量后，是否会改变振动源从板 A 传递到板 B 的振动能量及辐射声功率？插入阻振质量后，板 A 辐射到内侧空气和外侧海水中声功率的峰值数量减少，但部分频率处声功率峰值的幅值增加，其原因是由于阻振质量的反射作用，导致反射区域板 A 的结构振动与入射波叠加后幅值提高。图 4.4.5 为板 B 辐射到内侧空气和外侧海水中的声功率级频谱图，板 B 辐射声功率的峰值数量减少、幅值下降，其原因是阻振质量的反射阻振作用，导致透射区域板 B 的结构振动水平下降。

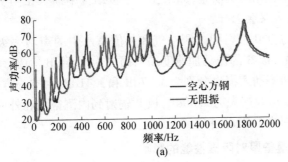

(a)

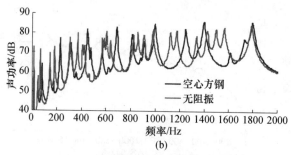

图 4.4.5　平板 B 的辐射声功率级频谱
(a)空气中;(b)海水中。

由此可见,插入阻振质量后,反射区和透射区的振动能量分布由于阻振质量的反射作用发生变化,透射区板结构的辐射噪声会随着板结构振动的下降而降低,而反射区板结构的辐射噪声会随着板结构振动的增加而上升。

因此,插入阻振质量后,其阻振作用主要是使结构局部的振动和辐射噪声分布发生变化,可降低局部结构的振动和辐射噪声水平,而对结构整体振动噪声水平没有明显影响。以往部分工程技术人员并没有清楚地认识到这点,有的片面地夸大了阻振质量透射区的减振降噪效果,而忽视了反射区的负面效应,有的只是看到结构整体的振动噪声水平没有降低,而不能充分利用阻振质量来降低透射区局部结构的振动噪声水平。

因此,质量阻振的设计,需要事先明确主要振动源和振动能量的传递途径,再依据减振降噪的局部区域选择合适的阻振质量插入位置,以实现对局部结构的减振降噪。

2. 实心与空心方钢的阻振性能对比

实心方钢的截面尺寸为 33mm × 33mm,与单位长度空心方钢(60mm × 60mm × 5mm)具有相同的质量,如果在 L 形板结构中插入相同质量实心与空心方钢,其阻振效果又会怎样?

图 4.4.6 为板 B 辐射到内测空气和外侧海水中的声功率级频谱图。对实心方钢阻振质量,板 B 的振动加速度插入损失为 5.04dB,辐射到内测空气和外侧海水中的声功率插入损失分别为 3.77dB 和 3.41dB;对空心方钢阻振质量,板 B 的振动加速度插入损失为 5.00dB,板 B 辐射到内测空气和外侧海水中的声功率插入损失分别为 1.72dB 和 3.75dB。

3. 阻振质量壁厚对阻振性能的影响

为了分析空心方钢阻振质量壁厚对阻振性能的影响,分别计算了空心方钢

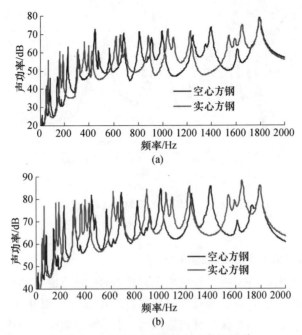

图 4.4.6　平板 B 的辐射声功率级频谱

(a)空气中;(b)海水中。

壁厚为 5mm、7.5mm 和 10mm 时 L 形板结构的振动声辐射特性。图 4.4.7 为板 B 辐射到内测空气和外侧海水中的声功率级频谱图。空心方钢壁厚对板 A 振动加速度的影响较小;在 800Hz 以下频率范围,壁厚的增加对板 B 的结构振动和辐射噪声的影响不明显;在 800Hz 以上频率,板 B 的振动加速度随着壁厚的增加和频率的升高,平均振动加速度和辐射声功率的幅值明显下降,10mm 壁厚的空心方钢比 5mm 壁厚时在 1800Hz 附近的振动声辐射水平下降了近 10dB。因此,适当增加空心方钢的壁厚,有利于提高空心方钢的阻振效果。

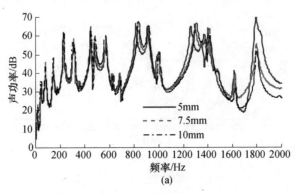

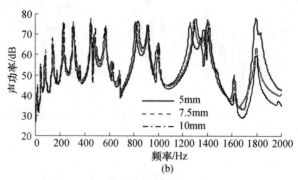

(b)

图4.4.7 平板B的辐射声功率级频谱

(a)空气中;(b)海水中。

4. 内部填充介质对阻振性能的影响

在空心方钢内部封闭的空腔中填充其他介质,能否提高空心方钢的阻振效果?算例中分析了填充海水和吸声材料岩棉的阻振效果对比。计算结果表明,在空心方钢的空腔内填充吸声材料岩棉时,对平板的结构振动速度和辐射声功率几乎没有影响,并不会改变空心阻振质量的阻振性能。这是因为从波动法的角度,填充吸声材料几乎不影响阻振质量的质量和质量惯性矩,并不会改变振动波的反射系数和透射系数。

在空心方钢内部充满水介质时,图4.4.8为板B辐射到内测空气和外侧海水中的声功率级频谱图。在300Hz以下低频范围,填充水介质对板结构的振动速度和辐射声功率有少量的影响,改变了个别峰值的位置,而在更高频率范围几乎没有影响。这可能是由于填充海水时增加了L形结构的质量,影响了L形结构低频振动模态,但是由于阻振结构的刚度较大,填充海水时的结构振动并没有由于海水与阻振结构壁面的耦合作用而降低。

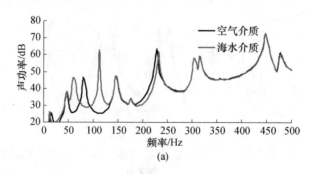

(a)

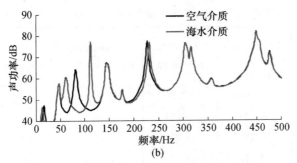

图4.4.8 平板B的辐射声功率级频谱

（a）空气中；（b）海水中。

5. 各种阻振质量的阻振性能对比

对于各种阻振质量,表4.4.1为板结构的振动加速度插入损失。在板A端面受到1N的恒定激励力作用下,在2000Hz频率范围内,板A的振动加速度插入损失为 -2dB 左右,即板A的结构振动增加了2dB左右;板B的振动加速度插入损失为4~6dB,即板B的结构振动降低了4~6dB。板B下降的幅度比板A上升的幅度多,是由于还有部分振动能量转移到了阻振结构上。

表4.4.1 板结构的振动加速度插入损失 （单位:dB）

结构	实心方钢/mm 33×33	空心方钢/mm 60×60×5	空心方钢/mm 60×60×7.5	空心方钢/mm 60×60×10	空心方钢/mm （内部充水） 60×60×5
板A	-2.71	-1.95	-1.97	-2.00	-1.96
板B	5.04	5.00	5.59	6.29	4.82

对于各种阻振质量,表4.4.2为板结构的辐射声功率插入损失。在板A端面受到1N的恒定激励力作用下,在2000Hz频率范围内,板A向内侧空气中辐射的声功率插入损失为 -1.5dB 左右,即板A在空气中的结构声辐射增加了1.5dB;向外侧海水中辐射的声功率插入损失为 -2dB 左右(33mm×33mm实心方钢为 -3.80dB 除外),即板A在海水中的结构声辐射增加了2dB。板B向内侧空气中辐射的声功率插入损失为3dB左右(60mm×60mm×5mm空心方钢为1.72dB除外),即板B在空气中的结构声辐射降低了3dB;板B向外侧海水中辐射的声功率插入损失为3~6dB,即板B在海水中的结构声辐射降低了3~6dB。结构整体向空气中和海水中辐射的声功率只发生了微小的变化,大部分情况下增加了0~0.5dB(33mm×33mm实心方钢在海水中为 -2.2dB除外)。

149

表4.4.2　平板结构的辐射声功率插入损失　　　（单位:dB）

结构	介质	实心方钢/mm 33×33	空心方钢/mm 60×60×5	空心方钢/mm 60×60×7.5	空心方钢/mm 60×60×10	空心方钢/mm（内部充水）60×60×5
板A	空气	-1.94	-1.54	-1.59	-1.70	-1.56
	海水	-3.80	-2.50	-1.86	-1.80	-2.50
板B	空气	3.77	1.72	3.79	3.19	1.93
	海水	3.41	3.75	4.94	5.03	3.82
结构整体	空气	-0.40	-0.13	0.10	-0.02	-0.13
	海水	-2.21	-0.21	-0.45	-0.33	-0.29

通过对所设计的L形板结构的阻振性能仿真结果对比分析,得出以下基本结论:在L形板结构转角处插入阻振质量,从降低阻振后板的结构辐射声功率的角度来看,相同质量的空心方钢比实心方钢的降噪效果更好;同等外形的空心方钢阻振质量的阻振降噪效果随着壁厚的增加而提高;空心方钢内部填充水介质,只影响阻振质量低频的阻振特性,对总体阻振性能的影响有限。

4.5　本章小结

本章通过数值分析和实验研究了薄壳结构的振动传递质量阻振技术,得到如下基本结论:

（1）对阻振质量性能的研究有多种方法。波动法可以定性研究理想情况下板结构阻振质量的阻振性能,但对工程复杂结构的阻振性能难以详细分析。有限元法可以考虑阻振质量及板结构的详细特征参数,可用于对复杂结构的阻振性能分析,但其分析的有效频率范围由于网格尺寸和数量而受到限制,适合对低频范围的阻振性能分析。有限元法结合边界元法（FEM/BEM）,可以分析阻振结构的声辐射特性,同样适用于对中低频范围的阻振性能分析。统计能量法（SEA）适合分析板结构高频振动和声辐射特性,但是统计能量法难以描述阻振质量的详细截面特征参数和位置关系。FE-SEA混合法,可以用统计能量法描述模态密度密集的板结构,用有限元法描述刚度大、固有频率高的阻振质量,是复杂结构宽频声振性能分析的重要方法。

（2）阻振质量相当于一个"低通滤波器",对低频振动波的阻振效果很小,在全隔离频率处的阻振效果最大,高频时仍然有较为明显的阻振效果。平板结构实心阻振结构的阻振效果主要取决于阻振质量与平板结构之间的板厚比,以及阻振质量的质量惯性矩,并随着板厚比和质量惯性矩的增加而提高。

(3) 同等质量的空心阻振结构与实心阻振结构相比,入射的振动波在阻振质量处需要经过多个转角的波形转换,结构的阻抗失配加剧,从而使阻振质量的阻振效果显著提高,且有效阻振频率向低频移动。在本书研究的平板结构中,相同质量的空心阻振与实心阻振的总阻振损失提高了 10dB;在空心阻振结构内部填充颗粒阻尼,可增加阻振结构的阻尼,有效提高阻振效果;对空心阻振结构的优化,结合填充颗粒阻尼等阻尼减振措施,可提高阻振质量的阻振效果并拓宽阻振频率范围,是阻振质量结构轻量化设计新的发展方向。

第5章 船体结构的粘弹性
阻尼减振设计

对于由复杂薄壳结构组合而成的船舶工程结构,阻尼减振是一种常用的减振降噪手段,是抑制振动特别是共振响应的重要途径,开发具有高阻尼特性的阻尼材料,在提高复杂薄壳结构的减振降噪性能方面具有重要的意义。

由于粘弹性阻尼材料具有应力—应变曲线滞迟的特点,在中高频段减振效果尤为明显,能大量消耗结构振动时的能量,国内外学者对其进行了大量的研究。本章在论述粘弹性材料本构关系、减振机理的基础上,研发了新型丁基橡胶复合阻尼减振材料(复合阻尼减振胶板),开展了复合阻尼减振胶板对板筋结构、基座结构、船舶模型结构的阻尼减振降噪性能研究,充分揭示了复合阻尼减振胶板对薄壳结构的减振性能,为复杂薄壳结构的阻尼减振降噪设计提供了技术支撑。

5.1 粘弹性阻尼材料减振机理

5.1.1 阻尼减振原理

表面阻尼处理是提高结构阻尼、抑制共振、改善结构减振降噪性能的有效方法。表面阻尼处理可以分为自由阻尼处理和约束阻尼处理两种方式。

自由阻尼处理是将一层一定厚度的粘弹性阻尼材料粘贴于结构表面。由于粘弹阻尼层外侧表面处于自由状态,又称为自由阻尼层,如图5.1.1(a)所示。当结构产生弯曲振动时,阻尼层随基本结构一起振动,从而在阻尼层内部产生拉压变形。这种方式的工艺过程简单,而且成本低廉,是目前我国在工业噪声与振动控制中普遍采用的阻尼处理技术。

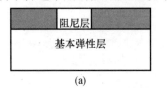

(a)

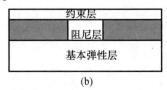

(b)

图 5.1.1 表面阻尼处理示意图

　　约束阻尼处理是指在自由阻尼处理的阻尼层外侧表面再粘贴一弹性层(图5.1.1(b)),这一弹性层应具有远大于阻尼层的弹性模量。当阻尼层随基本结构一起产生弯曲振动而使阻尼层产生拉压变形时,由于敷贴在外部弹性层的弹性模量远大于中间阻尼层的弹性模量,因此,这一弹性层将起到约束阻尼层拉压变形的作用,所以这一弹性层称为约束层,而受弹性层约束的阻尼层称为受约束阻尼层。

　　所有材料都具有一定的阻尼,阻尼值的大小则因材料的性质不同而异。理想弹性材料的应变(ε) – 应力(σ)曲线见图5.1.2(a)。其中,横坐标表示应变,纵坐标表示应力。理想弹性材料在外力的一个循环内,所释放的恢复变形能等于材料储存的变形能。粘弹性材料具有较大的阻尼,在外力作用下,其应力应变曲线是一条滞迟曲线,如图5.1.2(b)所示。滞迟回路的形状与材料本身的特性、温度、频率、应力幅值等因素有关,其包围的面积表示循环中所消耗的能量。

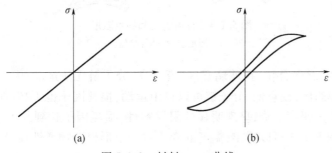

图 5.1.2　材料 ε – σ 曲线

(a)理想弹性材料;(b)粘弹性材料。

　　虽然阻尼存在于各种材料中,但是作为基座及船体主要材料的钢材的阻尼很小。因而,常用外加阻尼材料的方法来增大基座及船体的阻尼,使机械设备沿结构传递的振动能量衰减,特别是减弱共振频率附近的振动。金属板上粘贴阻尼材料后,当结构发生弯曲振动时,其振动能量迅速传给紧密涂贴在结构表面上的阻尼层。振动能量引起阻尼材料内部高分子的相互错动和摩擦,使结构振动能量有相当一部分转化为热能而耗散,从而减弱其弯曲振动,降低船体结构的振动与噪声辐射。

　　阻尼材料内部结构很复杂,因此材料的阻尼特性也很复杂,要想建立一个精确的数学模型来表示其性能是困难的。关于阻尼材料的应力、应变、时间、温度等变量之间的函数关系,通常都是非线性的。因此,描述材料的阻尼特性通常都用近似的表示方法。

5.1.2　粘弹性材料的基本性质

粘弹性阻尼材料的阻尼减振包括自由阻尼和约束阻尼(图 5.1.3)。对于自由阻尼结构,振动时结构件弯曲导致阻尼层受到拉压变形,从而产生较大的应力—应变滞后损耗。对于约束阻尼结构,振动时导致阻尼层受剪切应力和应变,从而消耗比自由阻尼结构更多的能量。然而,对传统的约束阻尼减振材料,要使约束阻尼层与减振结构牢固地粘结在一起,需要对约束层涂刷粘结剂并通过一段时间的烘烤加压,并保证粘结剂厚度均匀,这就要求现场通风良好。而高剥离强度的粘结剂、溶剂在环保方面难以满足使用要求,限制了其在船舶行业中的使用。

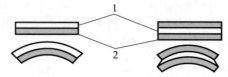

图 5.1.3　自由阻尼和约束阻尼
1—阻尼层;2—刚性层。

对于无定形聚合物,在玻璃态区,模量高、分子链无法运动,因而损耗因子较小;在高弹态区,模量低、分子链可以自由运动,损耗因子也不高;在玻璃态转变区内,模量大幅度下降,呈现明显的阻尼特性,损耗因子达到最大值(即阻尼峰值)。从图 5.1.4 可以看出,温度的变化对无定形聚合物弹性模量、损耗因子

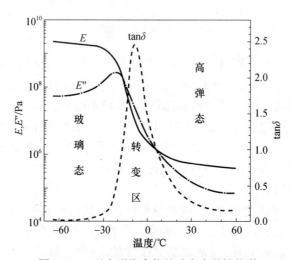

图 5.1.4　无定形聚合物的动态力学性能谱

的影响很大,材料在具有高阻尼性能的玻璃态转变区的温度范围较窄。这种情况在实际工程中严重影响着粘弹性阻尼材料的减振性能,如何拓宽阻尼材料的温度范围和频率范围,是新型阻尼材料研发需要重点考虑的问题。

粘弹性阻尼材料的阻尼能力用其动态力学性能表征,基本参数是动态模量和损耗因子:

$$M^* = M' + iM'' = M'(1 + i\beta) \tag{5.1.1}$$

$$\beta = \tan\delta = \frac{M''}{M'} \tag{5.1.2}$$

式中:M^* 为复数模量,简称复模量;M' 为复模量的实部,称为储能模量;M'' 为复模量的虚部,称为损耗模量;$\beta(\tan\delta)$ 为损耗因子,δ 为相位角,也称损耗角。

损耗因子是能量损耗和阻尼能力的直接量度,从应用的角度,阻尼材料在使用温度和频率范围内应具有较高的损耗因子和相应的弹性模量。

5.1.3　粘弹性材料的本构关系

一般来说,本构关系是指描述物体应力、应变、时间、温度之间关系的方程式,又称为本构方程。在不考虑温度的影响时,粘弹性材料的本构方程主要指应力、应变、时间关系。仅介绍粘弹性材料的积分型本构关系如下[47]:

粘弹性积分型本构关系为

$$\sigma(t) = E(0)\varepsilon(t) + \int_0^t \dot{E}(t - \tau)\varepsilon(\tau)\mathrm{d}\tau \tag{5.1.3}$$

式中:$E(t)$ 为材料松弛模量函数。利用标准流变学原理,可给出该函数的形式:

$$E(t) = a_0 + \sum_{k=1}^n a_k \mathrm{e}^{-b_k t} \tag{5.1.4}$$

对式(5.1.3)进行拉普拉斯变换,则得到拉普拉斯域内的本构关系为

$$L\langle\sigma(t)\rangle = sL\langle E(t)\rangle L\langle\varepsilon(t)\rangle \tag{5.1.5}$$

特别地,仅取式(5.1.4)中级数的第一项,则得

$$E(t) = a_0 + a_1 \mathrm{e}^{-b_1 t} \tag{5.1.6}$$

实际上,这就是三参量固体模型(一个开尔文(Kelvin)模型和一个弹簧串联而成):

$$\sigma(t) + p_1\dot{\sigma}(t) = q_0\varepsilon(t) + q_1\dot{\varepsilon}(t) \tag{5.1.7}$$

的表达形式,参数之间的对应关系为

$$q_0 = a_0, p_1 = 1/b_1, q_1 = (a_0 + a_1)/b_1 \tag{5.1.8}$$

时域内粘弹性结构的有限元动力学方程为

$$M\ddot{x}(t) + K(t) * \dot{x}(t) = f(t) \tag{5.1.9}$$

式中:符号 $*$ 表示卷积,若采用标准流变学模型,则

$$\boldsymbol{K}(t) = E(t)\boldsymbol{K}_0 \tag{5.1.10}$$

式中：$\boldsymbol{K}_0$ 为单位模量的结构刚度矩阵；$E(t)$ 如式(5.1.4)所示。

拉普拉斯域内粘弹性结构的有限元动力学方程为

$$(s^2\boldsymbol{M} + E(s)\boldsymbol{K}_0)\boldsymbol{X}(s) = \boldsymbol{F}(s) \tag{5.1.11}$$

$E(s)$ 的表达式包括开尔文 – 沃伊特(Kelvin – Voigt)模型、麦克斯韦(Maxwell)模型、三参数分数导数模型、三参数标准模型等典型模型。以下仅给出开尔文 – 沃伊特模型如下：

对开尔文 – 沃伊特模型时域内的本构关系方程进行拉普拉斯变换，则得到拉普拉斯域内的本构关系：

$$L\langle\sigma(t)\rangle = EL\langle\varepsilon(t)\rangle + \eta sL\langle\varepsilon(t)\rangle = (E + \eta s)L\langle\varepsilon(t)\rangle \tag{5.1.12}$$

因此，对于开尔文 – 沃伊特模型而言，$E(s)$ 为

$$E(s) = E + \eta s \tag{5.1.13}$$

5.1.4 结构损耗因子

敷设阻尼材料的船体结构，其振动噪声特性将发生显著改变。结构声学设计中，阻尼是机械振动系统中损耗能量能力的一个标志。用损耗的振动能量和总的机械振动能量的比值来作为衡量阻尼材料的指标及特征值，这符合阻尼消振的物理本质。

运动微分方程也可以看成是动力平衡方程：

$$M\ddot{x} + C\dot{x} + Kx = F \tag{5.1.14}$$

因为惯性力 F_{m}、阻尼力 F_{c} 及弹性力 F_{k} 之间，均有 $\dfrac{\pi}{2}$ 的相位差，它们和外力 F 相平衡，所以力的矢量平衡方程为

$$\boldsymbol{F}_{\mathrm{m}} + \boldsymbol{F}_{\mathrm{c}} + \boldsymbol{F}_{\mathrm{k}} = \boldsymbol{F} \tag{5.1.15}$$

在简谐振动的情况下，有

$$x = X\sin(\omega t + \phi) \tag{5.1.16}$$

阻尼力 F_{c} 是损耗能量的，它损耗的能量为

$$E_{\mathrm{d}}' = \int F_{\mathrm{c}}\mathrm{d}x = \int C\dot{x}\mathrm{d}x = C\int\dot{x}\mathrm{d}x\frac{\mathrm{d}t}{\mathrm{d}t} = C\int(\dot{x})^2\mathrm{d}t \tag{5.1.17}$$

它在每一个振动周期所耗散的能量为

$$E_{\mathrm{d}} = C\int_0^{\frac{2\pi}{\omega}} X^2\omega^2\cos^2(\omega t + \varphi)\mathrm{d}t = \pi CX^2\omega \tag{5.1.18}$$

机械系统的振动能，包括动能与位能。在任意瞬时它的动能为

$$E_{\mathrm{kin}} = \frac{1}{2}M\dot{x}^2 = \frac{1}{2}MX^2\omega^2\cos^2(\omega t + \phi) \tag{5.1.19}$$

位能为

$$E_{pot} = \frac{1}{2}Mx^2 = \frac{1}{2}MX^2\sin^2(\omega t + \phi) \tag{5.1.20}$$

考虑共振情况 $\omega = \omega_n, M\omega_n^2 = K$,则每一个振动周期的机械能为

$$E_{vib} = \int_0^{\frac{21\pi}{\omega}}(E_{kin} + E_{pot})\,dt = 2\pi\frac{1}{2}KX^2 = \pi KX^2 \tag{5.1.21}$$

结构损耗因子 η 是耗损能量和机械振动能量之比:

$$\eta = \frac{E_d}{E_{vib}} = \frac{\pi CX^2\omega}{\pi KX^2} = \frac{C\omega}{K} \tag{5.1.22}$$

式(5.1.19)相当于粘性阻尼的情况。对于滞后阻尼,自然可得

$$\eta = \frac{E_d}{E_{vib}} = \frac{C}{K} \tag{5.1.23}$$

同样在共振的条件下,任何瞬时的机械振动能量等于最大的弹性变形能或动能:

$$W = E_{kin} + E_{pot} = \frac{1}{2}M\omega_n^2X^2 = \frac{1}{2}KX^2 \tag{5.1.24}$$

$$W = E_{kin(max)} = E_{pot(max)} \tag{5.1.25}$$

将每周损耗的振动能量除以 2π,就得到了与 W 相同的量纲,于是结构损耗因子为

$$\eta = \frac{E_d/2\pi}{W} \tag{5.1.26}$$

它的意义和式(5.1.22)、式(5.1.23)相同。对于粘性阻尼,有

$$\eta = \frac{\pi CX^2\omega_n/2\pi}{\frac{1}{2}KX^2} = \frac{C\omega_n}{K} = 2\xi \tag{5.1.27}$$

设阻尼耗能比 $\varphi = \frac{E_d}{W}$,则有

$$\eta = \frac{\varphi}{2\pi} \tag{5.1.28}$$

式中:E_d 为结构在一个周期所耗能量;W 为振动周期的最大弹性变形能。式(5.1.26)就是能量法对结构材料的阻尼损耗因子数学表达式。

5.2　丁基橡胶复合阻尼减振胶板

为开发适用于较厚板结构、具有更高性能的粘弹性阻尼材料,提高船舶中

薄壳结构的减振降噪性能,以丁基橡胶为原材料,通过对材料多种相对分子质量组合、微孔发泡技术、高强度自粘合技术、橡胶材料生产工艺流程等方面的研发,研制了一种自粘性复合阻尼减振胶板[57],以下简称复合阻尼减振胶板。本章在介绍丁基橡胶复合材料制备工艺的同时,旨在充分揭示该复合阻尼减振胶板对薄壳结构的减振性能,为在船舶、交通领域内复杂薄壳结构的阻尼减振降噪设计提供技术支撑。

5.2.1 丁基橡胶复合材料制备工艺

为提高粘贴性阻尼材料在宽温域($-20 \sim 70℃$)、宽频范围($50Hz \sim 5kHz$)的高阻尼减振和隔声、隔热综合性能,采用复合多层阻尼材料的结构设计形式,将不同模量的阻尼材料层进行有机复合,研发新型改性阻尼配方,赋予混炼橡胶良好的宽温域阻尼性能和加工性能,各层阻尼的温域和峰值有效配合,达到相互叠加、互补的效果,从而解决了在宽温域实现较高结构损耗因子的难点问题,实现了在较宽频率内具有良好的阻尼减振效果,并可在恶劣环境下使用。

将玻璃化温度比较低的丁基橡胶与玻璃化温度比较高的高分子材料进行共混,使阻尼材料有较宽的使用环境。在共混物中再加入功能性有机小分子,形成聚合物与有机小分子间通过氢键连接的高分子/有机小分子杂化体,能进一步提高阻尼性能,从而制成耐老化、宽温、高阻尼性的高性能阻尼材料。同时,采用浆粕增强技术以提高弹性体材料的疲劳断裂、抗老化等力学性能。

通过研究阻尼体系与胶粘剂的匹配技术,分析阻尼混炼胶相对分子质量排布、门尼黏度和配方填充材料对粘结效果和粘结强度的影响,选用对结构表面层具有自粘和浸润性的粘结材料,从而使研发的复合阻尼材料具有良好的耐低温性、在高温150℃不滑移脱落、胶粘层在受热状态下耐雨水冲刷性,以及胶粘层耐环境介质(如热、油和盐雾)等性能。图5.2.1为复合阻尼减振胶板研发的技术路线。

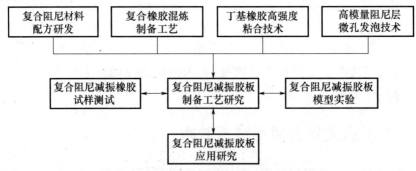

图 5.2.1 复合阻尼减振胶板研发的技术路线

复合阻尼减振胶板的研制工艺(图 5.2.2)、加工工艺(图 5.2.3)主要包括各层阻尼材料的制备工艺、阻尼材料复合制备工艺两部分。复合阻尼减振胶板的加工及实现方式介绍如下:

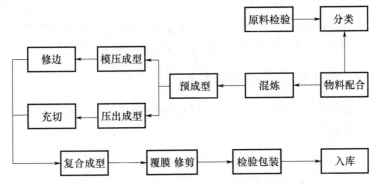

图 5.2.2　复合阻尼减振胶板材料的研制工艺

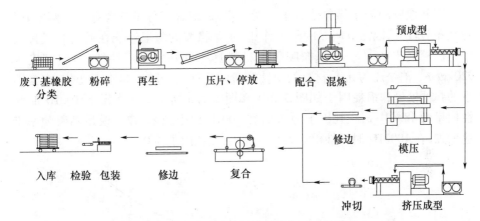

图 5.2.3　复合阻尼减振胶板的加工工艺流程

(1) 自粘层和粘结层加工工艺:要求自粘层和粘结层表面平滑、无杂质,颗粒状胶粒和填充材料之间实现高强度粘结效果。实现方式:研究温度和时间对自粘材料中各种物料分散的影响,提高物料的分散性和表面的光滑性;分析阻尼混炼胶分子量排布、门尼黏度和配方填充材料对粘结效果和粘结强度的影响,确立自粘材料挤出成型的工艺条件。

(2) 阻尼层的混炼工艺:添加有机功能性小分子,对分子链进行杂化,增加分子链蠕动时消耗的能量,从而提高材料损耗系数。实现方式:胶共混分布要均匀,分析所添加的功能性小分子杂化的影响,确定合理的混炼工艺。

（3）微孔发泡层加工工艺：丁基橡胶具有高阻尼和低热传导系数（一般在 0.09W/m·k）的优点，利用橡胶的微孔发泡技术，通过对作业时间、温度和压力的控制，调节微孔的大小和发泡度，实现对丁基橡胶热传导系数的调节。

（4）材料复合制备工艺：研究约束层、高模量微孔层和粘结层厚度与阻尼性能的关系，确定各层的厚度及粘贴工艺，制备复合阻尼减振胶板。

5.2.2 复合阻尼减振胶板性能

丁基橡胶是异丁烯与少量异戊二烯单体经催化聚合而制得的一种线型无凝胶的弹性共聚物，其分子结构式为

$$\begin{CD} CH_3 \quad\quad\quad CH_3 \quad\quad\quad\quad\quad\quad CH_3 \end{CD}$$

$$-(CH_2-\underset{|}{\overset{|}{C}})_x-(CH_2-\underset{}{\overset{}{C}}=CH-CH_2)_z-(CH_2-\underset{|}{\overset{|}{C}})_y-$$

$$CH_3 \quad\quad\quad\quad\quad\quad\quad\quad\quad\quad\quad CH_3$$

丁基橡胶的异丁烯单体分子含两个甲基，聚合后分子链含有许多侧甲基，弹性滞后较大，因而有明显的阻尼作用，丁基橡胶的阻尼性能在所有合成橡胶中是比较突出的[60]。丁基橡胶阻尼材料具有良好的阻尼性能，材料密度为 $920kg/m^3$，泊松比为 0.4，材料的弹性模量和损耗因子随着频率而变化，在常温下的弹性模量和损耗因子如图 5.2.4 和图 5.2.5 所示。在常温下 100Hz 时弹性模量为 48.4MPa，损耗因子为 0.6；在 500Hz 以上频率，弹性模量随着频率迅速增加；在 1000Hz 时弹性模量为 94.4MPa，损耗因子为 0.8。

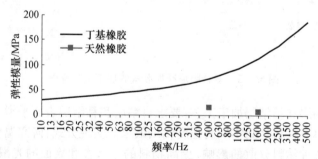

图 5.2.4 丁基橡胶阻尼材料的损耗因子

新型复合阻尼减振胶板具有自粘性、不需要加热固定、施工方便，环保、无污染、耐腐蚀，粘贴牢固、不脱落等特性，适用于对 2～10mm 厚薄壳结构的减振。复合阻尼减振胶板采用多层复合阻尼结构设计，总厚度在 2～15mm，图 5.2.6 为复合阻尼减振胶板的结构示意图。以 4.5mm 厚的减振胶板为例，图

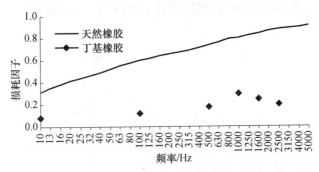

图 5.2.5　丁基橡胶阻尼材料的弹性模量

中 1 为 0.1mm 厚铝板约束层;2 为 1.2mm 厚粘弹性阻尼粘合层,以两种不同相对分子质量的再生丁基橡胶为主,配合阻燃剂、石油树脂、增粘剂,可提高低温区域的阻尼性能;3 为 2.0mm 厚微孔发泡阻尼层,以再生丁基、卤化丁基橡胶为主,采用微孔发泡,用于减少质量并提高高温区和高频范围的阻尼效果;4 为 1.2mm 厚粘弹性阻尼层,以再生丁基、卤化丁基橡胶为主,相对分子质量分布较宽,粘结力高。

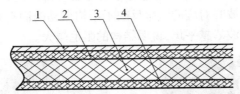

图 5.2.6　复合阻尼减振胶板结构示意图
1—约束层;2—粘弹性阻尼粘合层;3—微孔发泡阻尼层;
4—粘弹和自粘阻尼层。

5.3　板筋结构阻尼减振性能实验分析

1. 阻尼减振实验方法

以结构损耗因子和加速度导纳为评价指标,采用振动模态实验方法,研究筋板结构粘贴复合阻尼减振胶板的减振效果。双向筋单层板的外形为 1000mm × 1000mm ×6mm,垂直方向均布 4 根加强筋,水平方向布置 1 根加强筋。复合阻尼减振胶板的厚度为 12mm,与筋板结构的厚度比为 2∶1。

振动模态实验的主要仪器设备为丹麦 B&K3160 型数据采集硬件前端及 PULSE14.1 信号分析系统。实验采用快速正弦扫描激励方式,分析频率范围为

2kHz。均布 $7 \times 7 = 49$ 个测点,激励位置在加强筋上 40#测点位置,如图 5.3.1 所示。

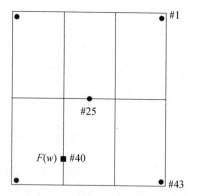

图 5.3.1　激励点及部分测点的位置

图 5.3.2 为结构振动模态实验现场。振动实验时输入为激振力、输出为筋板结构的垂向振动加速度,由此得到筋板结构上激励点 P 到响应点 L 之间的跨点加速度导纳,任意两点之间的加速度导纳与输入力特性无关,主要取决于结构的振动模态参数,波峰对应的频率反映了结构振动的固有频率,波峰越尖,说明结构的阻尼越小;波峰越平坦,说明结构的阻尼越大。

图 5.3.2　振动模态实验现场

2. 阻尼减振实验结果

采用最小二乘多项式拟合法,得到筋板结构无阻尼层状态、粘贴自由阻尼层(无约束层)、粘贴约束阻尼层的模态实验结果,如表 5.3.1 所列和图 5.3.3 所示,其第一阶固有频率分别为 67.5Hz、65.0Hz 和 64.5Hz,振型为整体扭曲变形。振动模态实验结果表明,筋板结构粘贴阻尼层后,一阶振型基本相似,由于阻尼层附加质量的影响,固有频率略有下降;强阻尼的作用,使频率响应函数在有些共振频率处的峰值不明显,增加了模态参数辨识的难度。

表 5.3.1　筋板贴阻尼减振胶板的模态实验结果

阶次	无阻尼		自由阻尼		约束阻尼	
	固有频率/Hz	阻尼比/%	固有频率/Hz	阻尼比/%	固有频率/Hz	阻尼比/%
1	67.5	0.82	65.0	2.18	64.5	2.26
2	100.3	0.65	93.5	2.04	92.9	2.78
3	136.8	0.22	125.8	2.57	123.1	3.18
4	195.6	0.19	177.1	2.02	173.8	3.46
5	273.1	0.38	265.6	1.55	256.9	3.08

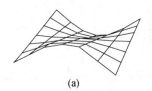 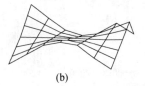 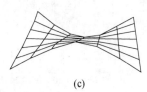

　　　　(a)　　　　　　　　　　(b)　　　　　　　　　　(c)

图 5.3.3　筋板结构第一阶模态振型图

(a)无阻尼层;(b)自由阻尼层;(c)约束阻尼层。

　　由于结构损耗因子是模态阻尼比的 2 倍,通过振动模态实验可得到筋板结构在不同频率下的结构损耗因子如图 5.3.4 所示。无阻尼材料、粘贴自由阻尼层、粘贴约束阻尼层筋板结构的平均结构损耗因子分别为 0.006、0.043 和 0.096,粘贴约束阻尼层比无阻尼材料的平均结构损耗因子显著提高,增加了 15 倍。

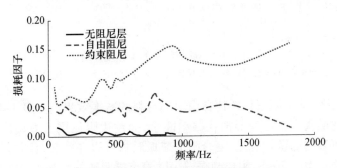

图 5.3.4　筋板结构的结构损耗因子

　　对筋板结构的跨点加速度导纳进行振动传递特性和减振效果分析,如图 5.3.5 所示。在粘贴阻尼材料前,不同测点的跨点加速度导纳曲线形状相近,共振峰值分布尖锐而密集,说明结构的传递损失较小。在筋板结构粘贴

163

阻尼材料后,在 200Hz 以下频率,结构整体低频共振峰值降低 10dB 左右,说明阻尼材料显著抑制了以整体振动为特征的结构低频共振峰值;在 200Hz 以上频率,共振点个数减少,峰值平坦,降低了约 20dB,说明由于阻尼减振作用,抑制了一些以局部振动为特征的中高频共振;测点 1#位置距离激励点位置最远,阻尼减振的效果最明显,说明随着振动传播距离的增加,阻尼减振的效果明显。

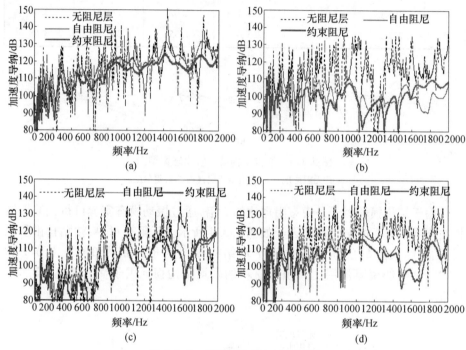

图 5.3.5　筋板结构的加速度导纳

(a)测点 40#位置;(b)测点 1#位置;(c)测点 25#位置;(d)测点 43#位置。

　　实验表明,约束阻尼材料比自由阻尼材料的减振效果高 5dB 左右。这是由于自由阻尼层受到拉压变形消耗振动能量,而约束阻尼层受剪切应力和应变,从而消耗更多的能量。总之,复合阻尼减振胶板可以在宽频范围内大幅度降低加筋结构振幅 10～20dB,阻尼减振效果随着传播距离的增加而增加。

　　板筋结构阻尼减振性能实验分析结果表明,筋板结构粘贴阻尼层后,阻尼层的附加质量使固有频率略有下降,但是低频振动模态的振型相似。在 2000Hz 宽频范围内,筋板结构粘贴复合阻尼减振胶板后的平均结构损耗因子增加了 15 倍,减振效果达到 10～20dB,约束阻尼材料比自由阻尼材料的减振效果好 5dB 左右。

5.4　基座结构的阻尼减振性能实验分析

机械设备的基座结构是设备振动传递到平台结构的最重要通道,对基座结构的声学设计是控制基座振动传递的重要途径。李江涛[74]突破了机械设备钢质基座的传统形式,设计了复合结构基座并研究了其隔振效果。本节对机械振动由基座向平台结构的传递进行了分析,采用多层复合阻尼减振胶板对基座结构进行阻尼处理,开展基座结构的阻尼减振实验研究[105]。

1. 振动功率流及加速度振级落差

振动结构的能量流[78,97],一般是取一段时间的平均功率,即

$$P = \frac{1}{T} \int_0^T |\boldsymbol{F}| \cdot |\boldsymbol{V}| \mathrm{d}t \tag{5.4.1}$$

式中:$|\boldsymbol{F}|$ 为激励力的幅值;$|\boldsymbol{V}|$ 为速度响应的幅值;T 为激励力 $\boldsymbol{F}$ 的周期。

若激励力 $\boldsymbol{F}$ 和响应速度 $\boldsymbol{V}$ 都是简谐变化量,则它们可表示为

$$F(\omega,t) = \mathrm{Re}\{\tilde{\boldsymbol{F}} \cdot \mathrm{e}^{\mathrm{j}\omega t}\} \tag{5.4.2}$$

$$V(\omega,t) = \mathrm{Re}\{\tilde{\boldsymbol{V}} \cdot \mathrm{e}^{\mathrm{j}\omega t}\} \tag{5.4.3}$$

式中:Re 表示取实部;$\tilde{\boldsymbol{F}}$、$\tilde{\boldsymbol{V}}$ 分别为激励力 $\boldsymbol{F}$、响应速度 $\boldsymbol{V}$ 的复数表达形式,包含相位角;ω 为角频率。

令

$$\tilde{\boldsymbol{F}} = \boldsymbol{F}' + \mathrm{j}\boldsymbol{F}'',则 \tilde{\boldsymbol{F}}^* = \boldsymbol{F}' - \mathrm{j}\boldsymbol{F}''$$

$$\tilde{\boldsymbol{V}} = \boldsymbol{V}' + \mathrm{j}\boldsymbol{V}'',则 \tilde{\boldsymbol{V}}^* = \boldsymbol{V}' - \mathrm{j}\boldsymbol{V}''$$

式中:$\boldsymbol{F}'$、$\boldsymbol{F}''$、$\boldsymbol{V}'$ 及 $\boldsymbol{V}''$ 都为实数;$\tilde{\boldsymbol{F}}^*$、$\tilde{\boldsymbol{V}}^*$ 分别为 $\tilde{\boldsymbol{F}}$、$\tilde{\boldsymbol{V}}$ 的共轭。

将式(5.4.2)和式(5.4.3)代入式(5.4.1)中,可得到能量流的表达式:

$$P = \frac{1}{T} \int_0^T [\boldsymbol{F}'\cos\omega t - \boldsymbol{F}''\sin\omega t] \cdot [\boldsymbol{V}'\cos\omega t - \boldsymbol{V}''\sin\omega t] \mathrm{d}t = \frac{1}{2}\mathrm{Re}\{\tilde{\boldsymbol{F}} \cdot \tilde{\boldsymbol{V}}^*\}$$

$$\tag{5.4.4}$$

式中:$*$ 表示共轭。

为评价基座结构的阻尼减振效果,定义振动源从基座面板激励点至平台结构的加速度振级落差为[104]

$$L_\mathrm{D} = 10\lg\left(\frac{|\boldsymbol{a}_\mathrm{t}|^2}{|\boldsymbol{a}_0|^2}\right) = 10\lg\left(\frac{\sum_{i=1}^N |\boldsymbol{a}_i|^2/N}{|\boldsymbol{a}_0|^2}\right) \tag{5.4.5}$$

式中:$|\boldsymbol{a}_\mathrm{t}|$ 为平台板结构的平均加速度幅值;$|\boldsymbol{a}_0|$ 为激励点的加速度幅值;N 为

平台板上加速度测点数目；$|a_i|$为平台板上各测点的加速度幅值。

2. 基座振动传递路径分析

如图 5.4.1 所示，基座结构由面板、肋板以及 3 块腹板组成，其中面板的基本尺寸为 $415 \times 90 \times 6$mm，肋板 $410 \times 225 \times 4$mm，3 块腹板上、下边长分别为 75mm、192mm，厚度 5mm，开孔直径为 50mm。为了考察基座向平台结构的振动传递特性，将基座的肋板及 3 块腹板的下边缘焊接于平台板上（图 5.4.2），平台板的尺寸为 1000mm $\times 890$mm $\times 5$mm，底部长度方向均布 4 根加强筋，整个结构材料为 Q235 碳钢。

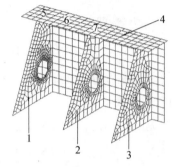

图 5.4.1　基座结构的有限元模型
1,2,3—腹板；4—面板；
5,6,7—激励点。

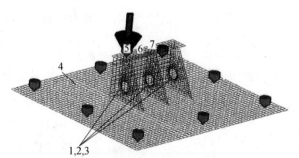

图 5.4.2　基座及平台的有限元模型
1,2,3—腹板；4—船体；5,6,7—激励点。

在 VA – One 软件中建立如图 5.4.1 所示的基座及局部平台结构有限元模型，板单元的长度为 20mm。激励点 5、7 分别布置在腹板 1、腹板 2 支撑的正上方面板位置，激励点 6 布置在激励点 5 与激励点 7 的中间位置，激励力的方向竖直向下。采用自由边界条件，在基座不粘贴阻尼材料的情况下，通过激振器激励实验测试基座面板上点 5 位置至平台结构的振动传递函数，利用半功率带宽法得到基座结构损耗因子如图 5.4.3 所示。在激励点 5 位置输入与振动实验

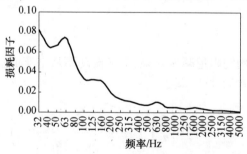

图 5.4.3　基座结构的阻尼损耗因子

相同的激励力(如图 5.4.4 所示,基准值取 10^{-6}N),利用实测的基座结构损耗因子,在 VA - One 软件中模拟基座腹板、肋板、平台结构等部件的振动响应和功率流。

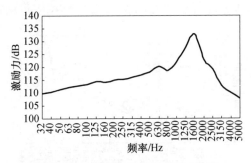

图 5.4.4　激励点 5 处的激振力频谱

　　根据 VA - one 软件仿真计算结果,在基座四周平台板上提取如图 5.4.2 所示的 8 个点位置的垂向振动加速度幅值,求其平均值以代表平台板上的振动加速度幅值。然后计算从基座面板激励点 5 位置至平台结构的振动加速度传递函数(基准值取 10^{-6}m/s^2),图 5.4.5 为基座结构的有限元仿真结果与实验结果的对比,两者的变化趋势基本一致,总体误差小于 5dB。误差的产生一方面是由于实验模型在焊接时产生了一定的变形,以及焊接的焊缝对振动传递的影响,另一方面来自有限元结构网格划分的尺寸不够精细,以及阻尼损耗因子等方面的计算误差。但总体来说,所建立的有限元模型的计算结果基本上能反映基座及平台结构模型的动态特性。

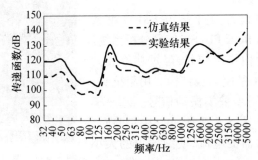

图 5.4.5　基座结构的有限元仿真结果与实验结果对比

　　现提取 3 块腹板和肋板的振动功率流(基准值取 10^{-12}W)仿真数据如图 5.4.6 所示。在 32Hz ~ 5kHz 频率范围内,振动功率流的总体趋势是随着频率的增加而提高。3 块腹板的最大功率流分别为 68.0dB、62.3dB、66.6dB,肋板的最大功率流为74.4dB。从结构振动功率流的角度来看,肋板是基座振动传递的主要部件。然而,由于该基座腹板的总面积低于肋板,按照单位面积功率流即功率流密度来说,腹板是肋板的1.5倍。换言之,从结构振动功率流密度的角度来看,腹板是基座振动传递的主要部件,是基座结构阻尼粘贴的首选对象。

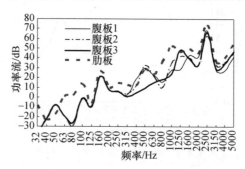

图5.4.6 腹板与肋板的振动功率流仿真数据

3. 阻尼减振实验方案

基座腹板的功率流密度比肋板高,振动强度大,所以优先选择对基座腹板实施阻尼减振。为了考察阻尼材料粘贴部位对阻尼减振效果的影响,依次开展了以下工况的基座阻尼减振实验:①无阻尼层,即基座不粘贴阻尼材料;②腹板阻尼,即在3块腹板两侧同时粘贴复合阻尼减振胶板;③腹板+肋板阻尼,即在3块腹板和肋板两侧同时粘贴复合阻尼减振胶板;④基座整体阻尼,即在基座腹板和肋板两侧、面板底部同时粘贴复合阻尼减振胶板。激励点分别选择在面板中线上点5、6、7位置处。

主要实验仪器设备为丹麦 B&K3160 型数据采集硬件前端和B&K PULSE 信号分析系统。由信号发生器产生白噪声信号,经过功率放大后驱动激振器,激励基座面板结构。用阻抗头、力、加速度传感器同步采集振动信号。基座模型振动实验现场如图5.4.7所示。在实验时,通过调节功率放大器的电流,使激振力的大小基本保持恒定。

图5.4.7 基座模型振动实验现场

4. 阻尼减振效果分析

根据实验数据提取激励点 5 位置至平台结构振动的传递函数,利用半功率带宽法得到基座的结构损耗因子如图 5.4.8 所示,它的总体趋势是随频率的增加而下降。粘贴复合阻尼减振胶板后,结构损耗因子在 0.5~5kHz 频率范围内显著提高。粘贴阻尼层的面积越多,结构损耗因子的提高越明显。

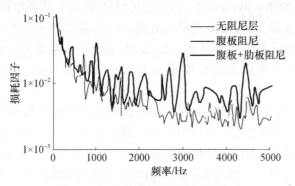

图 5.4.8　基座模型的结构损耗因子

　　图 5.4.9 所示为激励点 5 这个位置的原点加速度导纳。在不同的阻尼处理工况下,原点导纳的变化趋势基本一致,对大多数频率来说,阻尼层对基座结构原点导纳的影响小于 2dB。图 5.4.10 所示为从激励点 5 这个位置到平台结

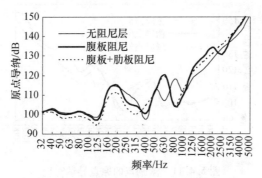

图 5.4.9　基座模型激励点 5 的原点导纳

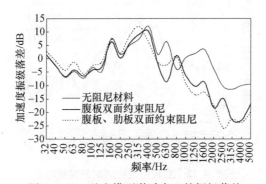

图 5.4.10　基座模型激励点 5 的振级落差

构的加速度振级落差。在 32 ~ 400Hz 频段,粘贴阻尼层对基座结构的减振效果影响较小;在 500Hz ~ 5kHz 频段,经过腹板阻尼、腹板 + 肋板阻尼处理后的加速度振级落差显著降低,且减振效果随着频率的升高呈增大的趋势,即基座在中高频段的减振效果显著。在频率 2.5kHz 处,加速度振级落差曲线下降最大,腹板阻尼、腹板 + 肋板阻尼处理的振级落差比无阻尼层时分别下降了 4.3dB 和 15.6dB。

图 5.4.11 所示为无阻尼层时激励点的原点加速度导纳对比,在 200Hz 以下频率时,不同激励点的原点导纳基本一致。在 0.8 ~ 5kHz 频段,激励点 6 的原点导纳比其他位置略高,对相同的激励力,作用在激励点 6 位置的原点振动响应更大。这是由于激励点 5、7 位置的面板下方有腹板的支撑作用,面板的局部刚度较大。图 5.4.12 所示为腹板经过阻尼处理时不同激励点位置的加速度振级落差对比,在 32Hz ~ 5kHz 频段中的大多数频率处,激励点 7 比激励点 5、6 的振级落差略低。所以将机械设备激励源安装在腹板 2 正上方的面板位置,可以更好地减少基座结构振动的传递。

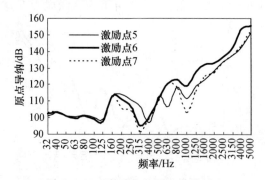

图 5.4.11　激励点的原点导纳对比

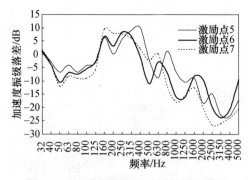

图 5.4.12　腹板阻尼处理时的振级落差

表 5.4.1 为不同实验工况下平台结构上 8 个测点的平均加速度级与减振效果。结果显示,在基本相同的激励作用下,激励点 6 比其他位置引起的平台结构振动加速度级高出 1 ~ 5dB,激励点 7 引起的平台结构振动最小。这是由于激励点 6 这个位置的原点加速度导纳较高,而激励点 7 这个位置的加速度振级落差最小。因此,将动力机械设备的机脚或减振器安装在基座结构具有腹板支撑的正上方面板位置,可在一定程度上减少基座及平台结构的振动。

表 5.4.1 平台结构的平均振动加速度级与减振效果 （单位:dB）

工 况	平台结构振动加速度级			减振效果		
	激励点 5	激励点 6	激励点 7	激励点 5	激励点 6	激励点 7
无阻尼层	142.9	144.0	141.5	—	—	—
腹板阻尼	136.5	138.6	133.8	6.4	5.4	7.7
腹板 + 肋板阻尼	131.6	134.6	131.4	11.3	9.4	10.1
基座整体阻尼	130.9	134.5	131.0	12.0	9.5	10.5

对基座结构阻尼处理之后,比较基座有、无阻尼处理这两种工况下平台结构的振动加速度级,检验基座的阻尼减振效果。对腹板进行阻尼处理的情况,基座结构在不同激励位置的减振效果为 5.4 ~ 7.7dB,其中激励点 7 位置的减振效果最大,为 7.7dB;对腹板和肋板进行阻尼处理的情况,基座结构在不同激励位置的减振效果为 9.4 ~ 11.3dB;对基座整体进行阻尼处理的情况,基座结构在不同激励位置的减振效果达到 9.5 ~ 12.0dB。因此,对基座结构的腹板进行阻尼处理达到的减振效果最为明显,其次是肋板。

本节通过对基座结构的阻尼减振性能实验分析,得出如下基本结论:对基座结构的振动功率流进行了分析,腹板的功率流密度比肋板大,是基座结构振动传递的主要部件。对基座结构的腹板进行阻尼处理的减振效果最为明显,其次是肋板。基座结构在粘贴以丁基橡胶为主要材料成分的复合阻尼减振胶板后,结构损耗因子在 0.5 ~ 5kHz 频率范围显著提高,加速度振级落差明显降低,在该频段内的减振效果突出。基座结构腹板和肋板同时进行阻尼处理时,减振效果为 9.4 ~ 11.3dB。将动力机械设备的机脚或减振器安装在基座结构具有腹板支撑的正上方面板位置,可在一定程度上减少基座及平台结构的振动。

5.5 船体结构模型阻尼减振性能实验分析

为探讨船体结构的阻尼减振性能,本节采用单点激励振动模态实验方法,研究了复合阻尼材料对船舶模型振动模态阻尼比的影响[106]。采用动力设备运行模拟激励实验,研究了复合阻尼材料对船舶模型结构的阻尼减振效果。

5.5.1 结构振动模态实验

以振动模态阻尼比为评价指标,通过振动模态实验研究复合阻尼材料对船舶模型振动模态阻尼比的影响。船舶模型长 3.5m、宽 0.38m、高 0.23m,钢板厚 3mm(减振胶板与钢板厚度比为 1.5),材料为 Q235 钢。在船舶模型舱室底板和船舷两侧粘贴自粘性复合阻尼减振胶板。分别在不粘贴阻尼材料、粘贴自由阻尼层(无约束层)、粘贴约束阻尼层三种状态下进行对比实验。

船舶模型采用弹性绳悬挂,以模拟船舶自由状态。实验采用快速正弦扫描单点激励方式,分析频率范围为 500Hz。在船长方向选择 12 个截面,如图 5.5.1 所示,每个截面在船底和甲板上分别布置 2 个测点,共 48 个测点。

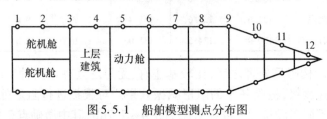

图 5.5.1　船舶模型测点分布图

激励位置在动力舱基座(靠近截面 6 位置)上,对同一激励点作用下不同响应点位置的频率响应函数进行平均处理后得到等效频响函数(单位为 dB):

$$\tilde{H}(\omega) = 20\lg\left[\frac{1}{N}\sum_{i=1}^{N} H_i(\omega)\right] \quad (5.5.1)$$

式中:N 取 48 个测点。

等效频响函数反映了在激励点位置单位力作用下引起的船舶模型结构上不同位置测点的平均加速度。

图 5.5.2 为船舶模型所有测点的等效频响函数对比图。在粘贴阻尼材料

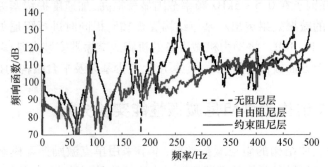

图 5.5.2　船舶模型所有测点的等效频响函数对比

前,船舶模型频响函数的峰值形状尖锐。在 200Hz 以下频率范围,敷设阻尼材料改变了结构的动刚度,使船舶模型的固有频率向低频移动,频响函数的峰值降低了 10dB 左右,阻尼材料显著抑制了以整体振动为特征的共振峰值;在 200Hz 以上频率,粘贴阻尼材料后频响函数的峰值个数减少,峰值更加平坦,说明由于阻尼材料的减振作用,抑制了一些以局部振动为特征的中高频共振,或是使结构模态密度分布发生了改变,在原结构出现峰值的位置没有出现共振峰。总的来说,粘贴约束阻尼材料比自由阻尼材料的减振效果更加明显。

表 5.5.1 为船舶模型在无阻尼层、粘贴自由阻尼层、粘贴约束阻尼层状态的模态实验结果,其第一阶固有频率分别为 99.1Hz、89.5Hz 和 87.7Hz,第一阶振型为整体 1 弯变形(图 5.5.3),第二阶为整体 2 弯变形,第三阶为整体 1 扭变形,第四阶为整体 2 扭变形,第五阶为整体 3 弯变形。振动模态实验结果表明,船舶模型粘贴阻尼层后,基本振型相似,由于阻尼层附加质量的影响,固有频率略有下降。船舶模型在 500Hz 频率范围内无阻尼材料、粘贴自由阻尼层、粘贴约束阻尼层的平均振动模态阻尼比分别为 0.31%、1.15% 和 2.25%,粘贴约束阻尼层比无阻尼材料的平均模态阻尼比增加了 6 倍。图 5.5.4 所示为船舶模型的结构损耗因子对比。

表 5.5.1　船舶模型的模态实验结果

阶次	无阻尼层		自由阻尼层		约束阻尼层	
	固有频率/Hz	阻尼比/%	固有频率/Hz	阻尼比/%	固有频率/Hz	阻尼比/%
1	99.1	0.25	89.5	0.98	87.7	1.50
2	162.2	0.54	145.9	1.10	144.7	2.47
3	177.8	0.49	157.8	1.91	159.4	2.84
4	207.2	0.21	176.6	1.35	178.1	2.89
5	249.1	0.22	198.8	1.22	195.9	2.23

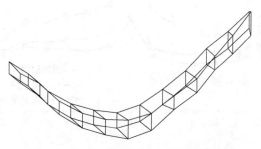

图 5.5.3　第一阶模态振型图(无阻尼层时)

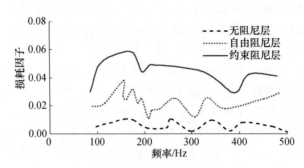

图 5.5.4　船舶模型的结构损耗因子对比

5.5.2　阻尼减振性能实验

　　为研究船舶模型结构阻尼减振效果,在船舶模型动力舱安装带有偏心块的激振电机,通过刚性安装与船底基座固定,用于模拟船舶发电机的运行激励。调整偏心块的大小与位置,可改变惯性力的幅值及频谱结构。通过电动机运转实验测量到的振动响应谱显示,其产生的扰动力呈强谱线特征,除了基频以外,高次谐波的幅值随谐次的增加而衰减,可达到几十阶次,频率达2000Hz以上。

　　实验时,设置分析频率为4000Hz,由于船舶结构的对称性,本书仅给出船舶右舷的振动数据,图5.5.5 和图5.5.6 分别为激振电机在1000r/min 运转激励下船底板、主甲板的振动加速度级分布。由于激振电机安装在动力舱靠近截面6 位置,该位置船底板的振动最大,然后沿船艏和船艉方向逐渐衰减。而主甲板不同位置的加速度相近,沿船艏和船艉方向衰减幅度较小。

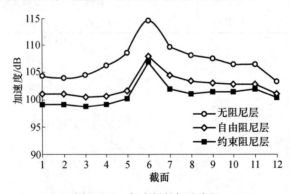

图 5.5.5　船底板的加速度级

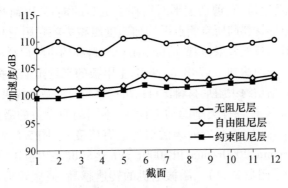

图 5.5.6　主甲板的加速度级

　　将船舶模型安装阻尼材料后相同位置的振动加速度与无阻尼材料时相比,得到船底板、主甲板的减振效果如图 5.5.7 和图 5.5.8 所示。由于船底板的振动幅

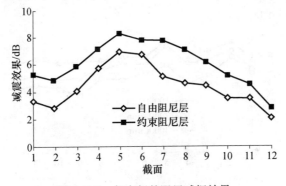

图 5.5.7　船底板的阻尼减振效果

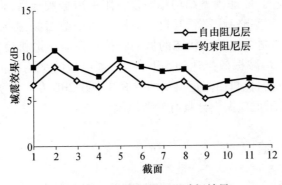

图 5.5.8　主甲板的阻尼减振效果

值大,阻尼材料发生拉压、剪切变形时消耗了更多的能量,因而减振效果更加明显。定义粘贴阻尼材料前所有测点平均加速度级减去粘贴阻尼材料后的平均加速度级为平均阻尼减振效果,则粘贴自由阻尼材料和约束阻尼材料时船底板的平均阻尼减振效果分别达到4.47dB、6.09dB,主甲板的平均阻尼减振效果分别达到6.85dB、8.17dB,粘贴约束阻尼材料比自由阻尼材料时的减振效果高2dB左右。

　　船舶机舱安装有各种类型的动力设备,不同动力设备的激振力特征不同,在不同转速下工作时,激振力的频谱结构也有所变化,图5.5.9给出了激振电机分别在1000r/min、2000r/min 和3000r/min 运转时主甲板不同位置的阻尼减振效果(粘贴约束阻尼材料)。激振电机的转速越高,减振效果越明显,其平均阻尼减振效果分别达到了8.17dB、9.57dB 和10.64dB。这是由于激振电机的转速越高,其激励的特征频率提高,更加接近船舶模型的整体共振模态,容易激起船舶模型的共振,而阻尼材料的特点是抑制结构共振的峰值,因而阻尼减振效果更加明显。

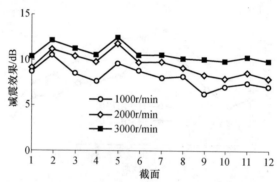

图5.5.9　激振电机不同转速时主甲板的阻尼减振效果

　　实验结果表明,船舶模型结构粘贴复合阻尼减振胶板后,阻尼层的附加质量使结构的固有频率略有下降,低频振动模态的振型相似,振动模态阻尼比显著提高,有利于抑制结构共振状态的振动峰值。在激振电机模拟激振下,船舶模型船底板的平均减振效果达到5dB左右,主甲板的平均减振效果达到6~11dB,约束阻尼材料比自由阻尼材料的减振效果好2dB左右。研究结果对于船舶较厚板结构的阻尼减振设计具有参考价值。

5.6　本章小结

　　以丁基橡胶为原材料,在与企业共同研制一种自粘性复合阻尼减振胶板的基础上,开展了复合阻尼减振胶板对板筋结构、船舶基座结构、船舶结构模型的阻尼减振降噪性能研究,旨在揭示该复合阻尼减振胶板对薄壳结构的减振性能。

实验研究表明,6mm 厚的筋板结构粘贴阻尼层后,阻尼层的附加质量使固有频率略有下降,但是低频振动模态的振型相似;在 2000Hz 宽频范围内,筋板结构粘贴复合阻尼减振胶板后的平均结构损耗因子增加了 15 倍;复合阻尼减振胶板可以在宽频范围内大幅度降低加筋结构振幅 10 ~20dB,阻尼减振效果随着传播距离的增加而增加。

基座结构在粘贴以丁基橡胶为主要材料成分的复合阻尼减振胶板后,对基座结构的腹板进行阻尼处理的减振效果最为明显,其次是肋板;结构损耗因子在 0.5 ~5kHz 频率范围显著提高,振动功率流传递率明显降低,对该频段振动传递的减振效果突出;基座结构腹板与肋板同时阻尼处理时,减振效果为 9.4 ~11.3dB;将动力机械设备的机脚或减振器安装在基座结构具有腹板支撑的面板正上方位置,可在一定程度减少基座及船体结构的振动。

船舶模型结构粘贴复合阻尼减振胶板后,阻尼层的附加质量使结构的固有频率略有下降,低频振动模态的振型相似,振动模态阻尼比显著提高,有利于抑制结构共振状态的振动峰值。在激振电机模拟激振下,船舶模型船底板的平均减振效果达到 5dB 左右,主甲板的平均减振效果达到 6 ~11dB,约束阻尼材料比自由阻尼材料的减振效果好 2dB 左右。

本章的实验研究结果对于船舶等薄壳板筋结构的阻尼减振设计具有参考价值。需要说明的是,阻尼材料在约束结构设计中所耗散的能量与约束层的刚度以及几何尺寸(厚度比)有很大的关系,因此对于能否采用缩比船舶结构模型说明实际船舶结构的阻尼减振效果,尚需开展进一步的理论和实验研究工作。

第 6 章　舱段内基座结构的振动传递特性数值分析

工程中许多圆柱壳结构是由梁和圆柱壳体等典型结构组合而成。圆柱壳体的大量应用,特别是航行器设计中对壳体性能的要求,使得研究圆柱壳体结构的振动声辐射特性具有重要的工程意义。有限长圆柱壳体结构是水下航行器结构的主要形式。近年来,对圆柱壳体结构的振动声辐射特性开展了许多研究,但由于涉及内部复杂的动力设备、基座、壳体和板筋等,噪声预报的难度很大。欧美等先进国家通过多年的研究,在水下航行器的噪声控制中已经建立了预报和评估模型,航行器结构的声学设计从定性分析阶段发展为定量估算阶段,已掌握解决控制主要噪声源的关键技术,从而达到降噪的指标要求。但由于这些航行器结构的辐射噪声涉及军事领域,国内外公开报道的数据较少。

由薄壳及板筋结构组成的动力舱段是水下航行器的主要振动源,其内部安装有许多动力机械设备,在运转时产生的振动源通过减振系统、基座结构传递至外部壳体,从而引起壳体结构的振动和辐射噪声。因此,分析复杂薄壳结构及支撑结构的振动模态,研究复杂薄壳结构及基座结构的固有特性,是探讨动力舱段结构振动传递特性的基本规律并进行声学设计的前提。

机械振动沿固体构件传播的过程中,由于固体构件一般由匀质、密实的弹性材料组成,对声波的吸收作用很小,并且能约束声波使它在有限空间内传播,因此结构声往往可以传播很远的距离。这种机械振动形成结构声场,它通过构件表面振动向水中辐射成水下噪声,向空气中辐射成空气噪声。动力机械设备底部在安装减振系统后,高频振动得到大幅度的隔离,而低频振动在结构中的传播衰减慢。基座结构的阻抗特性,会直接影响设备隔振系统的隔振效果。因此,对动力舱段支撑结构进行声学设计[113]是十分必要的,尤其需要重点关注支撑结构的中低频振动传递特性。

6.1　基于结构振动模态的振动传递理论

1. 机械导纳与结构振动模态[125]

根据振动模态理论,船体结构作为一个多自由度的振动系统,结构中任意

两点 p 与 l 间的机械导纳 $H_{lp}(\omega)$ 可以表示为

$$H_{lp}(\omega) = \frac{X_l(\omega)}{F_p(\omega)} = \sum_{i=1}^{n} \left[\frac{\psi_{pi} \cdot \psi_{li}}{a_i(\mathrm{j}\omega - \lambda_i)} + \frac{\psi_{pi} * \cdot \psi_{li} *}{a_i * (\mathrm{j}\omega - \lambda_i *)} \right]$$

$$(6.1.1)$$

式中：$F_p(\omega)$ 为输入结构的激励力；$X_l(\omega)$ 为结构的振动响应；ψ_{pi} 与 ψ_{li} 为第 i 阶复模态振型系数；$\psi_{pi} *$、$\psi_{li} *$ 为其共轭；a_i 为第 i 阶复模态刚度；$a_i *$ 为其共轭；λ_i 为第 i 阶复模态频率；$\lambda_i *$ 为其共轭。

为便于分析，暂且用实模态描述船体结构的振动。结构中任意两点 p 与 l 间的机械导纳 $H_{lp}(\omega)$ 可以改写成

$$H_{lp}(\omega) = \frac{X_l(\omega)}{F_p(\omega)} = \sum_{i=1}^{n} \frac{\varphi_{li} \cdot \varphi_{pi}}{K_i - M_i \omega^2 + \mathrm{j}\omega C_i} \qquad (6.1.2)$$

式中：φ_{pi}、φ_{li} 为第 i 阶模态振型系数；K_i、M_i、C_i 分别为第 i 阶模态刚度、模态质量与模态阻尼。

上述 p 点激励、l 点响应测得到的机械导纳 $H_{lp}(\omega)$ 是在比例阻尼的情况下得到的。对于船体这类主要由金属板材组成的结构，通常用模态阻尼 g_i 而不是用 C_i 表示阻尼系数。于是，机械导纳 $H_{lp}(\omega)$ 有以下形式：

$$H_{lp}(\omega) = \frac{X_l(\omega)}{F_p(\omega)} = \sum_{i=1}^{n} \frac{\varphi_{li} \cdot \varphi_{pi}}{K_i \left[1 - \left(\frac{\omega}{\lambda_i} \right)^2 + \mathrm{j}g_i \right]} \qquad (6.1.3)$$

可见，在船体结构中的 p 点激励，同时在 l 点测量得到的机械导纳 $H_{lp}(\omega)$ 与激励力的大小无关，且包含了船体结构各阶振动模态的贡献。当然，结构的各阶振动模态对任意两点间机械导纳的贡献大小并不同。这就需要依据船体的结构参数（尤其是壳体与基座结构），在动力学分析的基础上，确定各阶模态的参与因子，得到结构振动的传递特性。

2. 振动传递率及其表达式

在式（6.1.2）中，如果测量点与激励点相同。则 $H_{pp}(\omega)$ 称为原点导纳；与之对应的是传递导纳 $H_{lp}(\omega)$。在原点导纳中，共振与反共振（阻抗极大）交替出现；在传递导纳中，反共振出现得较少。

根据振动传递率的定义，将传递导纳 $H_{lp}(\omega)$ 与原点导纳 $H_{pp}(\omega)$ 相除，就可以得到远处的响应与激励点的响应之比，即

$$\frac{H_{lp}(\omega)}{H_{pp}(\omega)} = \frac{X_l(\omega)/F_p(\omega)}{X_p(\omega)/F_p(\omega)} = \frac{X_l(\omega)}{X_p(\omega)} \qquad (6.1.4)$$

或者

$$\frac{H_{lp}(\omega)}{H_{pp}(\omega)} = \left\{ \sum_{i=1}^{n} \frac{\varphi_{li} \cdot \varphi_{pi}}{K_i \left[1 - \left(\frac{\omega}{\lambda_i} \right)^2 + \mathrm{j}g_i \right]} \right\} \cdot \left\{ \sum_{i=1}^{n} \frac{\varphi_{pi} \cdot \varphi_{pi}}{K_i \left[1 - \left(\frac{\omega}{\lambda_i} \right)^2 + \mathrm{j}g_i \right]} \right\}^{-1}$$

$$(6.1.5)$$

于是,船体壳体上 l 测点的响应 $X_l(\omega)$ 与基座面板 p 点的响应 $X_p(\omega)$ 之比可以写成

$$\frac{X_l(\omega)}{X_p(\omega)} = \left\{ \sum_{i=1}^{n} \frac{\varphi_{li} \cdot \varphi_{pi}}{K_i \left[1 - \left(\frac{\omega}{\lambda_i} \right)^2 + \mathrm{j}g_i \right]} \right\} \cdot \left\{ \sum_{i=1}^{n} \frac{\varphi_{pi} \cdot \varphi_{pi}}{K_i \left[1 - \left(\frac{\omega}{\lambda_i} \right)^2 + \mathrm{j}g_i \right]} \right\}^{-1}$$

$$(6.1.6)$$

这就是结构振动传递率的完整表达式。可见,结构振动传递率仅仅与振动系统的各阶动模态有关。振动传递特性取决于系统的各阶模态参数,即固有频率、振型以及阻尼。对于具体的船体结构,从设备安装基座到壳体的振动传递特性取决于船体结构的各阶振动模态,包括以船体振动为特征的整体振动模态与以局部结构的布局振动为特征的复合振动模态。

式(6.1.6)是在单输入、单输出的前提下建立的,符合振动传递特性的研究条件。在对实际船体结构的声学特性进行预报时,由于存在着众多激励源,需要考虑多输入的条件,此时仅需对表达式进行适当修改。

3. 振动传递率的简化形式

理论上,式(6.1.6)中的和式包含无限多项,即振动结构的全部模态。但是各阶振动模态对任意两点间机械导纳的贡献大小并不相同。在具体描述结构振动的传递特性时,没有必要也不可能考虑到所有振动模态的贡献。

对于船体结构而言,具有较大影响的模态是有限的。无论是船体的振动响应还是基座的振动响应,影响较大的模态主要在数百赫兹内的低频范围。确定这些占有主导地位的振动模态是对错综复杂的传递特性进行简化的原则,需要依据船体的总体结构参数,在动力学分析的基础上,确定各阶模态的参与系数,得到具有一定精度的、简化的结果。

根据以往对船体结构振动传递特性的研究,船体结构的振动响应 $X_l(\omega)$ 以船体的振动模态为主导,其中主要是船体结构的弯曲振动模态与扭转振动模态。基座的振动响应 $X_p(\omega)$ 以基座的局部振动模态为主导,其中主要是基座面板的弯曲振动模态与扭转振动模态。此外,由于船体结构的特点,壳体结构的主要振动模态分布比较集中,主要影响低频振动的传递,基座结构的振动模态分布比较分散,主要影响中频振动的传递。

对式(6.1.6)进行简化,略去高阶振动模态,将和式化为有限的若干项,导

出具有一定精度、能描述结构振动传递特性的简化表达式。于是,船体结构的振动响应 $X_l(\omega)$ 可进一步写成

$$X_l(\omega) = \frac{\varphi_{l1} \cdot \varphi_{p1}}{K_1\left[1 - \left(\dfrac{\omega}{\lambda_1}\right)^2 + \mathrm{j}g_1\right]} + \cdots + \frac{\varphi_{lm} \cdot \varphi_{pm}}{K_m\left[1 - \left(\dfrac{\omega}{\lambda_m}\right)^2 + \mathrm{j}g_m\right]} \quad (6.1.7)$$

式中:$1,2,\cdots,m$ 为对壳体振动影响较大的模态阶数。

同样,基座面板的振动响应 $X_p(\omega)$ 可以写成

$$X_p(\omega) = \frac{\varphi_{p1} \cdot \varphi_{p1}}{K_1\left[1 - \left(\dfrac{\omega}{\lambda_i}\right)^2 + \mathrm{j}g_i\right]} + \cdots + \frac{\varphi_{pk} \cdot \varphi_{pk}}{K_k\left[1 - \left(\dfrac{\omega}{\lambda_i}\right)^2 + \mathrm{j}g_i\right]} \quad (6.1.8)$$

式中:$1,2,\cdots,k$ 为对基座振动影响较大的模态阶数。

于是,船体内支撑结构的振动传递率可以写成

$$H(\omega) = \left\{\frac{\varphi_{l1} \cdot \varphi_{p1}}{K_1\left[1 - \left(\dfrac{\omega}{\lambda_1}\right)^2 + \mathrm{j}g_i\right]} + \cdots + \frac{\varphi_{lm} \cdot \varphi_{pm}}{K_m\left[1 - \left(\dfrac{\omega}{\lambda_m}\right)^2 + \mathrm{j}g_m\right]}\right\} \cdot$$

$$\left\{\frac{\varphi_{p1} \cdot \varphi_{p1}}{K_1\left[1 - \left(\dfrac{\omega}{\lambda_1}\right)^2 + \mathrm{j}g_i\right]} + \cdots + \frac{\varphi_{pk} \cdot \varphi_{pk}}{K_k\left[1 - \left(\dfrac{\omega}{\lambda_k}\right)^2 + \mathrm{j}g_k\right]}\right\}^{-1}$$

$$(6.1.9)$$

在复模态的情况下,式(6.1.9)可以写成

$$H(\omega) = \left\{\frac{\varphi_{l1}\Lambda_1}{s^2 + 2g_1\omega_1 s + \omega_1{}^2} + \cdots + \frac{\varphi_{lm}\Lambda_m}{s^2 + 2g_m\omega_m s + \omega_m{}^2}\right\} \cdot$$

$$\left\{\frac{\varphi_{p1}\Lambda_1}{s^2 + 2g_1\omega_1 s + \omega_1{}^2} + \cdots + \frac{\varphi_{pk}\Lambda_k}{s^2 + 2g_k\omega_k s + \omega_k{}^2}\right\}^{-1} \quad (6.1.10)$$

式中:$1,2,\cdots,m$ 为对船体结构振动影响较大的模态阶数;$1,2,\cdots,k$ 为对基座振动影响较大的模态阶数;Λ_j 为第 j 阶模态参与系数;ω_j 为第 j 阶模态频率;g_j 为第 j 阶模态阻尼比。

为了确定那些对船体结构振动影响较大的模态及其参与系数,以及确定那些为基座振动影响较大的模态及其参与系数,需要以壳体及其基座的具体结构参数为依据,通过数值计算,根据一定的准则加以选取。

以上基于结构振动模态的振动传递理论,探讨了振动导纳与振动传递率之间的内在联系。建立在机械导纳基础上的振动传递率定义为传递导纳与原点导纳之比,物理意义为离激励点远处的振动响应与激励点振动响应的比值。根据振动传递率的定义,传递率的大小直接反映了结构振动传递特性的强与弱。借助于传递导纳与原点导纳的精确定义,可以通过振动传递率的计算,对船体

结构的振动传递特性进行研究,以实现传递特性的控制以及船体振动响应的预报[112]。

6.2 舱段及基座结构的有限元模型

为研究支撑结构振动传递特性的基本规律,探讨船舶支撑结构声学设计基本原则,以某水下航行器动力舱为对象,经一定比例缩小后设计了内含多种类型基座形式的圆柱壳体模型装置。圆柱壳体模型装置内部共含三类典型基座形式,其中第一类四个基座分布在耐压圆柱壳体上(简称圆柱壳体基座),第二类四个基座分布在平台结构上(简称平台基座),第三类两个基座分布在舱壁结构上(简称舱壁基座)。

带环肋圆柱壳体直径 2500mm、长度 4000mm、壁厚 10mm,外壳含 18 根环肋。舱壁板厚6mm,采用纵横加强筋结构。圆柱壳体内部设计有一个纵横带筋平台结构,下方有 6 根直径21mm、壁厚3mm 的空心立柱支撑,与圆柱壳体及舱壁四周直接焊接连接。整个圆柱壳体模型材料为 Q235 碳钢,总质量约 5t,内部典型基座形状参数及布置位置见图 6.2.1 和表 6.2.1。在振动计算时,为便于描述,用编号 S(m,n)表示圆柱壳体外壳上计算点)的具体位置,其中 m 代表肋位数(0~20),定义安装基座 I 和基座 J 的舱壁为 0 号肋位;n 代表周向角(0~360),定义底部为 0 度,按照逆时针方向分布(图 6.2.1)。

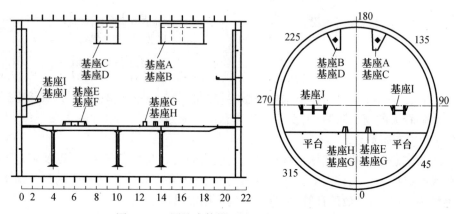

图 6.2.1 圆柱壳体模型装置内部基座布置图

圆柱壳体支撑基座 A 与基座 B 对称布置在左右舷,其中基座 B 的面板厚度为 9mm,比基座 A 的面板厚 2mm,其余结构参数与基座 A 相同;壳体支撑基座 C 与基座 D 对称布置在左右舷,其中基座 D 的面板厚度为 9mm,比基座 C 的面板厚2mm,其余结构参数与基座 C 相同;平台支撑基座 E 与基座 F 对称布置在左右舷,其中基座 F 的面板厚度为 7mm,比基座 E 的面板厚 2mm,其余结构参数与基座 E 相同;舱壁支撑基座 I 与基座 J 对称布置在左右舷,其中基座 I 的面板由 2 块立板支撑,面板长度为 250mm,厚度为 6mm,而基座 J 的面板由 3 块立板支撑,面板长度为 420mm,厚度为 6mm,其余结构参数与基座 I 相同。

表 6.2.1　基座形状参数及布置位置

位置	名称	长度/mm	宽度/mm	高度/mm	面板厚/mm	腹板厚/mm	肘板厚/mm
壳体上	基座 A	745	200	300	7	5	5
	基座 B	745	200	300	9	5	5
	基座 C	415	200	300	7	5	5
	基座 D	415	200	300	9	5	5
平台上	基座 E	330	44	80	5	3	3
	基座 F	330	44	80	7	3	3
	基座 G	380	44	80	6	3	3
	基座 H	380	44	80	8	5	5
舱壁上	基座 I	250	300	120	6	3	3
	基座 J	420	300	120	6	3	3

利用有限元软件 MSC. Patran,建立加筋圆柱壳体及基座的有限元模型如图 6.2.2 所示,其中圆柱壳体、基座、平台及舱壁结构均用四边形薄壳单元,加强筋和加强肋骨使用梁单元。模型共含 11024 个单元,7954 个节点。为使有限元离散结构准确地描述圆柱壳体结构中应力波的传播,一个波长内至少应有 5 个节点(4 个单元),单元的长度约 80mm。材料密度 $\rho = 7800 \mathrm{kg/m^3}$,弹性模量 $E = 2.1 \times 10^{11} \mathrm{N/m^2}$,泊松比 $\mu = 0.3$。

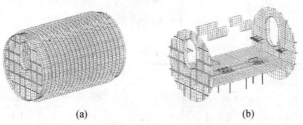

(a)　　　　　　　　　　(b)

图 6.2.2　加筋圆柱壳体结构的有限元模型

(a)整体结构;(b)内部结构。

为修改完善圆柱壳体支撑结构振动传递有限元模型,开展了圆柱壳体模型的振动模态和振动传递特性实验,测得基座面板至圆柱壳体结构各部位的振动传递函数。采用结构灵敏度分析的有限元模型修正方法,以基座面板至壳体上若干个代表性位置的传递函数为目标函数,先以结构刚度、质量参数(材料弹性模量、密度及板厚)为变量,再以结构阻尼参数(材料损耗因子)为变量进行有限元模型的修正,在 800Hz 低频范围内,取实验与计算的频响函数相关系数计算停止条件常数 $k = 0.7$,对有限元模型修正。为检验修正后的有限元模型,图 6.2.3 和表 6.2.2 为基座 A 至壳体表面不同位置的振动传递函数对比。结果表明,在 0~800Hz 频率范围内,实验与计算结果吻合较好,大多数共振频率对应的峰值较为接近,振动传递函数的趋势基本一致,平均值误差在 3dB 以内;随着振动频率的增加,传递函数幅值的总体趋势接近,但误差增加,在 800~2000Hz 频率范围内,传递函数平均幅值的误差分别为 6.8dB、14.2dB。

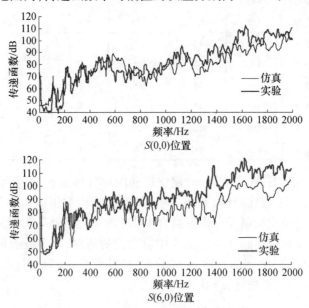

图 6.2.3　基座 A 至壳体的振动传递函数

表 6.2.2　基座至壳体的振动传递函数平均值比较

壳体上位置	0~800Hz 频段			800~2000Hz 频段		
	计算值/dB	实验值/dB	误差/dB	计算值/dB	实验值/dB	误差/dB
$S(0,0)$	70.15	67.17	2.98	85.04	91.81	-6.77
$S(4,0)$	74.91	77.14	-2.24	87.78	92.07	-4.29
$S(8,0)$	74.12	76.95	-2.83	88.03	101.60	-13.57
$S(12,0)$	75.62	78.58	-2.97	88.33	101.74	-13.41
$S(16,0)$	77.07	78.55	-1.48	89.98	102.02	-12.04
$S(20,0)$	71.99	70.15	1.84	88.33	74.11	14.22

因此,圆柱壳体及支撑结构的有限元模型,在 800Hz 频率范围内的低频振动传递特性计算与实验结果吻合较好,该有限元模型的计算结果能较好地反映实际结构的动态特性,但是在更高频率的计算结果只能定性地反映振动传递特性的变化趋势。为了更好地计算分析圆柱壳体结构在高频的振动传递特性,可以借助统计能量法加以分析。

6.3　舱段及基座结构的振动模态仿真

6.3.1　舱段结构的振动模态仿真结果

振动系统的动态特性可以用模态来描述,包括各阶固有频率、固有振型、模态阻尼等参数。圆柱壳体结构的有限元计算结果表明,壳体结构的振动振型以壳体径向振动(壳体板的弯曲振动)和局部振动为主,圆柱壳体结构的整体弯曲振动振型不明显,原因是该模型中圆柱壳体的长度与直径尺寸相当,圆柱壳体结构的整体抗弯刚度大,圆柱壳体结构的整体弯曲变形受到限制。为表达方便,将圆柱壳体结构的振型命名规则定义为 (m,n),其中 m 表示纵向的节点数, n 表示周向的节点数。

圆柱壳体的前三阶固有频率计算结果分别为 111.37Hz、122.06Hz 和 126.01Hz。图 6.3.1 为壳体结构的典型模态振型图,由于圆柱壳体的整体弯曲刚度大于径向刚度,因而圆柱壳体振动模态主要表现为径向振动;受到舱壁结

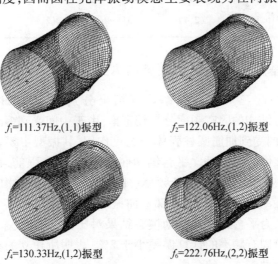

f_1=111.37Hz,(1,1)振型　　　　　f_2=122.06Hz,(1,2)振型

f_4=130.33Hz,(1,2)振型　　　　　f_6=222.76Hz,(2,2)振型

图 6.3.1　圆柱壳体结构的模态振型

构的约束作用,圆柱壳体的径向振动变形在两端小而中间大;圆柱壳体外部的环肋,增加了圆柱壳体径向的刚度,提高了圆柱壳体的固有频率;平台结构对圆柱壳体结构存在约束和耦合作用,会影响圆柱壳体结构的固有频率和振型。表6.3.1为加筋圆柱壳体结构的振动模态结果对比,与实验结果相比,圆柱壳体结构的前十阶固有频率的计算误差小于8%,表明所建立的有限元模型能较好地反映实际结构的动态特性。

表 6.3.1   加筋圆柱壳体结构的模态结果

阶次	计算结果		实验结果		固有频率误差
	频率/Hz	振型	频率/Hz	振型	%
1	111.37	(1,1)	110.69	(1,1)	0.61
2	122.06	(1,2)	* * *	* * *	* * *
3	126.01	局部振动	* * *	* * *	* * *
4	130.33	(1,2)	141.15	(1,2)	−7.67
5	195.12	(1,2)	211.85	(1,2)	−7.90
6	222.76	(2,2)	220.06	(2,2)	1.23
7	227.47	(1,4)	226.91	(1,4)	0.25
8	230.55	(2,3)	236.17	(2,3)	−2.38
9	243.28	(2,3)	250.57	(2,3)	−2.91
10	316.11	(2,4)	315.46	(2,4)	0.21

6.3.2   基座结构的振动模态仿真结果

平台结构的前三阶固有频率计算结果分别为 168.21Hz、185.20Hz 和 191.84Hz。平台结构的固有频率分布较密集,由于中间受到多个所支撑的基座结构的影响,四周受到加筋圆柱壳体的约束作用,其振型主要表现为平台结构面内的局部或整体弯曲振动。平台结构底部的纵、横加强筋,在一定程度上提高了平台结构整体的刚度和固有频率。图6.3.2为平台结构的模态振型图。平台结构随着振动阶次的增加,局部弯曲振动明显,表现为多个位置同时发生振动。表6.3.2为平台结构的振动模态结果对比,与振动模态实验结果相比,平台结构前十阶固有频率的计算误差小于2%,表明所建立的有限元模型与实际结构的动态特性基本一致。

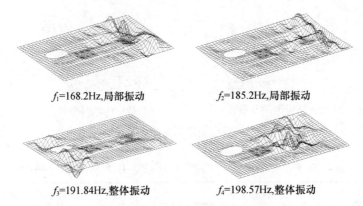

f_1=168.2Hz,局部振动　　　　　f_2=185.2Hz,局部振动

f_3=191.84Hz,整体振动　　　　　f_4=198.57Hz,整体振动

图 6.3.2　平台结构的模态振型

表 6.3.2　平台结构的模态结果

阶次	计算结果		实验结果		固有频率误差
	频率/Hz	振型	频率/Hz	振型	%
1	168.21	局部振动	167.0	局部振动	0.72
2	185.20	局部振动	187.3	局部振动	−1.12
3	191.84	整体振动	191.3	整体振动	0.28
4	198.57	整体振动	200.5	整体振动	−0.96
5	206.74	整体振动	207.4	整体振动	−0.32
6	214.93	整体振动	214.1	整体振动	0.39
7	225.13	整体振动	226.0	整体振动	−0.38
8	243.28	整体振动	244.7	整体振动	−0.58
9	250.9	局部振动	254.1	局部振动	−1.26
10	263.0	局部振动	268.3	局部振动	−1.98

　　圆柱壳体上基座 A 结构的前三阶固有频率计算结果分别为 220.79Hz(腹板扭转)、248.53Hz(整体扭转)和 399.19Hz(整体弯曲)。基座 B 结构的前三阶固有频率分别为 212.89Hz(腹板扭转)、239.32Hz(整体扭转)和 447.01Hz(整体弯曲)。图 6.3.3 为圆柱壳体上结构 A 的典型振动模态振型,表 6.3.3 为基座 A 与基座 B 的振动模态结果。基座 B 与基座 A 结构的外形尺寸相同,仅板厚增加 2mm,因而与基座 A 的基频接近,且前六阶振动模态振型基本相似。基座 B 增加了基座面板的板厚,在增加了基座面板刚度的同时,基座的参振质量也增加了。由于基座腹板的板厚不变,基频的振型为腹板扭转,基座的参振刚度基本不变,参振质量的增加导致基座 B 的基频反而略有下降。

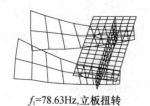 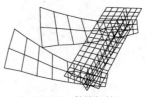

f_1=78.63Hz,立板扭转　　　　　f_2=146.69Hz,整体扭转

图6.3.3　圆柱壳体上基座 A 的模态振型

表6.3.3　圆柱壳体上基座 A 与基座 B 的振动模态结果

阶数	基座 A		基座 B	
	频率/Hz	振型	频率/Hz	振型
1	220.79	腹板扭转	212.89	腹板扭转
2	248.53	整体扭转	239.32	整体扭转
3	399.19	整体弯曲	447.01	整体弯曲
4	408.30	面板、腹板弯曲	471.41	面板、腹板弯曲
5	692.77	整体扭转、弯曲	684.29	整体扭转、弯曲
6	865.40	整体水平弯曲	883.55	整体水平弯曲

　　圆柱壳体上基座 C 结构的前三阶固有频率分别为348.16Hz(腹板扭转)、388.77Hz(整体扭转)和391.32Hz(立板弯曲)。基座 D 结构的前三阶固有频率分别为325.96Hz(腹板扭转)、336.15Hz(整体扭转)和444.54Hz(立板弯曲)。基座 D 与基座 C 结构的外形尺寸相同,仅面板厚增加2mm。由于增加基座的板厚,在增加了基座刚度的同时,基座自身的质量也增加了。表6.3.4 为圆柱壳体上基座 C 与基座 D 的振动模态结果,基座 D 与基座 C 结构的前三阶模态振型不同,因而振动的固有频率存在小的差异。与支撑基座的圆柱壳体结构相比,基座结构的基频比圆柱壳体结构的基频高,避开了圆柱壳体结构基频的共振,但是在更高阶次模态,基座结构将不可避免地会与圆柱壳体结构振动模态耦合,并出现相互影响。

表6.3.4　壳体上基座 C 与基座 D 的振动模态结果

阶数	基座 C		基座 D	
	频率/Hz	振型	频率/Hz	振型
1	348.16	整体扭转	325.96	腹板扭转
2	388.77	立板弯曲	336.15	整体扭转
3	391.32	立板弯曲	444.54	整体扭转

（续）

阶数	基座 C		基座 D	
	频率/Hz	振型	频率/Hz	振型
4	429.20	立板弯曲	474.06	立板弯曲
5	462.91	立板弯曲	478.65	立板弯曲
6	648.00	立板弯曲	490.71	立板弯曲

表 6.3.5 为平台上基座 E 与基座 F 的振动模态结果对比,平台上基座 E 结构的第一阶固有频率分别为 799.34Hz(整体扭转)。基座 F 结构的第一阶固有频率分别为 892.53Hz(整体扭转)。与支撑基座的平台结构相比,基座 E 和基座 F 结构的基频远高于平台结构的基频,避开了平台结构的共振。

表 6.3.5　平台上基座 E 与基座 F 的振动模态结果

阶数	基座 E		基座 F	
	频率/Hz	振型	频率/Hz	振型
1	799.3	整体扭转	892.5	整体扭转
2	1099.8	整体扭转	1000.6	整体扭转
3	2850.0	整体扭转	2607.2	整体扭转弯曲

表 6.3.6 为平台上基座 G 与基座 H 的振动模态结果对比,平台上基座 G 为短基座,其第一阶固有频率为 2532.9Hz(立板扭曲)。平台上基座 H 也为短基座,其第一阶固有频率为 4207.4Hz(立板扭曲)。与支撑基座的平台结构相比,基座 G 和基座 H 结构的基频远高于平台结构的基频,避开了平台结构的共振。

表 6.3.6　平台上基座 G 与基座 H 的振动模态结果

阶数	基座 G		基座 H	
	频率/Hz	振型	频率/Hz	振型
1	2532.9Hz	立板扭曲	4207.4Hz	立板扭曲
2	3141.6Hz	立板扭曲	5072.1Hz	立板扭曲
3	3244.5Hz	立板扭曲	5229.6Hz	立板扭曲

舱壁上基座 I 结构的前三阶固有频率分别为 78.63Hz(立板扭转)、89.27Hz(立板扭转)和 146.69Hz(整体扭转)。基座 J 结构的前三阶固有频率分别为 90.96Hz(立板扭转)、174.55Hz(整体扭转)和 280.70Hz(整体垂向)。舱壁支撑基座 I 与基座 J 对称布置在左右舷,其中基座 I 的面板由 2 块立板支撑(长度为 250mm),而基座 J 的面板由 3 块立板支撑(长度为 420mm),其余结构参数与基座 I 相同。舱壁上基座 I 的振动模态振型如图 6.3.4 所示。表 6.3.7 为舱壁

上基座 I 与基座 J 的振动模态结果对比,与支撑基座的舱壁结构相比,基座 I 和基座 J 结构的基频远低于舱壁结构的基频。基座结构的基频虽然避开了舱壁结构的共振,但是与舱壁结构的刚度相比,基座结构的刚度更低。

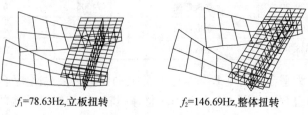

f_1=78.63Hz,立板扭转　　　　f_2=146.69Hz,整体扭转

图 6.3.4　舱壁上基座 I 的振动模态振型

表 6.3.7　舱壁上基座 I 与基座 J 的振动模态结果

阶数	基座 I		基座 J	
	频率/Hz	振型	频率/Hz	振型
1	78.63	立板扭转	90.96	立板扭转
2	89.27	立板扭转	174.55	整体扭转
3	146.69	整体扭转	280.70	整体垂向
4	171.38	整体垂向	406.42	整体扭转
5	253.81	立板扭转	456.70	整体弯曲扭转
6	331.21	立板扭转	648.10	整体弯曲扭转

图 6.3.5 为舱壁结构的模态振型,表 6.3.8 为舱壁结构的模态计算结果,圆柱壳体舱壁结构的前三阶固有频率计算结果分别为 153.32Hz、170.37Hz 和 292.75Hz。舱壁结构的前几阶固有频率接近于平台结构,其四周受到圆柱壳体结构的约束作用,振型主要表现为舱壁结构面内的局部弯曲振动。随着振动阶次的增加,局部弯曲振动越明显,表现为多个位置同时发生振动。

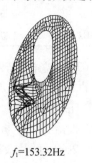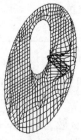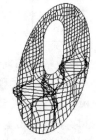

f_1=153.32Hz　　　　f_2=170.37Hz　　　　f_3=292.75Hz

图 6.3.5　舱壁结构的模态振型

表 6.3.8　舱壁结构的模态计算结果

阶数	频率/Hz	振型	阶数	频率/Hz	振型
1	153.32	局部振动	4	301.82	局部振动
2	170.37	局部振动	5	305.04	局部振动
3	292.75	整体振动	6	308.03	整体振动

舱段及基座结构的振动模态仿真结果显示,圆柱壳体的振动振型以壳体径向振动(壳体板的弯曲振动)和局部振动为主,整体弯曲振动振型不明显;平台结构的振型主要表现为平台结构面内的局部或整体弯曲振动;相同类型的基座结构,振动模态振型基本相似,增加基座结构的板厚,由于基座结构整体参振质量和刚度的同时变化,大多数阶次的固有频率增加,少数阶次的固有频率可能反而下降。

6.4　基座结构至舱段的振动传递特性

6.4.1　同类基座结构的振动传递特性

为比较同类基座结构的振动传递特性,图 6.4.1 给出了圆柱壳体上四个基座至圆柱壳体表面的振动传递函数比较。在壳体上不同位置,相同外形尺寸的基座 A 与基座 B、基座 C 与基座 D 的振动传递函数较接近,说明基座结构板厚对传递函数的影响不明显(不如外形尺寸和安装位置)。传递函数在圆柱壳体基频 111Hz 附近的峰值比在基座基频 220Hz 附近的峰值低,说明基座的振动模态对传递函数的影响较为明显。在大多数频率,由于基座 C 与基座 D 更加靠近圆柱壳体的中部,传递函数比基座 A 和基座 B 的传递函数略高,说明基座 C 与基座 D 的振动更容易传递到圆柱壳体上。

图 6.4.2 为平台上四个基座至圆柱壳体表面的振动传递函数比较。与圆柱壳体上基座相比,平台上基座的振动传递函数峰值更加密集,这是由于平台结构本身的振动模态分布密集,基座的振动先传递到平台结构上,再由平台结构两侧传递到圆柱壳体,或由平台结构两端传递到舱壁再传递到圆柱壳体结构上,因而平台结构的振动模态对振动传递函数有较大影响。在大多数频率范围内,长基座 F 的传递函数比其他基座的传递函数低,而短基座 G 的传递函数比其他基座的传递函数高,说明基座 G 的振动更容易传递到圆柱壳体上。

图 6.4.3 为舱壁上两个基座至壳体表面的振动传递函数比较。基座 I 的振动传递函数在基座的第四阶固有频率 171Hz 处出现较大的峰值,基座 J 的振动传递函数在基座的第三阶固有频率 281Hz 处出现较大的峰值,这是由于该阶固

有频率的振型表现为基座整体垂向振动。在300 Hz以上大多数频率,基座 I 与基座 J 的传递函数总体趋势相近。

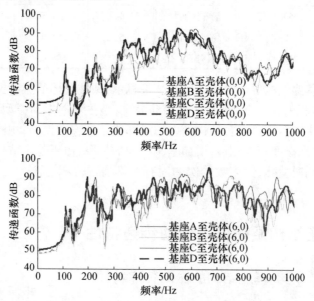

图 6.4.1　壳体上四个基座至圆柱壳体表面的振动传递函数比较

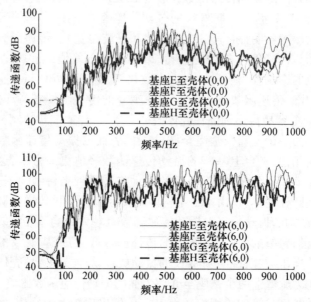

图 6.4.2　平台上四个基座至圆柱壳体表面的振动传递函数比较

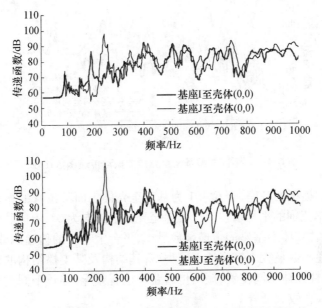

图 6.4.3　舱壁上两基座至壳体表面的振动传递函数比较

6.4.2　不同类基座结构的振动传递特性

为了比较不同类型基座对振动传递函数的影响,分别选取圆柱壳体上基座 A、平台上基座 E 和短基座 G,以及舱壁上基座 I,对比由基座面板传递至壳体上点 $S(0,0)$ 和 $S(6,0)$ 位置的传递函数,如图 6.4.4 所示。不同类型基座对振动传递函数的影响较大,在部分频率处有近 10dB 的差异。在大多数频率下,壳体上基座 A 和舱壁上基座 I 的振动传递较小,而平台上基座 E 和基座 G 的传递函数较大,尤其以基座 G 的振动传递更为明显。

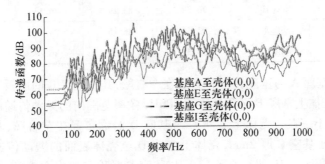

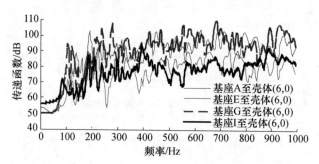

图 6.4.4 不同类型基座至壳体的振动传递函数比较

对于不同类型的基座,表 6.4.1 为基座至壳体表面某位置的振动传递函数在 800Hz 频率范围的平均值。对于传递至壳体上周向为 0°、不同肋位的振动传递函数平均值,壳体上基座的传递函数最小,平台上基座的传递函数次之,舱壁上基座的传递函数最大。基座的不同类型,其结构及其支撑结构的动态特性不同,安装在圆柱壳体不同位置,振动传递路径也有差异,导致不同类型基座的振动传递特性存在较大差异。

表 6.4.1 基座至壳体的振动传递函数平均值 （单位:dB）

类型	基座	$S(0,0)$	$S(6,0)$	$S(12,0)$	$S(20,0)$
壳体上	基座 A	70.48	75.25	75.41	72.28
	基座 B	70.33	73.86	74.68	72.20
	基座 C	72.26	77.11	76.92	71.64
	基座 D	72.28	76.08	76.29	71.22
平台上	基座 E	78.80	86.61	84.63	77.12
	基座 F	76.51	86.03	83.09	74.66
	基座 G	82.23	88.74	90.66	83.33
	基座 H	76.58	83.19	86.13	77.71
舱壁上	基座 I	92.55	86.15	84.83	85.34
	基座 J	93.31	90.02	86.84	86.30

壳体上基座 A 与基座 B 对称布置在左右舷,其中基座 B 的面板厚度比基座 A 厚 2mm,壳体上基座 B 至壳体表面 800Hz 频率范围内的振动传递函数平均值比基座 A 稍小一点。壳体上基座 C 与基座 D 对称布置在左右舷,其中基座 D 的面板厚度比基座 C 厚 2mm,壳体上基座 D 至壳体表面的振动传递函数平均值比基座 C 稍小一点;平台上基座 E 与基座 F 对称布置在左右舷,其中基座 F 的面板厚度比基座 E 厚 2mm,平台上基座 F 至壳体表面的振动传递函数平均值

比基座 E 小 0.5 ~ 2.5dB;平台上短基座 G 与短基座 H 对称布置在左右舷,其中基座 H 的面板厚度比基座 G 厚 2mm,平台上基座 H 至壳体表面的振动传递函数平均值比基座 G 约小 5dB;舱壁上基座 I 与基座 J 对称布置在左右舷,其中基座 I 的面板由 2 块立板支撑(长度为 270mm),而基座 J 的面板由 3 块立板支撑(长度为 420mm),舱壁上基座 I 至壳体表面的振动传递函数平均值比基座 J 小 1 ~ 4dB。

对于传递至圆柱壳体 0 肋位 $S(0,0)$ 位置的振动,由于基座 A 与基座 B 距离该位置的距离远,单位力作用下传递至该位置的平均振动加速度最小。而舱壁上基座 I 和基座 J 由于安装在圆柱壳体 0 肋位的舱壁上,传递至 $S(0,0)$ 位置的平均传递函数最大。对于圆柱壳体接近中部的位置 $S(6,0)$ 和 $S(12,0)$,面板厚度较厚的基座 B 引起的平均传递函数最小,而舱壁上基座 J 和平台上短基座 G 的平均传递函数较大。对于传递至圆柱壳体 20 肋位 $S(20,0)$ 位置的振动,壳体上基座 C 与基座 D 的平均传递函数较小,舱壁上基座 I 和基座 J 的平均传递函数较大。

为了比较振动沿圆柱壳体长度方向的传递函数,分别选取圆柱壳体上基座 A、平台上基座 F,以及舱壁上基座 I,对比传递至壳体上点 $S(0,180)$、$S(4,180)$、$S(8,180)$、$S(12,180)$、$S(16,180)$ 和 $S(20,180)$ 位置的传递函数。图 6.4.5 为基座 A 与基座 F 至壳体表面纵向的振动传递函数,由于基座 A 安装

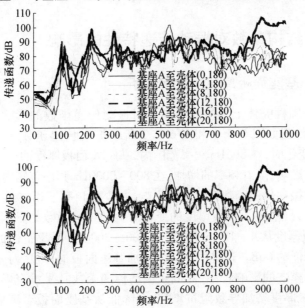

图 6.4.5　基座 A 与基座 F 至壳体纵向的振动传递函数比较

在圆柱壳体上 13 ~ 17 肋位之间、周向为 180° 位置,因此,在 $S(16,180)$ 位置的平均振动传递函数最大,距离基座的距离较远,且在舱壁位置 $S(0,180)$ 的平均振动传递函数最小,两者相差 14.1dB。由于基座 F 安装在平台结构上 4 ~ 6 肋位之间,因此,在 $S(4,180)$ 位置的平均振动传递函数最大,距离基座的距离较远,且在舱壁位置 $S(20,180)$ 的平均振动传递函数最小,两者相差 4.7dB。

图 6.4.6 为基座 I 至壳体表面纵向的振动传递函数,由于基座 I 安装在 0 肋位舱壁结构上,因此,总体上在 $S(0,180)$ 位置的振动传递函数最大,其次是 $S(4,180)$ 位置,距离基座的距离较远,且在靠近舱壁位置 $S(16,180)$ 的振动传递函数最小,两者相差 7.3dB。

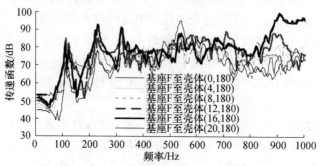

图 6.4.6　基座 I 至壳体纵向的振动传递函数

6.5　基座结构参数对振动传递特性的影响

6.5.1　基座面板厚度的影响分析

为了研究圆柱壳体上基座面板厚度对振动传递函数的影响,改变基座 A 面板的厚度,得到如图 6.5.1 和图 6.5.2 所示振动传递函数对比。面板厚度从 4 ~ 12mm 变化时,在 800Hz 频率范围内,基座 A 面板厚度的变化对振动传递函数几乎没有影响;随着频率的增加,在 800 ~ 2000Hz 频率范围内,基座 A 面板厚度的变化对振动传递函数有一定的影响,在少数频率下相差约 10dB;在圆柱壳体上不同位置,基座 A 面板厚度的变化对振动传递函数的影响规律相近;随着基座 A 面板厚度从 4 ~ 12mm 增加,在 800 ~ 2000Hz 频率范围的振动传递函数的平均值降低约 6dB。这是由于仅仅增加基座面板的厚度,对基座及圆柱壳体的低频振动模态的影响较小,对低频振动传递函数几乎没有影响,而在中高频段,基座面板厚度增加导致阻抗增加,会降低从基座面板至圆柱壳体的振动传递函数。

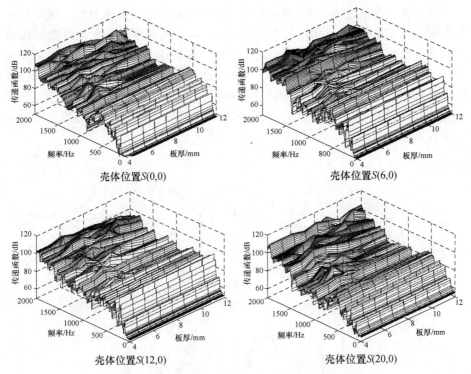

图 6.5.1　基座 A 面板厚度对振动传递函数的影响

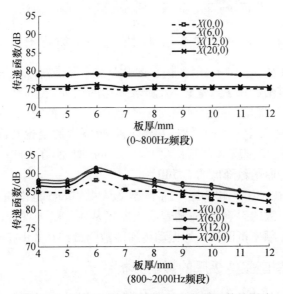

图 6.5.2　基座 A 面板厚度对振动传递函数的影响

图 6.5.3 为基座 A 腹板、肘板板厚对振动传递函数的影响对比。腹板厚度从 3 ~ 5mm 变化时,在 800Hz 频率范围内,基座 A 腹板厚度的变化对振动传递函数几乎没有影响;随着频率的增加,在 800 ~ 2000Hz 频率范围内,基座 A 腹板厚度的变化对振动传递函数有一定的影响,在少数频率下降低约 2dB;在圆柱壳体上不同位置,基座 A 腹板厚度的变化对振动传递函数的影响规律接近,随着基座 A 腹板厚度从 3 ~ 5mm 增加,在 800 ~ 2000Hz 频率范围的平均振动传递函数降低约 0.5dB。

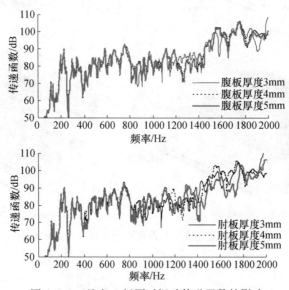

图 6.5.3　基座 A 板厚对振动传递函数的影响

在肘板厚度从 3 ~ 5mm 变化时,在 800Hz 频率范围内,基座 A 肘板厚度的变化对振动传递函数几乎没有影响;随着频率的增加,在 800 ~ 2000Hz 频率范围内,基座 A 肘板厚度的变化对振动传递函数有一定的影响,在少数频率下相差约 5dB;在圆柱壳体上不同位置,基座 A 肘板厚度的变化对振动传递函数的影响规律接近,随着基座 A 肘板厚度从 3 ~ 5mm 增加,在 800 ~ 2000Hz 频率范围的平均振动传递函数降低约 1.5dB。

相似的是,在基座 F 和基座 G 面板厚度从 4 ~ 8mm 范围内,面板厚度的变化对振动传递函数的影响较小;随着面板厚度从 4 ~ 8mm 增加,基座 F、基座 G 在 800 ~ 2000Hz 频率范围的平均振动传递函数降低约 0.8dB、2dB。

6.5.2　基座整体板厚的影响分析

为了研究圆柱壳体上基座结构整体板厚对振动传递函数的影响,同时按相同比例改变基座 A 面板、腹板和肘板的厚度,得到如图 6.5.4 和图 6.5.5 所示振动传递函数对比。在基座 A 结构整体的相对板厚(计算板厚除以基准板厚)0.4~2.4 范围内,在 500Hz 频率范围内,板厚的变化对振动传递函数的影响较小;随着频率的增加,在 800~2000Hz 频率范围内,结构板厚的变化对振动传递函数有一定的影响,在有些频率下相差 10~20dB;在圆柱壳体上不同位置,基座 A 板厚的变化对振动传递函数的影响规律接近,随着基座 A 的相对板厚由 0.4~2.4 变化,在 0~800Hz 频率范围内,振动传递函数的平均值降低约 6dB;在 800~2000Hz 频率范围内,相对板厚从 0.4 增加到 2.4 倍,振动传递函数的平均值降低约 17dB,相对板厚从 1.0 增加到 1.6 倍,振动传递函数的平均值降低约 5dB,相对板厚增加到 1.6 倍时,振动传递函数平均值下降的趋势减缓。

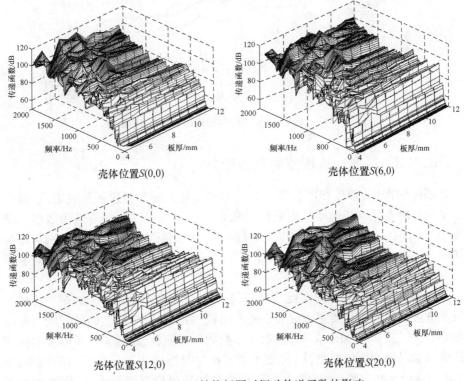

图 6.5.4　基座 A 结构板厚对振动传递函数的影响

由于整体改变基座的板厚,对基座结构振动模态的影响较大,基座阻抗在中高频明显增加。因此,在设计基准板厚的基础上,同时按比例增加基座结构的板厚,可以明显降低振动至圆柱壳体的中高频传递函数,但是,当基座结构的相对板厚增加到一定程度时,进一步增加结构的板厚对振动传递函数的影响并不明显,这对基座结构的声学设计具有参考价值。

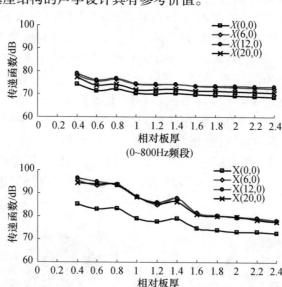

图 6.5.5　基座 A 结构板厚对振动传递函数的影响

6.5.3　基座结构板厚的灵敏度分析

　　基座的面板、腹板和肘板厚度对传递到壳体的振动传递函数灵敏度,反映了基座板厚对振动传递函数影响的灵敏程度。若板厚对振动传递函数的灵敏度小于0,说明板厚增加,振动传递函数减少,传递到壳体上的振动越少;振动传递函数灵敏度的幅值越小,说明板厚增加,传递到壳体上的振动越少,越有利于抑制基座结构振动的传递。

　　图 6.5.6 为基座 A 的面板、腹板和肘板厚度对传递到壳体上的振动传递函数灵敏度比较。振动传递函数关于基座面板、腹板和肘板厚度的灵敏度与振动频率有关。在 0～800Hz 频率范围,大多数频率下面板、腹板和肘板厚度的振动传递函数灵敏度幅值较小,说明改变基座板厚对振动传递函数的影响较小;在 800～2000Hz 频率范围,基座 A 的振动传递函数灵敏度幅值增加,说明改变基座板厚对振动传递函数的影响较大,传递函数灵敏度幅值波动较大,有些频率处的传递函数灵敏度大于0,更多频率处的传递函数灵敏度小于0。总体而言,关于基座腹板厚度的灵敏度函数最小,关于基座面板厚度的灵敏度函数最大,即改变基座面板的厚度,对调节振动传递函数的效果更明显,且在多数频率下,增加基座面板的厚度可以使振动传递函数减小。

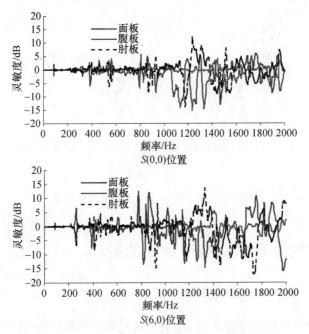

图6.5.6 板厚对壳体上的振动传递函数灵敏度比较

6.5.4 基座结构材料的影响分析

若基座 A 采用更加轻质的铝材料,图6.5.7 为基座 A 材料对振动传递函数的对比。在 0 ~ 500Hz 频率范围内,材料对振动传递函数的影响较小,随着频率的增加,材料对传递到壳体上的振动传递函数有一定的影响,总体趋势表现为基座采用铝材料时的振动传递函数比碳钢略高;在 0 ~ 2000Hz 频率范围内,基座采用铝材料时的振动传递函数平均值比碳钢增加约 3dB。因此,基座采用弹性模量更高的碳钢材料,更有利于抑制从基座面板传递到壳体上的振动。

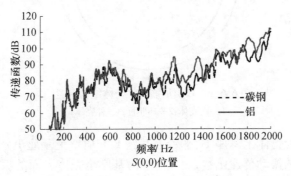

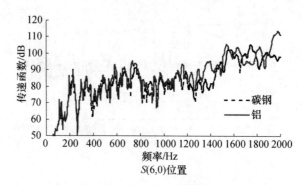

图 6.5.7　传递到壳体上的振动传递函数

6.6　舱段壳体对振动传递特性的影响

6.6.1　等厚度的双层壳体结构

单加筋圆柱壳体的厚度为 9mm,为了研究双层加筋圆柱壳体对振动传递特性的影响,在壳体总厚度相同的情况下,假如双层加筋圆柱壳体的内壳和外壳都为 4.5mm,间距为 200mm,通过 6mm 厚的环肋板相连,其结构示意图如图 6.6.1 所示,假设壳体结构的内部及外部介质均为空气。

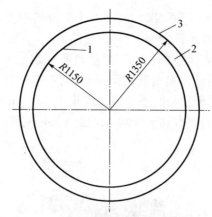

图 6.6.1　双层加筋圆柱壳体结构示意图
1—内壳体;2—环肋板;3—外壳体。

图 6.6.2 为壳体上基座 B、平台上基座 F 和舱壁上基座 I 分别受激励时传递到壳体表面的振动传递函数,表 6.6.1 为基座至壳体表面的振动传递函数平

均值。采用总厚度与单层壳体相同的双层壳体结构时,在大多数频率下,双层壳内壳体的振动比单层壳体结构大,但是外壳体的振动比单层壳体结构小;双层壳外壳体的振动比内壳体的振动小 2 ~ 3dB,这是由于基座受到激励源的作用后,振动的传递路径是先传递到内壳体,再通过肋板传递到外壳体结构,在振动传递过程中,由于材料的阻尼损耗而衰减。

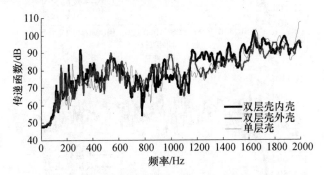

图 6.6.2　基座 B 至壳体表面 $S(6,0)$ 位置的振动传递函数

表 6.6.1　基座至壳体表面的振动传递函数平均值

激励点	响应点	$S(0,0)$	$S(6,0)$	$S(12,0)$
壳体上 基座 B	单层壳	77.0	80.6	80.7
	双层壳内壳	78.8	80.6	84.2
	双层壳外壳	82.3	79.4	82.2
平台上 基座 F	单层壳	81.4	86.8	84.9
	双层壳内壳	84.3	93.0	83.6
	双层壳外壳	82.7	84.5	81.3
舱壁上 基座 I	单层壳	85.5	81.0	80.3
	双层壳内壳	83.6	76.4	74.6
	双层壳外壳	75.8	73.7	72.0

6.6.2　不等厚度的双层壳体结构

在不改变单层圆柱壳体结构模型参数的基础上,在加筋圆柱壳体结构外围增加一层 4.5mm 的外壳体结构,形成通过环肋板相连的 9mm + 4.5mm 双层壳体结构,双层壳的间距为 200mm。对于双层加筋圆柱壳体结构,对比分析壳体上基座 B、平台上基座 F 和舱壁上基座 I 分别受激励时传递到壳体表面的振动传递函数,计算结果如图 6.6.3 所示,如表 6.6.2 所列。

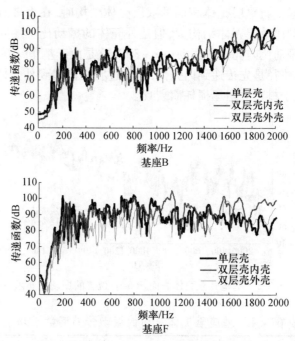

图 6.6.3　基座至壳体表面 $S(6,0)$ 位置的振动传递函数

表 6.6.2　基座至壳体表面的振动传递函数平均值　（单位:dB）

激励点	响应点	$S(0,0)$	$S(6,0)$	$S(12,0)$
壳体上 基座 B	单层壳	77.0	80.6	80.7
	双层壳内壳	77.2	79.2	79.9
	双层壳外壳	81.2	78.4	79.2
平台上 基座 F	单层壳	81.4	86.8	84.9
	双层壳内壳	80.8	89.1	82.2
	双层壳外壳	82.3	83.0	80.5
舱壁上 基座 I	单层壳	85.5	81.0	80.3
	双层壳内壳	78.8	73.9	72.3
	双层壳外壳	75.6	72.5	71.1

　　本舱段模型的计算结果显示,在大多数频率下,双层壳内壳体的振动比单层壳体结构大,但是双层壳外壳体的振动比单层壳体结构小,双层壳外壳体的振动比内壳体的振动小 1~3dB。

　　对于总厚度为 13.5mm 的双层壳体结构,与总厚度为 9mm 的双层壳体结构相比,在相同激励下外壳体的振动略微减小了 1dB 左右。从控制基座结构振动传递的角度,采用双层壳体结构后,壳体上的振动衰减并不明显,而结构增加的质量明显。相对而言,对基座结构的声学设计,通过对基座结构的优化和振动控制,可以实现更好的减振效果。

需要说明的是,本章所设计的圆柱壳体模型装置,仅建立了水下航行器动力舱的缩比模型,未考虑航行器外部水介质的耦合作用,以及航行器其他舱段边界条件对振动传递的影响,主要目的是为了分析舱段内部支撑结构振动传递特性的基本规律,以指导船舶内部支撑结构的声学设计。

6.7　本章小结

设计了内部具有 3 类、共 10 个设备支撑基座的圆柱壳体模型装置,采用结构有限元振动模态数值计算方法,分析了圆柱壳体模型装置的振动模态参数。计算表明,圆柱壳体结构的模态振型主要表现为径向振动,其第一阶固有频率计算结果为 111.37Hz;平台结构的模态分布较密集,模态振型主要表现为结构面内的局部或整体弯曲振动,其第一阶固有频率为 168.21Hz;圆柱壳体上基座 A 结构的模态振型主要表现为腹板、面板和立板的弯曲振动或基座的整体振动,其第一阶固有频率为 220.79Hz。

由此可见,对于本书研究的圆柱壳体模型装置,圆柱壳体结构的固有频率最低,其次是平台结构,而舱壁结构的固有频率最大。对于不同类型的基座,舱壁上基座的固有频率最低,其次是圆柱壳体上的基座,而平台结构上基座的固有频率最大。由于平台结构的模态分布较密集,且同时与舱壁结构、圆柱壳体结构相连,容易引起舱壁结构、圆柱壳体结构的耦合振动。

对圆柱壳体结构模型中的 10 个基座结构,对比分析了基座至壳体结构的振动传递特性,研究了基座类型、结构参数和布置位置对振动传递特性的影响。计算结果表明,不同类型基座结构的动态特性不同,安装在圆柱壳体不同位置,振动传递路径也有差异,导致不同类型基座的振动传递特性不一致;在 800Hz 频率范围内,壳体上基座至壳体上振动传递函数的平均值最小,平台上基座次之,舱壁上基座最大;在一定程度上增加基座结构的板厚,可以降低基座至壳体结构的振动传递。

第7章 舱段内基座结构的振动传递特性实验分析

舱段内部机械的振动在形成辐射噪声时,需要经过一定的途径,将振动能量传递到壳体外壳,激发起外壳的振动并且辐射噪声。对航行器内部振动传递特性影响较大的因素是基座等支撑结构及其材料的阻尼特性。由于航行器结构的复杂性以及材料的多样性,基于理论研究或数值计算的传递特性预报方法难以得到令人信服的结果,需要由实验加以支持。

本章以某航行器动力舱段模型结构为对象,以振动传递函数为评价指标,开展了结构振动传递特性实验,研究了基座至圆柱壳体表面的振动传递特性,得到圆柱壳体表面的机械导纳分布,定性地研究了高低频振动沿基座结构的传递及衰减规律,分析了基座的形式、结构参数及布置对圆柱壳体模型传递特性的影响[114,115]。

7.1 舱段及基座结构的振动模态实验

7.1.1 结构振动模态实验方案

实验模态分析是通过实验数据采集系统的输入输出信号,经过参数识别获得结构的模态参数。本书为了研究圆柱壳体及平台结构的振动模态参数,采用单点激励单点响应(SISO)的方法,开展了加筋圆柱壳体的振动模态实验。

圆柱壳体结构模型利用四只空气弹簧作支撑,支撑系统的前六阶固有频率均在3Hz左右,以模拟自由~自由的边界条件。由于模型内部既有典型基座结构又有平台结构,对于不同的实验,需要改变模型的支撑方向以及振动激励方向,振动实验时,圆柱壳体可绕轴线旋转180°安装。对于以典型平台作为激励点的实验,圆柱壳体结构模型的支撑方式如图7.1.1所示。对于以典型基座作为激励点的实验,圆柱壳体结构模型的支撑方式需要旋转180°安装。

加筋圆柱壳体结构模型振动模态实验的仪器设备为丹麦B&K的PULSE系统,信号的动态范围为160dB,振动实验系统的主要仪器设备见表7.1.1。

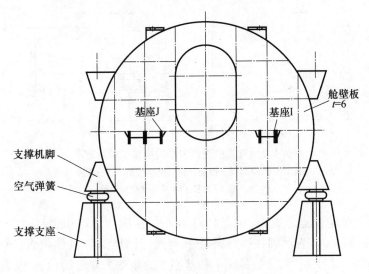

图 7.1.1　圆柱壳体结构模型的支撑方式

表 7.1.1　振动实验系统的主要仪器设备

	仪器名称	型号	技术指标
1	模态分析系统	B&K 8720	最小二乘复指数方法 LSCE 等
2	激振系统	B&K 3627	最大加速度:正弦 51g,随机 35g
3	功率放大器	B&K 2734 – A	频率范围:12Hz ~ 50kHz
4	力传感器	B&K 8230 – 002	测量量程: + 2200N/ – 2200N
5	加速度传感器	B&K 4506 – B	频率范围:0.3Hz ~ 8kHz
6	电荷放大器	B&K 2692 – A – 0S4	频率范围:0.1Hz ~ 100kHz

　　振动模态实验以宽带、快速正弦扫描激励方式进行,测量 10 ~ 1000Hz 频率范围内的线谱数据。实验时,激振器用弹性绳悬挂在圆柱壳体内部,弹性绳的另一端穿过模型外壳上预留的小孔,固定在外部支架上。从激振器输出的激励力经由激振杆,分别对圆柱壳体结构模型内部的基座及平台结构进行直接激励,对基座和平台结构进行激励的振动模态实验示意图如图 7.1.2 所示。

　　位于模型外壳的多个加速度计测量外壳的振动,由此得到圆柱壳体结构模型上激励点到响应点之间的传递函数。连续调整响应测点的位置,得到一组传递函数数据,以供振动模态分析以及振动传递特性分析。

　　根据圆柱壳体模型的形状与尺寸,沿着圆柱壳体的周向,均匀布置 16 个响应测点;沿着圆柱壳体的纵向,在外壳的环肋处布置 11 个测点,即圆柱壳体结

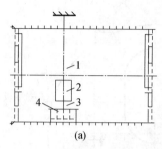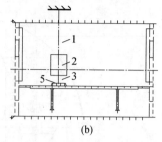

(a)   (b)

图 7.1.2　对基座进行激励的模态实验示意图

1—弹性绳;2—激振器;3—激振杆;4—基座模型 A;5—基座模型 E。

(a)对基座结构激励;(b)对平台结构激励。

构模型外壳响应测点总数为 $16 \times 11 = 176$ 个。在振动计算和实验时,为便于描述,用编号 $S(m,n)$ 表示圆柱壳体外壳上测点(计算点)的具体位置,其中 m 代表肋位数(0~20),定义安装基座 I 和基座 J 的舱壁为 0 号肋位;n 代表周向角(0~360°),定义底部为 0 度,如图 7.1.1 所示按照顺时针方向分布。

各测点的测量方向为沿所在部位表面的法向。对于圆柱外壳周向均布的测点,取法向测量;对于圆柱壳体结构模型内部的基座与平台,取法向或垂向测量。激励点的力传感器采用螺栓固定于结构的方式;响应点则采用加速度传感器用磁铁吸附固定结构的方式。图 7.1.3 为圆柱壳体结构模型振动实验现场照片。

图 7.1.3　圆柱壳体结构模型振动实验现场

7.1.2　基座面板的原点加速度导纳

分别采集输入到基座面板的激振力和原点的加速度响应频谱图,得到基座结构上激励点的原点加速度导纳。原点加速度导纳反映了单位输入激励力作用下引起的结构原点加速度,与结构的模态参数有关。

图 7.1.4 ~图 7.1.6 分别为圆柱壳体上基座、平台上基座和舱壁上基座的

原点加速度导纳频谱图。基座 A 的原点加速度导纳在 220Hz、399Hz，尤其是 1120Hz、1220Hz、2012Hz 有几个较为明显的峰值，基座 E 的原点加速度导纳在 798Hz、1096Hz 出现较高的峰值，基座 J 的原点加速度导纳在 178Hz、276Hz 出现较高的峰值，这些峰值与基座结构自身的模态频率接近，说明主要是由基座结构的振动模态所引起的。

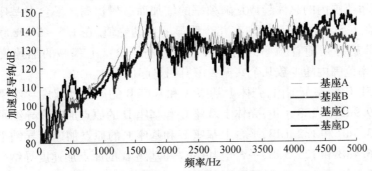

图 7.1.4　壳体上基座的原点加速度导纳频谱图

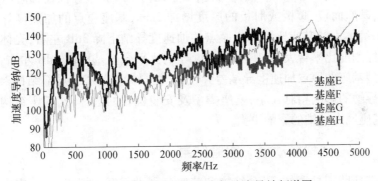

图 7.1.5　平台上基座的原点加速度导纳频谱图

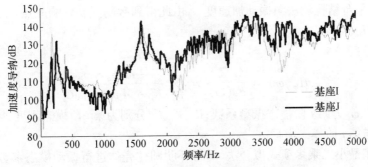

图 7.1.6　舱壁上基座的原点加速度导纳频谱图

平台上基座和舱壁上基座在 500Hz 以内存在多个峰值,基座 G 的原点加速度导纳在 166Hz、214Hz 频率处出现较为明显的峰值,这些峰值与平台结构自身的模态频率接近,说明主要是由平台结构的振动模态所引起的。

壳体上基座的原点加速度导纳在 1.5kHz 频率范围内的总体趋势随着频率的增加而明显提高,在 1.2 ~ 2kHz 频率范围内有几个明显的振动峰值,在 2 ~ 5kHz 频率范围内的总体趋势是随频率的增加而缓慢提高。平台上基座的加速度导纳在 1.5kHz 频率范围内有几个明显的振动峰值,在 1.5 ~ 5kHz 频率范围内的总体趋势是随着频率的增加而缓慢提高。舱壁上基座的加速度导纳在 2kHz 频率范围内随少数几个共振频率有明显起伏变化。

在 5kHz 频率范围内,壳体上基座 A 和基座 B 的原点加速度导纳平均值分别为 129.9dB 和 128.1dB,壳体上基座 C 和基座 D 的原点加速度导纳平均值分别为 133.3dB 和 132.1dB,平台上基座 E 和基座 F 的原点加速度导纳平均值分别为 126.4dB 和 125.3dB,平台上基座 G 和基座 H 的原点加速度导纳平均值分别为 130.8dB 和 129.0dB,舱壁上基座 I 和基座 J 的原点加速度导纳平均值分别为 126.2dB 和 128.2dB。由此可见,对于几何外形和布置位置相同(或对称)的基座,基座面板、腹板或肘板的厚度增加 2mm,基座原点的加速度导纳下降 1 ~ 2dB;壳体上长基座比短基座原点的加速度导纳下降 3dB 左右;壳体上基座由于支撑刚度比平台大,基座的加速度导纳比平台上基座高 3dB 左右。因此,不同类型基座的原点加速度导纳差异较大,相同类型基座的局部结构参数对原点机械导纳的影响相对较小,基座类型及安装位置的选择,比基座结构参数调整,对基座原点导纳的影响更大。

7.1.3 结构振动模态实验结果

对带环肋圆柱壳体、平台结构和基座分别进行振动模态实验,定义圆柱壳体结构振动模态实验的输入为作用在基座面板上的激振力 F,输出为带环肋圆柱壳体、平台结构的法向振动加速度 A,由此得到激励点 p 到响应点 l 之间的传递函数 $H_{lp}(\omega)$

$$H_{lp}(\omega) = \frac{A_l(\omega)}{F_p(\omega)} = \sum_{i=1}^{n} \frac{-\omega^2 \phi_{li} \cdot \phi_{pi}}{K_i - M_i \omega^2 + \mathrm{j}\omega C_i} \qquad (7.1.1)$$

式中:ϕ_{pi}、ϕ_{li} 为第 i 阶模态振型系数;K_i、M_i、C_i 分别为第 i 阶模态刚度、第 i 阶模态质量与第 i 阶模态阻尼。

采用最小二乘多项式拟合法,对带环肋圆柱壳体进行振动模态参数拟合分析,得到圆柱壳体的模态实验结果如表 7.1.2 所列和如图 7.1.7 所示。圆柱壳体的振动模态以壳体径向振动(壳体板的弯曲振动)和局部振动为主,圆柱壳体结构的整体弯曲振动振型不明显。振动模态的振型以周向发生径向振动为主,纵向发生径向振动为辅。带环肋圆柱壳体的第一阶振动模态固有频率为110.69Hz,振型为壳体径向振动(1,1),即纵向和周向的节点数均为1。实验测试得到的圆柱壳体振动模态阶次比有限元模态计算结果少,这是由于实验时测点数目较少,受频率步长或部分密集模态重合等因素的影响,造成少数振动模态参数没有被有效识别出来。

表7.1.2　圆柱壳体振动模态实验结果

阶次	固有频率/Hz	振型	阻尼比/%	阶次	固有频率/Hz	振型	阻尼比/%
1	110.69	(1,1)	4.36	6	236.17	(2,3)	1.15
2	141.15	(1,2)	0.65	7	250.57	(2,3)	0.38
3	211.85	(1,2)	0.92	8	315.46	(2,4)	0.39
4	220.06	(2,2)	0.49	9	345.89	(2,4)	0.80
5	226.91	(1,4)	1.25	10	355.66	(2,5)	0.42

f_1=110.7Hz,(1,1)振型

f_3=211.9Hz,(1,2)振型

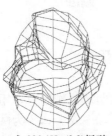
f_4=220.1Hz,(2,2)振型

f_5=226.9Hz,(1,4)振型

图7.1.7　圆柱壳体结构的振动模态振型

　　平台结构的模态实验结果如表7.1.3所列和如图7.1.8所示。平台结构的振动模态分布密集,由于四周固定在圆柱壳体上,振型主要以局部弯曲振动为

主。平台结构的第一阶固有频率为 167.0Hz,振型为局部弯曲振动,模态阻尼比为 0.70%。平台结构的固有频率与带环肋圆柱壳体较为接近,容易与圆柱壳体结构发生耦合振动。

表 7.1.3　平台结构振动模态实验结果

阶次	固有频率/Hz	振型	阻尼比/%	阶次	固有频率/Hz	振型	阻尼比/%
1	167.0	局部振动	0.70	6	214.1	整体振动	0.48
2	187.3	局部振动	0.05	7	226.0	整体振动	0.53
3	191.3	整体振动	0.40	8	244.7	整体振动	2.28
4	200.5	整体振动	0.72	9	254.1	整体振动	0.87
5	207.4	整体振动	0.93	10	268.3	局部振动	1.35

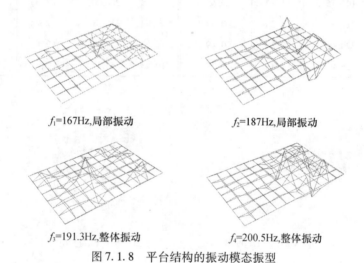

f_1=167Hz,局部振动　　　　　　f_2=187Hz,局部振动

f_3=191.3Hz,整体振动　　　　　　f_4=200.5Hz,整体振动

图 7.1.8　平台结构的振动模态振型

7.2　基座结构对振动传递特性的影响

基座至圆柱壳体表面的振动传递函数,表明单位作用力作用在基座面板上引起圆柱壳体上某位置的振动加速度。图 7.2.1 ~ 图 7.2.3 为圆柱壳体上基座 A、基座 B、基座 C 和基座 D 传递至壳体上 $S(0,0)$、$S(6,0)$、$S(20,0)$ 位置的振动传递函数实验结果。在 1/3oct 坐标下,振动传递函数曲线的总体趋势表现为随频率的增加而增加;不同基座的振动传递函数,在低频时,个别频率下约有 10dB 的差异,在大多数频率下的差异较小,在 5dB 以内;在 50Hz ~ 5kHz 频率范围内,基座 C、基座 D 比基座 A、基座 B 的振动传递函数平均值小 1 ~ 3dB,仅面

板厚度相差 2mm、对称布置的基座 A 和基座 B,以及基座 C 和基座 D 之间,从振动传递函数曲线上难以直接比较出振动传递函数的大小。

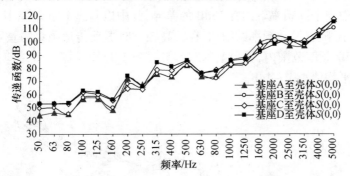

图 7.2.1　壳体上基座传递至壳体上 $S(0,0)$ 位置的振动传递函数

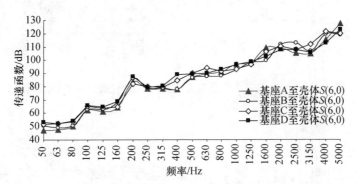

图 7.2.2　壳体上基座传递至壳体上 $S(6,0)$ 位置的振动传递函数

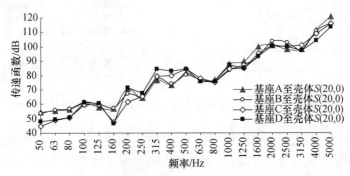

图 7.2.3　壳体上基座传递至壳体上 $S(20,0)$ 位置的振动传递函数

图 7.2.4 ~ 图 7.2.6 为平台上基座 E 和基座 F,以及短基座 G 和基座 H 传递至壳体上 $S(0,0)$、$S(6,0)$、$S(20,0)$ 位置的振动传递函数实验结果。振动传

递函数曲线的总体趋势表现为随频率的增加而增加,在 50～400Hz 随频率增加明显,在 400Hz～5kHz 随频率增加平缓;在 500Hz 以下频率范围,不同基座的振动传递函数在个别频率下约有 15dB 的差异,其中以基座 E 和基座 H 的振动传递函数略小,随着振动频率的增加,在较高频率时振动传递函数的差异减小;在 50Hz～5kHz 频率范围内,平台上基座 E 和基座 F 比短基座 G 和基座 H 的振动传递函数平均值小 1～4dB。

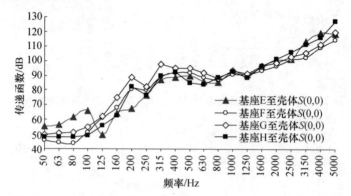

图 7.2.4　平台上基座传递至壳体上 $S(0,0)$ 位置的振动传递函数

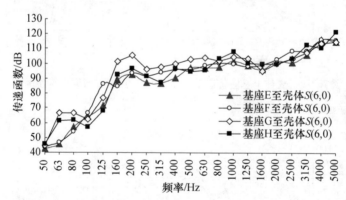

图 7.2.5　平台上基座传递至壳体上 $S(6,0)$ 位置的振动传递函数

　　图 7.2.7～图 7.2.9 为圆柱壳体上、平台上和舱壁上 5 个典型基座传递至壳体上 $S(0,0)$、$S(6,0)$、$S(20,0)$ 位置的振动传递函数实验结果。在 1000Hz 以下大多数频率时,舱壁上基座 G 的振动传递函数较大,基座 A 的振动传递函数较小;同时安装在圆柱壳体上的基座 A 和基座 C 之间的传递函数差异较小,而安装在圆柱壳体上、平台上和舱壁上基座之间的传递函数差异较大;在 1000Hz 以下频率范围,不同基座的振动传递函数在个别频率下大约有 20dB 的差异,其

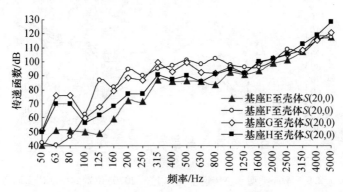

图 7.2.6　平台上基座传递至壳体上 $S(20,0)$ 位置的振动传递函数

中以基座 A 的振动传递函数较小;随着振动频率的增加,在较高频率时,振动传递函数的差异减小,总体上仍然是基座 A 的振动传递较小。

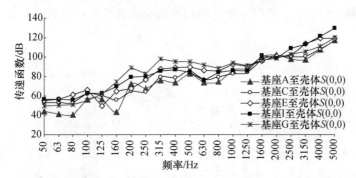

图 7.2.7　不同类型基座传递至壳体上 $S(0,0)$ 位置的振动传递函数

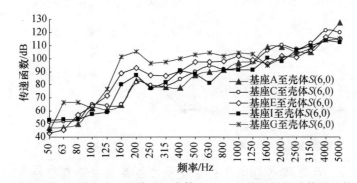

图 7.2.8　不同类型基座传递至壳体上 $S(6,0)$ 位置的振动传递函数

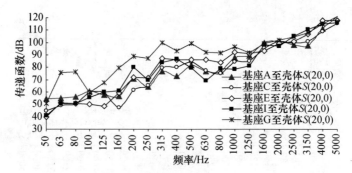

图 7.2.9　不同类型基座传递至壳体上 $S(20,0)$ 位置的振动传递函数

图 7.2.10 ~ 图 7.2.12 为基座 A 传递至壳体相同肋位、不同圆周位置的振动传递函数。在大多数频率下，圆柱壳体上安装在 180° 位置的基座 A 传递到 180° 周向角位置处的振动传递函数较最大，其次是传递到两侧 90° 和 270° 处的振动，传递到相反位置 0° 周向角处的振动传递函数较最小。其原因是基座上的

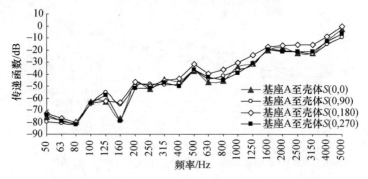

图 7.2.10　壳体上基座至圆柱壳体周向的振动传递函数

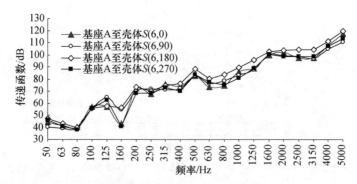

图 7.2.11　壳体上基座至圆柱壳体周向的振动传递函数

振动先传递到圆柱壳体安装位置,再沿着圆柱壳体两侧传递,在传递过程中,由于材料阻尼的损耗作用,消耗了一部分振动能量,因而振动传递函数逐步减少,在 50Hz ~ 5kHz 频率范围平均约衰减 5dB。

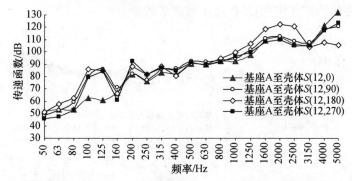

图 7.2.12　壳体上基座至圆柱壳体周向的振动传递函数

图 7.2.13 ~ 图 7.2.15 为圆柱壳体上基座 A、平台上基座 E、基座 G 沿纵向的振动传递特性对比。在大多数频率下,基座 A 传递到两端 0 肋位和 20

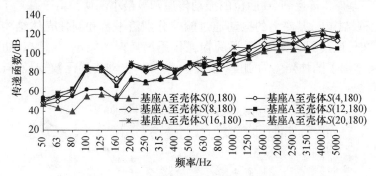

图 7.2.13　圆柱壳体上基座 A 至纵向的振动传递函数

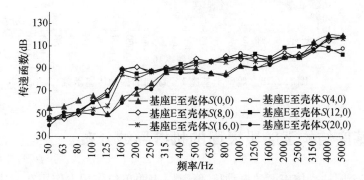

图 7.2.14　平台上基座 E 至纵向的振动传递函数

肋位的振动传递函数最小,传递到 16 肋位处的振动传递函数最大。其原因是基座 A 安装在圆柱壳体上 13 ~ 17 肋位,基座上的振动通过圆柱壳体沿着纵向向两端传递,在传递过程中,由于材料阻尼的损耗作用,以及两端舱壁对圆柱壳体刚度加强的约束作用,振动传递函数逐步减少。

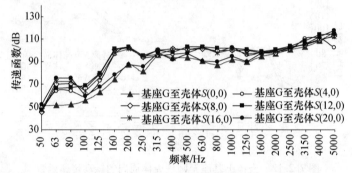

图 7.2.15　平台上基座 G 至纵向的振动传递函数

图 7.2.16 为舱壁上基座 I 沿圆柱壳体纵向的振动传递特性对比。在大多数频率下,基座 I 传递到 20 肋位的振动传递函数最小。这是由于基座 I 安装在 0 肋位舱壁结构上,基座上的振动通过舱壁分别沿平台和圆柱壳体结构向另一端传递,在传递过程中,材料阻尼的损耗作用消耗振动能量,并且 20 肋位处的舱壁结构增加了圆柱壳体的刚度,导致 20 肋位的振动传递函数较最小,不同频率下的衰减约 5dB。

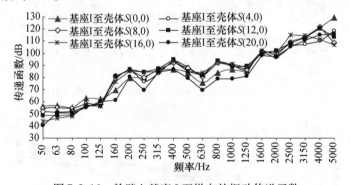

图 7.2.16　舱壁上基座 I 至纵向的振动传递函数

7.3　基座结构至舱段表面的机械导纳分布

基座至圆柱壳体表面的振动传递函数,表明单位作用力作用在基座面板上引起圆柱壳体上某位置的振动加速度,在已知动力设备的激振力特性时,可以方便地求出圆柱壳体表面的振动加速度。然而,在圆柱壳体结构辐射噪声预报时,常用圆柱壳体表面的振动速度表征结构的振动能量,在已知结构表面声辐射效率的情况下,可方便地求出圆柱壳体的辐射噪声。因此,也用基座至壳体表面的机械导纳表征结构的振动传递特性。

　　机械导纳的定义:其他位置的激励力为零时,l 点响应速度谱与 p 点激励谱的复数比值,即第 p 点单位输入力 $F_j(\omega)$ 引起的第 l 点结构振动响应速度 $V_l(\omega)$:

$$D_{lp}(\omega) = \frac{V_l(\omega)}{F_p(\omega)} \tag{7.3.1}$$

　　在圆周方向,定义圆柱壳体上基座安装位置的周向角为 180°,周向角按顺时针分布。图 7.3.1 为在某一频率时圆柱壳体上基座 A 至壳体表面的机械导纳分布图。在 125Hz 时,基座 A 至壳体表面的机械导纳分布为"拱形",基座 A 至壳体表面安装位置(13~17 肋位)附近的机械导纳为最大 28.5dB。在长度和圆周方向,机械导纳随着传播距离的增加而衰减,在长度方向每米距离衰减 7dB 左右;到两端面的机械导纳最小,这是由于舱壁对壳体存在约束作用导致圆柱壳体两端的振动刚度大,以及结构材料阻尼损耗作用使得传递到两端面时的振动较小;在圆周方向,随着传播距离的增加,传递到 0° 周向角位置的机械导纳最小;基座至圆柱壳体的机械导纳分布形状与壳体表面的结构振动模态振型有关,主要受圆柱壳体固有频率为 110.69Hz 的(1,1)阶模态振型的影响,分布形状相似于壳体结构振型。

　　在 250Hz 时,基座 A 至壳体表面的机械导纳分布为"双拱形",基座 A 至壳体表面 4 肋位和 16 肋位位置附近的机械导纳较大,分别为 23.3dB 和 24.3dB;基座至圆柱壳体的机械导纳分布形状主要受固有频率为 220.06Hz 的(2,2)阶模态振型的影响。

　　随着振动频率的增加,基座 A 至壳体表面的机械导纳分布沿长度和圆周方向的分布形状趋于平稳,局部呈波浪形起伏,频率越高,起伏越密集,起伏的幅度越小。在 1kHz 以上频率,除了两个端面以外,基座 A 至壳体表面不同位置的机械导纳基本接近,分布形状较为平坦。这是由于圆柱壳体结构在高频范围的振动受到很多阶局部振动模态的共同影响,振动模态相互叠加后导致圆柱壳体上不同局部位置的机械导纳差异较小。

　　图 7.3.2 为在某一频率时平台上短基座 G 至圆柱壳体表面的机械导纳分布图。基座 G 安装在平台结构上,在 125Hz 时,其振动通过平台结构沿着左右舷分别传递到圆柱壳体上,在平台结构与圆柱壳体相交处(靠近 90° 和 270° 周向角)的振动较大,在圆柱壳体上的机械导纳分布为"双拱形",最大值为

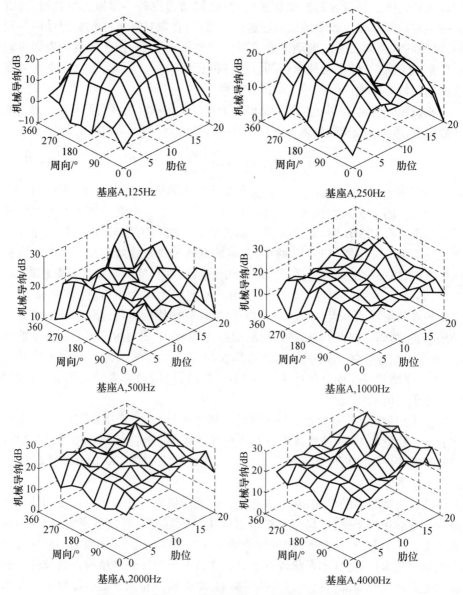

图 7.3.1　基座 A 至圆柱壳体表面的机械导纳分布图

35.8dB,出现在基座距圆柱壳体较短传递路径附近区域的 12 肋位 270°周向角位置。随着振动频率的增加,基座 G 至壳体表面的机械导纳分布沿长度和圆周方向呈波浪形起伏,频率越高,起伏越密集,起伏的幅度越小。在 1kHz 以上频率,除了两个端面以外,基座 A 至壳体表面不同位置的机械导纳分布形状较为平坦。

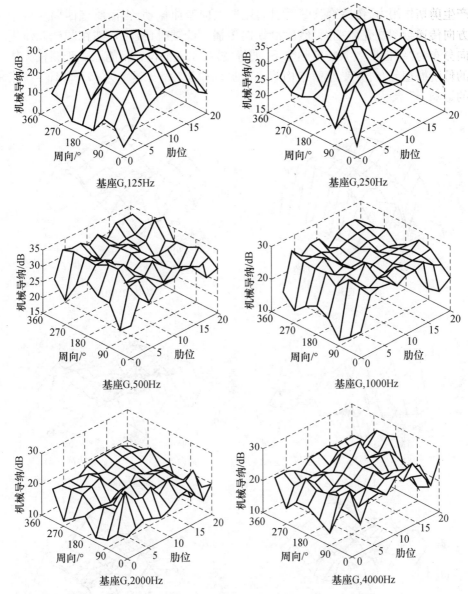

图 7.3.2 基座 G 至圆柱壳体表面的机械导纳分布图

图 7.3.3 为在某一频率时舱壁上基座 J 至圆柱壳体表面的机械导纳分布图。在 125Hz 时,机械导纳沿圆柱壳体周向分布为"锯齿形";沿纵向的分布呈现为腹部大、两端小,这是由于舱壁对圆柱壳体的刚度约束作用导致振动减小。由于基座 J 安装在舱壁结构上,其振动传递路径是通过基座的垂向振动对舱壁

221

产生剪切作用力,传递给舱壁后引起舱壁法向弯曲振动,再由舱壁四周从各个方向传递给圆柱壳体端面,然后沿纵向传播。低频时,机械导纳在圆柱壳体周向分布为"锯齿形",某特定频率下,波峰、波谷出现的位置可能取决于圆柱壳体的低阶振型分布,并受舱壁结构第一阶振动模态(固有频率为153.58Hz)振型的影响。

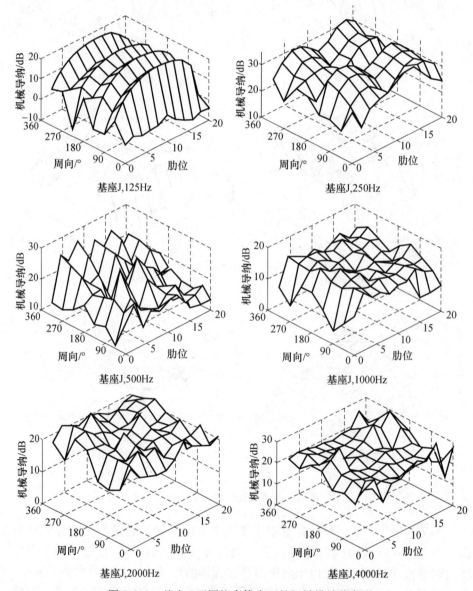

图 7.3.3 基座 J 至圆柱壳体表面的机械导纳分布图

对比圆柱壳体上的基座 A、平台上的基座 G 和舱壁上的基座 J,从基座至圆柱壳体表面机械导纳的共同特点:在低频时,机械导纳的分布主要受到圆柱壳体及基座结构,尤其是圆柱壳体结构低阶振动模态振型的影响;由于不同基座的振动沿圆柱壳体结构的传递路径不同,导致机械导纳分布形状有一定的差异;随着振动频率的增加,基座至壳体表面的机械导纳分布沿长度和圆周方向呈波浪形起伏,频率越高,起伏越密集,起伏的幅度越小;在 1kHz 以上频率,基座至壳体表面不同位置的机械导纳分布形状较为平坦。

图 7.3.4 为在圆周角 180°方向壳体表面沿纵向的机械导纳分布图。对于同类型的基座 A 与基座 B、基座 G 与基座 H、基座 I 与基座 J,机械导纳沿壳体表面纵向的分布形状相似;对不同基座,圆柱壳体基频为 110.69Hz 的振动模态对机械导纳分布的影响较明显,在不同基座的机械导纳分布图中均在 1/3oct 100Hz 频率处出现腹部振动大、两端振动小的分布特征;在不同频率处,总体上在距离圆柱壳体距离较近的位置振动较大,两端振动较小。

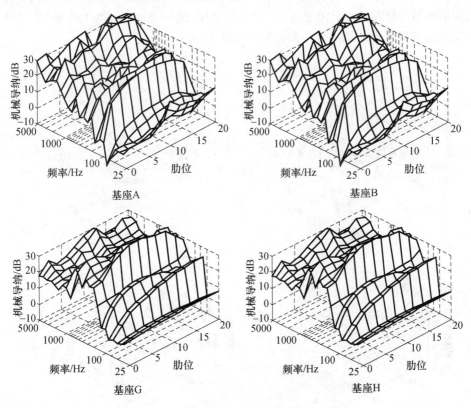

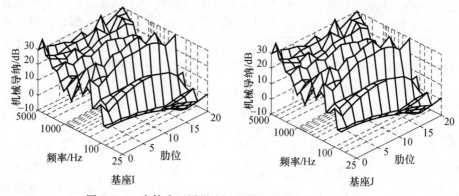

图 7.3.4　壳体表面沿纵向的机械导纳分布图（180°方向）

图 7.3.5 为在 0 肋位和 10 肋位壳体表面沿周向的机械导纳分布图。对于某一基座，机械导纳沿壳体表面周向的分布形状相似；基座 A 和基座 G 在 10 肋位的机械导纳总体上比 0 肋位大；对不同基座，圆柱壳体基频为 110.69Hz 的振动模态对机械导纳周向分布的影响不如纵向明显。

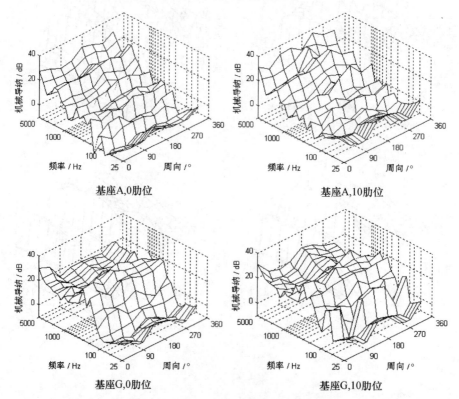

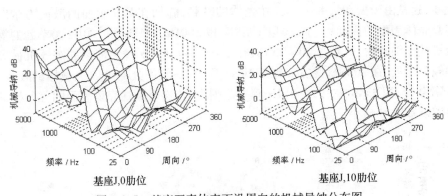

基座J,0肋位 基座J,10肋位

图 7.3.5 基座至壳体表面沿周向的机械导纳分布图

7.4 基座结构至舱段表面的等效机械导纳

随着频率的提高,基座至圆柱壳体表面不同肋位和圆周方向的机械导纳差异减小。为了更加直观地描述基座沿着壳体表面振动传递特性的一般规律,定义基座至圆柱壳体表面的等效机械导纳:

$$\tilde{D}(\omega) = 10\lg\left[\frac{1}{N}\sum_{l=1}^{N} 10^{0.1D_{lp}(\omega)}\right] \tag{7.4.1}$$

式中:N 为圆柱壳体表面的所有测点个数。等效振动传递函数表征了由基座单位力激励引起的圆柱壳体表面的平均振动速度和整体振动水平,反映了基座至圆柱壳体表面整体的传递能力。

图 7.4.1 ~ 图 7.4.3 为同类型基座至圆柱壳体表面的等效机械导纳比较。在相同频率下,布置在圆柱壳体上的基座 A、B、C 和基座 D 的等效机械导纳较为接近,大部分频率下的差异在 5dB 以内;在 100Hz 以下频率的等效机械导纳

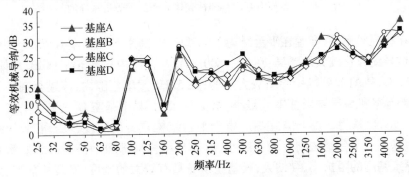

图 7.4.1 壳体上基座至圆柱壳体表面的等效机械导纳

很小,这是由于振动频率小于圆柱壳体的基频,施加在基座表面的激振力难以引起壳体表面的振动;在 1kHz 以下频率,以 100Hz、125Hz 和 200Hz 频率处的等效机械导纳较大,分别在 20~25dB;在 250Hz~1.6kHz 频率范围的等效机械导纳较为接近,在 20dB 左右;在高频 2kHz 及 5kHz 频率处的等效机械导纳较大,分别为 26dB、33dB 左右;在 5kHz 频率范围内,传递至圆柱壳体表面的等效机械导纳以基座 C 略小一点。

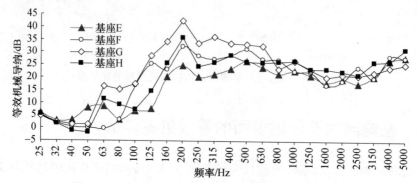

图 7.4.2　平台上基座至圆柱壳体表面的等效机械导纳

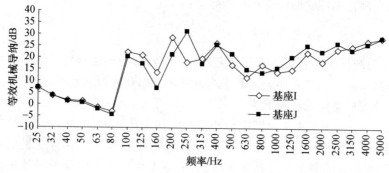

图 7.4.3　舱壁上基座至圆柱壳体表面的等效机械导纳

在相同频率下,布置在平台结构上的基座 E、基座 F 和基座 G、基座 H 的等效机械导纳存在较大的差异;在 50~800Hz 低频范围内相差 10~18dB,总体上,短基座 G、H 的等效机械导纳较大一些;在 5kHz 频率范围内,传递至圆柱壳体表面的等效机械导纳以基座 E 最小,基座 G 最大,其中基座 G 比基座 F 和基座 H 高 3dB,比基座 E 高 6dB 左右。由于平台结构自身的刚度较弱,安装短基座后,短基座对平台结构刚度的贡献小,对平台结构局部振动模态参数的影响较小,导致基座的阻抗小、导纳大;长基座本身具有较大的刚度,安装长基座后,长基座对平台结构刚度的贡献大,会影响平台结构局部的刚度和振动模态参数,导致基座自身的阻抗大、导纳小。因此,基座自身的结构参数及在平台结构上的具体安装位置,会对基座的振动传递特性造成较大的影响,尤其是对平台结构模态分布密集的中频范围。

在相同频率下,布置在舱壁上的基座 I 和基座 J 的等效机械导纳较为接近,尤其是在 100Hz 以下的低频区;在 100～400Hz 频率范围,基座 I 和基座 J 的等效机械导纳存在一定的差异,因为基座的低阶振动模态主要分布在该频率范围,尤其是基座垂向振动的模态对振动传递的影响较大;在 5kHz 频率范围内,传递至圆柱壳体表面的等效机械导纳以基座 I 略小一点。

图 7.4.4 为不同类型基座至圆柱壳体表面的等效机械导纳。对于不同类型的基座(A、E、G 和 J),在 63～1000Hz 频率范围,等效机械导纳存在较大差异,在大多数频率下,短基座 G 传递至圆柱壳体表面的等效机械导纳最大,短基座 A 传递至圆柱壳体表面的等效机械导纳最小。

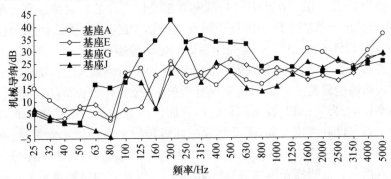

图 7.4.4　不同类型基座至圆柱壳体表面的等效机械导纳

取 50～5000Hz 频率范围不同频率下等效机械导纳的平均值,得到如图 7.4.5 所示的基座至圆柱壳体表面的等效机械导纳平均值。在宽频范围传递至圆柱壳体表面的等效机械导纳以基座 I 最小,以平台上短基座 G 最大。

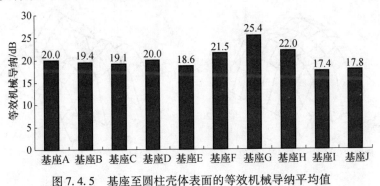

图 7.4.5　基座至圆柱壳体表面的等效机械导纳平均值

7.5 基座结构至舱段表面的传递率分布

基座至圆柱壳体表面的振动传递率,表明单位加速度作用在基座面板上引起圆柱壳体上某位置的振动加速度,在已知动力设备的激振加速度特性时,可以方便地求出圆柱壳体表面的振动加速度。

振动传递率的定义:其他位置的激励力为零时,l 点响应加速度谱与 p 点激励加速度谱的复数比,即第 p 点单位输入加速度 $F_j(\omega)$ 引起的第 l 点结构振动响应加速度 $A_l(\omega)$

$$T_{lp}(\omega) = \frac{A_l(\omega)}{A_p(\omega)} \tag{7.5.1}$$

图 7.5.1 为在某一频率时基座 C 至圆柱壳体表面的振动传递率(对数坐标的基准值为 1)分布图。在 63Hz 时,基座 C 至壳体表面的振动传递率分布较为平缓,主要是由于该频率低于圆柱壳体及基座结构的基频,受结构振动模态的影响小。在 125Hz 时,基座 C 至壳体表面的振动传递率分布为"拱形",基座 C 至壳体表面安装位置(13 ~ 17 肋位)附近的振动传递率最大,为 0.9dB,说明圆柱壳体表面该位置的振动比基座面板有所放大,至壳体表面 $S(0,6)$ 位置的振动传递率最小,为 −35dB,说明圆柱壳体表面该位置的振动比基座面板衰减了 35.0dB。在长度和圆周方向,振动传递率随着传播距离的增加而衰减,在长度方向每米距离衰减约 12dB;到两端面的振动传递率最小,这是由于舱壁对壳体存在约束作用导致圆柱壳体两端的振动刚度大,以及结构材料阻尼损耗作用使得传递到两端面时的振动较小;在圆周方向,随着传播距离的增加,传递到 0° 周向角位置的振动传递率最小;基座至圆柱壳体的振动传递率分布形状与壳体表面的结构振动模态振型有关,主要受圆柱壳体固有频率为 110.69Hz 的 (1,1) 阶模态振型的影响,分布形状相似于壳体结构振型。

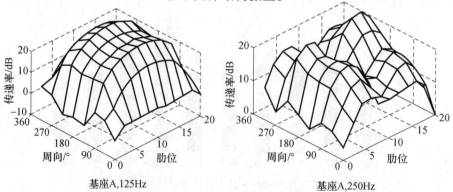

基座A,125Hz   基座A,250Hz

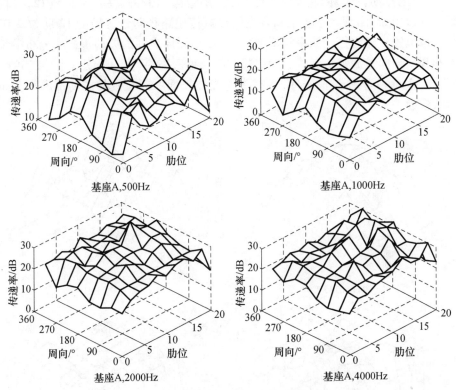

图 7.5.1　基座 C 至圆柱壳体表面的振动传递率分布图

在 250Hz 时,基座 C 至圆柱壳体表面的振动传递率分布为"双拱形",基座 C 至壳体表面 $S(4,6)$ 和 $S(16,6)$ 位置附近的振动传递率较大,分别为 -2.8dB 和 -1.2dB;基座至圆柱壳体的振动传递率分布形状主要受固有频率为 220.06Hz 的 $(2,2)$ 阶模态振型的影响。

随着振动频率的增加,基座 C 至壳体表面的振动传递率分布沿长度和圆周方向的分布形状趋于平稳,局部呈波浪形起伏,频率越高,起伏越密集,起伏的幅度越小。在 1kHz 以上频率,除了两个端面以外,基座 C 至壳体表面不同位置的振动传递率基本接近,分布形状较为平坦。这是由于圆柱壳体结构在高频范围的振动受到很多阶局部振动模态的共同影响,振动模态相互叠加后导致圆柱壳体上不同局部位置的振动传递率差异较小。

图 7.5.2 为在某一频率时平台上短基座 G 至圆柱壳体表面的振动传递率分布图。基座 G 安装在平台结构上,在 125Hz 时,其振动通过平台结构沿着左右舷分别传递到圆柱壳体上,在平台结构与圆柱壳体相交处(靠近 90° 和 270°

周向角）的振动较大，传递率分布为"双拱形"，最大值在圆柱壳体上 $S(12,6)$ 位置为 $-19.0\mathrm{dB}$，出现在基座距圆柱壳体较短传递路径附近区域的 12 肋位 270° 周向角位置。随着振动频率的增加，基座 G 至壳体表面的振动传递率分布沿长度和圆周方向呈波浪形起伏，频率越高，起伏越密集，起伏的幅度越小。在 $1\mathrm{kHz}$ 以上频率，除了两个端面以外，基座 A 至壳体表面不同位置的振动传递率分布形状较为平坦。

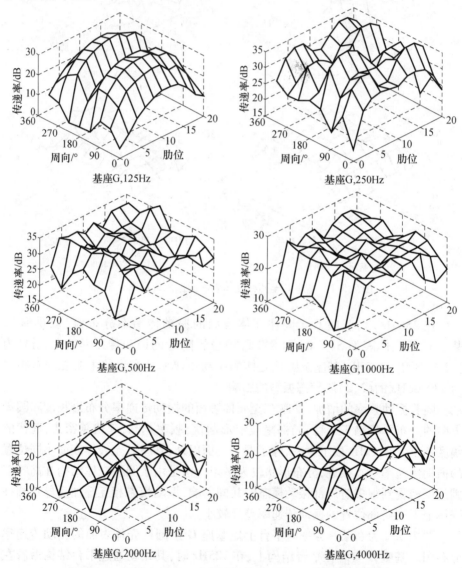

图 7.5.2　平台基座 G 至圆柱壳体表面的振动传递率分布图

　　图7.5.3为在某一频率时舱壁上基座Ⅰ至圆柱壳体表面的振动传递率分布图。在125Hz时,振动传递率沿圆柱壳体周向分布为"锯齿形";沿纵向的分布呈现腹部大、两端小,这是由于舱壁对圆柱壳体的刚度约束作用导致振动减小。由于基座Ⅰ安装在舱壁结构上,其振动传递路径是通过基座的垂向振动对舱壁产生剪切作用,传递给舱壁后引起舱壁法向弯曲振动,再由舱壁从各个方向传

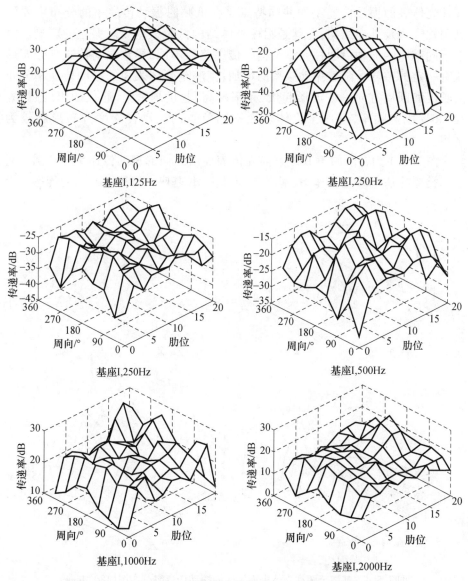

图7.5.3　平台基座G至圆柱壳体表面纵向的振动传递率分布图

递给圆柱壳体端面,然后沿纵向传播。低频时,振动传递率在圆柱壳体周向分布为"锯齿形",某固定频率下波峰、波谷出现的位置可能取决于圆柱壳体的低阶振型分布,并受舱壁结构第一阶振动模态(固有频率为153.58Hz)振型的影响。

对比圆柱壳体上的基座 A、平台上的基座 G 和舱壁上的基座 I,从基座至圆柱壳体表面振动传递率的共同特点是在低频时振动传递率的分布主要受到圆柱壳体及基座结构,尤其是圆柱壳体结构低阶振动模态振型的影响。由于不同基座的振动沿圆柱壳体结构的传递路径不同,导致振动传递率分布形状有一定的差异。随着振动频率的增加,基座至壳体表面的振动传递率分布沿长度和圆周方向呈波浪形起伏,频率越高,起伏越密集,起伏的幅度越小。在1kHz以上频率,基座至壳体表面不同位置的振动传递率分布形状较为平坦。

图7.5.4为在圆周角180°方向壳体表面沿纵向的振动传递率分布图。对于同类型的基座 A 与基座 B、基座 G 与基座 H、基座 I 与基座 J,振动传递率沿

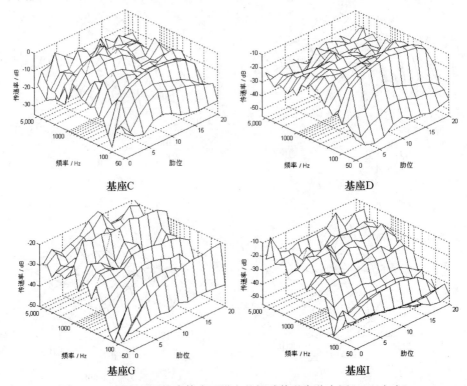

图 7.5.4　基座至圆柱壳体表面纵向的振动传递率分布图(180°方向)

壳体表面纵向的分布形状相似;对不同基座,圆柱壳体基频 110.69Hz 对振动传递率分布的影响较明显,在不同基座的振动传递率分布图中均在 1/3oct 100Hz 频率处出现腹部振动大、两端振动小的分布情况;在不同频率处,总体上在距离圆柱壳体距离较近的位置振动较大,两端振动较小。

　　图 7.5.5 为在 0 肋位和 10 肋位圆柱壳体表面沿周向的振动传递率分布图。对于某一基座,振动传递率沿壳体表面周向的分布形状相似;基座 A 和基座 G 在 10 肋位的振动传递率总体上比 0 肋位大;对不同基座,圆柱壳体基频 110.69Hz 对振动传递率周向分布的影响不如纵向明显。

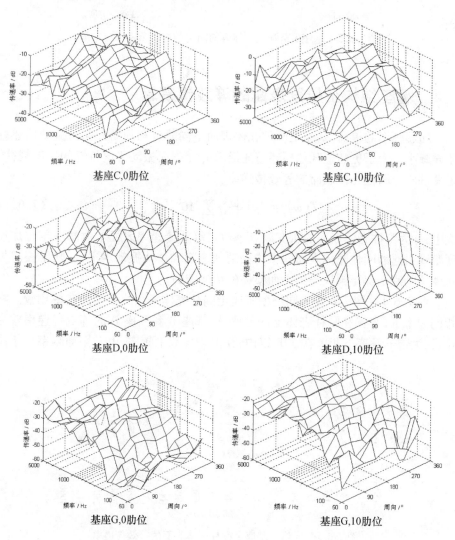

基座C,0肋位　　　　　　　　　　基座C,10肋位

基座D,0肋位　　　　　　　　　　基座D,10肋位

基座G,0肋位　　　　　　　　　　基座G,10肋位

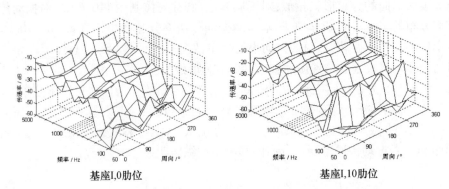

图 7.5.5　基座 I 至圆柱壳体表面周向的振动传递率分布图

7.6　基座结构至舱段表面的等效传递率

随着频率的提高,基座至圆柱壳体表面不同肋位和圆周方向的振动传递率差异减小。为了更加直观地描述基座沿着壳体表面振动传递特性的一般规律,定义基座至圆柱壳体表面的等效传递率:

$$\tilde{T}(\omega) = 10\lg\left[\frac{1}{N}\sum_{l=1}^{N} 10^{0.1T_{lp}(\omega)}\right] \tag{7.6.1}$$

式中:N 为圆柱壳体表面的所有测点个数。等效传递率表征了由基座单位加速度激励引起的圆柱壳体表面的平均振动加速度和整体振动水平,反映了振动加速度从基座面部至圆柱壳体表面整体的传递能力。

图 7.6.1 ~ 图 7.6.3 为同类型基座至圆柱壳体表面的等效传递率比较。在相同频率下,布置在圆柱壳体上的基座 A、基座 B 和基座 D 的等效传递率较为接近,大部分频率下相差在 5dB 以内;在 100Hz 以下频率,由于振动频率小于圆

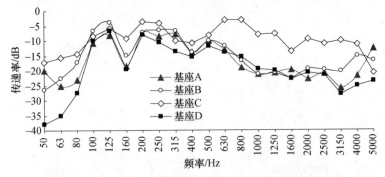

图 7.6.1　壳体上基座至圆柱壳体表面的等效传递率

柱壳体的基频,等效传递率较低;在 1kHz 以下频率,以 100Hz、125Hz 和 200Hz 频率处的等效传递率较大,分别在 -5 ~ -10dB 左右;在 200Hz ~ 4kHz 频率范围,等效传递率随着频率的提高而下降;在 5kHz 频率范围内,传递至圆柱壳体表面的等效传递率以基座 C 略大一些。

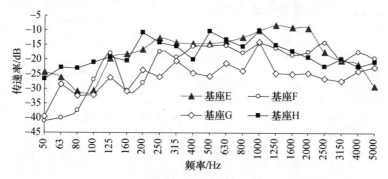

图 7.6.2　平台上基座至圆柱壳体表面的等效传递率

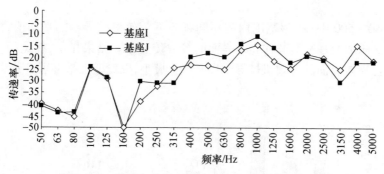

图 7.6.3　舱壁上基座至圆柱壳体表面的等效传递率

在 5kHz 频率范围内,在相同频率下,布置在平台结构上的长基座 E、基座 F 和短基座 G、基座 H 的等效传递率存在较大的差异,相差 10 ~ 15dB,总体上长基座 E 和短基座 H 的等效传递率较大一些;传递至圆柱壳体表面的等效传递率以基座 E 最大,基座 G 最小,其中基座 E 比基座 G 高 8dB 左右。基座自身的结构参数及在平台结构上的具体安装位置,对基座的振动传递率具有较大的影响。

在相同频率下,布置在舱壁上的基座 I 和基座 J 的等效传递率也较为接近,尤其是在 200Hz 以下的低频区;在 200Hz 以上频率范围,基座 I 和基座 J 的等效传递率存在一定的差异,受基座的低阶振动模态,尤其是基座垂向振动模态对振动传递的影响较大;在 5kHz 频率范围内,传递至圆柱壳体表面的等效传递率以基座 J 略小一点。

　　图 7.6.4 为不同类型基座至圆柱壳体表面的等效传递率。对于不同类型的基座(A、E、G 和 J),在 63～1000Hz 频率范围,等效传递率存在较大差异,在大多数频率下,短基座 G 传递至圆柱壳体表面的等效传递率最大,短基座 A 传递至圆柱壳体表面的等效传递率最小。

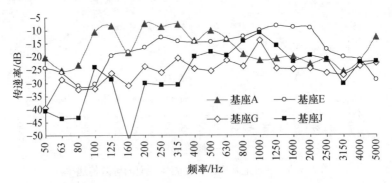

图 7.6.4　不同类型基座至圆柱壳体表面的等效传递率

　　取 50～5000Hz 频率范围内的不同频率下等效机械导纳的平均值,得到如图 7.6.5 所示的基座至圆柱壳体表面的等效传递率。结果显示,在宽频范围传递至圆柱壳体表面的等效机械导纳以基座 I 最小,以舱壁上基座短 C 最大。

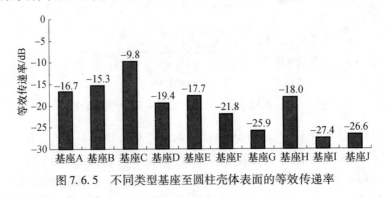

图 7.6.5　不同类型基座至圆柱壳体表面的等效传递率

7.7　本章小结

　　为研究支撑结构振动传递特性的基本规律,探讨船舶支撑结构声学设计基本原则,本章开展了舱段内基座结构的振动传递特性实验分析,得到如下基本结论:

（1）实验结果表明，不同类型基座的原点导纳频谱在中低频时差异很大，主要取决于基座的结构参数及布置位置；基座至圆柱壳体表面的振动传递函数与基座及圆柱壳体的结构振动模态参数有关，受到基座和圆柱壳体结构振动模态的相互作用和影响；相同类型的基座，至圆柱壳体表面的等效传递函数较接近，基座局部结构参数的调整对等效振动传递的影响较小。

（2）在 50～5000Hz 频率范围内，若以等效机械导纳为评价指标，同类型基座上的等效机械导纳相对较为接近；相对而言，平台结构上短基座的等效机械导纳最大，振动传递最明显；舱壁上基座的等效机械导纳最小；圆柱壳体上基座次之。

（3）由于在一般情况下已知动力机械设备的激励力特性，在相同的激励力作用下，机械设备的振动加速度往往与安装基座的阻抗特性有关。因此，建议使用机械导纳或传递函数表示基座至圆柱壳体表面的振动传递特性，便于直接得到圆柱壳体表面的振动特性。对于有些大型动力机械设备，由于较难直接得到激励力特性，可以通过台架测试动力设备的振动响应和基座的导纳特性，间接得到激励力特性，从而利用圆柱壳体的传递函数直接得到圆柱壳体表面的振动特性。或者直接利用动力设备的振动加速度和圆柱壳体的传递率特性，在忽略台架基座与实际基座导纳特性差异的情况下，近似得到圆柱壳体表面的振动特性。

第8章 舱段内基座结构的阻尼—质量复合阻振设计

对舱段内基座结构的振动传递控制,可以有效阻抑外部圆柱壳体的结构振动与声辐射。对于薄壳结构的质量阻振与阻尼减振技术,是阻抑和衰减结构振动的两种有效手段。在基座结构上插入阻振质量时,插入实心阻振结构与空心阻振结构哪个阻振效果更好?应如何选择阻振质量的插入位置?在基座结构上插入多层阻振质量时,阻振效果是否是多个单层阻振效果的叠加?对支撑结构采用质量阻振与阻尼减振综合技术,能否在增加较少附加质量的同时,有效阻抑支撑结构的振动传递?为深入探索这些问题,本章提出了支撑结构的质量阻振与阻尼减振相结合的质量—阻尼复合阻振设计基本思路[133]。

由于舱段及其内部支撑结构的复杂性,解析法难以对其声振特性进行详细分析。目前分析结构振动和声辐射的数值方法主要有确定性方法和统计性方法,但这两类方法均有各自适用的频率范围。为了解决中频问题,P. J. Shorter 等提出了 FE – SEA 混合法。该理论兼顾了有限元和统计能量法的优点,针对子系统的不同特点分别采用有限元或统计能量法进行建模,然后依据边界处直接场和混响场的互易关系,将子系统重新整合,得到整体系统响应。本章以 FE – SEA 混合法为理论基础,在较宽频率范围内分析圆柱壳体结构的声振性能,研究舱段内基座结构阻尼减振性能、质量阻振性能,以及阻尼—质量复合阻振对圆柱壳体结构声振性能的影响,探索了基座结构的阻尼—质量复合阻振性能预报方法。

8.1 舱段及基座结构的 FE – SEA 建模

由于圆柱壳体及支撑结构模型不仅包含模态密集的板壳结构,同时也含有模态稀疏的板壳结构,因此属于复杂组合结构。在较宽频率范围内,采用 FEM/BEM 分析结构的振动与声辐射问题时,一般要按照"一个波长至少六个单元格"的划分原则,随着分析频率的提高,计算量不断加剧;而且在中高频区,FEM 模型对来自结构的不确定性因素异常敏感,这些都将造成计算误差。如果单独采用 SEA 分析结构的振动与声辐射问题,在中低频区有些结构(如基座的板壳结构)的模态密度达不到 SEA 成立的假设条件,因此无法保证 SEA 计算的准确性。为了提高计算的效率和准确性,圆柱壳体结构应采用 FE – SEA 混合法来进行分析。

考虑到目前 VA One 软件对复杂结构的建模功能较差以及 FEM 网格划分质量不高,因此首先采用 MSC. Patran 软件建立详细的圆柱壳体及支撑结构的 FEM 模型,然后将生成的 ∗. bdf 文件导入到 VA One 软件中,根据 FEM 几何模型(Imported CAD/FE Geometry)建立 FE – SEA 模型,其 FEM 建模过程如图 8.1.1 所示。

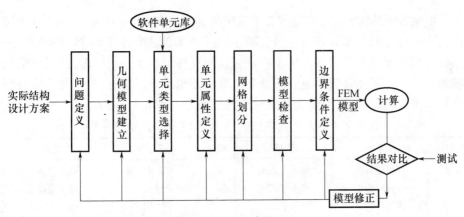

图 8.1.1　FEM 建模过程

在圆柱壳体结构的 FEM 建模过程中,结构类型属于薄壳结构,FEM 模型的问题定义为结构振动模态分析。为了提高结构动态分析的精度,整个模型的大部分网格采用正四边形面网格,少数区域为满足变形协调采用三角形网格,网格划分力求均匀,并且按照"一个波长内至少六个单元格"的原则控制单元格的数量。两端采用自由边界,不施加任何激振力。对建立的 FEM 模型进行模态分析,将生成的 ∗. bdf 文件导入到 VA One 中。

图 8.1.2 为圆柱壳体结构的典型部件单位带宽内的模态数(模态密度),对于基座的面板、腹板及肋板结构,由于单位频段内的模态密度较低,如基座 B 腹板的模态密度在 2000Hz 频段为 1.5,不能满足统计能量法关于子系统模态密度的要求,而肋位之间圆柱壳体结构的模态密度在 2000Hz 为 5,已经基本达到统计能量法关于子系统模态密度的要求。因此,对模态密度较小的基座结构采用有限元 FE 子系统建模,对模态密度较大的圆柱壳体、平台、舱壁等结构采用 SEA 子系统建模。

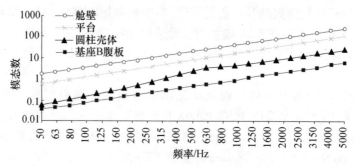

图 8.1.2　典型部件单位带宽内的模态数

　　根据各子结构的模态密度定义子系统的类型如表 8.1.1 所列,图 8.1.3 为圆柱壳体结构的 FE – SEA 混合法模型图,图 8.1.4 为圆柱壳体及支撑结构的 FE 子系统与 SEA 子系统划分图。由于圆柱壳体及支撑结构子系统较多,且内部结构较为复杂。为了能够清晰地分析整个模型的振动能量流情况,当三类基座分别受到激振力时,整个模型的能量流示意图分别如图 8.1.5 ~ 图 8.1.7 所示。

表 8.1.1　圆柱壳体结构子系统的划分及结构属性

编号	子系统	类型	编号	子系统	类型
1	外圆柱壳体	SEA 子系统	2	内圆柱壳体	SEA 子系统
3	壳间环肋板	SEA 子系统	4	舱壁结构	SEA 子系统
5	内壳环肋骨	SEA 子系统	6	平台结构	SEA 子系统
7	立柱	SEA 子系统	8	基座 F	FE 子系统
9	平台加强筋	SEA 子系统	10	舱壁加强筋	SEA 子系统
11	基座 B	FE 子系统	12	基座 I	FE 子系统
13	海水流场	SEA 子系统			

注:基座 B 位于内圆柱壳体上,基座 I 位于舱壁上,基座 F 位于平台上。

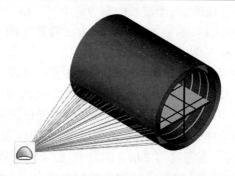

图 8.1.3　圆柱壳体结构的 FE – SEA 混合法模型

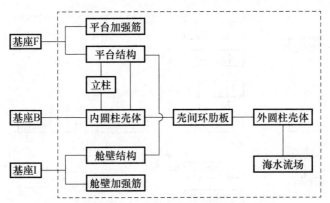

注:虚线框内为 SEA 子系统,虚线框外为 FE 子系统

图 8.1.4 FE – SEA 子系统划分

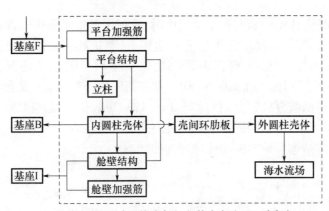

注:粗箭头表示混合连接功率流,细箭头表示 SEA 功率流

图 8.1.5 基座 F 的功率流示意图

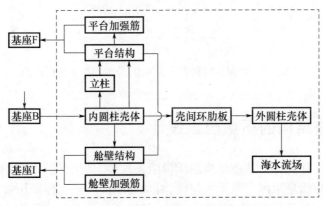

图 8.1.6 基座 B 的功率流示意图

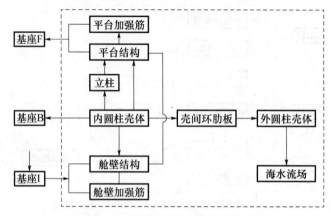

图 8.1.7　基座 I 的功率流示意图

　　当将圆柱壳体结构模型置于空气中时,开展了基座至壳体表面的振动传递特性实验。实验时,激励加载在基座 B 面板上,测试圆柱壳体表面的振动加速度,图 8.1.8 为基座至圆柱壳体表面 6#肋位顶部 $S(6,0)$ 位置的振动传递函数(基准值为 10^{-6})对比。在 50 ~ 5000Hz 宽频范围内,FE – SEA 混合法仿真与实验结果的传递函数合成值分别为 125.1dB、123.2dB,仿真误差仅为 1.9dB,说明所建立的 FE – SEA 混合模型与实际结构的动态特性较为一致,从而可进一步用于分析基座结构参数对振动传递特性的影响。

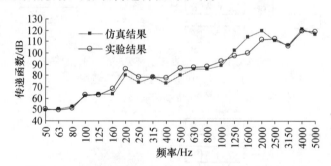

图 8.1.8　基座至圆柱壳体 $S(6,0)$ 位置的振动传递函数

8.2　基座结构的质量阻振设计

　　为研究圆柱壳体上基座结构的质量阻振性能,采用 FE – SEA 混合法,对基座结构和阻振质量采用有限元法建模,对加筋双层圆柱壳体采用统计能量法建模,从而建立包括圆柱壳体上基座结构详细特征的圆柱壳体模型。对圆柱壳体

上基座 B,在面板和基座底部的中间位置四周插入阻振质量带,以阻抑从基座面板到圆柱壳体上的振动传递。激励力作用在基座 B 面板上,大小为恒定值100N。整个圆柱壳体在自由场海水中处于自由状态。按以下三种情况进行对比分析:

(1)插入实心方钢阻振质量(实心阻振),截面尺寸为 60mm×60mm;

(2)插入空心方钢阻振质量(空心阻振),截面尺寸为 60mm×60mm,壁厚5mm,其质量是实心方钢的 1/3;

(3)在基座上不布置阻振质量。

在相同计算工况时,结构振动传递函数、圆柱壳体的辐射声压级和声功率级的变化趋势基本一致。其中结构振动传递函数反映了在单位激励力作用下从基座传递到圆柱壳体上某位置的加速度,水下辐射声压级反映了由圆柱壳体表面结构振动辐射到水下某位置的声压级,水下辐射声功率反映了圆柱壳体结构在单位时间内的整体辐射能量。

对于基座结构的质量阻振,从波动法的角度,是在基座结构的振动传递途径中,通过插入阻振质量引起结构的阻抗失配,引起振动波的反射,减少透射波的振动能量,从而实现阻振效果;从振动模态的角度,基座结构的固有频率由于阻振质量的插入而提高,改变的是基座结构的固有频率和振型,而圆柱壳体结构的模态参数基本不变。所以,基座结构的质量阻振处理,会使从基座面板到基座底部的振动传递特性发生变化,而基座底座至圆柱壳体表面的传递特性主要受圆柱壳体自身模态参数的影响而保持不变,也就是说,圆柱壳体表面不同位置的传递函数的比例关系基本一致。由此可见,用圆柱壳体上某点的振动传递函数变化规律,能基本代表圆柱壳体表面振动的整体变化趋势。

圆柱壳体结构辐射到某位置的辐射声压级,也主要取决于圆柱壳体的表面振动速度分布、结构声辐射效率及相对位置关系,用某位置的辐射声压级变化规律,也能基本代表圆柱壳体结构辐射噪声的整体变化趋势(若不考虑辐射噪声在低频时的指向性时)。圆柱壳体结构的辐射声功率,反映了在单位时间内的整体辐射能量,可以更加全面地表征基座结构质量阻振的降噪效果。

1. 在基座结构中部插入阻振质量

在圆柱壳体上基座 B 中间位置插入阻振质量后,图 8.2.1 为基座 B 插入阻振质量示意图,图 8.2.2 为从基座 B 面板传递到外壳体 $S(6,0)$ 位置的振动传递函数。插入实心阻振结构后,壳体上 $S(6,0)$ 位置的振动传递函数在多数频率下产生了 3dB 左右的衰减,仅在 3.15kHz 频率处的振动略有增加(2.9dB);在 1kHz 以下大多数频率,实心比空心方钢阻振质量的减振效果明显。

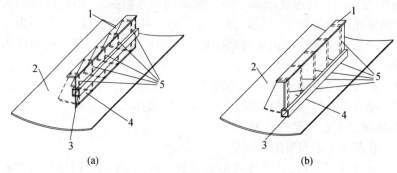

图 8.2.1　基座 B 插入阻振质量示意图

1—面板;2—壳体;3—空心阻振质量;4—腹板;5—肘板。

(a)基座中部阻振;(b)基座底部阻振。

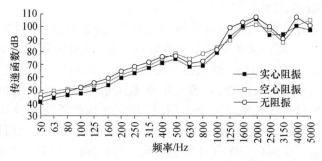

图 8.2.2　基座 B 传递到壳体 $S(6,0)$ 位置的传递函数

图 8.2.3 为距离圆柱壳体中心 5m 处水平面内的辐射声压级频谱图。圆柱壳体的辐射声压级以 1～5kHz 的高频为主,在 1kHz 以下大多数频率,实心阻振比空心方钢的阻振效果更好,而在 1kHz 以上大多数频率,空心阻振比实心方钢的阻振效果更好。无阻振质量时,圆柱壳体的辐射声压级为 141.7dB;插入实心

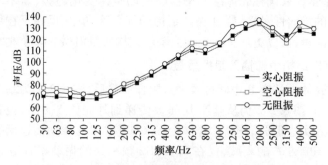

图 8.2.3　圆柱壳体结构的辐射声压级频谱

阻振结构后,辐射声压级为 139.2dB;插入空心阻振结构后,辐射声压级为 137.9dB。在恒定力激励下,实心阻振、空心阻振对圆柱壳体的辐射声压级的插入损失分别为 2.5dB、3.8dB,空心比实心阻振结构的总体降噪效果更明显。

图 8.2.4 为基座 B 传递到圆柱壳体产生的辐射声功率级频谱图。在恒定力激励下,圆柱壳体的辐射声功率以 1~5kHz 的高频为主。插入实心阻振结构后,除了 3.15kHz 频率处声功率增加了 3.1dB 以外,在 50Hz~5kHz 频率范围,大多数频率下产生了 2~3dB 的降噪效果,在 1.25kHz 频率处的降噪效果最大为 7.8dB;插入空心阻振结构后,在 1kHz 以下频率,部分频率处的降噪效果为 1dB 左右,在 1.25kHz 频率处的降噪效果最大为 10.3dB,而在 800Hz 等个别频率处声功率反而增加了。因此,在 1kHz 以下大多数频率,实心比空心方钢阻振的阻振效果更好;在 1kHz 以上个别频率处,空心阻振比实心方钢的阻振效果更好。

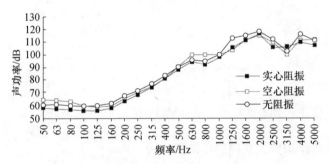

图 8.2.4　圆柱壳体结构的辐射声功率级频谱

插入实心阻振、空心阻振结构后辐射声功率分别为 126.1dB、124.8dB。实心阻振、空心阻振结构的插入损失分别为 2.6dB、3.9dB。由此可见,对于恒定幅值的激励力,空心方钢达到了比实心方钢更好的总体阻振效果。这是由于在最大阻值频率处,以及声功率频谱中最大峰值对应的频率处,空心方钢比实心方钢的阻振效果更好。由于基座支撑的设备激励力的幅值不是恒定力,从宽频范围的阻振效果来看,插入在基座中部的实心方钢比空心方钢的阻振频段更宽,尤其是对低频的阻振效果略好一些。

2. 在基座结构底部插入阻振质量

在基座 B 结构底部与圆柱壳体交接位置四周插入阻振质量带,增加基座结构与圆柱壳体结构之间的阻抗失配,以阻抑从基座面板到圆柱壳体上的振动传递。阻振质量带分别为实心方钢阻振质量(实心阻振)、空心方钢阻振质量(空心阻振),其截面尺寸与上面所述相同。激励力作用在基座 B 面板上,大小为恒定值 100N。

图 8.2.5 为基座 B 传递到圆柱壳体产生的辐射声功率级频谱图。在 50 ~ 125Hz 以下频率,实心阻振或空心阻振后,圆柱壳体的声功率反而增加了 1 ~ 3dB;在 125Hz ~ 5kHz 频率范围内,除了 800Hz 以外,实心阻振和空心阻振结构都产生了一定程度的降噪效果;实心阻振在 1.25kHz 频率处的降噪效果最大为 8.6dB,空心阻振在 4kHz 频率处的降噪效果最大为 15.9dB。插入实心阻振、空心阻振结构后辐射声功率分别为 126.6dB、125.5dB。实心阻振的总插入损失为 2.1dB,空心阻振的总插入损失为 3.2dB。由此可见,对于恒定幅值的激励力,空心方钢达到了比实心方钢更好的总体阻振效果。

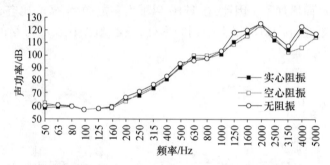

图 8.2.5　圆柱壳体结构的辐射声功率级频谱

3. 在基座结构插入双层空心阻振结构

对圆柱壳体上基座 B,在基座结构中部和底部同时插入空心方钢阻振质量,利用双层阻振质量阻抑从基座面板到圆柱壳体上的振动传递。

图 8.2.6 为基座 B 传递到圆柱壳体产生的辐射声功率级频谱图。插入双层空心阻振结构后,辐射声功率为 125.7dB,双层空心阻振结构的插入损失为 3.0dB,而底部空心阻振结构的插入损失为 3.2dB,中部空心阻振结构的插入损失为 2.1dB。因此,双层空心阻振结构的阻振效果,并没有随着阻振层数的增加

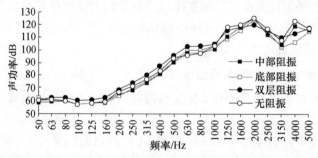

图 8.2.6　圆柱壳体结构的辐射声功率级频谱

而提高,反而比底部空心阻振结构的阻振效果略有下降,尤其是在 1kHz 以下低频范围,双层空心阻振结构使得基座的振动传递增加,圆柱壳体结构的辐射声功率上升,对圆柱壳体的减振降噪产生了不利影响。

4. 在基座结构插入双层实心阻振结构

对圆柱壳体上基座 B,在基座结构中部和底部同时插入实心阻振结构,利用双层阻振质量阻抑从基座面板到圆柱壳体上的振动传递。

图 8.2.7 为基座 B 传递到圆柱壳体产生的辐射声功率级频谱图。插入双层实心阻振结构后,声功率为 125.0dB,插入损失为 3.7dB,底部实心阻振的插入损失为 3.2dB,中部实心阻振的插入损失为 2.1dB。底部、中部实心阻振在 1.25kHz 频率处的降噪效果最大分别为 8.6dB、7.8dB,而双层阻振在 1.25kHz 频率处的降噪效果最大为 6.9dB,最大阻振频率处的阻振效果并没有增加。由于底部与中部阻振质量的阻振性能具有不同的频率特性,双层阻振质量在 50Hz ~ 5kHz 频率范围都产生了一定的阻振效果。因此,对于基座结构插入双层实心阻振结构,虽然总体阻振效果比单层增加不多,但是可以拓宽阻振质量的有效阻振频率范围,避免单层阻振质量出现在低频和高频个别频率处振动增加的现象。

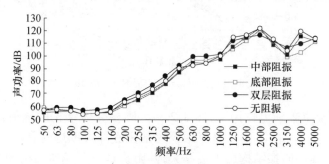

图 8.2.7　圆柱壳体结构的辐射声功率级频谱

5. 各种阻振质量的阻振性能对比

在基座结构上插入阻振质量时,应如何选择阻振质量的结构形式和插入位置,以实现增加少的附加质量并达到更好的阻振效果,是本章研究的主要内容之一。对于恒定幅值的激励力,从以上各种阻振质量的阻振性能计算结果对比,可以发现以下几点:

（1）插入在基座结构中部的空心方钢阻振质量（单位长度质量约为实心方钢的 1/3）比实心方钢的总体阻振效果更好;

（2）插入在基座底部的空心方钢阻振质量与实心方钢在 50Hz ~ 5kHz 宽频范围的阻振性能相近,且空心方钢的总体阻振效果更好;

（3）双层空心方钢阻振质量的阻振效果反而不如底部空心方钢单层阻振；

（4）双层实心方钢阻振质量可以比单层实心方钢拓宽有效阻振的频率范围，但总体阻振效果比单层阻振增加较少，相对于所增加的附加质量，阻振效果不明显。

因此，对于单层阻振质量而言，在圆柱壳体上基座底部插入空心阻振结构，总体阻振性能较好；对于双层阻振质量而言，在圆柱壳体上基座底部和中部同时插入实心阻振结构，总体阻振性能较好。图8.2.8为圆柱壳体结构的辐射声功率级频谱图。底部插入空心阻振结构的降噪效果为3.2dB，双层实心阻振结构的降噪效果为3.7dB，两者的降噪效果相近，但是单层空心阻振的总质量约为双层实心阻振的1/6，增加的附加质量少，这对于飞行器、潜艇、汽车等对质量控制严格的复杂结构系统的减振降噪，更加具有工程应用的可行性。

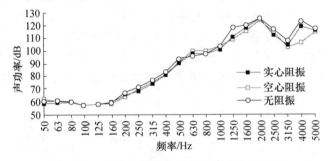

图8.2.8　圆柱壳体结构的辐射声功率级频谱

在恒定幅值激励力作用下，图8.2.9为圆柱壳体结构的辐射声功率级对比。对于实心阻振结构，插入基座中部比基座底部可以达到更好的阻振效果。其原因在于：实心阻振结构由于板厚大，其阻抗远高于基座结构和圆柱壳体局部；在基座与圆柱壳体交接处，基座结构与圆柱壳体结构的阻抗特性不同（圆柱

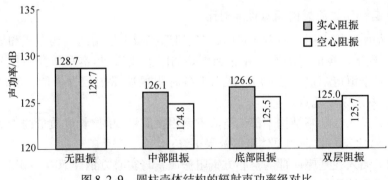

图8.2.9　圆柱壳体结构的辐射声功率级对比

壳体结构大于基座结构的阻抗);在基座中部由于截面相同,截面位置的阻抗特性是一致的;在基座的中部插入阻振质量与在底部插入阻振质量相比,导致振动传递途径上结构阻抗特性的相对变化量更加大,因而基于阻抗失配原理的质量阻振效果更明显。

对于空心阻振结构,插入基座底部比基座中部可以达到更好的阻振效果。其原因在于:由薄板结构围成的封闭空心阻振结构作为结构而言,其抗弯刚度大,但是其局部的板厚比基座结构和圆柱壳体薄,在与基座结构与圆柱壳体结构板焊接连接处,空心阻振结构板结构的阻抗反而不如基座结构和圆柱壳体结构,尤其是比圆柱壳体结构小。当空心阻振结构插入基座结构中部时,引起的阻抗失配程度低,而插入基座结构与圆柱壳体底部时,引起的阻抗失配程度高,因而阻振效果略微明显一些。

由此可见,阻振质量应依据与需阻振结构的相对阻抗大小关系,选择插入能够显著改变结构阻抗特性的位置,以增加阻抗失配产生的振动波反射,阻抑结构振动的传递,从而达到更好的阻振效果。

在基座结构上插入多层阻振质量时,阻振效果并不是多个单层阻振质量的阻振效果的简单叠加。当在基座 B 上插入实心阻振结构时,与无阻振质量相比,对基座中部阻振时辐射声功率级的插入损失为 2.6dB,对基座底部阻振时插入损失为 2.1dB,对基座双层阻振时插入损失是 3.7dB。当在基座 B 上插入空心阻振结构时,与无阻振质量相比,对基座中部阻振时辐射声功率级的插入损失为 3.9dB,对基座底部阻振时插入损失为 3.2dB,对基座双层阻振时插入损失是 3.0dB。

6. 本节小结

对于圆柱壳体基座 B,通过多种质量阻振处理计算结果的对比分析,从增加少的附加质量并达到更好的阻振效果而言,在基座底部插入空心阻振结构是较佳的设计方案。对圆柱壳体结构可达到以下减振降噪效果:在 125Hz ~ 3.15kHz 频率范围内(除了 800Hz 以外)具有 1 ~ 5dB 的降噪效果,在 4kHz 频率处的降噪效果最大为 15.9dB;对于恒定幅值的激励力,可以降低圆柱壳体结构的辐射声功率 3.2dB。

8.3　基座结构的阻尼减振设计

利用研发的新型丁基橡胶复合阻尼减振材料(材料性能见第 5 章),对圆柱壳体内基座进行结构阻尼减振设计。假定激励力作用在基座 B 面板上,大小为恒定值 100N。

1. 阻尼层粘贴位置的影响

对圆柱壳体上基座 B，在基座面板、腹板、肘板和基座整体结构单面粘贴 5mm 厚丁基橡胶阻尼材料，以阻抑从基座面板到圆柱壳体上的振动传递。图 8.3.1 为从基座 B 面板传递到外壳体 $S(6,0)$ 位置的振动传递函数，图 8.3.2 为距离圆柱壳体中心 5m 处的辐射声压级频谱图，图 8.3.3 为辐射声功率级频谱图。

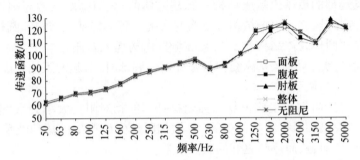

图 8.3.1　基座 B 传递到外壳体 $S(6,0)$ 位置的传递函数

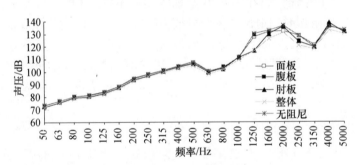

图 8.3.2　圆柱壳体结构的辐射声压级频谱

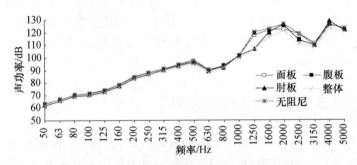

图 8.3.3　圆柱壳体结构的辐射声功率级频谱

　　由于对基座结构表面的阻尼处理,目的是增加基座的结构阻尼,基座结构的固有频率只是少量下降(由于阻尼材料的弹性模量远低于碳钢),而圆柱壳体结构的模态参数基本不变。计算结果表明,在恒定力激励下,圆柱壳体的辐射声功率以 1 ~ 5kHz 的高频为主;对基座结构表面阻尼处理后,外壳体上 $S(6,0)$ 位置的振动传递函数、距离中心 5m 处辐射声压级与声功率级的变化趋势基本一致(相对变化量在 0.5dB 以内)。说明用这三个物理量都能表征基座结构的阻尼减振效果,而辐射声功率可以更加全面、直观地反映基座结构的降噪效果。

　　对面板单独阻尼处理时,在 1kHz 以下频率范围,圆柱壳体结构辐射声功率的降噪效果小于 0.2dB,在部分频率处的辐射声功率反而增加,在 1.25kHz 以上频率,降噪效果达到 1dB 以上,在 2kHz 频率处的降噪效果最大为 4.5dB;对腹板单独阻尼处理时,除了 800Hz 和 4kHz 频率以外,在大多数频率的降噪效果达到 1dB 左右,在 2.5kHz 频率处的降噪效果最大为 4.6dB;对肘板单独阻尼处理时,除了 800Hz 频率以外,在大多数频率的降噪效果达到 0.1 ~ 0.7dB,在 1.25kHz 频率处的降噪效果最大为 12.8dB;对基座结构整体阻尼处理时,在 50Hz ~ 1kHz 频段大多数频率处的降噪效果达到 0.5 ~ 2dB,在 1.25kHz 频率处的降噪效果最大为 12.5dB,在 1.6 ~ 5kHz 频段的降噪效果达到 3 ~ 6dB;对于 100N 恒定力激励,圆柱壳体结构辐射的总声功率达到 5.4dB 的降噪效果。

　　由此可见,在 50Hz ~ 5kHz 频段范围,在较宽频率范围内,对腹板比面板、肘板单独阻尼处理的减振效果更好;对肘板在 1.25kHz 频率处的降噪效果最大为 12.8dB;对于基座结构整体阻尼处理,在宽频范围具有减振效果,且对 1 ~ 5kHz 高频范围的减振效果明显,与板结构单独阻尼处理相比,可以拓宽有效减振的频率范围,增加减振降噪量。

　　因此,由于丁基橡胶复合阻尼减振材料在宽频范围的高损耗因子,在基座结构表面粘贴该阻尼材料后,可以降低基座结构的振动传递,减少圆柱壳体结构的辐射噪声。

2. 阻尼层厚度的影响

　　为研究丁基橡胶阻尼层厚度对基座结构减振效果的影响,在基座结构(面板、腹板和肘板)单面粘贴 5mm 阻尼层、单面粘贴 10mm 阻尼层、双面各粘贴 5mm 阻尼层,以阻抑从基座面板到圆柱壳体上的振动传递。

　　图 8.3.4 为圆柱壳体的辐射声功率级频谱图。对基座结构双面各粘贴 5mm 阻尼层时,与单面粘贴 5mm 阻尼层相比,在大多数频率处的减振效果提高 0.2 ~ 2dB;在 100N 恒定力激励作用下,对基座结构单面粘贴 5mm 阻尼层时,与无阻尼层相比,圆柱壳体结构辐射总声功率的降噪效果为 5.4dB;对基座结构单

面粘贴 10mm 阻尼层时,声功率的降噪效果为 5.5dB;对基座结构双面面粘贴 5mm + 5mm 阻尼层时,声功率的降噪效果为 7.1dB。因此,当阻尼层厚度与结构厚度的比值达到 1 左右时,增加阻尼层材料的厚度,对提高阻尼减振效果不明显;与其增加基座结构单面粘贴的阻尼层厚度,不如将阻尼层分别粘贴在基座结构的双面,更有利于提高阻尼材料的减振效果。

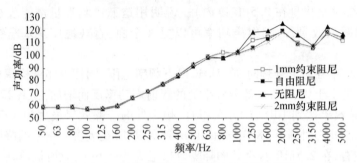

图 8.3.4　圆柱壳体结构的辐射声功率级频谱

3. 约束阻尼层的影响

　　为研究丁基橡胶约束阻尼对基座结构减振效果的影响,在基座结构(面板、腹板和肘板)单面粘贴 5mm 阻尼层(简称自由阻尼)、单面粘贴 5mm 阻尼层 + 1mm 约束层(简称 1mm 约束阻尼)、单面粘贴 5mm 阻尼层 + 2mm 约束层(简称 2mm 约束阻尼),以阻抑从基座面板到圆柱壳体上的振动传递。

　　图 8.3.5 为圆柱壳体结构的辐射声功率级。结果表明,在 800Hz 频率处,对于 1mm 约束阻尼和 2mm 约束阻尼处理,圆柱壳体的辐射声功率反而分别增加了 4.5dB 和 5.7dB(自由阻尼处理时在该频率的声功率增加了 0.2dB),对该频率的振动传递明显放大;自由阻尼、1mm 约束阻尼和 2mm 约束阻尼处理时,最大降噪效果的频率在 1.25kHz 频率处,降噪效果分别为 12.5dB、6.1dB 和 13.5dB;在 50Hz ~ 5kHz 频段大多数频率处,约束阻尼与自由阻尼处理没有明显

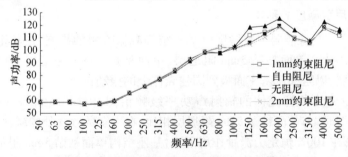

图 8.3.5　圆柱壳体结构的辐射声功率级频谱

变化;对于 100N 恒定力激励,自由阻尼、1mm 约束阻尼和 2mm 约束阻尼处理时,圆柱壳体结构辐射的总声功率降噪效果分别为 5.4dB、5.8dB 和 6.0dB。

因此,对于本书研究的基座结构和丁基橡胶阻尼材料而言,约束阻尼层的减振效果并没有随着约束层的增加而明显提高,反而在个别频率处不如自由阻尼层。其原因可能来自两个方面:一是由于丁基橡胶材料的弹性模量比普通橡胶阻尼材料高,增加约束层后,约束层对阻尼材料的剪切耗能作用不明显;二是由于所添加的约束层厚度比较薄,远低于阻尼材料和基座结构板的厚度。

4. 本节小结

对于圆柱壳体基座 B,通过阻尼减振处理计算结果的对比分析,为减少阻尼材料的附加质量和提高经济性,并达到更好的减振效果,在基座结构上单面粘贴 5mm 厚的丁基橡胶阻尼材料是较佳的设计方案。对圆柱壳体结构可达到以下降噪效果:在 50Hz ~ 1kHz 频段大多数频率处的降噪效果达到 0.5 ~ 2dB;在 1.25kHz 频率处的降噪效果最大为 12.5dB;在 1.6 ~ 5kHz 频段的降噪效果达到 3 ~ 6dB。对于 100N 恒定力激励,圆柱壳体结构辐射的总声功率达到 5.4dB 的降噪效果。

8.4　基座结构的阻尼—质量复合阻振设计

对于圆柱壳体上的基座,通过对基座 B 质量阻振处理计算结果的对比分析,从增加少的附加质量并达到更好的阻振效果而言,在基座底部插入空心阻振结构(简称:质量阻振)是较佳的阻振设计方案,在基座结构上单面粘贴 5mm 厚的丁基橡胶阻尼材料(简称:阻尼减振)是较佳的阻尼设计方案。

8.3 节的研究结果表明,在基座上插入阻振质量,主要是为了阻抑阻振质量透射区的振动传递,而在阻振质量的反射区即基座结构自身的振动会提高。因此,在对基座采用阻振技术的情况下,若结合基座结构的阻尼减振技术,利用阻尼层消耗振动较大的基座结构自身的振动能量,有利于提高阻尼减振效果,并节约阻尼材料的使用。

为了充分提高减振降噪效果,将支撑结构同时采用质量阻振与阻尼减振的综合设计定义为质量—阻尼复合阻振。质量—阻尼复合阻振技术的设计思想,是在振动传递途径中综合采用质量阻振和阻尼减振技术,阻抑和消耗振动源附近局部小范围区域内的结构振动能量,"限制"振动能量的扩散,从而在小范围实施减振技术,以节约材料,提高减振效果。

激励力作用在圆柱壳体上基座 B 的面板上,大小为恒定值 100N 时,图 8.4.1 为圆柱壳体结构的辐射声功率级。结果表明,在对基座 B 采取质量—

阻尼复合阻振措施时,在125Hz~5kHz频率范围内,各频率处的辐射声功率级降噪效果为1.5~14dB,在宽频范围的减振降噪效果明显;复合阻振技术弥补了单独采用质量阻振和阻尼减振技术时,在个别频率处的减振降噪效果不理想的缺点,拓宽了减振降噪的频率范围,有效提高了减振降噪总体效果。

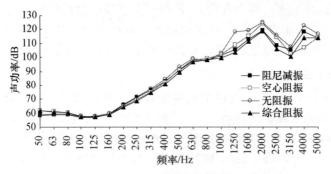

图8.4.1　圆柱壳体结构的辐射声功率级频谱

若在基座B上安装某柴油机设备,在采取质量—阻尼复合阻振措施时,图8.4.2~图8.4.4和表8.4.1为柴油机激励下圆柱壳体结构的辐射声功率

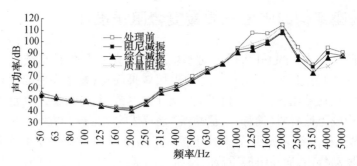

图8.4.2　柴油机1000r/min激励时的辐射声功率级频谱

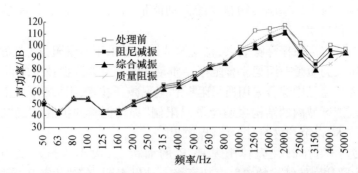

图8.4.3　柴油机2000r/min激励时的辐射声功率级频谱

级。在柴油机 2500r/min 时,对基座结构质量阻振、阻尼减振时圆柱壳体结构的辐射声功率的降噪效果分别为 2.3dB、6.2dB,而质量—阻尼复合阻振的降噪效果为 7.5dB。在柴油机转速分别为 1000r/min、2000r/min 和 2500r/min 时,质量—阻尼复合阻振的降噪效果分别为 7.3dB、7.7dB 和 7.5dB,同样具有良好的降噪效果。

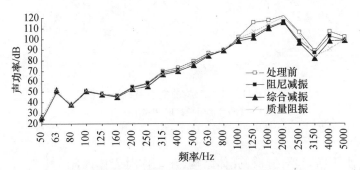

图 8.4.4　柴油机 2500r/min 激励时的辐射声功率级频谱

表 8.4.1　柴油机激励下圆柱壳体结构的降噪效果　（单位:dB）

	柴油机转速	处理前	质量阻振	阻尼减振	复合阻振
声功率 dB	1000r/min	115.8	113.8	109.7	108.5
	2000r/min	120.1	117.6	113.7	112.4
	2500r/min	124.0	121.7	117.8	116.5
降噪量 dB	1000r/min	—	2.0	6.1	7.3
	2000r/min	—	2.5	6.4	7.7
	2500r/min	—	2.3	6.2	7.5

8.5　平台结构上基座的阻尼—质量复合阻振设计

8.5.1　平台支撑结构的质量阻振技术

为减少动力机械设备激励支撑结构面板时传递到圆柱壳体外部的振动与辐射噪声,采用截面尺寸为 20mm × 20mm,壁厚为 4mm 的空心方钢阻振质量,设计了底部阻振、四周阻振、双层阻振共三种阻振方案。底部阻振方案为在支撑结构的腹板底部插入阻振质量;四周阻振方案为在支撑结构的四周平台结构上 270mm × 115mm 范围四周插入阻振质量;双层阻振方案为同时插入底部阻振质量和四周阻振质量。如图图 8.5.1 所示为支撑结构的阻振设计方案示意图,空心阻振质量采用布置在平台结构上方的完全偏置设计方案。

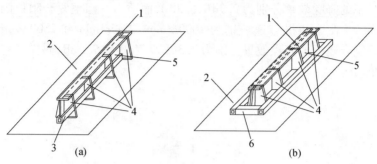

图 8.5.1　支撑结构的空心阻振设计方案

（a）底部阻振；（b）四周阻振。

1—面板；2—平台结构；3—阻振质量；4—肘板；5—腹板；6—空心阻振质量带。

　　作为水下航行器的圆柱壳体结构，在工作时壳体内部为空气，双层壳间与外壳体四周为海水介质。假设该圆柱壳体在无限海水域中处于自由状态，在支撑结构上安装的辅机设备为某型号风机，其激励力的频谱特性如图 8.5.2 所示，主要扰动频率主要分布在 100～1000Hz 中频范围，总激励力大小为 19.2N。

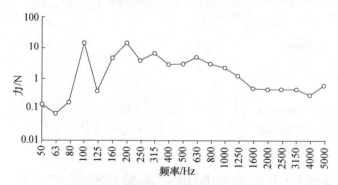

图 8.5.2　辅机设备的激励力频谱

　　对于支撑结构腹板底部阻振、四周阻振和双层阻振，仿真对比风机激励产生的阻振效果。图 8.5.3 为圆柱壳体表面的水下辐射声功率频谱图，其主要峰值出现在 630Hz 和 2kHz 频率处。与无阻振时的辐射声功率对比，底部阻振、四周阻振时具有阻振效果的起始频率分别为 2kHz、3.15kHz，在低于该频率时，不但没有阻振效果，辐射噪声反而有所放大；双层阻振时，在 50Hz 起具有阻振效果，高于 100Hz 频率的阻振效果在 1dB 以上，高于 1kHz 频率的阻振效果在 2dB 以上，在 3.15kHz 时的阻振效果为 8.8dB。在无阻振、底部阻振、四周阻振和双层阻振时,圆柱壳体产生的水下辐射声功率分别为85.7dB、86.6dB、88.0dB和83.1dB,底部阻振、四周阻振甚至使得辐射噪声增加,而双层阻振的阻振效果为2.6dB。

因此,对于本书研究的结构模型,对支撑结构设计的双层阻振比单独底部阻振、四周阻振的有效阻振频率大幅下降,阻振效果增加。其原因是,由基座面板经腹板传递的入射波在空心阻振质量处,需要经过多个转角的波形转换,尤其是经过两次阻振后,结构的阻抗失配加剧,阻振的起始频率下降,阻振效果提高。

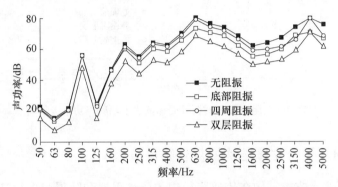

图8.5.3　结构阻振后圆柱壳体的水下辐射声功率级频谱

8.5.2　平台支撑结构的阻尼减振技术

阻尼减振是指充分利用结构中阻尼的耗能机理,从材料与结构等方面进行阻尼的减振设计,提高结构的减振降噪能力。许多新型阻尼材料的研制,为板筋结构振动噪声控制提供了有利条件。近年来,新研制的丁基橡胶复合阻尼胶板,在1000Hz时的弹性模量为94.4MPa,损耗因子为0.8,且在宽频范围具有较高的损耗因子。

为研究丁基橡胶复合阻尼胶板对平台上支撑结构的减振效果,在支撑结构上单面粘贴3mm厚的自由阻尼层或约束阻尼层(3mm阻尼层+1mm钢板约束层)。在风机激励力作用下,图8.5.4为阻尼处理时圆柱壳体产生的水下辐射声功率级频谱图。在50~5000Hz宽频率范围内,自由阻尼层对平台支撑结构在1.6kHz以上频率才具有一定的减振降噪效果;约束阻尼层在所有频率下都产生了降噪效果,在630Hz以上频率的降噪效果达到5dB以上,在4kHz频率处的降噪效果最大为10.9dB;在无阻尼层、自由阻尼层或约束阻尼层时,圆柱壳体产生的水下辐射声功率分别为85.7dB、84.8dB和78.5dB,自由阻尼层与约束阻尼层的降噪效果分别为0.9dB、7.2dB。其原因是,支撑结构表面的自由阻层是通过板结构发生弯曲时产生拉伸、压缩变形消耗振动能量,而约束阻尼层通过约束层与板结构之间的剪切变形耗散能量,由于支撑结构的局部刚度大、固有频率高,约束阻尼层更有利于能量的耗散。因此,在支撑结构上粘贴约束阻尼层比自由阻尼层的减振降噪效果更加明显。

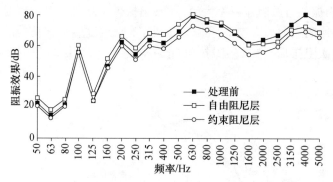

图 8.5.4 阻尼处理时圆柱壳体的水下辐射声功率级频谱

8.5.3 平台支撑结构的复合阻振技术

通过对平台支撑结构在传递路径中的质量阻振和阻尼减振性能分析[129],发现单独应用这两种技术,在合理设计的情况下都具有一定的阻抑效果。为此,本书提出对平台支撑结构采用双层质量阻振与约束阻尼减振相结合的复合阻振技术。在振源附近的振动传递路径中,通过双层阻振质量将振动能量阻挡或限制在振源附近支撑结构局部区域内,减少振动能量向平台结构四周传递和扩散,阻振质量对振动波的反射作用,使支撑结构自身的振动幅度增加;此时,在支撑结构表面粘贴约束阻尼材料,从而增加约束层与板结构之间的阻尼剪切耗能效果,通过质量阻振和阻尼减振技术的综合作用,实现对振源附近结构振动传递途径中的复合阻振。该复合阻振技术的设计思想:一方面通过质量阻振和阻尼减振技术的综合作用,提高减振效果;另一方面在于将振动"限制"在振源附近的局部小范围区域内,从而在小范围实施阻尼减振,节约阻尼材料的使用,减少附加质量。

对平台支撑结构的复合阻振方案:对支撑结构采用双层空心质量阻振和约束阻尼减振设计,图 8.5.5 和图 8.5.6 分别为复合阻振时圆柱壳体产生的水下辐射声功率级及阻振效果频谱图。复合阻振在 50Hz 以上频率的降噪效果在5dB 以上,在 200Hz 以上频率的降噪效果在 10dB 以上,最大降噪效果出现在3.15kHz 处为 15.1dB;在风机激励力作用下,支撑结构复合阻振时,圆柱壳体的水下辐射声功率级为 76.0dB,降噪效果为 9.7dB,而双层空心质量阻振、约束阻尼减振的降噪效果分别为 2.6dB 和 7.2dB。因此,对平台支撑结构的复合阻振技术,减振降噪效果较单独质量阻振和阻尼减振明显提高,尤其是增加了中低频的减振效果,有效扩宽了减振频率范围。

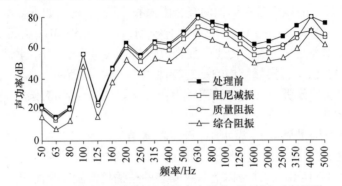

图 8.5.5 复合阻振后圆柱壳体产生的水下辐射声功级频谱

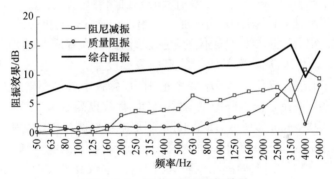

图 8.5.6 复合阻振的阻振效果

相对于传统的单级质量阻振设计,采用空心方钢阻振质量的偏置布置与封闭式双级阻振设计,可降低阻振起始频率,提高阻振效果。对于平台结构上局部刚度较大、固有频率较高的支撑结构,在粘贴丁基橡胶阻尼材料时,粘贴约束阻尼层比自由阻尼层的减振频率范围更宽,减振效果提高。

复合阻振技术的设计思想,是在振动传递途径中综合采用质量阻振和阻尼减振技术,阻抑和消耗振动源附近局部小范围区域内的结构振动能量,"限制"振动能量的扩散,从而在小范围实施减振设计,提高减振效果。对平台支撑结构的复合阻振设计,对风机激励作用下圆柱壳体的水下辐射声功率达到了近10dB 的降噪效果,这对于动力机械设备支撑结构的减振设计具有工程应用价值。

8.6　本章小结

本章开展了舱段内基座结构的复合阻振技术研究,得到如下基本结论:

（1）建立的整体结构 FE-SEA 混合模型,在 50～5000Hz 宽频范围内,基座至圆柱壳体表面某位置的传递函数合成值仿真误差小于 2dB。说明所建立的 FE-SEA 混合模型与实际结构的动态特性较为一致,从而用于基座结构参数对振动传递特性的分析,并在较宽频率范围内分析了支撑结构对圆柱壳体结构声振性能的影响。

（2）计算结果显示,在海水中,圆柱壳体结构的声辐射效率远小于空气中的声辐射效率;在相同激励条件下,圆柱壳体结构在海水中的辐射声功率级比在空气中高 8～14dB;圆柱壳体上基座安装的柴油机激励产生的辐射噪声最大,其次是平台结构上安装的压缩机,而舱壁结构上安装的风机最小;对于圆柱壳体内的不同激励源,控制柴油机激励引起的辐射噪声是关键。

（3）对于圆柱壳体基座 B,为增加少的附加质量并达到更好的阻振效果,在基座底部插入空心阻振结构是较佳的阻振设计方案,在基座 B 结构上单面粘贴 5mm 厚的丁基橡胶阻尼材料是较佳的阻尼减振设计方案。在采取质量—阻尼复合阻振技术时,在 125Hz～5kHz 频率范围内,各频率处的辐射声功率降噪效果最大为 14dB,拓宽了减振降噪的频率范围,有效提高了减振降噪总体效果。若在柴油机 2500r/min 激励时,质量阻振、阻尼减振对圆柱壳体结构辐射声功率的降噪效果分别为 2.3dB、6.2dB,而质量—阻尼复合阻振的降噪效果为 7.5dB。

（4）对于平台结构上局部刚度较大、固有频率较高的支撑结构,在粘贴丁基橡胶阻尼材料时,粘贴约束阻尼层比自由阻尼层的减振频率范围更宽,减振效果提高。对平台支撑结构的复合阻振设计,对风机激励作用下圆柱壳体的水下辐射声功率达到了近 10dB 的降噪效果,在动力机械设备支撑结构的减振设计方面具有工程应用价值。

（5）通过阻振质量将基座面板的振动波能量阻挡或限制在局部区域内,再用粘弹性材料吸收和损耗入射波与反射波的振动能量,本书提出的对基座结构采用空心质量阻振与阻尼减振相结合的质量—阻尼复合阻振技术,相对于以往在结构上大面积敷设阻尼材料及单独使用刚性质量阻振设计,减振降噪效果提高,较单独刚性阻振、阻尼减振技术具有一定优势。

第9章　船舶结构声学
预报与声学设计

随着科技的进步、生活的改善,人们对舒适环境的追求也逐年提高,这就对建造低噪声、小振动船舶的呼声越来越高。船舶振动和噪声一部分是空气噪声在船内传递,而大部分是从机器的安装部位直接传至船体结构的一次固体噪声,以及使船体振动并作为二次固体噪声传递的空气噪声。船体总振动及上层建筑局部振动都会引起结构构件的交变应力,加速结构的疲劳损伤,同时造成乘员不适,甚至影响机械设备的正常工作。为了防止船上有害振动的出现,需要在不同的设计阶段针对船体振动进行预报和控制,力求改进后的结构振动量级在相应振动衡准允许范围内。

本章介绍了船舶舱室主要振动噪声源以及舱室噪声简易估算方法,论述了船体结构声学设计基本准则[123]。在此基础上,以某大型水面舰船为对象,通过对基座结构振动传递特性的研究,探讨了舰船结构的声学设计以及噪声预报技术[117]。借助于有限元技术,建立了一个较完整、包括不同类型基座的舰船结构模型;分析了舰船的振动特性以及振动传递特性[111];探讨了基座以及船体结构对振动传递特性的影响[118];结合声学边界元技术进行了低频段舰船水下噪声预报;采用统计能量法对中高频段的水下辐射特性进行了预报;介绍了船体水下辐射噪声预报程序的二次开发方法[119]。

9.1　典型船体结构及构件

船体结构的典型构件主要有杆(加强筋、肋骨)、板(基座、舱壁、甲板、板架、肋板、横桁、纵桁、船体外板)、壳(管路、轴、耐压壳、非耐压壳)。船体结构主要分为三类,第一类为加强筋加强的板或板架结构,即为典型的船体结构,如图9.1.1所示,它是典型船体结构示意图。第二类是设备基座。第三类是管道及传动轴等。

船体结构主要是由第一类结构组成,第一类结构包括舱壁、甲板、船体外板、耐压壳体、非耐压壳体、板架构件等。图9.1.2是含加强筋的船体结构图,由一些平板或弯板及装在其上面的横向平行加强筋(或肋骨)、纵向平行加强筋

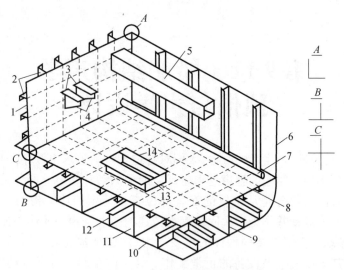

图 9.1.1　典型船舶结构示意图

1—舱壁;2—加强筋;3—悬臂基座的安装面板;4—悬臂基座的支撑构件;5—风管;
6—舷侧壳板;7—管道;8—双层底铺板;9—纵向桁;10—船底壳板;11—肋板;12—肋骨;
13—台式基座的支撑构件(竖板);14—台式机座的安装面板;A,B 和 C—船舶结构的典型联结。

构成。加强筋板的几何特征值,主要有板的厚度、加强筋的横截面和加强筋之间的距离。

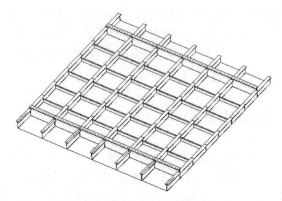

图 9.1.2　含加强筋的船体结构

　　第二类结构包括安装机械设备的基座等。基座结构都是由均质板按一定方式、相互连接组成,包括用于固定机械设备的安装面板、连接安装面板和船体结构的支撑板,即腹板和加固用的肘板。根据基座结构的位置不同,可以将其分为舷侧基座、舱壁基座和平台基座等。图 9.1.3 为典型主动力装置基座结

构,图9.1.4 为典型机械设备支撑基座结构,图9.1.5 为典型平台支撑结构,图
9.1.6 为典型悬臂基座结构。

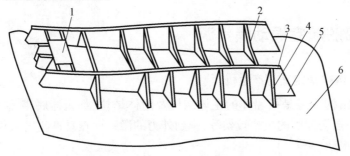

图 9.1.3 典型主动力装置基座结构

1—推力轴承基座;2—横隔板;3—面板;4—横隔板;5—基座纵桁;6—内底板。

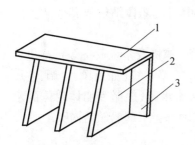

图 9.1.4 典型机械设备
支撑基座结构

1—面板;2—肘板;3—立板。

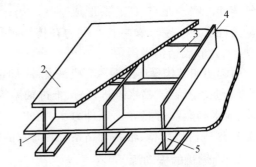

图 9.1.5 典型台式基座结构

1—安装船体结构;2—基座的支撑板;3—基座的主要
构件(腹板);4—基座的肋板;5—船体结构构架。

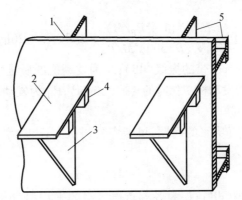

图 9.1.6 典型悬臂基座结构

1—安装艇体结构;2—基座的支撑板;3—基座的肋板;4—加强筋;5—船体结构构架。

第三类结构包括支撑杆、传动轴、管路等,它们是圆柱形结构,其几何特性参数主要包括外径、内径和壁厚。

9.2 船舶舱室振动噪声源

1. 结构噪声定义与产生机理

船体结构噪声是指船体的主体结构及附体结构,如机器底座、装备或设备的支架、加强筋加固的板或板架等,受到外力的激励而振动产生的噪声(包括空气噪声和水动力噪声)。

船舶上机械装置的振动、管内流体的流动和船体外海水或河水的流动作用都会引起船舶振动噪声,该噪声是通过船体结构而传递的,形成结构声场;通过空气传递的噪声是空气噪声,形成空气声场;通过海水(或河水)传递的噪声是水动力性噪声。空气噪声和水动力在传递过程中引起船体结构或其他装置的振动,也会形成结构噪声。

引起船舶结构噪声的振源有机械设备(如主机、辅机及系统设备等)、推进装置[122](包括螺旋桨、喷水推进装置、推进轴系等)、管路系统(如通风、空调、液压管路、疏水和蒸汽管路等)、舷外海水、河水(包括流水孔、船艉和船体附体的水流等),这些机械设备、轴系管路系统和海水的扰动都会引起船舶结构噪声。

2. 内燃机的振动源

内燃机主机,主要是较大功率的柴油机,其振动源通常表现为脉冲性质,因而具有宽带的频率特征,内燃机运转引起的机座1/3oct带振级可用以下近似公式进行估算[77]:

$$L_a = 10\lg \frac{NP^{0.55}(1 + P_H/M)}{1 + (f/1500)^3 M/P_H} + 30\lg \frac{n}{N} + 20\lg f + 34 \qquad (9.2.1)$$

式中:L_a 为机座的1/3oct带的振级(dB);M 为发动机的质量(kg);N 为发动机额定转速(r/min);n 为发动机工作时的转速(r/min);P_H 为发动机额定功率(kW);f 为1/3oct带的中心频率(Hz)。

关于内燃机的声功率的问题,里卡多公司认为,声功率级可根据测得的声压级计算出来,即

$$L_w = \overline{L_p} + 10\lg(2\pi r^2) \qquad (9.2.2)$$

式中:L_w 为声功率级(dB);$\overline{L_p}$ 为各测点声压级的平均值(dB);r 为测量点所在波面的半径(m)。

此外,对于不同转速的柴油机的总声级,可用 B. N. 津钦科公式进行计算:

$$L_{\mathrm{p}} = 15.8\lg\left(D\,\frac{n}{Z}\sqrt[3]{\frac{S}{D}}\sqrt{\frac{I}{6}}\right) + B[\,\mathrm{dB}(\,C\,)\,] \tag{9.2.3}$$

式中:n 为发动机的转速($\mathrm{r/min}$);D 为柴油机的气缸直径(m);S 为活塞行程(m);I 为气缸数;B 为常数,该数值考虑了测量条件以及某些其他结构因素的影响,在计算铸钢机身,离柴油机 $0.5\mathrm{m}$ 处的噪声级时,$B = 75.5\mathrm{dB}$;Z 为考虑有无阀配气机构的系数,二冲程回流扫气发动机,因为没有气阀传动机构,其噪声级较四冲程发动机低 $2 \sim 3\mathrm{dB}$,所以 $Z = 1.3$,而带有气阀的四冲程和二冲程发动机,取 $Z = 1$。

如果柴油机为 6 缸四冲程发动机,则公式可简化为

$$L_{\mathrm{p}} = 15.8\lg\left(Dn\sqrt[3]{\frac{S}{D}}\right) + B[\,\mathrm{dB}(\,C\,)\,] \tag{9.2.4}$$

式(9.2.3)和式(9.2.4)是 B. N. 津钦科详细分析各类船用柴油机噪声级后,得出了较为正确的经验公式,其精确度较高,误差范围在 $\pm 2\mathrm{dB}$ 之内。

9.3 船舶舱室噪声简易估算方法

设机舱内的主机为主要声源,又设某一测点离声源的距离为 r,则该测点的噪声级由直达声和反射混响声所组成,即为直达声和反射声的叠加,可用下式计算舱室的平均声压级:

$$\bar{L}_{\mathrm{p}} = L_{\mathrm{p1}} + 10\lg\frac{4}{S\bar{\alpha}} + 11 \tag{9.3.1}$$

式中:L_{p1} 为离声源 $1\mathrm{m}$ 处的声压级(dB);$\bar{\alpha}$ 为舱室的平均吸声系数;S 为机舱各舱室的表面积之和(m^2)。

定义受声室为没有噪声源的舱室。在仅考虑机舱噪声源的情况下,居住舱、客舱、船长室、会议室、餐厅、会客室等,都属于受声室。如果相邻的各舱室都是关门、关窗的,在其噪声相互影响又不可忽略的情况下,该舱室的平均声压级为

$$\bar{L}_{\mathrm{p}} = 10\lg\left(\sum_{i=1}^{n} S_i\right) \times 10^{\frac{L_i - L_{\mathrm{TL}i}}{10}} - 10\lg\left(\sum_{i=1}^{n} S_i \alpha_i\right) \tag{9.3.2}$$

式中:S_i 为某一舱室第 i 个舱壁或天花板或地板的面积(m^2);L_i 为在某一舱室中和第 i 舱壁(或天花板、地板)相对应的舱室的噪声级($\mathrm{dB}(\mathrm{A})$);$L_{\mathrm{TL}i}$ 为在某一舱室中,第 i 舱壁(或天花板、地板)的隔声量($\mathrm{dB}(\mathrm{A})$);α_i 为在某一舱室中,第 i 舱壁(或天花板、地板)的吸声系数。

计算各舱室空气噪声级的步骤如下[77]:

（1）在总布置图中，找到被计算舱室的位置。

（2）熟悉与该舱室相邻的各个舱室的噪声级，若无法知道相邻舱室的噪声级，则要从与机舱相邻的舱室开始计算，或作假定某一噪声级，以便进行第一次的近似计算。

（3）估算全船凡有声源舱室的噪声声压级，如果有测量的数据，或有母型船的数据，则此数据作为计算值。

（4）对船舶各舱室的空气噪声作第一次近似计算。

① 假定强噪声的声源噪声已经算出或已经知道，则要计算与此舱相邻舱室的噪声级。确定该舱室各舱壁表面的吸声系数 α，由各舱室的结构查有关资料确定或由经验确定；确定该舱壁各舱室（或天花板、地板）的隔声量 L_{TLi} 值，可查有关资料或由舱壁结构实测确定，舱壁隔声量对计算影响较大；按表 9.3.1 进行列表计算；计算吸声量 $A = \sum_{i=1}^{n} S_i \alpha_i$，并设 $B = \sum_{i=1}^{n} S_i \times 10^{\frac{L_i - L_{TLi}}{10}}$；按式（9.3.2）计算该舱室的噪声级，即

$$\overline{L_p} = 10\lg B - 10\lg A \tag{9.3.3}$$

表 9.3.1   舱室空气噪声计算表

(1)	(2)	(3)	(4)	(5)	(6)	(7)	(8)	(9)	(10)
序号	隔舱壁纸			相邻条件		隔声量	$L_{pi} - L_{TLi}$	$10^{\frac{L_{pi} - L_{TLi}}{10}}$	(3)×(9)
	名称	S_i	α	名称	L_{pi}	L_{TLi}			
1	前壁	1.5	0.2	机舱	120	30	90	1.0×10^8	15×10^8
2	后壁	1.8	0.5	风机舱	112	25	85	3.16×10^8	5.67×10^8
⋮	⋮	⋮	⋮	⋮	⋮	⋮	⋮	⋮	⋮
	$A = \sum (3) \times (4)$			$B = \sum (10)$					

② 计算和该舱室相邻的舱室的噪声级。

③ 一个舱室接一个舱室进行计算，直至全船各舱室的噪声级全部算出。

（5）按步骤（4）对各舱室的噪声级作第 2 次近似计算和第 3 次近似计算，直至各舱室的噪声级基本稳定才结束。

9.4　船体结构声学设计基本准则

1. 船舶声学设计的基本原则

在船舶设计的最早阶段就考虑声学方面的要求，这是船舶声学设计的基本原则。船舶声学设计内容包括：

（1）选择声学性能较佳的船舶舱室结构形式。

（2）选择低噪声的动力机械设备，并采取合理的布置方案。

（3）降低动力机械振动噪声源的设计。

（4）动力机械设备支撑结构的声学设计。

（5）船体结构的声学设计。

在船舶初步设计阶段，选择声学上最佳的船舶舱室结构形式，在很大程度上决定了舱室振动噪声能否满足标准要求。主推进动力装置和各种辅助机械设备是船舶的主要振动噪声源。低噪声设备的选择，同样应在船舶初步设计阶段进行。因为总体设计完成后，尤其是在已建造的船上再改变这种布置实际上已不可能，机械设备的选择常常要考虑它们的质量和尺寸，并选择质量和尺寸较小的设备。但应注意到，减小机械的质量和尺寸，在大多数情况下将导致它们的振动噪声幅值增高，而不得不采取更昂贵的、加大质量的噪声治理措施。有时减振降噪措施的附加质量与相应发动机质量比值为 1～2。因此，若选择较轻、尺寸较小、但噪声较大的机械，可能是不合算的。

船体结构声学设计的目的是，使其具有最佳的振动声学性能，以及保证结构上安装的综合降噪措施具有最大效果。降噪措施的设计应与船舶总体设计一起完成，以保证降噪器材的费用少而降噪效果大。应该指出，进行船体结构的声学设计时，应考虑船舶的总体要求。除了考虑综合降噪措施的声学效果以外，还必须考虑综合降噪措施的附加质量，采用这些设施会使舱室内部空间减小，带来船舶建造和运行时的附加费用。

众所周知，失修的设备产生的振动和发出的噪声比完好的设备大很多。有时通过适当修理的办法可将失修设备的空气噪声级降低 10～20dB。因此，船舶设计时，应该合理地规定振动强的设备的修理间隔期，不仅要从使用的观点去考虑，而且要保证最低的噪声和振动指标。

在设计船舶降噪措施时，考虑心理因素同样重要。船舶工作人员和乘客看不到噪声源时，比将噪声源放在他们眼前所引起令人不快的程度要小。在布置上用屏蔽板将噪声源与人隔开可能是有益的，且屏蔽板还能在一定程度上屏蔽噪声。

2. 船舶舱室结构形式的声学设计

船舶舱室结构形式直接影响船上声学和振动状况。选择声学上合理的船舶结构形式是声学设计的最重要阶段。对于设计完成的船舶，纠正声学上设计不佳的舱室结构布置非常困难，而对于已经建造的船舶，实际上已不可能。

船舶舱室结构形式声学设计包括以下内容：动力装置的选择；振动噪声大的机械设备布置；居住舱室的布置；螺旋桨和船舶尾端结构的选择；上甲板进气和排气装置；通风系统和其他船用系统的布置。在设备选型和设计布置阶段，必须选用振动和噪声较低的动力机械设备,并尽最大可能使居住舱室远离噪声源和振动源。

　　船用动力装置和系统的组成,应在考虑它们的运行质量和声学性能的基础上加以选择。需要认识到,选用运行指标好,但噪声和振动较大的动力装置,表面上看可能是经济合算的,但实际上未必,因为要将舱室内较高的噪声指标降至标准以下,需要价格昂贵的减振降噪配套措施和材料,同时动力装置在较大的振动噪声环境下运行,势必减少其使用寿命和增加维修成本。

　　对于螺旋桨推进船舶,动力装置按照惯例布置在船舶尾部。动力装置组件的具体布置应考虑为操作人员创造舒适性工作条件。柴油机发电机组最好集中布置在单独的舱室内,与主机舱分开,以便在船停泊时机舱操作人员能在较低噪声条件下工作。如果具备条件,可将几台柴油机组布置在不同的舱室,以便能对其中一台机组进行修理或定期检查,而不受另一台机组噪声的影响。噪声较小的辅助机械(风机、水泵等)也尽可能布置在单独的舱室内,而与高噪声、高振动的内燃机隔离。

　　居住舱室(居住舱、医务室和会议室等)的合理布置,是船舶舱室结构形式声学设计最重要的一步。船上的声学状况良好与否很大程度上取决于居住舱室布置的成功程度。资料表明,只有通过居住舱室相对机舱和其他强振动源及噪声源的最佳布置,才有可能将这些舱室的噪声降低到标准以内。

　　民用船舶居住舱室的布置按特点可以分为长尺度运输船(油船、干货船等)、客船、小排水量运输船。

　　在长尺度船舶上,居住舱室的最佳位置是将其集中布置在上层建筑内。上层建筑远离机舱和柴油发电机舱并移向首部。由上层建筑到这些强振动噪声源舱室的距离在30~40m以上时,仅由于沿船体长度振动的衰减,可保证将船体结构振动级及空气噪声级降低20~25dB。但与此同时,这种设计会增加电缆和其他通信线路的长度,可能还会带来其他问题。所以,长尺度船上居住舱室布置的选择,不应只考虑声学设计因素,还要考虑经济性。

　　当按上述方法布置居住舱室不可能或不适宜时,应按下述适于上层建筑布置在尾部的小排水量运输船进行设计。

　　客船居住舱室布置的特点:它们占据了船体和上层建筑空间的大部分。对这类船舶舱室结构形式选择的建议如下:

　　在高噪声舱(如机舱、辅机舱和舵桨舱)和居住舱室之间应配置由非居住舱室(如储藏室、隔离舱、盥洗室、走廊等)组成的缓冲区,与缓冲区毗邻的舱室应是对噪声标准不太严格的舱室(如厨房、工作间和公用舱室)。压缩机、通风机、制冷空调和其他噪声振动源,不应布置在居住舱室区域内。机舱和辅机舱如果没有安装隔声门,门不应布置在居住舱室入口附近。高噪声舱室和居住舱室用缓冲区隔开的设计原则,不仅在水平面上,而且在垂直方向都应满足。

建造低噪声船舶最复杂的设计是小排水量船舶建造形式的选择。小排水量船舶由于受船体尺寸的限制,不可能将居住舱室与高噪声舱室隔得很远。该问题的较佳解决方案是,将居住舱室移至上层建筑内,并尽可能使其远离机舱和辅机舱。但是,上层建筑经常不得不直接布置在这些舱室的上面。这时,它的布置可能有三个主要方案:

方案一,在传统方案中,机舱的通风道是穿过上层建筑的。这时,必须在居住舱室与机舱和其通风道之间设置缓冲区。但是,用这种办法往往达不到实质性的声学效果。为使居住舱室满足噪声标准,必须采用整套降噪措施。

方案二,从上层建筑将机舱通风道移开的方案,可以得到较佳的声学效果。这时,只要在机舱和上层建筑之间设置缓冲区就足够了。只是当居住舱室布置在上层建筑的底甲板时,才必须特别为其采用整套降噪措施。比如在这些舱室内设计"浮动"地板。当短的上层建筑的纵向振动共振频率与船体航行振动频率重合时,需要采用增大上层建筑抗剪刚度设计方案。可通过以下措施实现:增加侧壁的厚度;将其与舷边重合;保证上层建筑纵向构建在高度上的连续性;等等。

方案三,减低上层建筑舱室的结构振动和噪声更有效的解决办法是,将上层建筑整体设计为弹性减振系统。将重 2500t 的上层建筑安装在减振器上,实船测试结果表明,减振后的上层建筑底部甲板上的振动降低了 10dB,在其余甲板上的减振效果更明显。

为了减低上层建筑的纵向和横向振动,有时也采用阻尼器减振设计方案。优化上甲板进气和排气装置的布置,在很大程度上可以改善驾驶台、上甲板通道区域和工作区,以及甲板上方居住舱室的声学状况。

选择螺旋桨和尾部结构时,应考虑减小来自螺旋桨作用于船体并激励船体结构振动的流体载荷。比如:增大螺旋桨桨叶边缘和船体外板之间的间隙;使用多叶螺旋桨和大侧距螺旋桨;使用合理的船体尾部线型;采用螺旋桨导流罩装置。

3. 船体结构声学设计

船体结构声学设计的基本任务是,尽最大可能改善其振动声学性能,如振动激励、振动传递、声辐射特性和隔声性能等。实际上,对这些性能产生最大影响的是改变相应结构的抗弯刚度。船体结构的振动声学性能与抗弯刚度的变化关系很大。例如,当抗弯刚度增加 1 倍时,某些性能的变化达 3~6dB。但是,改变船体结构的抗弯刚度对振动声学性能的影响不是简单的关系[123]。对布置有振动源的结构来说,最重要的是振动激励幅值,对相邻舱室而言,振动在结构传播过程中的传递特性十分重要,舱壁结构的声辐射性能也同样重要。如果有高噪声源的舱室与需降噪的舱室相邻布置,最重要的是舱壁的隔声性能。

对安装有振动源的结构而言,船体结构声学设计的另一个重要任务就是,防止振动源主要离散分量的频率与被激励结构弯曲振动的第一阶共振频率重合,设计时应调开 20% ~ 30% ,以保证被激励结构共振振幅有足够的减弱。

在船体结构上布置振动强的机械设备,如进排水管路等时,应注意设计加固构件,且这些结构的输入阻抗应尽可能大。因此,设备固定时,应安装在加固结构用的加强筋或肋骨上,这样也可使输入结构的振动能量减小。在船体结构上选择安装构件位置时,也应设法使来自机械设备进入到安装构件的振动能量最小。舱壁上的隔声屏蔽板也应尽可能固定在加固骨架上。

在船体结构设计时,同样应注意各种辅助构件固定在船体结构上的装配可靠性。这些构件若装配质量不好,或在船舶运行过程中紧固件损坏时,容易引发结构的异响。这样产生的空气噪声一般具有脉动性质,可能并不超过噪声标准,但容易对工作人员和乘客造成不舒适的声学后果。

为了保证船体结构声学设计的质量,对船舶设计工作提出如下建议:

(1)在保持给定的全船总体基本参数条件下,选择能在最大程度上满足声学要求的船舶舱室结构形式。

(2)确定船舶设备的主要振动和空气噪声源,选择低噪声设备,根据已有经验(如母型船)进行合理布置。

(3)确定应该满足空气噪声标准的舱室和提出降低噪声级的措施。

(4)确定振动噪声源向舱室传递振动能量所经过的结构,在强度和其他全船总体要求允许的范围内,研究改变这些结构抗弯刚度的可能性。

(5)计算安装有主要振动源的结构的第一阶共振频率,必要时,用适当改变被激励结构的抗弯刚度或质量的方法,将结构共振频率与振动源的主要离散分量的频率调开。

(6)当被激励的加强筋结构第一阶共振频率与振动源离散分量的频率接近到 20% ~ 30% ,且不可能将结构第一阶共振频率调开时,就需要对结构构件进行阻尼减振等声学设计。

(7)通过必要的计算,预测应满足噪声标准的各舱室的空气噪声级。

(8)必要时,采取隔振、阻尼减振和吸振等减振降噪措施。

4. 调开船体结构的共振频率与激励力频率

当船体结构在共振频率被激励时,由于机械阻抗的降低,其振动变得非常强烈。许多动力机械的振动频谱中,存在一些振幅明显的离散分量。当这些频率与船体频率重合时,结构中可能产生较高的振动级。

船体结构弯曲共振时的振幅与激励力 F 的振幅成正比,而与频率 f、结构质

量 m 和损耗系数 η 成反比。当 F 不变时,欲减小结构共振幅,需增大其质量和损耗系数。船体结构的质量,实际上是不可能大幅增加的。采用增大损耗系数 η 的方法,可以达到较明显的效果。

　　船体结构低频共振容易导致较大的危害,消除危险共振的基本方法就是,将这些振动的频率和激励力的频率互相调开。在调开上述频率时,结构的损耗系数越小,则振动幅度减小越显著。这种结论可以从单自由度的振动速度表达式得出,即

$$v = \frac{F}{Z} = \frac{F}{\mathrm{j}\omega M[1 - \mu^{-2}(1 + \mathrm{j}\eta)]} \tag{9.4.1}$$

式中:Z 为系统的输入机械阻力;M 为质量;$\mu = f_F/f_p$ 为激励力的频率 f_F 和系统共振频率 f_p 的调开系数。

　　将船体结构共振频率与激励力频率相互调开,有两个可行的原则方案。第一个方案是改变激励力的频率(如振动源的旋转频率)。例如,对柴油机而言,可选择不同的气缸数或调整运行转速,以改变柴油机的主要激励频率;可调整齿轮箱的减速比,选择螺旋桨的叶片数,使螺旋桨的旋转频率及叶频不与船体航行状态下的共振频率(一般为前三阶固有频率)相重合。

　　如果振动源的激励频率是不可控的(对辅机机械来说,常有这种情况),那就只有调开这一频率与船体结构弯曲振动的第一阶共振频率,也就是改变船体结构的共振频率,这比调整设备的激励频率需要付出更高的代价。改变船体结构弯曲振动共振频率的最有效方法是,适当地改变船体结构的总体弯曲刚度。若船体的刚度改变 1 倍,可使共振频率按比例改变 40%。

　　为了消除船体结构的共振,可采取的措施包括:

　　(1) 选择恒定转速的机械,使其振动离散分量的频率与船体结构的共振频率调开,其调开值 Δf 大小要根据共振频率计算的误差(一般不大于 10%)和共振振幅的必须降低值选取,一般取 Δf 为 20% ~30%。

　　(2) 改变可变转速机械的旋转频率,使它与船体结构共振频率的调开值至少取 20% ~30%。

　　(3) 用加固的办法改变船体结构的共振频率,使它们与机械振动离散分量的频率调开值至少达到 20% ~30%。

　　(4) 采用动力机械振动隔振措施[121],减少动力机械对船体结构的激励力,要使动力机械隔振系统垂向固有频率避开船体结构固有频率。

　　(5) 采用动力吸振或结构阻尼减振措施。

5. 船舶主辅机的声学设计

　　船舶舱室噪声控制的关键是对振动噪声源的控制,特别是对强振动噪声源

要加以控制,要求采取强有力的措施进行控制并恰到好处。在选择推进主机、辅机、电动机和其他设备时,首先要考虑机器的性能是否符合设计要求,同时要考虑其噪声和振动是否较低,凡振动小、噪声低的机械设备,其性能指标也是优良的,因为只有加工精良,安装优秀的设备辐射的噪声和产生的振动才会小。

船舶推进主机是机舱内的主要振动噪声源,从主机减振降噪的角度出发,提出如下意见:

(1)基座的结构设计非常重要。传统基座设计主要是从强度方面进行设计的,为控制基座结构的振动传递,基座是整个振动系统配重的重要手段,通过增加振动系统的质量,可降低基座结构的振幅。对基座的质量和外形尺寸设计时,要和主机的功率、转速、质量等参数相匹配,在有可能的条件下,基座高度应尽可能低。

(2)在基座和基础之间或主机和基座之间采取隔振措施。

(3)在基座结构上敷设自由或约束阻尼材料,实施基座结构阻尼减振如图9.4.1所示。

(4)对主机的进气和排气进行消声处理,必要时可对主机某区域设置吸声、隔声屏障。

辅机的外形、质量及功率都比主机小,发出的声功率也比主机小很多,相对主机而言,它在机舱内不是一个主要的噪声源,但有的情况下,辅机的噪声也相当大,对船舶噪声的影响不可忽视。在对船舶噪声有较高要求的情况下,可依据降噪指标选择对辅机采取单层隔振、双层隔振和浮筏隔振等措施,采用如图9.4.2所示的吸声屏障或隔声罩也可以减少其噪声的辐射,必要时也可对辅机的基座结构进行声学设计和阻尼减振处理。

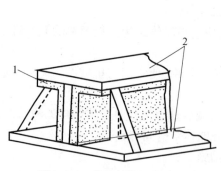

图9.4.1 机座结构阻尼减振
1—阻尼层;2—基座。

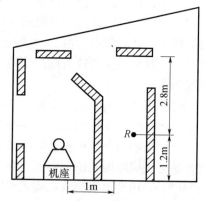

图9.4.2 辅机机组吸声屏障示意图

6. 基座结构的声学设计

船用机械基座声学设计的基本任务是增大它们的输入机械阻力,以减小基座面板和安装结构振动的振幅,并减小基座结构对振动的传递。关于船用机械基座声学设计建议如下:

(1) 基座面板的厚度应尽可能大,基座面板自由边用缘条加固是有益的。

(2) 将面板各部分肘板间的距离分割得尽可能小,减振器和面板的固定必须靠近肘板。

(3) 加固基座处板架的抗弯曲刚度至少比在减振器固定部位面板的抗弯刚度大 2 倍。如果这点不能满足,则比较合适的办法是增大基座的惯性阻力,其方法是在其结构件构成的空腔中浇铸混凝土。

(4) 把基座布置在更靠近安装板架的边缘,以便在频率低于弯曲振动第一阶共振频率时,减小结构振动沿着板架的传递。

(5) 悬臂式基座应直接安装在加固安装板架的垂直加强筋上,且这些加强筋的总抗弯刚度应比基座面板至少大 2 倍。

在确定基座安装板的尺寸时,必须注意使其弯曲振动第一阶共振频率与动力机械的主要高频离散分量避开 20% ~30%,以避免传递到安装板架的机械振动的加剧。在船用机械基座的声学设计过程中,也同样可以采用旨在增大基座弯曲振动构件内振动能量吸收的措施,如在其支撑构件表面敷设阻尼减振材料。

9.5　船舶舱室整体弹性隔振设计

1. 舱室隔振设计背景

振动隔离技术是船舶减振降噪的重要手段。隔振是指隔离动力设备激励力或振动能量的传输,从而降低结构的振动或噪声。当动力设备和基座相连接时,振动就能直接传给基座,并由此激发基座的振动,进而引起舱室结构的振动并且产生结构辐射噪声,影响舱室内部的舒适性处。

由于挖泥船比普通船舶要安装更多、更大功率的动力设备,甚至有些挖泥船将大功率柴油机直接安装在船体上甲板处,因而其船体振动和噪声问题十分突出。荷兰等国家有将挖泥船的控制舱室和居住舱室进行隔振设计的成功实例,国内也在近 10 年内逐步开展了对挖泥船多层居住舱室(质量达上百吨)隔振的设计工作。

2. 舱室隔振系统的振动分析模型

船舶舱室隔振属于被动隔振方式,其目的是减少船体的振动传递到舱室底板,从而降低舱室的船体振动以及由船体振动作为二次固体噪声传递的空气噪

273

声。在船舶舱室隔振方案设计阶段,可将船舶舱室近似为刚体。取 x 为船舶长度方向,y 为船舶宽度方向,z 为船舶垂直方向,坐标原点取在舱室重心位置,则可建立 6 自由度的运动微分方程为

$$M\ddot{\delta} + C\dot{\delta} + K\delta = -K\xi \tag{9.5.1}$$

式中:M、C、K 分别为舱室隔振系统的质量矩阵、阻尼矩阵和刚度矩阵;$\delta = \{x \quad y \quad z \quad \alpha \quad \beta \quad \gamma\}^{\mathrm{T}}$ 为舱室重心的振动位移向量;ξ 为隔振系统安装基础的激励振动位移矢量。

隔振系统的固有频率及振型可由以下方程求解:

$$|M^{-1}K - \omega^2 I| = 0 \tag{9.5.2}$$

隔振系统的激励响应为

$$\delta = (\omega^2 M - K - \mathrm{j}\omega C)^{-1} \cdot (K\xi) \tag{9.5.3}$$

隔振系统的垂直方向隔振效果定义为

$$\varepsilon = \left(1 - \frac{\delta_z}{\xi_z}\right) \times 100\% \tag{9.5.4}$$

3. 舱室隔振系统的稳定性分析模型

船舶舱室隔振系统由于特定原因长时间单向倾斜,或在海浪作用下产生摇摆,使隔振舱室偏离平衡位置,从而导致隔振器产生不均匀的变形。稳定性校验的目的是考察隔振舱室下所有隔振器的最大载荷,从而判断隔振器和支撑位置船体局部结构强度的安全性。对于船舶舱室的稳定性分析,其运动方程为

$$M\ddot{\delta} + C\dot{\delta} + K\delta = F \tag{9.5.5}$$

式中:F 为船舶舱室隔振系统受到的外扰动力向量。

当船舶在重力和风载荷下长时间单向倾斜时,船舶舱室的重力根据倾斜角可分解为垂直和水平方向,风载荷取决于风向、风速和迎风面积。由于船舶舱室的速度和加速度均为零,其运动方程可简化为

$$K\delta = F_{\mathrm{g}} + F_{\mathrm{w}} \tag{9.5.6}$$

式中:F_{g} 为舱室的重力;F_{w} 为船舶舱室迎风面受到的风载荷作用力。设计时需对重力载荷和不同方向的风载荷组合分别进行计算。

当船舶在海浪作用下产生摇摆时,外扰动力近似满足简谐状态,故重心运动幅值为

$$\delta = (-M\omega^2 + C\omega + K)^{-1} \cdot F \tag{9.5.7}$$

在摇摆运动时,舱室运动相对于其平衡位置仍然是小量。舱室在平衡位置附近运动相对于整个系统的摇摆运动缓慢得多,即 $M\ddot{\delta}$ 和 $C\dot{\delta}$ 引起的扰动力相

对于摇摆引起的舱室惯性力小得多,故在此可以引入舱室惯性力,同时忽略 $M\ddot{\delta}$ 和 $C\dot{\delta}$ 的影响,于是舱室质心位移幅值满足

$$\delta = K^{-1} \cdot (F_g + F_w + F_a) \tag{9.5.8}$$

式中:δ 为船舶摇摆时舱室质心的位移向量;F_a 为舱室摇摆的惯性力载荷。

求出舱室质心的位移后,对于舱室上任一点,只要知道这一点在舱室中的坐标,其位移 δ' 可由下式求得:

$$\delta' = G \cdot \delta \tag{9.5.9}$$

式中:

$$G = \begin{bmatrix} I & R \\ 0 & I \end{bmatrix}, R = \begin{bmatrix} 0 & z & -y \\ -z & 0 & x \\ y & -x & 0 \end{bmatrix}$$

式中:(x,y,z) 为该点的坐标;I 为 3×3 单位阵。

4. 居住舱室隔振设计实例

3500m³绞吸挖泥船是一艘非自航船,在沿海作业。为减少振动噪声对船员起居的影响,在上甲板上设一个独立生活楼。该生活楼与其他上层建筑是分离的,它与上甲板之间用隔振器连接,即采用单层隔振的被动隔振措施来改善船员的生活条件。该挖泥船总长 $L = 97.8$m,垂线间长 $L_{pp} = 77.7$m,型宽 $B = 17.2$m,型深 $H = 5.0$m,设计吃水 3.5m,定员 30 人。居住舱室的长度为 13.3m,宽度为 13m,共分三层,总质量为 158t,总高度为 8.4m,质心高度为 3.1m。自船中心线至居住舱室中心线平行于甲板的横向距离 $Y = 0$m,自纵摇运动中心即纵向漂心至居住舱室中心线平行于甲板的纵向距离 $X = 16.68$m,自横摇运动中心至居住舱室重心的垂直距离 $Z_r = 0.45$m,自纵摇运动中心至居住舱室质心的垂直距离 $Z_p = 4.81$m。

表 9.5.1 为挖泥船上甲板和机舱内主要振动源动力设备情况。由于居住舱室安装在上甲板,所以上甲板上的柴油机是最主要的振动源。柴油机一阶水平和垂直激励力及力矩,主要引起上甲板的垂直振动,所以对上甲板垂直振动的隔离显得至关重要。

表 9.5.1　上甲板和机舱内主要振动源动力设备情况

位置	设备名称	台数	型号	功率/kW	转速/(r/min)
上甲板	泥泵柴油机	2	CAT3612	3700	1000
	水下泵发电机组	1	CAT3608	2460	1000
	主发电机组	1	CAT3512B	965	1500
机舱内	液压油泵柴油机	1	CAT3608	2460	1000
	高压冲水泵柴油机	1	CAT3512	900	1450

从隔振原理出发,隔振系统的固有频率必须小于扰动频率的 $\frac{\sqrt{2}}{2}$ 倍,隔振系统才具有隔振效果。因此,舱室隔振设计的频率准则:舱室隔振系统垂直方向的固有频率必须小于扰动频率的 $\frac{\sqrt{2}}{2}$ 倍,在满足隔振系统稳定性的情况下,尽可能接近 $\frac{1}{3}$ ~ $\frac{1}{2}$ 倍的扰动频率。由于主要振动源柴油机的额定转速为 1000r/min ,第一阶扰动频率为 16.7Hz ,所以隔振系统垂直方向的固有频率小于 11.8Hz 。

选用 VULKAN 公司研发的具有大变形能力的 T140 橡胶隔振器,其结构外形图见图 9.5.1。该隔振器橡胶件抗压缩和剪切,内衬金属环件,其刚度呈渐硬型非线性特性,为便于计算,在设计阶段将隔振器刚度近似为线性。当橡胶邵氏硬度为 55 时,垂向静刚度为 8.2kN/mm ,水平与垂直方向的刚度比为 1.2,垂向许用载荷达到 125.0kN 。

为了便于安装,将两个 T140 隔振器安装在 40mm 厚的公共底板上,组成一个隔振器组,再将公共底板直接焊接在上甲板,从而通过在隔振器和公共底板之间插入垫片,可调节支撑面的水平高度,又能增加船体支撑的刚度,减少变形,图 9.5.2 为 T140 隔振器组的结构示意图。根据生活楼的总质量,在生活楼底板下布置 13 组隔振器,由于生活楼第三层的长度不到总长的 1/2,且内部设备的质量分布不均匀,隔振器的分布如图 9.5.3 所示,在重力作用下,每个隔振器的平均载荷为 59.6kN。

图 9.5.1　T140 隔振器的外形

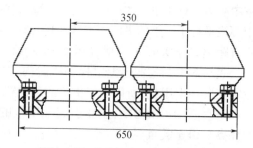

图 9.5.2　隔振器组的结构示意图

表 9.5.2 为挖泥船生活楼隔振系统的固有频率,其垂向振动的频率为 8.4Hz,满足隔振设计的频率准则。图 9.5.4 为理论计算舱室隔振系统垂向的隔振效果,对主振动源 CAT3612 和 CAT3608 柴油机的一阶垂向激励(16.7Hz)的隔振效果为 75%,二阶垂向激励(33.3Hz)的隔振效果为 94%,振动隔振效果非常明显。

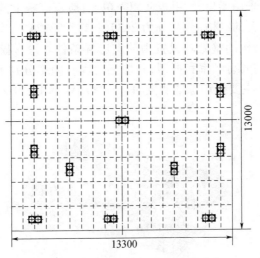

图 9.5.3　舱室底板下的隔振器分布

表 9.5.2　舱室隔振系统的固有频率　（单位:Hz）

阶次	1	2	3	4	5	6
振型	纵摇	纵向	横摇	垂向	横向	平摇
频率	12.7	6.0	13.3	8.4	7.8	12.3

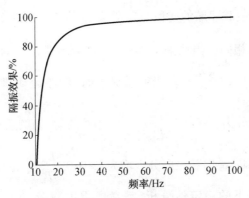

图 9.5.4　舱室隔振系统垂向的隔振效果

5. 舱底板结构振动有限元分析

　　上层建筑是船员生活和工作的主要场所,其甲板的强烈振动会使其条件恶化,因此必须使结构的基频避开激励频率以消除共振。建立了居住舱室底板的结构有限元模型,采用梁单元,甲板使用壳单元,舱室底板上的设备以质量单元表示,加在相应位置的结构上,共分为 2430 个单元,2326 个节点。将板架边界和其上下设有钢结构围壁处均设置为简支边界条件。进行模态分析后得到舱室底板结构振动的固有频率和振型,其前三阶固有频率分别为 12.2Hz、15.1Hz 和 18.9Hz,避开了主要振动源柴油机的一阶扰动频率 16.7Hz,图 9.5.5 为第一阶振型图。

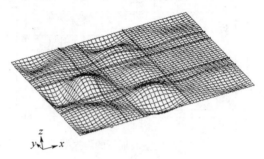

图 9.5.5   舱室底板的第一阶振型

6. 居住舱室稳定性分析

在挖泥船作业时,设计船舶允许的最大单向横摇角 $\varphi = 20°$,最大单向纵摇角 $\psi = 7.5°$,最大风速为蒲氏 7 级,取 $v = 15.5\text{m/s}$。横摇运动的周期 $T_r = \dfrac{0.7B}{\sqrt{GM}}$,式中 GM 为装载船舶的初稳心高度,纵摇运动的周期 $T_p = 0.5\sqrt{L_{pp}}$,垂荡运动的周期与纵摇相同。当船舶横摇时,船舶运动惯性力的垂直分力:$\pm 0.07 \dfrac{\varphi Y}{T_r^2} F_g$,横向分力:$\pm 0.07 \dfrac{\varphi Z_r}{T_r^2} F_g$。当船舶纵摇时,船舶运动惯性力的垂直分力:$\pm 0.07 \dfrac{\psi X}{T_p^2} F_g$,纵向分力:$\pm 0.07 \dfrac{\varphi Z_p}{T_p^2} F_g$。船舶垂荡时,船舶运动惯性力的垂直分力:$\pm 0.05 \dfrac{\psi X}{T_h^2} F_g \cos\psi$,横向和纵向分力均为:$\pm 0.05 \dfrac{L_{pp}}{T_h^2} F_g \sin\varphi$。

对于摇摆状态下的稳定性分析,需考虑重力载荷、风载荷和惯性力载荷的共同作用。为了检验最恶劣环境下舱室隔振系统的安全性,应进行如下载荷组合的校核计算:①(重力 + 风载荷 + 横摇载荷 + 垂荡载荷)。②(重力 + 风载荷 + 纵摇载荷 + 垂荡载荷)。③(重力 + 风载荷 + 0.8 倍横摇载荷 + 0.8 倍纵摇载荷 + 垂荡载荷)。表 9.5.3 为不同载荷组合时隔振器的最大变形量和最大载荷,所有工况下隔振器的最大载荷均小于许用载荷,隔振器的强度满足要求,载荷组合③作用时隔振器受到的载荷最大,其最大载荷接近于平衡状态时的 2 倍。

表 9.5.3　隔振器的最大变形量和最大载荷

	载荷①	载荷②	载荷③
最大变量/mm	11.5	66.6	14.2
最大载荷/kN	94.0	98.8	116.6
许用载荷/kN	125.0	125.0	125.0
安全系数	1.33	1.27	1.07

计算结果表明,在相同风载荷作用下,当船舶横向倾斜 20°时,隔振器的最大载荷为 79.7kN,是摇摆状态下隔振器最大载荷的 84.8%。当船舶纵向倾斜 7.5°时,隔振器的最大载荷为 66.6kN,是摇摆状态下隔振器最大载荷的 67.4%。由此可见,在检验船舶舱室隔振系统的稳定性时,船舶摇摆状态下的惯性力影响不能忽略。载荷组合③已经考虑到了船舶作业状态的最恶劣环境,计算结果偏于安全。

对于挖泥船海上拖航状态,在居住舱室舱底下四个角落设计了刚性限位装置,以确保隔振器的安全。对于船员长时间工作的控制舱室,也采用同样的方法进行了被动隔振设计。

以上设计实例表明,在挖泥船设计阶段,若能充分考虑船员长时间工作和生活的控制室、居住舱室的减振降噪,以此进行主要振动源设备的选型、布置以及舱室的整体隔振设计,可以获得较佳的舒适性设计效果。

需要说明的是,由于挖泥船多层居住舱室的总质量大、质心高,在检验隔振系统的稳定性时,船舶摇摆状态下的惯性力影响不能忽略。船舶摇摆状态下隔振器的最大载荷比同等幅度倾斜状态大得多,是平衡状态时的 2 倍左右。因此,多层居住舱室隔振系统必须选择具有大变形能力的隔振器,并将隔振器设计载荷控制在许用载荷的 40% ~ 50%。

9.6　某舰艇的结构声学设计应用

9.6.1　舰艇结构振动模态分析

某舰船总长约 100m,吃水约 5m。为开展舰船结构的声学设计,利用 MSC. Patran 软件,建立舰艇结构的有限元模型。综合考虑声学计算要求,建模时对该舰船结构进行了合理简化。舰船的外板、上层建筑、舱壁、甲板以及基座结构采用壳体单元模拟;柴油机组及动力设备采用体单元模拟;有限元模型中采用具有三向刚度和阻尼的弹簧单元,以模拟减振器参数。在舰船的外板、上层建筑、舱壁、甲板等结构中含各种 T 形材加强筋,这些加强筋采用梁单元模拟,以使舰船有限元模型的刚度更接近实际情况。考虑到以舰船设备基座结构声学设计为研究重点,在建模时对基座结构划分了较为详细的有限元网格。舰艇结构共划分了 9 万个有限元单元,6 万个节点。网格划分后的有限元模型如图 9.6.1 所示,基座结构模型如图 9.6.2 所示。舰船结构材料弹性模量为 $2.1 \times 10^{11} \text{N/m}^2$,材料密度为 7800kg/m^3,泊松比为 0.3。

图 9.6.1　某舰船的有限元模型

图 9.6.2　基座结构的有限元模型

　　对整个舰船结构进行振动模态分析,以计算其固有频率。船体总振动形式包括弯曲振动、纵向振动及扭转振动等。由于船体梁可以在垂直和平行于水平面的两个平面内产生弯曲振动,因此一般又把横向弯曲振动分为垂向和水平两种弯曲振动。图 9.6.3(a) 所示为舰船第一阶整体模态,模态频率为 3.2Hz,振型特征为船体垂向一弯变形;图 9.6.3(b) 所示为舰船第二阶模态,模态频率为 4.4Hz,振型特征为船体横向一弯变形;舰船第三阶模态频率为 6.6Hz,振型特征为船体一阶扭转变形;舰船第四阶模态频率为 8.3Hz,振型特征为船体垂向二弯变形。为了避免共振的产生,在舰船结构设计过程中,可通过修改船体结构参数,使舰船结构共振频率与主要激励力的频率相互避开。

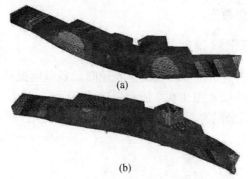

图 9.6.3　舰船结构的典型振型

(a)船体垂向一弯振型,3.2Hz;(b)船体横向一弯振型,4.4Hz。

9.6.2　舰艇低频噪声预报模型

在低频辐射噪声预报中,利用 Patran 软件对三维舰船有限元模型进行处理,导出含有模型信息的中性文件,再通过数据接口导入到边界元软件 Sysnoise 中形成完整的边界元网格模型。运用有限元 Nastran 软件对舰船流固耦合模型进行频响分析,再将频响分析得到的外壳振动速度响应导入到边界元软件作为边界元模型的声学边界条件。设定舰船结构湿表面法向振动速度与声场中表面法向质点振动速度相等以及表面压力与声压连续,就可分析舰船的水下声辐射特性。为了减小计算误差,网格最大单元长度应小于 $\lambda/6$,只进行 400Hz 以下频段的水下噪声计算,利用边界元法计算得到舰船在机械设备振动激励下的低频段水下辐射噪声。

在运用边界元软件 Sysnoise 建模分析时,应首先确定所采用的数值分析方法,如 FEM、BEM DIRECT 或 BEM INDIRECT 等,低频段辐射噪声预报中声学计算采用直接边界元法(BEM DIRECT),直接边界元模型的法线必须指向有流体存在的一面。对于水面舰船的声学分析,在 Sysnoise 中通过 Interface 子菜单定义舰船的水线面,设置水线面以下壳体外部流体为海水,取其密度为 1026kg/m^3,声速为 1500m/s。Sysnoise 软件认为吃水面以上的流体介质为空气。舰船结构低频段声辐射计算的边界元模型如图 9.6.4 所示,它是舰船与水介质耦合的水下

图 9.6.4　舰船水下部分网格模型

部分封闭边界元网格模型。

9.6.3　舰艇低频辐射噪声预报

图9.6.5所示为台架试验得到的某转速时设备基座振动频谱。图9.6.6中上部的一条小粗黑线就是图9.6.4所示舰船水下部分,长方形场点网格曲面长600m,宽为200m,图形的左边是舰船首部方向,右边是舰船的尾部方向,机舱就位于舰船的中后部位。

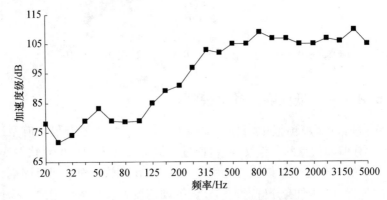

图9.6.5　台架试验时设备基座振动频谱

计算时模拟左舷单机组运行工况,在舰船主机某转速时水下辐射声压分布图如图9.6.6所示。距离舰船比较近的红色区域的水下辐射声压比较大。这

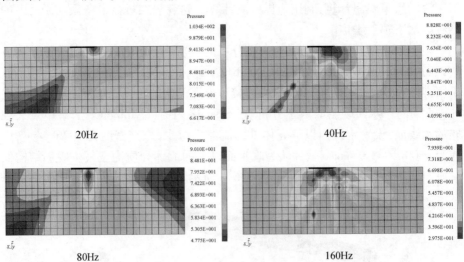

图9.6.6　舰船水下辐射声压分布图

是因为靠近机舱部位,距离振源比较近,机械振动通过舰船结构传递到船体外壳表面,船体外壳表面振动再通过水介质向水中辐射出去形成声场。舰船的水下辐射声压随着距离的加大而逐渐减小,这些图中清晰反映了舰船的水下辐射声场在铅垂平面内的分布和衰减情况。

舰船外壳表面的辐射声功率可以反映壳体表面辐射声波能力的大小,图 9.6.7 给出了舰船结构在 20 ~ 400Hz 频段的辐射声功率级曲线,在 20Hz 附近达到最大值,随后在 50Hz 和 200Hz 频率附近出现极大值。这不仅与主机激励的频率特征吻合,而且与船体的固有特性密切相关。船体结构的水下辐射声功率主要在低频,总体趋势是随着频率的升高,辐射声功率降低,在 200Hz 以上频率,下降趋势更加显著。

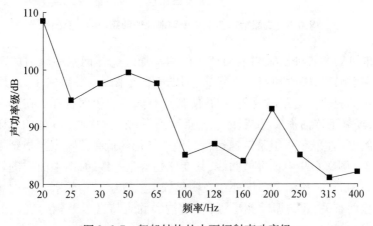

图 9.6.7 舰船结构的水下辐射声功率级

当舰船主机运行过程中产生的振动激起壳体的振动而辐射噪声时,壳体振动越大辐射噪声也就越强。从能量转换的角度来看,输入壳体结构的振动能量转换为壳体结构所消耗的能量和壳体表面辐射的声能。壳体的振动能量转换成声能的多少,是由壳体的结构与周围介质间的相互作用所决定的,其反映了壳体与周围水介质声场的耦合程度。声辐射效率与结构的形状、大小、边界条件以及周围介质的特性有关,还与结构中的振动波的频率有关。图 9.6.8 给出了计算得到的水下声辐射效率随频率的关系曲线。由图可见,船体的声辐射效率在低频段起伏较大,这是由水下封闭壳体的声模态决定的,在 200Hz 处声辐射效率有一个峰值,在 25Hz 以上频率,声辐射效率的总体趋势是随着频率的升高而逐渐升高。

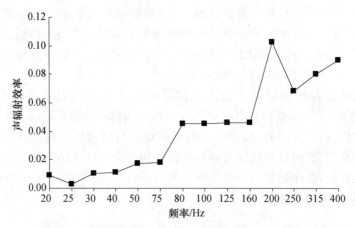

图 9.6.8   舰船结构的水下声辐射效率随频率的关系曲线

由推进器和各种机械的运动产生的振动通过船体向水中辐射的声波就是舰船的辐射噪声,辐射噪声的大小常使用声压级来表示。事实上,声压级的测量总是在离舰船一定距离处测得的,使其具有远场的辐射特性。在远场测得的声压级,经修正传播损失,按照标准再折算到距离声学中心 1 m 处的声压级。图 9.6.9 给出了左舷单机组某转速运行时舰船结构的低频段噪声预报结果。对比图 9.6.7 ~ 图 9.6.9 中预报值曲线,其变化趋势是一致的,图中曲线的峰与谷对应的频率相同,尤其在 200 Hz 处存在明显峰值。舰艇结构的水下辐射噪声不仅与振动强度有关,还与振动频率、舰艇结构的固有特性以及辐射表面的振动速度分布密切相关。

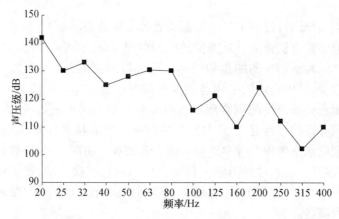

图 9.6.9   舰船结构的水下辐射声压级

9.6.4　基座结构对振动传递影响分析

1. 面板厚度的影响分析

根据基座结构的位置不同,可以将其分为舷侧基座、舱壁基座和平台基座。以舷侧基座结构为对象,分析基座面板厚度对振动传递特性的影响。当基座面板厚度分别为 20mm、25mm 和 30mm 时,图 9.6.10 给出了三种不同面板厚度对原点导纳的影响。在 300Hz 以下的中低频带里,舷侧基座面板处的原点导纳谱呈现多个峰,尤其是低频区有较密集的波峰。根据原点导纳的性质,这些波峰峰反映了船体结构的振动模态,包括以船体振动为特征的整体振动模态以及以基座振动为特征的局部振动模态。分析可以看出,与舷侧基座面板厚度密切相关的振动模态主要在 160 ~ 300Hz 的频率范围内。80Hz 以下低频区的原点导纳峰值频率不随基座面板厚度而变化,其与船体结构的振动模态参数有关。

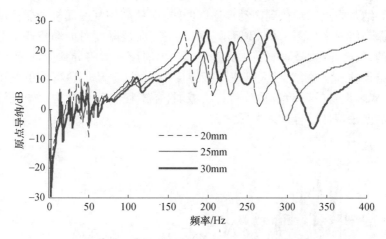

图 9.6.10　舷侧基座面板厚度对原点导纳的影响

当基座面板厚度分别为 20mm、25mm、30mm 时,图 9.6.11 给出了从舷侧基座面板至船体外壳某位置的传递导纳的影响。从图中可见基座面板的厚度也会显著影响舷侧基座传递导纳谱的形态,包括峰值频率与幅值。但是,传递导纳与基座面板厚度的关系不像原点导纳那样清晰。基座面板厚度对传递导纳的影响主要在 160 ~ 300Hz 的中频段,这正是基座结构振动模态密集的区域。由于传递导纳直接反映了单位激励力所导致的船体结构的振动(速度),因此,有必要开展对传递导纳的研究。

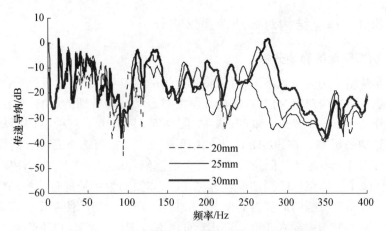

图 9.6.11　舷侧基座面板厚度对传递导纳的影响

在基座原点导纳和传递导纳分析的基础上,根据振动传递率的定义,直接从传递导纳及原点导纳得到振动传递率曲线,即从舷侧基座面板至船体结构某位置的振动传递率如图 9.6.12 所示。舷侧基座面板厚度对振动传递率的影响是明显的,其规律也是清晰的:加大基座面板的厚度一般将导致振动传递增强。对这一结果的理解是,在增大基座面板厚度的同时,振动传递特性虽然得以加强,但是实际设备的振动激励载荷将会减弱,在工程实践中结构声学设计应结合设备的激励特性综合加以考虑。

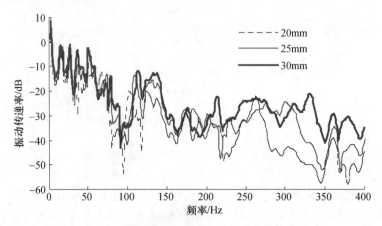

图 9.6.12　舷侧基座面板厚度对振动传递率的影响

2. 腹板厚度的影响分析

图 9.6.13 给出了腹板厚度为 18mm、22mm 和 28mm 时的原点导纳。舷侧

基座面板处的原点导纳仍然呈现为低频区域里密集的峰以及中频区域里分散的峰。根据原点导纳的性质,这些峰反映了结构的振动模态,包括以船体振动为特征的整体振动模态以及以基座为特征的局部振动模态。与船体结构密切相关的振动模态仍在 80Hz 以下的频率范围内。

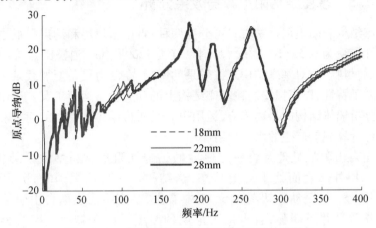

图 9.6.13　舷侧基座腹板厚度对原点导纳的影响

3. 肘板厚度的影响分析

图 9.6.14 给出了肘板厚度为 16mm、22mm 和 28mm 时的原点导纳。显然,肘板厚度对原点导纳的影响要比腹板的影响大。这种影响主要表现在原点导纳谱峰频率的改变上,而对幅值几乎无影响。同样,基座局部结构的变化,仅仅对以基座结构振动模态为特征频率范围的原点导纳有明显影响,而对以船体结构振动模态为特征的导纳谱低频峰的位置没有影响。

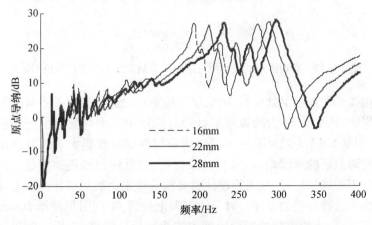

图 9.6.14　舷侧基座肘板厚度对原点导纳的影响

舰艇内部的动力机械设备所产生的振动通过基座结构传递到舰艇的外壳，再通过舰艇的外壳向海水中辐射噪声。因此，振动传递途径中的基座结构振动传递特性将直接对舰艇的水下辐射噪声特性产生影响。

9.6.5　基座结构阻尼减振效果分析

基座结构表面阻尼粘贴方式可分为两种：自由阻尼层和约束阻尼层。阻尼材料弹性模量为 $6.5 \times 10^6 \mathrm{N/m^2}$，材料密度为 $1200 \mathrm{kg/m^3}$，泊松比为 0.49。为了研究阻尼材料参数对基座结构减振效果的影响，在动力设备上加载某工况下的加速度激励特性，以模拟安装在基座结构上的动力设备运行工况。运用有限元法计算分析船体结构的振动响应，运用边界元法将船体外壳上的速度响应作为边界条件计算舰船产生的水下辐射噪声。

表面自由阻尼处理是将一定厚度的粘弹性阻尼材料粘贴于结构表面，由于阻尼层外侧表面处于自由状态，当结构产生弯曲振动时，阻尼层就会随基本结构一起振动。从图 9.6.15 中看出，基座结构表面自由阻尼处理的减振降噪效果并不明显，且自由阻尼层的厚度对减振降噪效果的影响也比较小。

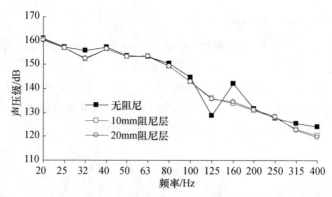

图 9.6.15　自由阻尼处理时阻尼层厚度对舰船水下辐射声压级的影响

结构表面约束阻尼处理后，阻尼层与约束层之间的厚度关系对减振效果有一定的影响，图 9.6.16 为约束阻尼处理时阻尼层厚度对舰船水下辐射声压级的影响，图 9.6.17 为约束阻尼处理时约束层厚度对舰船水下辐射声压级的影响。中间阻尼层的厚度增加，减振效果提高，在低频范围更加明显。但是阻尼层厚度并不是越厚越好，在工程设计时要结合激励力的频谱特性和基座结构的振动特性来选择合适的厚度。对于约束阻尼处理，中间阻尼层厚 20mm 而约束层厚度不同时，当约束层的厚度达到一定程度后，减振效果增加的幅度并不明显,因此在工程应用中应结合实际情况综合考虑。图 9.6.16 与图 9.6.17 中在频率为 250Hz 和 315Hz 处的变化趋势存在异常,可能是受到基座结构的机械阻抗与船体结构固有特性的影响。

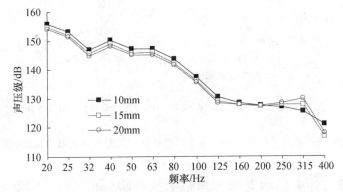

图 9.6.16　约束阻尼处理时阻尼层厚度对舰船水下辐射声压级的影响

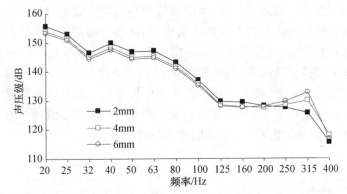

图 9.6.17　约束阻尼处理时约束层厚度对舰船水下辐射声压级的影响

在结构约束阻尼处理时,由于阻尼层与基本结构表面所产生的拉压变形不同于与约束层表面所产生的拉压变形,从而在阻尼材料内部产生剪切变形。因此,约束阻尼处理结构中,阻尼层不仅承受拉压变形,还同时承受剪切变形,它们都能起到耗能作用。所以约束阻尼处理比自由阻尼处理结构的减振效果更好一些。如图 9.6.18 所示,图中可以清晰看到约束阻尼处理结构的减振效果比较好,图中在频率 315Hz 处的变化趋势出现异常,可以解释为当基座结构表面进行约束阻尼处理后,添加了约束层从而影响到了基座结构的局部模态。

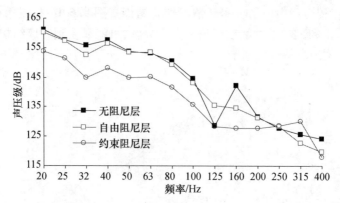

图 9.6.18　基座结构不同类型表面阻尼处理对舰船水下辐射声压级的影响

9.6.6　外壳结构对水下声辐射的影响分析

　　船体水线以下外壳与水直接接触的湿表面部位振动响应,将通过水介质直接向远处辐射噪声。因此,船体湿表面部位的振动响应分布会影响水下辐射噪声。由于船体外板的内侧含有规则的肋板,船体表面的振动分布将受到内侧肋板的影响,因而其声辐射特性也将在一定程度上受到内侧肋板的影响。

　　图 9.6.19 为船体外壳不同位置的振动响应速度级,舰船机舱段对应的船体外板距离振动源最近,理所当然具有最强的振动级。机舱段的振动在向船艏以及船艉传递的过程中,会有明显的衰减。衰减的程度主要取决于振动波的频率,此外,还与传递的距离以及船体的结构参数有关。

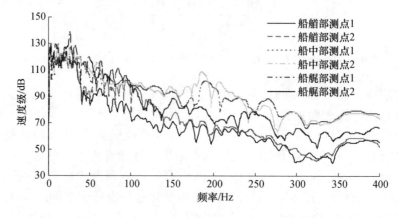

图 9.6.19　船体外壳不同位置的振动响应速度级

对已建立的舰船有限元模型进行修改,通过调整船体外板的内部肋骨间距以及肋骨的截面尺寸,以探讨上述结构参数对水下辐射噪声的影响。图 9.6.20 给出了 MTU 柴油机某工况激励作用下,不同肋间距时对舰船结构声辐射特性的影响。虽然加密肋间距会使船体外板的声辐射效率提高,不利于舰船噪声的控制,但是肋骨加密后,船体外板的刚度将有所增大,振动响应减小,总体上有利于降低舰船的水下辐射噪声。因此,在对舰船进行声学设计时[32],在满足船体结构强度与稳定性的前提下,可以考虑对以往设计规范中所规定的肋间距适当调整,以达到减小舰船水下噪声的目的。

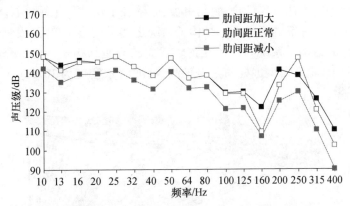

图 9.6.20　不同肋间距对舰船水下辐射声压级的影响

船体外板结构振动的传递及衰减呈现如下规律:振动能量在船体结构中传播时,由于部分能量被耗散,以及传播路径上遇到障碍,振动幅值是逐渐减小的。这种障碍一般是船体结构构造不均匀,如板厚变化、板间连接及加强筋等;中高频段振动响应随着传递距离的增加而衰减比较迅速;与此同时,低频段振动响应的衰减却并不明显;低频段接近船艏、艉部位的振动响应比较大,这应该可以理解为主要是受到了船体结构的低频舰船整体振动模态振型的影响;减小舰船外壳上肋骨间距,可以有效地增大整体刚度,从而控制外壳的振动响应,减小舰船的水下声辐射,但实际工程设计中需要考虑很多因素再有所取舍。

9.7　某舰艇中高频水下辐射噪声预报

9.7.1　统计能量分析模型的建立

考虑外部流体耦合作用的复杂结构,传统模态分析法只能够清楚辨认有限数量的低阶模态,在高频范围内,模态密度很大,分析误差随着频率升高而增大,分析难度也随着结构复杂程度的加大而增加,因而采用有限元结合边界元的方法很难得到精确的中高频结果。而统计能量分析法 SEA 是一种用于较宽频范围内的随机噪声的统计方法,它从统计的角度统计分析密集模态平均的振动能量传递水平,而且模态越密集,统计精度越高,振动响应分析的精度也越高。这种方法适用于中高频的振动噪声分析,可分析的频率范围比有限元和边界元法宽。

利用统计能量法计算系统的结构噪声和振动响应时,需要先将系统离散成 n 个子系统(包括结构和声场),舰船甲板、舱壁和上层建筑采用平板单元,舰船壳体采用带有加强筋的板单元。结构子系统之间采用连接单元,设置与声场流体介质耦合的结构子系统与声场相连。建立的舰艇结构统计能量分析模型如图 9.7.1 所示,距离模型远处的是声场测点,取海水密度为 $1026\mathrm{kg/m^3}$,声速为 $1500\mathrm{m/s}$。

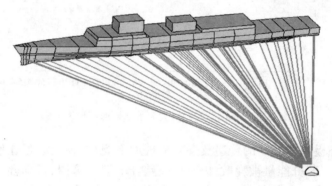

图 9.7.1　水面舰船结构的 SEA 模型

9.7.2　舰艇中高频辐射噪声预报

内损耗因子是决定能量传输的主要参数,它可以通过实验方法测量决定。板壳内部损耗因子的测量可以用能量衰减法,对使用弹性绳悬挂的板壳结构,用激振器激励每个子系统,瞬间断开激振器后,测量板的振动衰减 60dB 所用的时间 t,然后按下式计算各子系统的内损耗因子,即

$$\eta_i = \frac{2.2}{t \cdot f} \qquad (9.7.1)$$

式中:f 为频率。也可以使用经验公式估计板壳结构的内损耗因子[41]:

$$\eta_i = 0.41 \times f^{-0.7} \qquad (9.7.2)$$

实际工程中,考虑声辐射后的内部损耗因子要比式(9.7.2)决定的数值大

一些。声腔的内部损耗因子表达式为

$$\eta_i = \frac{cS_i\alpha}{4\omega V_i} \tag{9.7.3}$$

式中：c 为声速；S_i 为声腔的表面积；$\alpha = 18.0 \times 10^{-5}\sqrt[3]{f}$ 为吸声系数。图 9.7.2 给出了舰船典型板壳结构的内损耗因子，其大小随着频率的升高而下降。

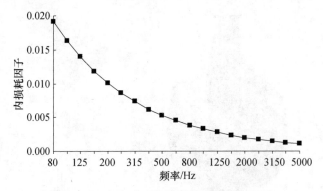

图 9.7.2　舰船典型板壳结构的内损耗因子

利用建立的舰船结构统计能量分析模型，在左舷机组某转速运行工况下，在 80~5000Hz 频率范围内，预报得到舰船中高频段水下辐射噪声预报结果如图 9.7.3 所示。

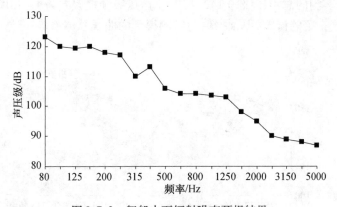

图 9.7.3　舰船水下辐射噪声预报结果

9.7.3　某舰艇水下辐射噪声预报的试验验证

为测试柴油机激励在船体结构中的振动传递特性，得到舰船结构水下噪声与柴油机振动激励之间的关系，从而为舰船噪声预报方法及仿真模型修正提供验证条件,可开展舰船振动噪声试验测试。将舰船处于深水中锚泊状态,启动左舷的主动力柴油机(螺旋桨未转动),在柴油机各常用转速条件下,测量柴油机与基座的振动、左舷船体外板的振动,以及左舷外水声测点处的声压级。水下噪声试验测点布置如图9.7.4所示。舰船结构水下辐射噪声试验所用的主要仪器为B&K8100水听器、B&K3560数据分析系统。

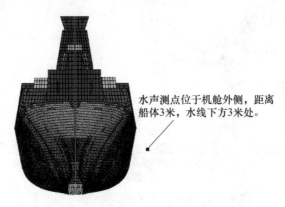

水声测点位于机舱外侧,距离船体3米,水线下方3米处。

图9.7.4　舰船结构水下噪声试验的测点布置

运用有限元/边界元法,图9.7.5给出了左舷单机组激励时的低频段噪声预报值与实测值的对比。按照计算总声压级公式,计算得到总声压级预报值为143.6dB。实测的总声压级为142.4dB,总声压级预报误差为1.2dB。各频带上虽然存在着一定的误差,但预报值与实测得到的曲线总体趋势一致。

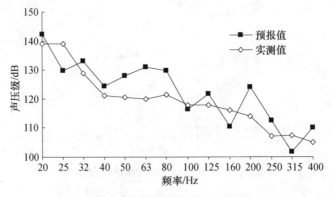

图9.7.5　低频噪声预报值与实测值对比

图9.7.6给出了舰船结构中高频噪声的SEA预报值和实测值的对比,图中两条曲线的变化趋势基本吻合。利用统计能量法进行舰船结构水下噪声预报

时,由于子系统的内损耗因子是用经验公式确定的,与实际结构中的内损耗因子存在差异,同时由于统计能量法在建立舰船结构的子结构模型时存在一定的简化,不可避免地带来计算误差。由于两条曲线总体趋势一致,统计能量法的预报结果可反映舰船水下辐射噪声的基本特性,因此,统计能量法对舰艇结构水下振动噪声的高频段预报是可行的。

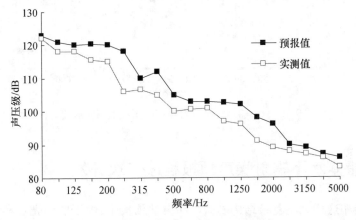

图 9.7.6　中高频噪声预报值与实测值对比

　　试验测量得到的数据频率范围是 20～5000Hz。图 9.7.5 给出了两者在 20～400Hz 低频率范围内对比的结果,这是运用有限元法和边界元法的预报结果。图 9.7.6 给出了两者在 80～5000Hz 的中高频范围内预报值和实测值的对比,这是运用统计能量法的预报结果。边界元技术与统计能量技术的各自特点,决定了前者边界元方法侧重于低频范围内的准确预报,而后者统计能量分析方法由于结构模态在高频范围内的模态密度较大,侧重于中高频范围内的噪声预报。此外,运用统计能量法建模时,统计能量分析模型比有限元模型和边界元模型粗糙很多,造成了边界元法预报的低频结果与统计能量法预报的中高频结果的衔接存在少量误差。

　　为了检验舰船噪声预报结果的准确性,将预报结果与水下测量得到的辐射声压级进行比较。在 20～400Hz 的低频率范围内选择边界元预报的结果,在 400～5000Hz 的中高频范围内选择统计能量法预报的结果,从而将预报结果衔接起来得到全频域的噪声预报结果,如图 9.7.7 所示。从图 9.7.7 中可以看出,预报值与实测值这两条曲线基本吻合,说明所提出的舰船水下辐射噪声工程预报方法是合理有效的。

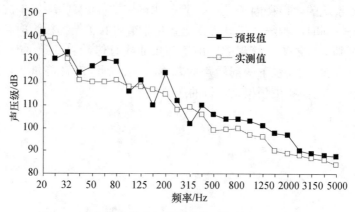

图 9.7.7　舰船结构水辐射噪声的预报值与实测值对比

9.8　船体水下辐射噪声预报程序二次开发

在船舶这样大型复杂结构的振动和声学预报中,由于船舶壳板和水流体介质之间存在着强烈的相互耦合作用,所以舰船水下辐射噪声的预报是一个复杂的过程。结构受激振动在可压缩流体介质中产生声场,同时声场又对结构产生反作用力,计算这类复杂结构的振动和声学物理量一般采用数值分析法。有限元结合边界元的方法(FEM/BEM)对计算结构外部充满无界流体的水动力学问题是有效的。有限元法可用于计算结构振动包括流固面上的耦合振动,而边界元法对计算无限域中的声学问题非常有效。

如果要使预报的结果尽可能反映出实际舰船结构振动噪声辐射的真实情况,还需要设定很多方案,考虑到很多参数的影响,因此这会是一个比较漫长的过程。由于需要用到几个大型软件,而且这几个软件之间的衔接也是一个关键的环节,这些因素就给相关人员提出了很高的要求,针对这些实际困难,介绍了基于 MATLAB、MSC. Patran/Nastran 和 Sysnoise 大型商业软件设计的舰船水下声辐射预报程序,实现了船体水下辐射噪声预报程序二次开发。

9.8.1　开发工具

1. MATLAB 软件

MATLAB 是当今科研领域最常用的应用软件之一,它具有强大的矩阵计算、符号运算和数据可视化的功能,是一种简单易用而且可扩展的系统开发环境和平台。图形用户界面(GUI)是包含图形对象,如窗口、菜单、图标和文本的用户界面。以某种方式选择或者激活这些对象,就能引起动作或发生变化。其中最常见的激活方法是用鼠标或其他点击设备去控制界面上的鼠标指针的运动,按下鼠标按钮,标志着对象的选择或其他动作。

GUI 的广泛应用是当今计算机技术发展的重大成就之一,它极大地方便了非专业用户,使用者从此不再需要死记硬背大量的命令,取而代之的是可以通过窗口、菜单、按键等方式来方便地进行操作。而嵌入式 GUI 具有下面基本要求:轻型、占用资源少、高性能、高可靠性、便于移植、可配置等。

由于各种方案的具体功能要求不同,因此设计出来的用户界面也千差万别。但是,自从开始设计图形用户界面以来,界面设计的评判标准就没有太大的变化。简单地讲,大家公认比较好的界面标准是简单性、一致性及习惯性。其他考虑因素:除了对界面的静态要求之外,还应该注意界面的动态性能要求。例如:界面对用户的操作响应要迅速、连续;对持续时间较长的运算,要给出等待时间的提示。

以上所列的仅是一般原则,在设计中,各个步骤之间也许要交叉执行或者复合执行,设计和实现过程往往不是一步就能到位的,可能需要反复修改,才能获得满意的用户界面。而编制用户界面时,尽量先进行用户界面布局编码,然后进行动态交互功能的编码。

2. MSC. Patran、Nastran 软件

MSC. Patran 命令语言 PCL(Patran Command Language)是 MSC. Patran 一个高级、模块化结构的编程语言和用户自定义工具,类似于 C 语言和 FORTRAN 语言,又具有一些 C + + 语言的特性,可用于生成应用程序或者特定的用户界面,其提供了数万个函数,特别适用于 CAE 软件的开发。MSC. Patran/Nastran 软件的优点不仅在于它本身可以广泛而有效地解决工程实际问题,而且还表现在它是一个方便的软件二次开发平台,能够面对千变万化的实际工程问题,专业性非常强。

3. Sysnoise 软件

Sysnoise 软件可以建立有限元模型、边界元模型以及结构—流体耦合模型等,使用者可以根据实际情况建立不同的分析模型,Sysnoise 软件还可以建立多层空隙板模型;Sysnoise 软件具有强大的分析计算能力,能够计算各种各样的声学数据,还可以和其他 CAE 软件相结合,进行数据交互;Sysnoise 软件具有较好的后处理功能,可以帮助使用者进行各种各样的数据处理分析。

9.8.2　水下噪声预报程序界面开发

计算机技术的迅猛发展为求解复杂的大型船舶结构耦合声振—与水下声

辐射问题提供了前提。但是还没有一款商用软件能够单独将这个问题解决而且达到预期的精度要求,所以只有将几个分析软件结合起来,这样就带来过程复杂、衔接困难等问题。船体水下辐射噪声预报程序以一个用户操作界面的形式,实现了将几个软件的衔接放在后台处理,只要使用者按照操作步骤操作点击按钮,就能得到准确地分析结果。

舰船水下辐射噪声的分析计算主要由两大部分组成:一部分是舰船的振动频率响应分析;另一部分是舰船的声学计算分析。首先需要对软件系统进行系统设计,包括系统的基本处理流程、系统的组织结构、模块划分、功能分配、接口设计、运行设计、数据结构设计和出错处理设计等,为软件的详细设计提供基础。

在船体结构声学设计过程中,需要不断修改船体结构的某些参数,为此可以开发水下噪声预报程序,设计简单快捷的用户界面,用户很方便地通过窗口将参数修改好,并传递给其他程序计算分析使用。在 MATLAB 软件中有一个模块叫图形用户界面(Graphical User Interface,GUI,又称图形用户接口),它是指采用图形方式显示的计算机操作用户界面。这种面向客户的系统工程设计其目的是优化产品的性能,使操作更人性化,减轻使用者的认知负担,使其更适合用户的操作需求。程序系统的主界面如图 9.8.1 所示。

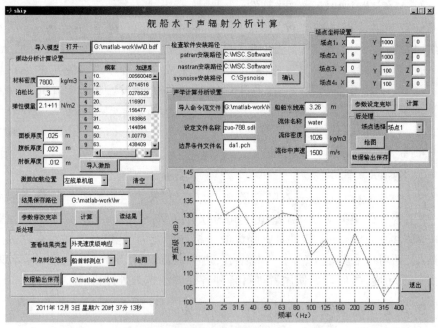

图 9.8.1　程序系统主界面构成

用户界面主要分成三部分:界面的左半部浅颜色区域是振动频率响应部分;界面的右上半部深颜色区域是声学计算部分;界面的右下半部区域是公共的结果绘图显示部分。

9.8.3　水下噪声预报程序编译

1. 振动频率响应部分的程序编译

有限元模型在 MSC.Patran 中建好后的文件名后缀是.db,当载荷和各种边界条件都设定好后就可以提交给 MSC.Nastran 进行计算分析,提交的过程中 Patran 自动生成后缀名是 bdf 的文件,这样 Nastran 才能直接读取计算。这个 *.bdf 文件中包括了有限元模型的所有信息,如有限元模型的材料参数、单元属性、边界条件等。为此,考虑修改参数就修改这个 *.bdf 文件,相当于走了一次捷径,实现了简单的参数化。

在 Patran 的根目录下有一个初始化文件 init.pcl,在 Patran 启动时,先执行这个文件,对 Patran 经行初始化并编译用户子程序或函数。其中,第一行和最后一行有两个命令:

!! INPUT p3prolog.pcl NOERROR

!! INPUT p3epilog.pcl NOERROR

执行上面这两个命令时,程序会将 Patran 的初始路径下所有文件名为 p3prolog.pcl 和 p3epilog.pcl 的文件进行编译。用户也可以通过一个程序行将自己的路径设置为 Patran 的初始路径。这样在 p3epilog.pcl 中编译所有的用户子程序、函数或用户界面程序。如果该文件中有命令行:!! INPUT function_name.pcl,当 Patran 启动时,程序会自动从 Patran 的初始路径中找 function_name.pcl 文件并经行编译。只要将 p3prolog.pcl 和 p3epilog.pcl 的文件和所有的函数放到 Patran 的初始路径下,Patran 启动时,就会将这些文件自动编译。

根据上面 Patran 软件的执行特点,用 PCL 命令语言编译一个函数文件,这个函数里包含了所要操作的命令流信息,该文件名后缀为.pcl,例如文件名为 modify.pcl,在 p3epilog.pcl 中编译输入:!! INPUT modify.pcl,Patran 启动时,会将这些文件自动编译。其实有个实用的编写命令流技巧,就是直接截取运行 Patran 所得到的命令流文件 Patran.ses.*文件中的命令流,然后根据需要进行修改。要想得到具有某种特定功能的子程序或者函数,可以对 Patran 做相应的功能操作,然后对 Patran 生成的 Patran.ses.*文件中相关的命令流进行修改,得到新的功能函数。

在 MSC.Patran 和 Nastran 运行时,会自动生成许多不同类型的文件,主要包括.db、.bdf、.op2、.xdb、.f04、.f06、patran.ses、.jou 等,不会自动生成 *.pch 文

件,这个文件包含了大量的单元计算结果信息,它在给边界元模型导入边界条件时需要用到,为此,在 Nastran 计算之前就应该将其设置好。

2. 声学分析部分的程序编译

边界元软件 Sysnoise 也如出一辙,它的根目录下有一个文件 sysnoise. stp,里面有一行这个命令: ENVIRONMENT STARTCMD = ′ start. cmd′。只要将start. cmd 命令流文件放到 Sysnoise 的初始路径下,Sysnoise 启动时,会将这个文件自动编译。也有一个编写程序技巧,就是直接获取运行 Sysnoise 运行后所得到的命令流文件 Sysnoise. JNL. * 文件中的命令流,然后根据需要进行修改。要想得到具有某种特定功能的命令流,可以对 Sysnoise 做相应的功能操作。将命令流放入 start. cmd 文件里,这样 Sysnoise 将会流畅地按照命令流执行所有想进行的功能操作。

3. 软件之间衔接部分的程序编译

后缀名是 . bat 的文件就是批处理文件,它是无格式的文本文件,文件里包含一条或多条命令。批处理有一个很鲜明的特点:使用方便、灵活,功能强大,自动化程度高。它运行的平台是 DOS,运行批处理文件,就会出现 DOS 的黑屏窗口,系统就会自动调用 Cmd. exe 按照该文件中各个命令出现的顺序来逐个运行它们。使用这种批处理文件,可以大大简化日常重复性任务。例如想要运用这种批处理文件来实现自动调用有限元 Patran 软件,在批处理文件里编译的具体内容如下:C:\MSC. Software\MSC. Patran\2005_r2\bin\patran. exe。它是给出了软件的安装路径,运行批处理文件后,系统就会自动安装所给的路径调用软件。

9.8.4　水下噪声预报程序运行

(1)检查软件安装路径:打开设计好的可执行程序,为了确保程序能够顺利寻找到并调用所要用的软件,需要检查所要链接的软件安装路径设置是否正确。检查好安装路径后,单击旁边"确认"按钮就会弹出"检查完成"的提示对话框。

(2)导入有限元模型信息文件:选中所要导入的有限元模型 * . dbf 文件,就完成了导入模型的操作。文件打开对话框是由 uigetfile 函数创建,通过对话框获取用户的输入,返回选择路径和文件名,便于随后对该文件进行数据的读取操作。

(3)修改参数:在导入模型文件后,程序设置读取相应的有关参数,直接在用户操作界面上显示出来。如果需要修改某个参数,选中以后直接修改即可。参数修改完毕,单击"参数修改完毕",这样会生成一个新的关于有限元模型的所有信息文件。

（4）计算：单击"计算"按钮后，程序将会直接把生成的最新信息文件提交给 MSC. Nastran 计算。计算时间的长短取决于相关 *. bdf 文件的大小，即有限元模型的数据大小。

（5）读取计算结果：待完成振动频率响应计算后，需要读取计算结果就单击"读结果"按钮，程序自动读取 pcl 函数文件里的命令流，实现自动调用 MSC. Patran 软件读取计算结果。

（6）结果后处理：选择查看结果的类型，如外壳振动响应和外壳振动传递率，然后再选择对应的区域，单击"绘图"按钮，绘图区域就会清晰地显示结果曲线图。考虑到如果用户想输出保存计算结果，程序设计了保存结果的程序段。只要给文件命名然后确认保存即可，结果数据将以 excel 表格的格式保存到文件夹里。

（7）声学分析模块的操作与前面(1)~(6)步类似。导入读取相应文件，显示各个参数，修改相关的参数，确认后进行声学计算。程序默认设置了 4 个场点，选择某个场点后，绘图区域将显示折算后距舰船声学中心 1m 处的声压级结果曲线图。

利用所开发的船体水下噪声预报程序，建立船体结构的有限元/边界元模型后，进行振动频率响应计算，再进行声学计算，就能够预报水下辐射噪声声压级。因此，利用大型商业计算软件结合用户操作界面程序开发，已经实现了船体结构部分参数化建模与振动噪声预报功能，从而实现了船体结构方案的振动噪声评估，该方法为船体结构声学特性的预报及快速评估提供了一种新手段。

9.9　本章小结

本章论述了船体结构声学设计基本准则，探讨了舰船结构的声学设计以及噪声预报技术，分析了舰船的振动特性以及振动传递特性，探讨了基座以及船体结构对振动传递特性的影响，介绍了船体水下辐射噪声预报程序的二次开发方法。

以某典型舰船为背景，通过对基座结构的振动响应分析以及振动传递特性分析，研究了基座的结构与材料参数对舰船声辐射的影响。在舰船的减振降噪技术中，动力设备的隔振以及基座与船体结构表面粘贴阻尼材料等措施都能降低机械振动的传递，从而减少舰船的水下噪声。

基于 PLC 的结构参数化建模结合基于 MATLAB 的船舶振动噪声评估为船体结构的声学优化提供了新的手段，使得在设计阶段对未来船舶的声学性能做出较为准确的预报成为可能。

第10章 鱼雷结构与动力系统声学设计

10.1 概述

动力系统的振动是鱼雷噪声的重要来源。为了实现鱼雷的低噪声,必须以振动噪声的控制为目标,十分重视动力系统的声学设计。动力系统对鱼雷总噪声的贡献主要取决于振源的特性、振动的传递特性以及结构的响应特性[120]。因此,鱼雷动力系统声学设计的内容也应从这三方面展开:努力降低发动机与各动力组件的振动水平,控制振动沿支撑或非支撑结构向鱼雷壳体的传递,采用阻尼减振或者避免共振的办法以降低结构的振动响应。

发动机是鱼雷热动力装置的核心,也是动力系统振动噪声的主要来源,因此,发动机结构的声学设计技术将影响到整个动力系统乃至鱼雷的实航噪声水平。在鱼雷发动机结构的声学设计中,通常以减小不平衡的往复惯性力与惯性力矩为主要目标,着重对发动机转子进行动平衡设计。良好的动平衡将显著降低发动机的振动级,使其不再成为减振降噪中的众矢之的。此外,发动机结构的优化设计、各运动与传动部件的声学考虑、部件配合的精度与润滑条件、流体噪声的控制、高阻尼特种材料的采用等都是发动机结构声学设计中的重要内容。

众多辅机的振动噪声控制是动力系统声学设计的又一项重要内容。国内外的研究表明,鱼雷辅机虽然体积小、功率低,但其对鱼雷实航噪声的贡献与发动机处于同一数量级。动力系统中的某型辅助机械,如海水泵与液压舵机,在某些情况下会成为动力系统噪声的主要来源,图 10.1.1 所示为某辅机产生的 5kHz 强谱线。其原因在于辅机一般都有着特殊的声学通道与外部相连。因此,在对鱼雷辅机结构进行声学设计的同时,必须充分注意到声学通道的隔离。

振动噪声传递途径的控制是鱼雷动力系统结构声学设计的重要环节。由于发动机的支撑与主轴的尾部支撑是动力系统的振动与结构噪声向鱼雷壳体传递的主要通道,因此,隔振设计的优劣将决定动力系统声学设计的成败。控制动力系统振动噪声的传递包括以下几方面:①动力装置的整体隔振;②主传动轴的隔振;③辅机声学通道的隔离。

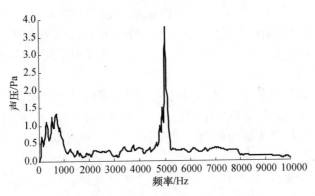

图 10.1.1　某辅机产生的 5kHz 强谱线

　　动力系统振动噪声传递的主要途径是动力装置的支撑,因此,动力装置的隔振设计是结构声学设计的重要任务。人们通常采用整机隔振,根据不同隔振结构与材料的多方案对比,按照振级落差准则进行筛选,得到最终的设计方案。这种传统的设计方法的不足之处是将动力系统与鱼雷壳体的动态特性相分离,忽略了鱼雷壳体结构对动力装置振动传递的反影响,因而难以确定实际的振动传递率以及预估未来的声辐射。研究表明,结构的振动模态对动力系统振动传递的影响,在中高频段可能使鱼雷壳体的振动级增加 $10 \sim 20$dB。

　　因此,鱼雷动力系统的声学设计与壳体结构的声学设计密切相关。要按照总体的噪声指标要求,确定动力装置隔振系统的各项参数,如横向、轴向以及扭转振动固有频率与刚度系数。如果仅从声学方面考虑,动力装置的支撑刚度应尽可能低,但从鱼雷的运输、发射以及航行时的可靠性考虑,必须保证足够的支撑刚度。通常,可将隔振系统的固有频率选在发动机特征频率以下的某个范围,据此确定相应的隔振结构形式、选取合适的隔振材料。

　　在动力系统的声学设计中,动力装置支撑位置的确定还应与发动机内部的结构设计以及动力组件的分布协调一致。这是因为动力隔振系统一般具有六种独立的振动形式,各个方向上的刚度不尽相同,势必造成固有频率的分散性,给声学设计带来复杂因素。假定发动机已经设计完成并已具有良好的动平衡特性,声学设计中须进一步求算其主惯性轴、转动惯量与惯性积等参数,精确估算发动机在做整机振动时的独立振动与耦合振动的频率。通过调整隔振环的位置与支撑结构,努力减小上述固有频率的分散度。通过动力装置内外结构协调一致,有效地实现声学设计的目标。

　　主轴的尾部支撑也是动力系统声学设计应予考虑的问题。鱼雷尾部的受力情况复杂,除了受到推进轴产生的径向轴承力以外,尾部壳体还受到推进器桨叶的水动力作用,两者均激起尾部的振动并辐射噪声。理论计算与实测表明,鱼雷尾部壳体的振动在多数情况下高于中间部位的其他舱段。尾部轴承由于密封的要求而使隔振效果受到限制,因此,控制动力系统的振动噪声向尾部壳体的传递是结构声学设计中一项困难的任务。

在主传动轴的隔振方面,声学设计的原则是尽量减少发动机与推进器间的振动耦合。通常应采用高弹性联轴节甚至特殊的万向联轴节,以减少或切断振动与振动激励力矩沿主轴的传递。研究表明,采用弹性联轴节后,主轴的扭转振动频率可从数百赫兹降低到数十赫兹,发动机的高频振动成分在沿主轴向尾支撑及推进器传递时,其能量将得到明显衰减。此外,减少或切断发动机与推进器的振动耦合还可避免形成声振传递的第二通道,使动力装置的隔振效果得到保证。

如前所述,由于辅机的振动噪声会直接传到鱼雷壳体或周围介质中,辅机声学通道的隔离是动力系统声学设计的又一项重要任务。例如,海水泵的管道会将泵体振动经海水阀传到壳体并将压力脉动直接辐射到海水中,燃料泵的振动会传至声辐射效率较高的燃料舱,滑油泵内的压力脉动也会激起与壳体相连的油箱振动,液压舵机的动作更会直接激起壳体振动与声辐射。

对于这些流体机械的声学通道的处理,除了结构上的优化设计以外,通常采用特殊的抗式消声装置,这对阻断特定频率十分有效。在流体机械与鱼雷壳体的联结方式上,采用铠装柔性管道,其既具有隔振作用,又具有阻尼减振作用。柔性管道的刚度等参数在声学设计中应有明确的技术指标,并且还应考虑到鱼雷航深改变时管道刚度参数的相应变化。

鱼雷动力系统声学设计是一项复杂的任务,其涉及鱼雷总体设计的各个方面,在满足总体要求的前提下实现结构的优化与低噪声。在声学设计过程中,必须反复校核总体对动力系统结构与性能等方面的要求,校核动力装置隔振系统的强度、刚度与稳定性等要求。由于发动机的减振降噪措施与总体性能可能是对立的,动力装置的隔振效果与系统的稳定性可能是对立的,需要经过反复的计算与分析,依据总体要求取得折中方案。

鱼雷动力系统结构复杂,除了主机之外,还有海水泵、燃料泵、滑油泵、中频电机、舵机、减速器、主轴等众多的辅机与传动件。各部件产生的振动、冲击与噪声通过各种途径沿结构传递或相互影响,使得鱼雷动力系统的总振动呈现出多种振动成分的宽频带特征。事实上,在鱼雷动力系统各个部位的振动中均包含了各动力组件的贡献。对于这样一种复杂振动,理论描述是困难的。

动力系统主要部件的振动一般不直接形成鱼雷的水下辐射噪声,它们需要通过一定的途径将振动与结构噪声传至鱼雷壳体,激起壳体的振动后形成辐射噪声[126]。与此同时,动力系统的振动与结构噪声也将通过结构上的某些途径传至雷头形成自噪声。传递途径在鱼雷的辐射噪声与自噪声的形成中扮演了重要的角色,对动力系统振动噪声的传递途径与传递特性进行分析与研究是鱼雷动力系统声学设计的前提[127]。

10.2　动力系统振动的传递途径分析

动力系统作为鱼雷振动与结构噪声的主要来源,由其内部机械所产生的振动向壳体结构的传递主要有以下途径。

1. 发动机的支撑

鱼雷发动机通常经由动力舱隔板或主机的外缘结构,间接或直接支撑于鱼雷壳体。重型鱼雷由于发动机的体积与质量较大,通常采用前后环形支撑形式加以固定。鱼雷发动机的上述支撑结构对于动力系统的振动与结构噪声形成了一种声学通道,这是鱼雷动力系统向外界传递振动能量的主要途径。

为了控制发动机的振动沿支撑的传递,在低噪声设计的鱼雷上,通常在发动机外部结构与壳体连接部位采用弹性元件,以隔离振动与结构噪声的传递。这类弹性元件通常是由橡胶材料或其他聚合物材料制成可拆卸的"O"形橡胶圈或内嵌金属的橡胶圈,也可以采用工艺更为复杂的直接硫化方法,在主机与壳体间的配合间隙中填充橡胶层,形成截面形状复杂的隔振环,以达到设计的径向、轴向与扭转刚度以及该三个方向上的隔振效果。图10.2.1给出了某鱼雷发动机的隔振结构示意图。

图 10.2.1　某鱼雷发动机的
隔振结构(1/4 截面)示意图

2. 尾部轴承

鱼雷主轴驱动螺旋桨在水中高速旋转的同时,会产生强烈的横向振动。这种振动是由螺旋桨在不均匀的鱼雷尾流中转动而产生的周期性径向激励引起的。主轴的横向振动能量将通过尾部轴承传递到鱼雷尾端壳体,导致壳体的振动与噪声。尾部轴承由于有耐压密封性等要求,其刚度一般高于主机支撑刚度,因而在低频段有着较高的传递效率。这就为螺旋桨及尾轴的振动向壳体的传递提供了一条类似于发动机支撑的重要声学通道。为了控制尾轴振动的传递,通常在轴承外环采用隔振垫加以隔离。这种隔振垫一般由非金属的特殊材料制成。

3. 联轴节

鱼雷主轴在将主机输出功率传送到螺旋桨时,通常采用各种形式的联轴节。高弹性联轴节起着降低主轴装配精度要求、补偿轴线对中偏差、改善主轴运转性能的作用。由于其刚度相对于轴系中的其他轴段小,其还起着降低主轴扭转振动固有频率与动应力,隔离热动力鱼雷发动机中的活塞、连杆、摆盘或凸轮的高频振动沿主轴向减速器及螺旋桨传递的作用。其既使减速器中的齿轮啮合趋于平稳、啮合振动及其辐射噪声级下降,同时又有利于降低螺旋桨噪声。国外近年来研制成的离合器式的联轴节具有低频、大阻尼的特点,对隔离振动传递、降低振动的幅值有利。在某些小型鱼雷上,由于质量受限等原因,也有不采用弹性联轴节的。刚性主轴提供了一条十分有效的振动传递通道。

4. 其他非支撑性的连接

属于这类振动传递的途径主要包括动力装置的各种流体介质输送管道,如海水泵与海水阀之间的连接管道、燃料输送管道以及滑油管道等。这些管道除了自身的内部压力脉动引起的振动与噪声以外,其对鱼雷振动噪声的贡献主要是形成了一种传递的旁路。这些管道通常与鱼雷壳体结构相连,使动力系统各组件的振动可经由它们,较容易地传递到壳体形成辐射噪声。

在对鱼雷动力系统的振动与结构噪声的传递途径进行分析的基础上,可以根据不同类型的传递途径,建立其振动传递分析模型,如图 10.2.2 所示。通过振动模态的计算,对其振动传递特性进行分析与讨论。

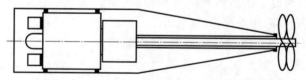

图 10.2.2　鱼雷动力系统振动传递分析模型

10.3　基于刚体模型的振动传递分析

鱼雷动力系统结构上是一个多自由度的振动系统,对其进行动力学分析时,既要考虑其结构特性,又要考虑其材料特性。从结构上讲,动力系统包括主机、辅机、减速器、联轴节、主轴等金属弹性结构,从材料上讲,动力系统中还包含主机隔振支撑、弹性联轴节、尾部轴承隔振支撑中的非金属元件。此外,动力系统中还包含啮合齿轮、活塞与连杆、摆盘与斜轴、凸轮等相对运动的结构以及滑油箱、冷却水套内的分布的流体质量。

按照上述力学性能差别悬殊的各种结构,得出鱼雷动力系统的力学模型,必须有一系列的假定与简化。图 10.3.1 给出了鱼雷结构振动预报的刚体模型。如果主轴中包含弹性联轴节,则可将鱼雷主机、辅机构成的动力装置视作刚体,并将其与主轴及推进装置分开加以研究,进一步将弹性支撑的动力装置简化为一个环形隔振系统,如图 10.3.2(a)所示。

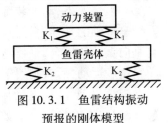

图 10.3.1　鱼雷结构振动
预报的刚体模型

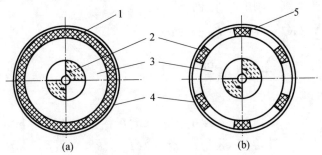

图 10.3.2　动力装置的环形隔振示意图

(a)环形隔振;(b)辐射式隔振。

1—隔振环;2—不平衡质量;3—发动机;4—鱼雷壳体;5—隔振器。

为便于计算,可将隔振环离散化为有限个隔振单元,形成辐射式隔振,由这些隔振单元共同支撑被隔振的动力装置。在辐射式隔振的情况下,鱼雷动力装置在弹性支撑下做自由振动的运动微分方程为

$$
\begin{bmatrix}
K_{xx} & K_{xy} & K_{xz} & K_{x\alpha} & K_{x\beta} & K_{x\gamma} \\
K_{yx} & K_{yy} & K_{yz} & K_{y\alpha} & K_{y\beta} & K_{y\gamma} \\
K_{zx} & K_{zy} & K_{zz} & K_{z\alpha} & K_{z\beta} & K_{z\gamma} \\
K_{\alpha x} & K_{\alpha y} & K_{\alpha z} & K_{\alpha\alpha} & K_{\alpha\beta} & K_{\alpha\gamma} \\
K_{\beta x} & K_{\beta y} & K_{\beta z} & K_{\beta\alpha} & K_{\beta\beta} & K_{\beta\gamma} \\
K_{\gamma x} & K_{\gamma y} & K_{\gamma z} & K_{\gamma\alpha} & K_{\gamma\beta} & K_{\gamma\gamma}
\end{bmatrix}
\cdot
\begin{Bmatrix}
x \\ y \\ z \\ \alpha \\ \beta \\ \gamma
\end{Bmatrix}
=
\begin{Bmatrix}
-M\ddot{x} \\
-M\ddot{y} \\
-M\ddot{z} \\
-(J_{xx}\cdot\ddot{\alpha} - J_{xy}\cdot\ddot{\beta} - J_{xz}\cdot\ddot{\gamma}) \\
-(J_{yy}\cdot\ddot{\beta} - J_{yx}\cdot\ddot{\alpha} - J_{yz}\cdot\ddot{\gamma}) \\
-(J_{zz}\cdot\ddot{\gamma} - J_{zx}\cdot\ddot{\alpha} - J_{zy}\cdot\ddot{\gamma})
\end{Bmatrix}
$$

(10.3.1)

式中:M 为鱼雷动力装置的总质量;J_{xx}、J_{yy}、J_{zz} 分别为动力装置绕坐标轴 x、y、z 的转动惯量;J_{xj}、J_{yz}、J_{zx} 为动力装置对于坐标轴的质量惯性积($J_{xy} = J_{yx}$、$J_{xz} = J_{zx}$、$J_{yz} = J_{zy}$);K_{xx}、K_{yy}、K_{zz} 分别为弹性支撑沿坐标轴方向的总往复刚度;$K_{\alpha\alpha}$、$K_{\beta\beta}$、$K_{\gamma\gamma}$ 分别为弹性支撑对于坐标轴的总回转刚度;K_{ij} 为弹性支撑的各种耦合刚度

307

$(K_{ij} \neq K_{ji}, i \neq j)$。

一般情况下,动力装置隔振系统中存在着沿坐标轴的横向、纵向与垂向,以及绕坐标轴的平摇、纵摇与横摇六种独立的振动模态及各种耦合模态,如纵摇与垂向振动的耦合,平摇与横向振动的耦合等。从自由度的角度看,前者属于单自由度运动,后者则属于两自由度甚至多自由度运动的范畴。

当鱼雷动力装置受到前后隔振环支撑,且其在结构上完全对称时,式(10.3.1)的36个刚度参数中,仅有K_{xx}、K_{yy}、K_{zz}、$K_{\alpha\alpha}$、$K_{\beta\beta}$、$K_{\gamma\gamma}$等六个独立刚度以及$K_{y\gamma}$与$K_{z\beta}$两个耦合刚度存在,即

$$K_{xx} = \sum (K_p \cdot \cos^2\theta + K_r \cdot \sin^2\theta) \qquad (10.3.2)$$

$$K_{yy} = K_{zz} = \frac{1}{2}\sum (K_p \cdot \sin^2\theta + K_q + K_r \cdot \cos^2\theta) \qquad (10.3.3)$$

$$K_{\alpha\alpha} = R^2 \cdot \sum K_q \qquad (10.3.4)$$

$$K_{\beta\beta} = K_{\gamma\gamma} = \sum \left[\begin{array}{l} (K_p \cdot \cos^2\theta + K_r \cdot \sin^2\theta) \cdot R^2 + (K_p \cdot \sin^2\theta + K_q + \\ K_r \cdot \cos^2\theta) \cdot A^2 + 2(K_p - K_r) \cdot \sin\theta \cdot \cos\theta \cdot A \cdot R \end{array} \right]$$

$$(10.3.5)$$

$$K_{y\gamma} = K_{z\beta} = \frac{1}{2}\sum \left[\begin{array}{l} (K_p \cdot \sin^2\theta + K_q + K_r \cdot \cos^2\theta) \cdot A + \\ (K_p - K_r) \cdot \sin\theta \cdot \cos\theta \cdot R \end{array} \right] \qquad (10.3.6)$$

式中:R为鱼雷壳体半径;A为动力装置的重心与隔振环平面的距离;θ为隔振环的主要承载方向与主轴轴线的夹角($\theta \leqslant 90°$);K_p、K_q、K_r分别为隔振环的轴向刚度、沿鱼雷壳体的切向刚度与径向刚度。

在发动机采用前后环隔振的情况下,如果发动机的重心与支撑系统的几何中心相重合,也可得出同样的结论。于是,可根据鱼雷动力装置的质量分布与各支撑刚度参数,得到动力装置在隔振条件下的各阶固有频率与振型,并且对系统的振动传递率进行研究。

对于鱼雷主机的隔振,可以有多种不同的结构形式,但从减振降噪的角度来看,各种结构形式都是构造一种弹性支撑,使得动力装置在弹性支撑下做自由振动的固有频率显著降低,以实现隔离主机振动与结构噪声向壳体传递的目的。理论上的单层隔振系统仅在其固有频率附近产生"动力放大",此时的振动传递率大于1。高于固有频率后的传递率迅速下降,在低阻尼的情况下可达-12dB/oct,高频隔振效果可达数十分贝(图10.3.3)。

对于鱼雷动力系统,若要上述分析成立,其前提是动力装置在结构上完全对称,其质量中心位于隔振环的安装平面或安装空间的几何中心,且其所受的外力也正好通过动力装置的重心。显然,这是一个很苛刻的条件。事实上,鱼

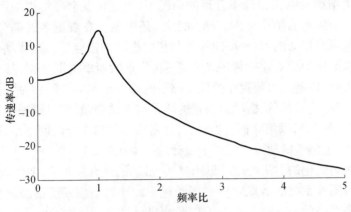

图 10.3.3　单层隔振时的振动传递率

雷动力装置是一个复杂的振动系统,其质量分布是不均匀的,其重心不一定通过前后支撑所形成的几何空间的中心,其绕 x、y、z 三个坐标轴的转动惯量并不相等。因此,动力装置在前后环形隔振支撑下的振动包括垂向、侧向与轴向往复运动,平摇、纵摇与横摇的回转运动以及垂向与纵摇、横向与平摇的耦合运动,上述各种振动有其各自的固有频率。

此外,鱼雷动力系统内部有着众多的振动源,激励力作用的位置与方向复杂,不可能正好通过系统的重心。上述各种振动模态会被不同程度地激发,使得主机的振动经由支撑的传递谱上出现多个幅值不等的峰(图 10.3.4)。它们在低频段内的分布使得发动机的轴频振动及其低阶谐次分量较容易地传到鱼雷壳体。

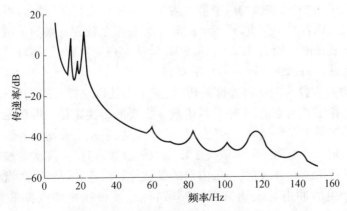

图 10.3.4　鱼雷主机低频振动的传递率

在主机结构及隔振设计不合理的情况下,上述情况会变得更为严重,振动将分布在一个较宽的频率范围。除此之外,还可能存在着更多的耦合振动,如垂向振动与纵向振动的耦合、横向振动与扭转振动的耦合等。这些耦合振动将使鱼雷主机的振动沿支撑的传递变得更强、分布的频率范围更宽,甚至可达数百赫兹。因此,控制动力装置在弹性支撑下的振动模态的分散性是隔振设计的一项重要任务。一般可根据动力装置的质量与转动惯量,调整隔振单元的布置(包括位置与倾角),以消除耦合振动,并使各模态的频率分散度缩小,达到理想的隔振效果,这是鱼雷动力系统声学设计的一项任务。

除了用离散化的方法处理环形隔振系统以外,通常还可采用经验公式估算的方法了解隔振系统的最低阶固有振动频率。环形隔振系统沿坐标轴方向做垂向与横向振动的固有频率 f_x 与 f_z 以及绕坐标轴做横摇振动的固有频率 f_β 可按下式计算:

$$f_x = f_z = \frac{1}{2\pi}\sqrt{\frac{EL}{Mh}} \qquad (10.3.7)$$

$$f_\beta = \frac{1}{2\pi}\sqrt{\frac{GL}{Mh}} \qquad (10.3.8)$$

式中:M 为鱼雷动力装置的总质量;E 为弹性支撑材料的弹性模量;G 为弹性支撑材料的剪切模量;L 为隔振环沿鱼雷壳体轴向的总宽度;h 为隔振环沿鱼雷壳体径向的厚度。

鱼雷动力系统的振动经由尾部轴承向壳体的传递规律与主机的情况相似。尾部轴承由于耐压密封的要求,其支撑刚度一般高于主机的支撑。可以预计,对于主机激起的主轴横向振动以及由螺旋桨轴承力激起的尾轴振动,尾部轴承将有较高的传递率,这些振动以中低频为主。由于鱼雷尾部流场的不均匀性相对于水面舰艇而言并不严重,螺旋桨的轴承力在一个较为有限的范围内。虽然尾部轴承的支撑刚度较大,振动传递较强,但从国外资料看,主轴对尾部轴承的激励所导致的鱼雷水下噪声并不是主要的。

鱼雷动力装置的振动向外部的传递,除了上述以支撑形式的途径以外,还有许多非支撑形式的通道,主轴是其中最为重要的传递途径。沿鱼雷主轴传递的振动主要来源于发动机输出扭矩的周期性波动,它是由发动机各缸的交替工作特点所决定的。波动的频率取决于发动机的缸数,包括其高次谐波在内一般落在中低频范围。此外,由发动机内部的气缸、活塞、连杆、凸轮、摆盘等部件在传动中所产生的冲击与振动具有宽频带特点,使得扭矩的波动叠加了高频成分。

为了有效抑制鱼雷发动机的振动沿主轴向尾部的传递,同时也为了在正反转双轴的情况下使得分轴齿轮平稳啮合,热动力鱼雷轴系中一般采用弹性联轴节,以改善其运行状况。弹性联轴节在轴系中起着大幅度降低扭转振动固有频率的作用,在发动机的激振频率高于主轴的扭振频率1.4倍以上时,联轴节起着隔振的作用,它将"吸收"主机各缸由于不连续工作所造成的输出扭矩的波动以及其他高频的冲击振动成分。对某鱼雷动力装置进行的试验研究表明,采用弹性联轴节后,减速器的箱体振动在0~20kHz的范围内下降了2.4dB,在各啮合频率所在频带下降了5.1dB。图10.3.5为对比试验所用的联轴节模型。

图10.3.5　对比试验所用的联轴节模型

弹性联轴节传递鱼雷发动机振动的情况取决于联轴节的扭转刚度以及弹性元件的阻尼大小。增大阻尼是不可取的,它将使弹性元件在工作中过热。通常可以调整其扭转刚度以改变振动的传递率,其程度取决于弹性元件的材料特性。弹性元件的材料刚度越低,扭振固有频率下降的幅度就越大。从某型鱼雷的轴系扭振计算结果来看,第一阶固有频率可以从刚性轴系(无弹性联轴节)时的260Hz下降到70~90Hz,从而在一个相当大的范围内影响到高频振动的传递。在鱼雷主轴的扭转刚度已经确定的情况下,联轴节的振动传递率随着激振频率的变化规律应与图10.3.3给出的单层隔振系统的振动传递规律一致。

然而,采用弹性联轴节后的轴系由于扭转振动固有频率的下降,有可能与发动机特征振动的高阶谐频相接近,应该通过事先的计算与分析加以避免。考虑鱼雷动力装置的振动经由主轴传至尾部轴承以及螺旋桨时,其分析模型不同于隔振支撑时的形式,而是以轴系的扭转振动为出发点来建立的。鱼雷动力与推进系统的轴系主要包括主轴以及与主轴直接关联的运转部件,如发动机内的凸轮、斜轴、主传动齿轮、分轴齿轮、联轴节、正反转双轴(对转桨)或单轴(泵喷推进)以及螺旋桨等。此外,轴系中还应包括发动机内的摆盘与活塞连杆机构以及转速与主轴不相等的辅机传动齿轮等。

由于鱼雷动力系统结构复杂,在建立轴系扭转振动分析模型时,需要对其进行适当的简化。模型主要依据主轴上各主要运动部件的转动惯量以及部件间连接轴的扭转刚度而确定。例如,斜轴、联轴节、分轴齿轮、螺旋桨等部件可按集中质量处理,其中的轴段则化为几个集中质量按一定的规律分布处理。活塞、连杆、摆盘以及辅机则按照动能不变的质量转换原则,依据自身的转速与惯量,以当量转动惯量的形式参与扭转振动模型。某鱼雷的轴系扭转振动模型具有如图 10.3.6 所示的形式。

鱼雷轴系扭转振动的计算可以采用传递矩阵法或霍尔茨法等经典的计算方法,前者快速,后者简便。对于如图 10.3.6 所示的集中质量系统,两种方法的计算精度及计算工作量差别甚小。通过轴系扭转振动的计算,可以得到鱼雷轴系的扭转振动模态,即各阶临界转速与扭振振型。在此基础上,可以评估发动机的高频振动沿鱼雷主轴振动传递情况,还可进一步以减小轴系扭振振幅为目标,分析轴系设计的合理性,以避免轴系的临界转速与发动机或螺旋桨激振频率相吻合的情况发生。

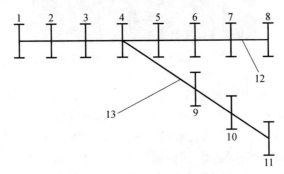

图 10.3.6　鱼雷轴系扭振分析模型

1,3,6,7,9,10—轴段;2—摆盘斜轴组件;4—半联轴节 + 齿轮;5—半联轴节;
8—后桨;11—前桨;12—内轴;13—外轴。

研究表明,弹性联轴节刚度的变化仅对轴系扭振的低阶固有频率影响较大,对高阶的影响相对较小。此外,由于联轴节刚度的变化范围有限,其对扭振振型的影响并不明显,轴段中的节点即最大应力部位不至于有大的移动,声学设计上的考虑不会给总体设计中的应力计算与强度校核带来新的问题。

为了使轴系扭振固有频率有进一步的改变,以便对可能发生的共振采取调频措施予以避免,还可通过改变轴系中除了联轴节以外的质量与刚度分布来实现。其原则为调整低阶振型节点处的刚度,并在远离节点的地方调整质量,以达到最佳的效果。

在确定弹性联轴节的形式时,可以采用新型的滚珠式联轴节(离合器)。在这种联轴节中,转矩的传递发生在滚珠与联轴节壳体的点接触位置处,并且依靠振动传递路径中实施运动间断而实现减振作用。此种联轴节容许连接轴末端存在偏差,有利于补偿工作过程中轴系的不对中,从而改善了安装条件与工作过程。

　　在其他非支撑性连接方面,鱼雷动力系统中的各种管路对于结构振动的传递特性起着重要作用。管路在将动力装置的振动向鱼雷壳体传递时起的作用,相当于在原有的动力装置隔振系统中并联一个弹性元件,使系统的总刚度增强,导致振动传递率上升。传递率增加的程度取决于管路自身的刚性。因此,在鱼雷动力系统的声学设计中,凡是与外部相连的燃料、海水与滑油管路均应采用柔性管,以尽可能地减少振动的传递。柔性管材料的选择取决于被输送介质的性质、压力与温度等,一般可采用金属铠装的橡胶或塑料管。国外在这方面开展了深入的研究,并已研制出能成功地应用于鱼雷的产品。

　　据国外资料介绍,柔性管自身的刚度应低于与其相连的动力组件的隔振刚度的 20%,以确保其不至成为振动的重要传递通道。应该注意的是,柔性管路的有效性,在很大程度上取决于内部介质的压力。鱼雷动力装置工作状态的改变,尤其是鱼雷航深的增加,会造成海水管路刚性增强,当压力超过 10^6 Pa 时,整个隔振系统的效果急剧下降,这一点应在动力系统的声学设计中加以充分考虑。若增大管路的长度,则情况可能会改变,但实际上做到这点是困难的,因为鱼雷动力系统有很严格的尺寸限制。与此相反,主要由橡胶材料制成的管路则较少受到这样的影响,橡胶接管与橡胶金属接管均属此类接管。

10.4　基于有限元模型的振动传递分析

　　以上对鱼雷动力系统振动传递特性所作的分析建立在刚体模型的基础上。在刚体模型的假定下,动力装置的弹性振动模态与鱼雷壳体的弹性振动模态均未在传递函数中得到反映,只要隔振系统的固有频率低于激励频率的 $\frac{\sqrt{2}}{2}$ 倍就有隔振效果,且频率越高隔振效果越好。在这种假定下,鱼雷主机的振动在 $0\sim20$kHz 的范围内一般都有 $40\sim60$dB 的隔振量,然而事实并非如此。

　　理论分析与试验研究均表明,依据刚体模型所得到的振动传递函数由于忽略了动力系统的高频振动模态及其对振动传递的影响,理论分析与试验测量间的差别非常明显,尤其是在中高频段内。这将给鱼雷动力系统的振动传递预报以及鱼雷实航噪声预报带来显著的误差。事实上,动力装置与鱼雷壳体结构的非刚性使得振动传递率在高频时明显增强,只有充分认识这一点,才能准确预报鱼雷动力系统的振动与噪声,才能在动力系统的声学设计中有针对性地加以解决。

为了正确估计鱼雷动力系统的振动传递特性,必须将动力装置及鱼雷壳体作为弹性体处理,建立其正确的力学模型,通常可利用有限元技术进行。有限元分析方法是在结构动态分析领域中的一种广为采用的数值计算方法,它用简单的力学构造模型取代复杂的原始结构,利用单元节点位移与力的协调关系导出结构的刚度矩阵与质量矩阵,从而将无限自由度弹性体的振动问题离散化为有限自由度系统的振动问题。通过将振动微分方程中的物理坐标转换为模态坐标,使方程解耦成以模态坐标与模态参数描述的独立方程,有限元技术可依据载荷及边界条件,求解结构的受激振动响应。

于是,可以依据以上分析,从鱼雷的结构参数导出模态参数,进而得到动力系统的振动沿支撑向鱼雷壳体传递的规律以及沿壳体的分布规律。在此基础上,可进一步利用动力装置的已知振动频谱,依据已经得到的传递关系,得出鱼雷结构各处的振动分布,实现动力系统的振动噪声预报,并为进一步声辐射预报准备必要的数据。

图 10.4.1 给出了某型鱼雷动力装置与壳体结构的有限元计算模型。依据该模型,可以计算得到鱼雷动力系统的各阶振动模态,包括振型及固有频率,典型振动模态如图 10.4.2 所示。基于有限元的模态分析可以在动力系统的设计阶段发现结构上的不合理之处,有助于对动力系统声学设计的方向与措施进行总体评价。

图 10.4.1　鱼雷动力装置与壳体结构的有限元分析模型

图 10.4.2　鱼雷动力装置与壳体结构的典型振动模态

在计算机技术的有力推动下,有限元分析方法在工业设计与科学研究领域,尤其是在结构动态特性分析方面得到越来越广泛的应用。国内外常用的有限元分析软件有 ANSYS、Super SAP、I-DEAS、Nastran 等,一般都拥有多种单元类型,包括板壳单元、三维实体单元、梁单元、弹性单元等,能满足鱼雷动力系统的建模要求。除此之外,可以通过改变单元的材料参数,以模拟鱼雷结构的阻尼或刚度变化;改变各种外来激励参数及作用节点,以模拟鱼雷主机或推进器的各阶激励,进行鱼雷动力系统的振动响应预报。

图 10.4.3 给出了有限元分析得到的某鱼雷结构振动的传递谱阵,它描述了振动从动力系统经弹性支撑向壳体的传递情况,其纵坐标表示传递率的高

低、横坐标分别表示频率与截面位置。如图 10.4.3(a)、(b)所示,随着动力系统结构与材料特性的改变,上述传递谱阵的形态也会相应改变。

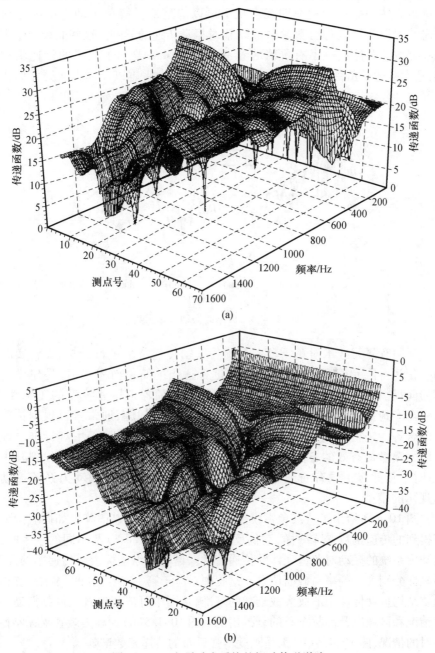

(a)

(b)

图 10.4.3　鱼雷动力系统的振动传递谱阵

　　用垂直于频率轴或垂直于节点轴的平面剖切上述传递谱阵,可以分别得到不同频率的振动沿支撑向鱼雷壳体的传递规律或者从动力系统不同部位到鱼雷壳体的振动传递率曲线。从中可以清楚地了解鱼雷动力系统振动的传递情况以及结构与材料参数的调整对振动传递的影响。这些曲线为鱼雷动力系统声学设计提供了有价值的参考。图 10.4.4 给出了典型的传递函数曲线,它们描述了鱼雷动力系统的振动向鱼雷雷头、雷尾以及动力舱壳体的传递情况。

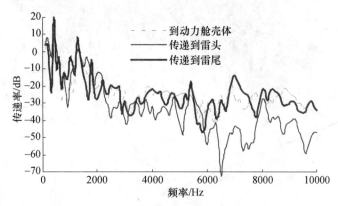

图 10.4.4　典型的振动传递函数

　　利用有限元技术对鱼雷动力系统的振动传递特性进行分析,在将实际结构转化为有限元模型时,需要对结构进行适当的简化与假定,这是建模与运算的前提。于是引发了另外的一个问题,即如何保证所建模型的正确性,使其能真实地揭示鱼雷的振动噪声特性。对于这一问题,通常可以根据计算结果的合理性进行判断,但这并不可靠,因为判断结果依赖于主观标准。检验有限元模型最有效的方法是试验验证。通过对实物模型的研究,找到其中的规律性,依此修正原有的理论分析模型,建立起能真实反映动力系统振动传递规律的模型。

　　图 10.4.5 给出了从某鱼雷模型试验得到的振动传递谱阵。如同有限元计算得到的传递函数谱阵一样,它们反映了在不同的截面以及不同的频率时,鱼雷动力系统的振动对鱼雷壳体的传递特性。谱阵的纵坐标表示传递率的高低、横坐标分别表示频率与截面位置。谱阵中对应于第 17 测点处的"脊梁"提供了鱼雷结构振动传递中的放大或衰减的基准,从图中可清楚地看到低频振动的放大情况和区域以及高频振动的衰减情况。图 10.4.5(a)为动力装置支撑刚性较弱时的情况,图 10.4.5(b)则是刚度增强后新的传递函数谱阵。

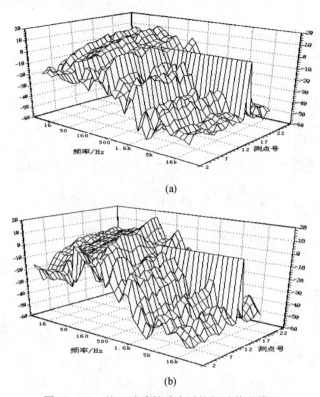

(a)

(b)

图 10.4.5　基于试验的动力系统振动传递模型

从图 10.4.5 可见,不同支撑方案时的振动传递情况有相当大的差别,对应于高、中、低频段分别有着不同的规律。在低频段,各个方案均有较高的振动传递率,甚至还有动力放大现象,尤其是支撑刚度较大的模型。随着振动频率的提高,各隔振方案的振动传递率迅速下降。经比较可知,由模型试验得到的鱼雷结构振动的传递函数曲线,与有限元计算结果是吻合的。经验证的振动传递函数曲线及数据可成为研究鱼雷在不同结构与材料参数下振动响应的主要依据。图 10.4.6 与图 10.4.7 分别给出了不同隔振方案时从动力系统至鱼雷壳体的振动传递率曲线,从中可进一步了解动力系统振动的传递规律。

从上述 φ325mm 试验模型得到的振动传递规律与 φ533mm 模型得到的结果也是一致的。图 10.4.8 给出了某重型鱼雷发动机整机隔振试验的结果,其中的各个方案分别表示发动机采用不同的"O"形圈隔振材料,如纯橡胶、橡胶内嵌金属丝、聚合物材料等。图中反映出鱼雷动力系统在 4kHz 与 9kHz 附近的高频带内有着相当强的振动传递率。从图可见,各种隔振方案间的差别并不显著。

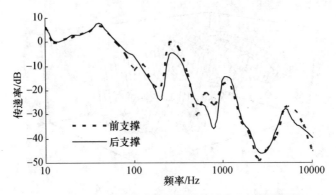

图 10.4.6 动力舱壳体的振动传递率(支撑刚度弱)

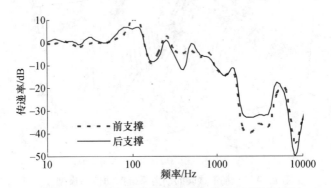

图 10.4.7 动力舱壳体的振动传递率(支撑刚度强)

一般认为,高频隔振性能变差的原因有以下几方面:

(1) 鱼雷壳体属于弹性结构,由此而造成中高频段振动传递率曲线上的许多共振峰,它们代表了壳体结构的动态响应。

(2) 鱼雷发动机的隔振元件在高频时不再符合理论分析时的无质量的假设,而是具有分布质量的特征,产生了驻波效应,形成传递率曲线上的高峰。

(3) 发动机隔振材料的刚度会随频率的提高而增大,特别是橡胶元件在高频时会变硬,使得实际的振动传递率偏离理论曲线而上移。

在上述各原因中,以鱼雷壳体的非刚性或振动模态影响最为重要。事实上,图 10.4.5 ~ 图 10.4.8 中的传递率曲线上的 250Hz、1250Hz 与 5000Hz 处的谱峰,已经试验验证与鱼雷壳体的振动模态有关。以上讨论虽然是以鱼雷动力装置的隔振支撑为对象进行的,但其中的规律同样适用于鱼雷尾部轴承隔振结构以及弹性联轴节的振动传递特性。

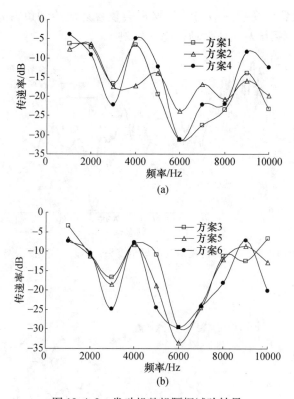

图 10.4.8　发动机整机隔振试验结果

10.5　动力系统支撑对振动传递的影响分析

降低动力系统的振动噪声沿支撑的传递是鱼雷动力系统声学设计的重要目标。然而,理想的隔振效果是不易达到的。影响低频振动传递的主要因素在于隔振系统所固有的多种振动模态的干扰,尤其是各种耦合振动,使系统的振动传递状况变得复杂而难以估计,其总趋势是使低频振动传递率显著上升。因此,控制低频振动模态的数量及分散性是动力系统声学设计的重要任务。通常可根据主机、辅机的质量与转动惯量,经过周密的计算,调整隔振环的位置与倾角,以消除耦合振动,并使各振动模态的频率分散度减小到理想的程度。

图 10.5.1 和图 10.5.2 给出的振动传递曲线,反映了高频振动的传递情况并不具有单自由度隔振系统时的理想状态,即按每倍频程 −12dB 的规律衰减。在中高频段存在着多个谱峰,它们通常高达 15～20dB。在这些谱峰所在的频

带,鱼雷动力装置的高频振动与结构噪声会较容易地传到鱼雷壳体,出现的谱峰正是鱼雷动力系统及壳体振动模态的反映。

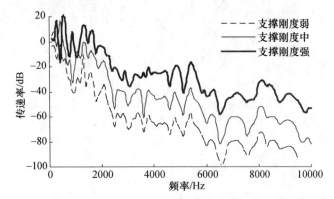

图 10.5.1　支撑刚度对发动机至雷头壳体振动传递的影响

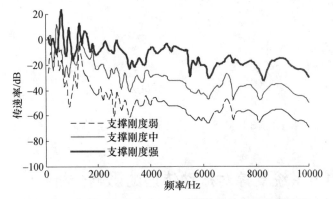

图 10.5.2　支撑刚度对发动机至动力舱壳体振动传递的影响

　　在有限元分析的基础上,图 10.5.3 进一步给出了在不同支撑刚度情况下,从动力装置到鱼雷头部、中部以及尾部壳体的振动传递曲线。依据这些曲线,可以定量地了解发动机与尾部轴承支撑刚度对鱼雷机械振动传递的重要影响,了解这种影响对不同的频段以及不同的传递部位有着如何不同的反映。从图可见,降低动力装置的支撑刚度对减小振动的传递有着明显的效果,这种效果主要反映在中高频段,尤其是在向动力舱壳体的传递中。

　　图 10.5.4 则从另一个角度给出了不同支撑阻尼对鱼雷动力装置振动传递特性的影响,从图可见,支撑的阻尼仅在极低频率处有正面作用,在中频段的作用不明显,在高频段甚至起着负面的作用。在鱼雷动力系统声学设计中的材料选取时应考虑这一因素。

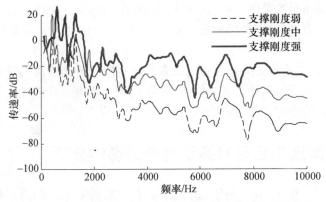

图 10.5.3 支撑刚度对发动机至雷尾壳体振动传递的影响

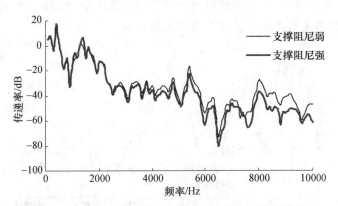

图 10.5.4 支撑阻尼对发动机至雷头壳体振动传递的影响

舰艇降噪中广泛采用的双层隔振装置在鱼雷动力系统中的应用,国外资料中尚无有关的介绍。双层隔振比目前采用的单层隔振有着更低的振动传递特性,传递率在越过共振区后的衰减在理论上可达每倍频程 -24dB。双层隔振装置在鱼雷上的应用需要解决以下问题:

(1) 双层隔振增加了中间筏体,可能使鱼雷尤其是鱼雷动力系统的质量与航速、航程的矛盾变得突出。设计中,应充分利用已有的动力设备作为中间质量,以尽可能减小动力舱内的无效质量。但这可能会使隔振效果变差,并且给动力系统的结构设计带来复杂性。

(2) 中间筏体占用鱼雷内部空间,可能使鱼雷发动机的有效尺寸减小,使动力系统的单位容积的功率要求提高。应尽可能减小中间筏体的无效体积,但这可能减弱筏体的刚度,使振动传递率受到筏体振动模态影响而上升。

（3）双层隔振的柔度比单层隔振时大,可能使鱼雷发动机运行的可靠性受到影响。设计中,应对发动机的配气机构、输出轴等的连接配合特性进行充分的考虑。

应该指出,安装双层隔振装置的动力系统的振动传递特性仍然会受到鱼雷结构非刚性以及壳体振动模态的影响,实际的隔振效果与理论计算值有一定的差距。这方面的研究工作有待深入进行。

10.6　壳体结构阻尼对振动传递的影响分析

图 10.6.1～图 10.6.3 则给出了鱼雷结构材料的阻尼与动力系统振动传递的关系,从中可以对影响振动传递的材料因素进行分析,探索控制鱼雷振动噪声的途径。从图可见,材料阻尼对动力装置的振动向动力舱壳体传递时的影响较小,但对向雷头或雷尾的传递有着较大的影响。

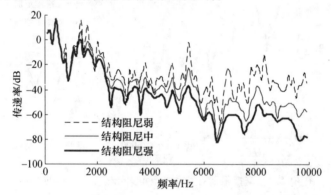

图 10.6.1　结构阻尼对动力装置至雷头壳体振动传递的影响

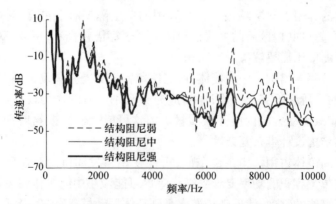

图 10.6.2　结构阻尼对动力装置至动力舱壳体振动传递的影响

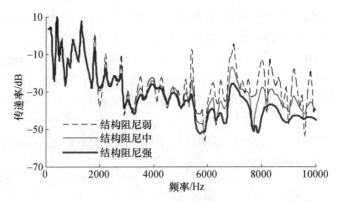

图 10.6.3 结构阻尼对动力装置至雷尾壳体振动传递的影响

鱼雷壳体的阻尼减振措施对动力系统的振动传递有着重要的影响,从仿真计算结果可知,在动力舱壳体内部粘贴约束阻尼层与粘贴自由阻尼层相比,前者情况下动力系统的振动传递率较低。与动力舱壳体材料的阻尼方案相比,粘贴阻尼层的效果优于阻尼合金,尤其是在 10kHz 以下的频段。图 10.6.4 给出了仿真计算的部分结果,即鱼雷壳体内部粘贴约束层阻尼橡胶的三个方案的对比。由此可指导鱼雷壳体的阻尼减振降噪措施的实施。

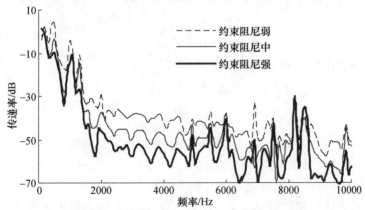

图 10.6.4 壳体约束阻尼层对动力装置至动力舱壳体振动传递的影响

10.7 振动传递的其他影响因素分析

1. 涡轮机转子的振动控制技术

在采用涡轮机作为鱼雷的动力装置时,支撑刚度有时会影响到发动机的运行状态。若高速运转的涡轮转子由刚性支撑,则其处于次临界状态,由偏心质量导致的不平衡回转惯性力在方向上与转轴的弯曲方向一致,使得弯曲加剧、支撑基座处的振动增大。若将转子轴承弹性支撑,则转子运转在超临界状态,不平衡的惯性力与转轴的弯曲方向相反,保证了转子的自定心,使得作用于支撑的动载荷显著降低,由动力装置传至鱼雷壳体的振动也将明显减小。

刚度对涡轮机转子运行的影响,可以用以下对称支撑的圆盘模型为例加以说明(图10.7.1)。转子轴与支撑的总刚度为

$$C = \frac{2C_B \cdot C_0}{2C_0 + C_B} \qquad (10.7.1)$$

式中:C_0 为转子两端的支撑刚度;C_B 为转轴的弯曲刚度;M 为转子质量。

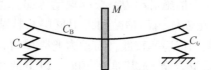

图10.7.1　涡轮机转子的力学模型

转子的临界转速为

$$\lambda_{cr} = \sqrt{\frac{C}{M}} \qquad (10.7.2)$$

转子所受到的不平衡惯性力为

$$F = \frac{M\omega^2 \varepsilon}{1 - \left(\dfrac{\omega}{\lambda_{cr}}\right)^2} \qquad (10.7.3)$$

式中:ε 为转子的偏心距。于是得到转子轴的激振力与转速的关系。在超临界状态,随着转速的增加,转子所受到的不平衡惯性力与转子轴的弯曲逐渐降低,并趋近于零,形成转子的自定心。对称支撑转子在超临界状态时,其沿发动机支撑向鱼雷壳体传递的振动能量与刚性支撑时相比,可用以下关系式描述:

$$\Delta L = 10\lg\frac{W_1}{W_2} = 10\lg\frac{\sum_{i=0}^{n} Q_{zi}^2}{\sum_{i=1}^{n} Q_{zil}^2} = 20\lg\frac{1}{\left(\dfrac{\omega}{\lambda_{cr}}\right)^2 - 1}(\text{dB}) \qquad (10.7.4)$$

式中:Q_{zi} 为弹性支撑时第 i 单元的振动量;Q_{zil} 为刚性支撑时第 i 单元的振动量。可见,弹性支撑的刚度越低,转子的振动越小。然而,刚度过低的环形隔振支撑会导致转子运转时的较大位移,甚至会与喷管组的壳体相撞。经验表明,转子

运行于超临界状态时,不论是在某一稳定状态,还是过临界的过渡状态,即使支撑的柔度大幅增加,也不会造成更大的变形。因此,采用弹性支撑是降低这类涡轮高速机械振动的有效措施。

通过以上几节对鱼雷动力系统振动噪声传递规律的分析,可以对动力系统声学设计中控制振动噪声沿支撑结构与非支撑连接向壳体传递的问题进行适当回顾,并且提出某些需要特别强调的方面。

鱼雷动力系统的振动与结构噪声传递的主要途径是动力装置的隔振支撑,因此,进行动力装置的隔振设计是控制动力系统振动噪声的一项首要任务。要按照总体给出的噪声指标要求,确定主机隔振系统的各项技术参数,进行结构动态设计。声学方面的考虑需要兼顾总体方面对总质量、可靠性、维修性以及其他技术指标的要求。通常将隔振系统的频率选在发动机特征频率以下的某个范围,据此确定相应的隔振结构形式以及选取合适的材料。按照国外的经验,动力装置隔振系统的横向振动频率应满足

$$f_Z < f < \frac{1}{3}f_e \tag{10.7.5}$$

式中:f_Z、f_e 分别为主轴的轴频以及发动机的特征频率。轴向振动与扭振振动的频率也应该设计在这一范围内。动力装置外部支撑位置的确定应与内部的结构设计协调一致,以避免多个独立振动模态造成的固有频率的分散性。至于可选的隔振形式,一般可采用内嵌金属结构或外敷金属约束层的橡胶隔振环。通过改变内嵌金属结构的径向与周向间隙、改变金属结构沿轴向的倾角以调整动力装置最主要的低阶固有频率。

在主传动轴的隔振方面,控制振动噪声传递的原则是尽量减少主机与推进器间的振动耦合。通常应采用高弹性联轴节甚至特殊的万向联轴节,以减少或切断振动力与力矩沿主轴的传递。此外,减少或切断主机与推进器的振动耦合,还可避免形成第二通道,使主机的隔振效果得到保证。

尾部轴承对密封的要求,使得隔振效果受到限制,因此,控制振动噪声向尾部壳体的传递是一项困难的任务。对于如何在鱼雷尾部有限的空间里,既能满足密封,又能满足声学要求的问题,理论上可通过增大尾部壳体的声阻抗加以解决,工程上可采用特殊的隔振结构与材料。

辅机声学通道的隔离是控制动力系统振动噪声传递的重要任务。对于这些流体机械的声学通道的处理,除了结构上的优化设计以外,通常采用特殊的抗式消声装置,这对阻断特定频率十分有效。在流体机械与鱼雷壳体的联结方式上,采用铠装柔性管道,既具有隔振作用,又具有阻尼减振作用。柔性管道的刚度等参数应有明确的技术指标,并且还应考虑到鱼雷航深改变时管道刚度参

数的相应改变。

2. 减速器的振动控制技术

减速器是鱼雷热动力系统中经常采用的组件,它的任务是将发动机的单轴输出转换为双轴输出,以便带动前后螺旋桨正反运转。在涡轮动力装置中,减速器的任务是将涡轮机的运转速度降下来,以实现最佳的机桨匹配。齿轮传动中的啮合振动是不可避免的,其来自齿轮运转时啮合刚度的周期改变。因此,以齿轮传动为特征的减速器在鱼雷动力系统中是一个强噪声源,其所引起的啮合振动只能通过局部的措施加以减轻。

实航及水下吊沉试验表明,减速器在高速、重载下承担了传递发动机输出扭矩的任务,因而有着较高的振动量级,且其振动频率也分布在一个较宽的频带里。控制减速器的振动与噪声有以下三个途径:①减小振源的激振力。这可通过优化齿轮的设计参数以改善齿轮的啮合状况、减小冲击振动并避免与主机或螺旋桨激励的耦合来实现;②减小或隔离振动的传递。这可通过在轴承部位采取局部隔振措施,减少齿轮的啮合振动沿轴承座向齿轮箱体的传递来实现;③降低箱体的振动响应。这可通过增大箱体的阻尼以消耗振动能量以及改变箱体的结构以避免共振来实现。

为了降低齿轮的振动量级,应从设计、加工与安装等方面考虑。在设计阶段,应合理选择齿形参数,包括齿数、重合度、模数、螺旋角、压力角、齿宽等;加工时要考虑到材料、变位整形加工工艺以及加工精度等因素;安装时需要注意安装精度等。

在确定减速齿轮的齿数时,应考虑到发动机与推进器的叶数,以避免发生振动耦合。举例来说,如果推进器桨叶为前五后六,则它们的工作叠频为 $z_1 \cdot z_2 \cdot f_0$,即 $30f_0$。此时,减速器齿轮的齿数就不能采用 30 齿的传动方式,否则对齿轮的减振降噪具有不利影响。如果将齿轮的齿数定为质数,则就从根本上避开了因桨叶频率激励所引起的齿轮系统的共振。

在减速器箱体的减振方面,一般包括箱体整体采用阻尼合金以及箱体内外表面粘贴阻尼层的办法。这样可以较大幅度地吸收振动能量,抑制箱体的振动,有利于减少鱼雷动力系统的振动与噪声,其原理已由各方面的研究得到证实。图 10.7.2 给出了不同材料减速器箱体的振动加速度(各部位 9 个测点的均方值)对比,箱体分别采用高强度铝合金、阻尼铝合金、铝锌阻尼合金材料,各箱体的尺寸与加工精度相同,试验工况亦保持不变。

从图 10.7.2 可见,在相同激励的情况下,阻尼合金箱体的总振动与大多数频段内的振动量都有不同程度的下降,然而其效果很难达到理想,一般仅在 3～4dB 之内。若单纯在减速器的主轴承以及十字轴承部位采用锰铜合金材料进

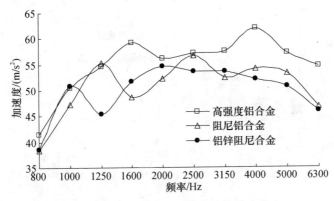

图 10.7.2　不同材料的减速器箱体振动对比

行局部隔振,则减速器箱体的振动也会有一定程度的下降,不同频带内的效果差别相当大。图 10.7.3 给出了相关的试验结果。

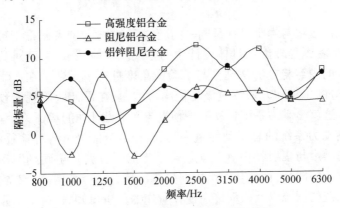

图 10.7.3　减速器箱体的局部隔振效果

　　若采用箱体阻尼减振与轴承部位局部隔振的综合措施,减速器的振动还可进一步降低,相对于高强度铝合金处理的综合减振效果在个别频带可达 10dB 以上,其结果如图 10.7.4 所示。当然,可供鱼雷减速器箱体采用的阻尼合金材料,其密度一般大于通常所用的高强度铝合金材料,这将使动力舱的质量增加并使鱼雷重心后移,在某些情况下是难以接受的。此外,某些阻尼合金的强度及其他力学性能偏低,在鱼雷减速器上应用受到限制。若采取在箱体表面涂覆或粘贴阻尼层的办法,将增加动力舱及全雷的质量,还会对维护造成困难。选用一种在结构与材料方面能为鱼雷总体所接受、有着良好效果的阻尼减振方案,需要通过试验作进一步的研究与定量的分析。

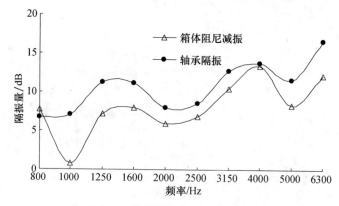

图 10.7.4　减速器箱体的综合减振效果

10.8　鱼雷动力系统的振动预报

振动噪声预报与声学设计是同一问题的两个方面,前者侧重于理论上的分析与计算,后者则是理论在具体设计中的体现。在前几节中,已对鱼雷动力系统声学设计的内容与方法从理论与试验的角度进行了阐述。在声学上考虑周到、设计良好的鱼雷动力系统应该是低噪声的,且在设计阶段就能预估未来的噪声水平。这就是动力系统振动噪声预报与声学设计间的辩证关系。

在鱼雷动力系统的总振动能量中,只有一部分能经过各种途径的传递,形成鱼雷的自噪声与辐射噪声。振动噪声预报的任务就是正确判断动力系统的这一部分振动的能量,估计其沿结构向壳体的传递及沿结构的分布情况。从对鱼雷动力系统的振源以及振动传递途径所作的分析可知,进行动力系统噪声预报的前提是对鱼雷发动机以及各动力组件的振动水平以及振动沿结构的传递特性有定量的了解。

由于鱼雷动力系统的结构及振动的传递途径复杂、振源众多且其频谱差别悬殊、各振源对总振动的贡献参差不齐,准确预报动力系统的振动与噪声的难度很大。研究表明,动力系统的动态特性在不同的频段有着不同的反映,振动噪声的预报也应针对不同的频率范围有不同的预报模型及方法。其间既有建立在理论分析基础上的预报方法,也有依据试验或经验的估计公式。

通过对发动机与各动力组件的振动特性、动力系统的振动沿结构的传递特性进行的深入分析,我们知道,鱼雷动力系统的振动与结构噪声对鱼雷总噪声的贡献,受到鱼雷动力装置的振动激励以及发动机的支撑、尾部轴承支撑、联轴节与流体介质管道等非支撑性连接结构与刚度参数的影响。因此,鱼雷动力系

328

统的振动噪声预报也应从这几方面展开。

　　为了预报或求解鱼雷结构的振动响应,可以由浅入深地从刚体模型着手进行分析。在刚体模型假定的前提下,动力装置与鱼雷壳体结构分别视为不变形的刚体,相互间通过前后支撑的弹性元件连接,鱼雷壳体亦被弹性地支撑着。若不考虑不同振型的耦合振动,动力装置在前后支撑下的运动一般具有平动与转动等六个独立的自由度。在这种情况下,动力装置的振动沿鱼雷结构的传递率 T_A 具有以下简单的形式,即

$$T_A = \sqrt{\frac{1 + \left[2\left(\frac{C}{C_0}\right) \cdot \left(\frac{\omega}{\omega_n}\right)\right]^2}{\left[1 - \left(\frac{\omega}{\omega_n}\right)^2\right]^2 + \left[2\left(\frac{C}{C_0}\right) \cdot \left(\frac{\omega}{\omega_n}\right)\right]^2}} \qquad (10.8.1)$$

式中:ω 为激励频率;ω_n 为动力装置隔振系统的固有频率;C 为系统的阻尼系数;C_0 为临界阻尼系数。由于鱼雷动力装置隔振系统的阻尼一般很小,在忽略阻尼的情况下,式(10.8.1)可进一步化为

$$H = \sqrt{\frac{1}{1 - \bar{\omega}_n}} \qquad (10.8.2)$$

式中:$\bar{\omega}_n$ 为频率比 ω/ω_0。于是,我们得到了刚体模型假定下的动力装置振动至鱼雷壳体的传递函数,并可根据传递函数 T_A 以及动力装置的激振力频谱 F,按下式进一步求得动力舱壳体的振动响应:

$$X = \frac{F}{K_1} \cdot H \qquad (10.8.3)$$

　　在这些传递函数曲线上,一般仅在低频段内有为数有限的谱峰。它们反映了动力装置的振动对应于不同振型时的传递情况。上述理论公式应成为动力系统低频振动噪声预报的基础。至于这些共振频率的求解,则可根据主机的结构参数与材料密度,计算得到其总质量以及绕各坐标轴的转动惯量与相对于各坐标轴的质量惯性积;再根据主机支撑材料的弹性模量、截面面积与形状系数,得到弹性支撑沿坐标轴方向的往复刚度与绕坐标轴的回转刚度;按单自由度系统求得鱼雷发动机各种独立模态的固有频率。在此基础上,根据动力装置的振动频谱计算出动力舱壳体的振动响应。在刚体模型假定的前提下,动力系统的高频振动按每倍频程 12dB 的规律衰减,理论上的效果十分理想。

　　鱼雷发动机的支撑结构对其刚度值有着重要的影响,不同的结构形式可能使支撑刚度在一个相当大的范围内变化,从而显著地改变动力系统振动的传递率,影响振动噪声的预报精度。然而,对于实际支撑结构的刚度计算,则会因为结构形式的多种多样而呈现复杂性。对于通常的齿形交错的环形隔振支撑结

构,其刚度的确定可按下式计算:

$$C = \frac{bt^3 Z}{2R^3}\left(\frac{Z^3 + 8.3b - 2.6Z^2}{21.4}\right) \tag{10.8.4}$$

式中:Z 为齿数;R、t、b 分别为隔振环的半径、轴向厚度、宽度。为了确定实际的刚度系数,对隔振环的刚度进行了试验测定。结果表明,计算与试验间的相对误差在 9% ~ 40% 的范围内,其原因可以用加工精度与测量误差来解释。考虑到发动机在隔振支撑时的固有振动频率与刚度的平方根成正比,因此,利用式(10.8.4)得到的刚度去计算临界频率,其预报误差为 3% ~ 7%。可见,其在低频范围内有着较高的预报精度。

对于鱼雷动力系统的中高频振动噪声的预报,其情况较低频复杂得多,这是因为实际鱼雷结构并非绝对刚体,无论是动力装置还是鱼雷壳体,均是弹性体,它们在动力装置的宽频带激励下会产生变形与共振。这种特性是由动力系统与壳体结构的振动模态所决定的,并且将影响到鱼雷动力系统的振动沿结构的传递以及振动噪声的预报。研究表明,由刚体模型的假定所造成的误差主要在中高频段,此时利用式(10.8.4)的计算误差可能达到不能接受的 15 ~ 20dB。因此,对于中高频振动噪声的预报必须有新的模型来取代原有的刚体模型,通常应借助于有限元技术建立非刚性基础的动力系统振动噪声预报模型。

在建立鱼雷物理模型的基础上,通过模拟宽频带的随机激励,可以在一个相当宽的频率范围内预报动力系统各节点的振动响应。具体地,可以针对动力系统的各个不同的设计模型,在感兴趣的频率范围内,逐个频率地进行模拟激励,得到结构的振动位移,从而进行动力系统的振动噪声预报。

依据上述方法,我们可以计算得到动力系统的振动经由支撑传至鱼雷壳体各部位的情况即振动响应预报。图 10.8.1 给出了频率为 250Hz 的振动成分在某鱼雷结构上的分布。

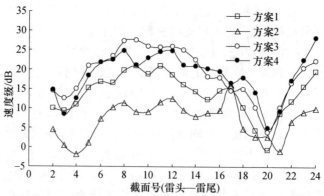

图 10.8.1 频率为 250Hz 的振动成分在某鱼雷结构上的分布

除了结构与材料因素以外,动力系统振动噪声预报中的一个前提是准确估计动力装置在各种工况下的振动水平。理论与试验研究表明,鱼雷动力装置的振动大小取决于多种因素,有设计方面的因素、制造与安装精度方面的因素、转速与功率的因素等,这些都给振动噪声的预报带来复杂性。对于确定的鱼雷动力系统,各动力机械的振动水平与功率及转速的关系为

$$L_2 = L_1 + 10 \cdot \lg \left(\frac{W^2}{W_1}\right)^{\lambda} \left(\frac{n_2}{n_1}\right)^{k} (\text{dB}) \qquad (10.8.5)$$

式中:L 为动力机械的振动级;W 为机械的功率;n 为机械的转速;下标 1 与 2 分别代表原型机与新机型。利用上述关系,可以根据原型的数据对新研制的动力机械的振动水平进行近似评估。对于鱼雷上可采用的动力机械而言,系数 λ 与 k 的大体取值范围可见表 10.8.1。

表 10.8.1　功率与转速系数

机械类型	λ	k
涡轮机	0.3 ~ 0.5	1.8 ~ 2.0
活塞式发动机	0.25 ~ 0.4	2.5 ~ 2.6
减速器	0.5 ~ 4.1	1.3 ~ 6.4
传动机械	0.4 ~ 0.6	0.5 ~ 1.5
离心泵(无空化时)	0.4 ~ 0.5	4.3 ~ 5.0
离心泵(空化发达时)	0.4 ~ 0.5	8.0 ~ 10.0

综合以上计算分析过程,可以从鱼雷主机的振动出发,依据各频段的振动传递规律,预报鱼雷壳体的振动响应。通过进一步的计算,可得动力系统振动对鱼雷水下辐射噪声的贡献,从而实现鱼雷动力系统的实航噪声预报。

动力系统的振动与噪声是鱼雷噪声的重要来源,因此,动力系统的振动噪声预报是鱼雷实航噪声预报的重要内容。由于动力系统结构复杂、机械及振源众多,振动噪声的预报受到结构、材料、部件的制造与安装精度的影响,其难度相当大。然而,噪声预报是现代高性能鱼雷研制中不可缺少的环节,必须努力去实现这一目标。

影响鱼雷动力系统振动噪声的因素包括发动机及各动力组件的振动噪声、振动噪声的传递途径以及结构对于振动激励的响应特性。动力系统的振动噪声预报也应在这几方面取得进展。作为鱼雷动力系统的核心以及振动噪声的主要来源,发动机的振动噪声水平的估计是最重要的。然而,在设计阶段预报其未来的振动与噪声是困难的。应该在原型机的基础上,通过适当的计算分析以及局部的台架试验对新研制的发动机加以认识。在这方面,需要作长期不懈

的努力去深入研究、积累经验。

对辅机及其他动力组件振动噪声的估计是动力系统噪声预报中的难点,这是因为它们有着特殊的通道将振动与噪声传至壳体及海水。准确预报其噪声需要作大量的试验,以进一步探索其噪声形成与传播的规律以及控制的技术与方法。鱼雷主轴的振动对推进器噪声的影响规律也是未来要研究的问题,它们在一定程度上影响到动力系统实航噪声的预报。

动力装置的隔振是鱼雷声学设计的重点,也是实航动力噪声预报的关键。虽然已对影响振动传递的刚度、阻尼等因素有了了解,但在对具体隔振结构的建模与效果的评估方面仍需深入研究。在大量采用非金属材料及阻尼合金材料的情况下,如何进行振动噪声的预报也是未来需要解决的问题。

研究表明,动力系统振动噪声的传递与壳体结构的设计密切相关。为了准确预报动力系统的振动与噪声,必须将鱼雷动力系统与壳体结构更密切地加以考虑。

10.9　本章小结

本章阐述了从振源、传递途径以及振动响应等方面控制鱼雷机械噪声的途径,提出了鱼雷动力系统声学设计与噪声预报的原理和方法。针对动力系统振动传递特性这一影响鱼雷机械噪声的重要因素,在结构振动模态分析、振动响应分析以及非刚性基础隔振理论的基础上,从结构与材料的角度出发,对振动传递特性进行了理论与试验研究。通过模拟发动机的激励与隔振计算,揭示了鱼雷动力装置支撑刚度、支撑阻尼、动力结构的阻尼、鱼雷壳体材料与约束阻尼、与主轴振动有关的联轴器参数等对振动传递特性的影响规律,得到动力装置到鱼雷头部、中部与尾部的传递特性。所开展的鱼雷结构与动力系统声学设计,为鱼雷实航噪声预报提供了必要的条件。

参 考 文 献

[1] 孙雪荣,朱锡. 船舶水下结构噪声的研究概况与趋势[J]. 振动与冲击,2005,24(1): 106－113.

[2] 温华兵,王国治. 水下结构动力装置的振动计算与响应分析[J]. 华东船舶工业学院学报,2000,14(1):33－37.

[3] 温华兵,王国治,江国和. 水下航行结构的建模与振动分析[J]. 华东船舶工业学院学报,2001,15(2):11－14.

[4] 温华兵,王国治,童宗鹏. 船舶浮筏系统的振动及抗冲击特性分析[J]. 华东船舶工业学院学报,2002,16(5):14－18.

[5] 邹春平,陈端石,华宏星. 船舶结构振动特性研究[J]. 船舶力学,2003,7(2):102－115.

[6] 徐张明,汪玉,华宏星,等. 双层壳体的船舶动力舱振动与声辐射的有限元结合边界元数值计算[J]. 中国造船,2002,13(4):39－44.

[7] 徐张明,汪玉,华宏星,等. 船舶结构的建模及水下振动和辐射噪声的 FEM/BEM 计算[J]. 船舶力学,2002,6(4):89－95.

[8] 张阿漫,钱德进,姚熊亮,等. 结构形式对双层壳声辐射特性影响研究[J]. 中国舰船研究,2007,2(3):1－6.

[9] 金广文,何琳,姜荣俊,等. 流固耦合对双层圆柱壳体振动特性的影响[J]. 武汉理工大学学报:交通科学与工程版,2007,31(5):882－885.

[10] 朱锡,胡忠平,石勇,等. 预报基座结构噪声的有限元方法研究[J]. 海军工程大学学报,2003,15(6):33－36.

[11] Roger Ghanem, Abhijit Sarkar. Reduced models for the medium－frequency dynamics of stochastic systems[J]. Soundal Society of America,2003(113):834－836.

[12] 姚熊亮,张煦,刘文贺,等. 应力参数对圆柱壳声辐射影响的初探[J]. 哈尔滨工程大学学报,2007,28(11):1191－1195.

[13] 艾海峰,陈志坚,高翔,等. 有限长圆柱壳结构声学设计模型[J]. 海军工程大学学报,2011,23(2):47－51.

[14] 姚熊亮,钱德进,张爱国,等. 内部含基座的加筋双层壳振动与声辐射计算[J]. 中国舰船研究,2008,3(1):31－36.

[15] 伍先俊,朱石坚. 统计能量法及其在船舶声振预测中的应用综述[J]. 武汉理工大学学报:交通科学与工程版,2004,28(2):212－215.

[16] Le Bot A. Derivation of statistical energy analysis from radiative exchanges[J]. Journal of Sound and Vibration,2007(300):763－779.

[17] Lyon R H, Maidanik G. Power flow between linearly coupled oscillators [J]. Journalof Acousties soeiety of America,1962,34(5).

[18] Lyon R H. Statistieal energy analysis of dynamical systems:Theory and applications[M]. Cambridge:M. I. T. Press,1975.

[19] 姚德源,王其政. 统计能量分析原理及其应用[M]. 北京:北京理工大学出版社,1995.

[20] 孙进才,王敏庆关,盛美萍. 统计能量分析(SEA)研究的新进展[J]. 自然科学进展,1998,8(2):129 - 136.

[21] 程广利,朱石坚,伍先俊,等. 统计能量分析法及其损耗因子确定方法综述[J]. 船舶工程,2004,26(4):10 - 15.

[22] Le Bot A,Cotoni V. Validity diagrams of statistical energy analysis[J]. Journal of Sound and Vibration,2010(329):221 - 235.

[23] Mace B R. Statistical energy analysis:coupling loss factors, indirect coupling and system modes[J]. Journal of Sound and Vibration,2005(279):141 - 170.

[24] Lin T R,Tan Andy C C,Yan C,Douglas Hargreaves,et al. Vibration of L - shaped plates under a deterministic force or moment excitation:a case of statistical energy analysis application [J]. Journal of Sound and Vibration,2011(330):4780 - 4797.

[25] Svannte Finnveded. A quantitative criterion validating coupling power proportionality in statistical energy analysis[J]. Journal of Sound and Vibration,2011(330):87 - 109.

[26] Cotoni V,Langley R S,Shorter P J,et al. A statistical energy analysis subsystem formulation using finite element and periodic structure theory[J]. Journal of Sound and Vibration,2008 (318):1077 - 1108.

[27] 廖庆斌,李舜酩. 统计能量分析中的响应统计估计及其研究进展[J]. 力学进展,2007,37(3):337 - 345.

[28] 盛美萍. 复杂耦合系统的统计能量分析及其应用[J]. 中国工程科学,2002,4(6):77 - 84.

[29] 刘海生,杨春庄,陈士杰,等. 统计能量分析方法声振预测应用研究[J]. 声学技术,2010,29(2):192 - 197.

[30] 刘小勇,盛美萍,行晓亮,等. 双层圆柱壳噪声预报及统计能量参数灵敏度分析[J]. 振动与冲击,2007,26(7):50 - 53.

[31] 陈萍. AutoSEA2 的声学 - 结构灵敏度分析软件开发与应用研究[D]. 西安:西北工业大学,2008.

[32] 殷学文,黄捷,崔宏飞,等. 舰艇结构振动和声学特性研究进展[J]. 振动与冲击,2008,27(4):85 - 88.

[33] 金建海,冷文浩,吴文伟. 船舶舱室噪声 SEA 计算的快速建模及其可视化[J]. 船舶力学,2010,14(7):805 - 811.

[34] 吴刚,杨德庆. 大型集装箱船振动及噪声数值计算建模方法研究[J]. 振动与冲击,2008,27(5):68 - 73.

[35] 张娟,李天匀,朱翔,等.基于 AutoSEA2 的船舶典型动力源辐射噪声分析[J].船舶力学,2008,12(5):819-823.

[36] 郦茜,吴卫国.基于 AutoSEA 的高速船静噪声预报与控制[J].中国舰船研究,2008,3(1):28-30.

[37] 刘凯,朱石坚,丁少春.基于 AutoSEA 的鱼雷结构辐射噪声预报方法[J].鱼雷技术,2010,18(2):91-94.

[38] 缪旭弘,陶景桥,姚熊亮,等.基于灰色理论的水下双层壳体振动与声辐射统计能量分析[J].船舶力学,2006,10(2):146-152.

[39] 李冰茹,王宣银,葛辉良,等.基于统计能量分析方法的壳体系统振动声辐射特性影响因素研究[J].兵工学报,2008,29(8):1009-1015.

[40] 卢兆刚.基于混合 FE-SEA 方法的汽车薄壁件中频声学特性预测及优化研究[D].杭州:浙江大学,2011.

[41] 纪琳.中频振动分析方法——混合模型解析[M].北京:机械工业出版社,2013.

[42] S. Langley R,Bremner P. A hybrid method for the vibration analysis of complex structural - Sound systems[J]. J. Acoust. Soc. Am,1999,105(3):1657-1671.

[43] Shorter P J,Langler R S. Vibro - Sound analysis of complex systems[J]. Journal of Sound and Vibration,2005(288):669-699.

[44] Langley R S. On the diffuse field reciprocity relationship and vibrational energy variance in a random subsystem at high frequencies[J]. Journal of the Sound Society of America,2007,121:913-921.

[45] 邱斌,吴卫国,刘恺.高速船全频段舱室噪声仿真预报[J].中国舰船研究,2011,6(6):49-53.

[46] 杨德庆,戴浪涛.浮式生产储油船振动噪声混合数值预报[J].海洋工程,2006,24(1):1-8.

[47] 桂洪斌.船舶与海洋工程结构振动控制问题的若干探讨[D].上海:上海交通大学,2003.

[48] Foin O,Berry A. Sound radiation from an elastic baffled rectangular plate covered by a decoupling coating and immersedin a heavy Sound fluid[J]. J Sound Soc. Am. ,2000,107(5):2501-2510.

[49] 黄建国,杨家军,廖道训.阻尼复合结构的隔声性能与参数配置[J].华中理工大学学报,1998,26(2):4-6.

[50] 罗忠,朱锡,简林安,等.三明治夹芯基座阻抗阻尼隔振特性分析[J].哈尔滨工程大学学报,2009,30(9):980-985.

[51] Shorter P J. Wave propagation and damping in linear viscoelastic laminates [J]. J. Acoust. Soc. Am,2004,115(5):1917-1925.

[52] 邹元杰.水中阻尼复合壳体结构声振特性的数值分析[D].大连:大连理工大学,2004.

[53] 石勇,刘宇,刘鑫,等．夹层复合材料在潜艇声隐身结构中的应用及其相关技术研究[J]．材料开发与应用,2008,23(6):21－25.

[54] 王献忠,孙龙泉,邱忠辉．部分敷设阻尼材料的水下结构声辐射分析[J]．振动与冲击,2012,31(18):122－127.

[55] 于大鹏,赵德有,汪玉．船舶声学建模和阻尼结构对舱室噪声影响研究[J]．船舶力学,2010,14(5):539－548.

[56] 仇远旺,章炜,郑发彬．船舶模型阻尼减振试验研究[J]．工程与试验,2010,50(4):22－24.

[57] 郭夕军,孙晓冬,周兵．一种船舶甲板粘弹性复合阻尼减振胶板．中国:CN102407628A[P],2012.

[58] 俞孟萨,黄国荣,伏同先,等．潜艇机械噪声控制技术的现状与发展概述[J]．船舶力学,2003,7(4):110－120.

[59] 韦璇,马玉璞,孙社营,等．舰艇声隐身技术和材料的发展现状与展望[J]．舰船科学技术,2006,28(6):22－27.

[60] 常冠军．粘弹性阻尼材料[M]．北京:国防工业出版社,2012.

[61] 朱蓓丽,黄修长．潜艇隐身关键技术—声学覆盖层的设计[M]．上海:上海交通大学出版社,2012.

[62] 赵成璧,唐友宏．舰船复合材料[M]．2版．上海:上海交通大学出版社,2013.

[63] Cremer L,Heckl M,Ungar E E. Structure－borne Sound[M]. Second edition. Berlin:Springer－Verlag,1988.

[64] 石勇,朱锡,胡忠平．方钢刚性减振结构对组合板振动影响的计算分析[J]．海军工程大学学报,2003,15(2):45－49.

[65] 刘洪林,王德禹．阻振质量块对板结构振动与声辐射的影响[J]．振动与冲击,2003,22(4):76－79.

[66] 石勇,朱锡,刘润泉．方钢隔振结构对结构噪声隔离作用的理论分析与试验[J]．中国造船,2004,45(2):36－42.

[67] 刘见华,金咸定,李喆．阻振质量阻抑结构声的传递[J]．上海交通大学学报,2003,38(8):1201－1204.

[68] 姚熊亮,计方,钱德进,等．双层壳舷间复合托板隔振特性研究[J]．振动、测试与诊断,2010,30(2):123－127.

[69] Che C D,Chen D S. Structure－borne sound attenuation in a multi－corner structure with attached blocking mass[J]. Journal of Ship Mechanics,2010,14(9):1052－1064.

[70] 车驰东,陈端石,等．转角处阻振质量对平面纵波－弯曲波传递衰减作用的研究[J]．船舶力学,2011,15(1－2):132－142.

[71] 车驰东,陈端石,等．成任意角度连接的两块平板转角处阻振质量对平面弯曲波传递的影响分析[J]．声学学报,2007,32(3):282－288.

[72] 田正东,计方．阻振质量刚性隔振在舰船基座结构中应用研究[J]．船舶力学,2011,15

(8):906-914.

[73] 申华,温华兵,陆金铭,等.空心方钢阻振质量结构的阻振效果研究[J].中国造船,2013,54(1):101-107.

[74] 李江涛.复合结构基座减振特性的理论与实验研究[D].上海:上海交通大学,2010.

[75] Yao X L,Ji F. Attenuation of the flexural wave transmission through impedance mismatch hull base[J]. Journal of Ship Mechanics,2010,14(6):678-689.

[76] 王献忠,孙龙泉,姚熊亮,等.含阻振质量基座的圆柱壳隔振特性[J].华中科技大学学报(自然科学版),2012,40(5):50-53.

[77] 陈小剑.舰船噪声控制技术[M].上海:上海交通大学出版社,2013.

[78] 霍睿,施引.功率流隔振效率评价指标及其与振级落差的关系[J].中国造船 2007,48(3):86-92.

[79] 孙丽萍.船舶结构有限元分析[M].哈尔滨:哈尔滨工程大学出版社,2004.

[80] 温华兵,王国治.基于频响函数相关系数灵敏度的浮筏舱段有限元模型修正[J].江苏科技大学学报(自然科学版),2005,19(6):75-79.

[81] 温华兵,王国治.基于频响函数灵敏度分析的鱼雷模型有限元模型修正[J].鱼雷技术,2006,14(3):10-14.

[82] 温华兵,刘甄真.36m全回转拖轮船体结构振动特性[J].舰船科学技术,2014,36(5):60-64.

[83] 王国治,唐曾艳,胡玉超.测量船水下噪声预报及减振降噪技术研究[J].江苏科技大学学报(自然科学版),2012,26(2):118-122.

[84] 王国治,肖英龙,方媛媛.某船舶结构声学设计技术探讨[J].江苏科技大学学报(自然科学版)[J],2014,28(1):1-7.

[85] 孙进才,王冲.机械噪声控制原理[M].西安:西北工业大学出版社,1993.

[86] 陈书明.轿车中高频噪声预测与控制方法研究[D].长春:吉林大学,2011.

[87] 马大猷,沈豪.声学手册[M].北京:科学出版社,2004.

[88] 陈海龙,金叶青,庞福振.一种分析单向加筋板隔声性能的解析—数值耦合法[J].船舶力学,2013,17(8):952-959.

[89] 彭子龙,温华兵,桑晶晶.基于统计能量法的单双层玻璃隔声量分析[J].噪声与振动控制,2014,34(4):197-201.

[90] 刘甄真,温华兵,陆金铭,等.30m全回转拖轮舱室噪声预报[J].噪声与振动控制,2014,34(2):114-118.

[91] 张瑾,邹元杰,韩增尧,等.声振力学环境预示的 FE-SEA 混合方法研究[J].强度与环境,2010,37(3):14-20.

[92] 张瑾,马兴瑞,韩增尧,等.中频力学环境预示的 FE-SEA 混合方法研究[J].振动工程学报,2012,25(2):206-214.

[93] Bistsie F. The structural-sound energy finite element method and energy boundary element method[D]. West Lafayeue:Purdue Iuniversity,1996.

[94] 温华兵,彭子龙,刘林波,等. 基于 FE-SEA 混合法的空心阻振质量阻振性能研究振动与冲击[J]. 振动与冲击,2015,34(5):174-178.

[95] 温华兵,彭子龙,王康乐,等. 基于 FE-SEA 混合法的水下双层壳体模型声振特性研究[J]. 应用力学学报[J],2014,31(5):796-801.

[96] 钱斌. 圆柱壳组合系统振动噪声的有效导纳功率流法研究[D]. 西安:西北工业大学,2002.

[97] 赵群,张义民,赵晋芳. 振动传递路径的功率流传递度灵敏度分析[J]. 振动与冲击,2009,28(7):183-186.

[98] 刘见华,金成定,李喆. 多个阻振质量阻抑结构声的传递[J]. 上海交通大学学报,2003,37(8):1206-1208.

[99] 姚熊亮,计方,钱德进,等. 偏心阻振质量阻抑振动波传递特性研究[J]. 振动与冲击,2010,29(1):48-52.

[100] Xia Zhaowang,Liu Xiandong,Shan Yingchun. Coupling Simulation Algorithm of a Rotating Flat-plate Blade with Particle Dampers under Centrifugal Forces[J]. Journal of Vibration and Sounds,Transactions of the ASME,2011,133(4):215-231

[101] 夏兆旺,温华兵,刘献栋. 颗粒阻尼器结构振动特性耦合算法仿真与试验[J]. 农业机械学报,2011,(8):26-29.

[102] BenRomdhane M,Bouhaddi N,et al. The loss factor experimental characterisation of the non-obstructive particles damping approach[J]. Mechanical Systems and Signal Processing,2013,38(2):585-600.

[103] Wen Huabing,Liu Linbo,Peng Zilong. Research on the effects of Blocking Mass on Vibration Resistance Performance of L-shaped plates[J]. Applied Mechanics and Materials,2014,(482):131-135.

[104] 朱石坚,何琳. 船舶机械振动控制[M]. 北京:国防工业出版社,2006.

[105] 温华兵,王康乐,昝浩,等. 船体基座粘弹性复合阻尼减振性能试验研究[J]. 中国造船,2014,55(2):85-91.

[106] 温华兵,左言言,彭子龙,等. 船舶结构复合阻尼材料减振性能实验研究[J]. 船舶工程,2013,35(4):19-22.

[107] 彭子龙. 基于 FE-SEA 混合法的板筋结构隔声与振动特性研究[D]. 镇江:江苏科技大学能源与动力工程学院,2014.

[108] 王康乐,温华兵,陆金铭,等. 橡胶芯夹层板隔声特性研究[J]. 噪声与振动控制,2014,34(2):192-195.

[109] 温华兵. 复杂薄壳结构振动声辐射特性及控制技术研究[D]. 镇江:江苏大学汽车与交通工程学院,2015.

[110] 刘甄真. 全回转拖轮结构振动与舱室噪声控制技术研究[D]. 镇江:江苏科技大学能源与动力工程学院,2014.

[111] 仇远望,王国治,胡玉超. 基于振动传递特性分析的舰船辐射噪声特性研究[J]. 江苏

科技大学学报(自然科学版),2011,25(2):110 – 114.

[112] 仇远望,王国治,胡玉超,等.舰船振动噪声的快速预报技术[J].舰船科学技术, 2011,33(11):88 – 93.

[113] 申华,温华兵.动力舱段基座至壳体的振动特性研究[J].舰船科学技术,2014,36 (2):49 – 54.

[114] Wen Hua bing, Zuo Yanyan, Peng Zilong. Experimental study on vibrational transmission characteristics of a ring – stiffened cylindrical shell model[J]. Applied Mechanics and Materials,2012,226:285 – 289.

[115] 温华兵,左言言,夏兆旺,等.加筋圆柱壳体支撑结构振动传递特性试验研究[J].船 舶力学,2013,17(7):785 – 792.

[116] Fang Jun, Wen Huabing, Liu Zhenzhen. Prediction and control of 32m Z – propeller tug cabin's vibration and noise [J]. Applied Mechanics and Materials,2013(397 – 400):461 – 464.

[117] 王国治,胡玉超,仇远望.舰船结构声学设计及噪声预报技术探讨[J].江苏科技大学 学报(自然科学版),2012,26(4):327 – 331.

[118] 王国治,胡玉超,仇远望.基座参数对舰船结构振动与声辐射的影响[J].江苏科技大 学学报(自然科学版),2012,26(3):222 – 225.

[119] 王国治,朱金龙.基于 PLC 的船舶结构参数化建模及振动噪声评估[J].江苏科技大 学学报(自然科学版),2013,27(1):14 – 17.

[120] 王国治,温华兵.鱼雷结构振动传递特性的试验研究[J].实验力学,2001,(2):18 – 22.

[121] 温华兵,毛南敏,赵勇.新型航政艇舱室的综合减振降噪设计及效果分析[J].振动噪 声控制,2006,26(5):58 – 62.

[122] 温华兵,鲍苏宁.船舶螺旋桨空泡激励振动信号时频特征分析[J].武汉理工大学学 报,2010,32(9):348 – 355.

[123] 谢信,王轲 译.船体结构声学设计[M].北京:国防工业出版社,1998.

[124] 钱晓南.舰船螺旋桨噪声[M].上海:上海交通大学出版社,2011.

[125] 傅志方.振动模态分析与参数识别[M].北京:机械工业出版社,1990.

[126] 王国治.鱼雷动力系统的声学设计及振动噪声预报技术研究[C],中国国防科学技术 报告(CK – 0039 – 0209 – 1),2000.

[127] 王国治.鱼雷振动噪声特性的仿真技术研究[C],中国国防科学技术报告(CK – 0039 – 0208 – 1),1999.

[128] 雷烨,盛美萍.复杂耦合系统 SEA 求解方法研究[J].振动与冲击,2010,29(7):159 – 161,168.

[129] 计方,路晓东,姚熊亮.船体结构粘弹性夹层阻抑振动波传递特性研究[J].应用基础 与工程科学学报,2012,20(3):464 – 471.

[130] 殷学文,黄捷,崔宏飞,等.舰艇结构振动和声学特性研究进展[J].振动与冲击, 2008,27(4):85 – 88.

[131] 霍睿,施引.功率流隔振效率评价指标及其与振级落差的关系[J].中国造船,2007,

48(3):86-92.

[132] 赵群,张义民,赵晋芳. 振动传递路径的功率流传递度灵敏度分析[J]. 振动与冲击, 2009,28(7):183-186.

[133] 温华兵,刘林波,夏兆旺,等. 复合阻振技术在舰船支撑结构中的应用研究[J]. 船舶 力学,2015,19(7):866-873.